♠ *Westminster Assembly and the Reformed Faith Series 2* ♠
- *The Faith Once Delivered* -

웨스트민스터
총회의 유산

단번에 주신 믿음

안토니 T. 셀바지오 편집
김은득 옮김

개혁주의신학사

Presbyterian and Reformed Publishing

P&R(Presbyterian and Reformed Publishing Company)은
미국 뉴저지 주에 소재한 기독교 출판사로서
웨스트민스터 신앙고백서와 요리문답에 기초하여
성경적인 이해와 경건한 삶을 증진시키는
탁월한 도서들을 출판하고 있습니다.
P&R Korea(개혁주의신학사)는
CLC가 공동으로 운영하는 출판사로서
P&R의 도서를 우선적으로 번역출판하고 있습니다.

Westminster Assembly and the Reformed Faith Series 2

The Faith Once Delivered

Edited by
Anthony T. Selvaggio

Foreword by
W. Robert Godfrey

Translated by
Kim Eun Deuk

Copyright © 2007 by Anthony T. Selvaggio
Originally published in English under the title as
The Faith Once Delivered
by P&R Publishing Company
Translated and used by the permission of
P&R Publishing Company, P. O. Box 817, Phillipsburg,
New Jersey 08865-0817, U.S.A

All rights reserved

Korean Edition
Copyright © 2014 by Presbyterian and Reformed Publishing Company
Seoul, Korea

추천사 1

류 호 준 박사
백석대학교 신학대학원장

　본서는 장로교 개혁파의 위대한 신앙고백을 생산한 영국 웨스트민스터 총회의 전승들 중에 중요한 신학적 이슈들을 현대적 문맥에 맞게 재조명한 논문 모음집이다. 본서를 특별히 한국의 보수적 개혁파 전통에 있는 학자들과 목사들과 신학생들에게 권한다. 그들 자신의 신학적 뿌리를 확인할 수 있는 좋은 기회를 제공하리라 믿는다.

안 상 혁 박사
합동신학대학원대학교 역사신학 교수

　본서를 통해 독자는 개혁파 신학의 깊이와 넓이 그리고 풍성함을 맛보게 될 것이다. 고백적 개혁신앙의 전통에서 말하는 고백이란 성경의 진리에 대한 신앙인의 전 존재적 반응이다. 웨스트민스터 신앙고백이 그러하듯이 본서 역시 개혁파 신학이 성경과 얼마나 밀착되어 있는지, 또한 이러한 유착관계가 얼마나 다채롭고 심오한 진리의 세계로 우리를 초청하고 있는지 훌륭하게 예시하고 있다.

정 형 남 박사

Jordan Evangelical Theological Seminary 선교학 교수

나의 대학청년부 목회(천안장로교회) 시절의 제자였던 김은득 목사가 번역한 본서를 통하여, 개혁파 신학자들의 글, 즉 칭의, 입양, 그리스도의 왕권, 성경관, 주일 신학, 언약 신학, 속죄, 그리스도인의 자유 등을 읽고 또 읽으면서, 나의 개혁파 신학의 뿌리를 더욱 튼튼히 하는 기회를 가졌다. 나는 아랍권/이슬람권 선교사로 지내면서 개혁파 신학의 진가를 재발견하고 있다. 심히 안타깝게도, 아랍권/이슬람권의 복음주의 교회들의 지도자들과 그 땅의 영혼들을 품고 선교하는 자들과 선교지도자들 중에 개혁파가 아닌 세대주의에 기초를 두고 있는 자들이 아주 많다. 다시 말해서, 그들은 친이스라엘파들이라는 딱지가 붙어 있다. 왜냐하면, 세대주의는 1948년 이스라엘의 건국과 1967년 이스라엘의 예루살렘 탈환이 각각 성경예언의 성취적 사건이라고 주장하기 때문이다. 고국 교회의 지도자들뿐만 아니라, 이곳 아랍권/이슬람권의 교회 지도자들이 개혁파 신학의 뿌리가 튼튼해져 성경예언성취의 진정한 주인공인 예수 그리스도와 그분의 교회를 보다 더 잘 섬길 수 있기를 소망한다.

추천사 2

리곤 던칸 3세(J. Ligon Duncan III) 목사
First Presbyterian Church in Mississippi 원로목사
Alliance of Confessing Evangelicals 회장

웨인 스피어(Wayne Spear) 박사를 기념하기 위해 쓴 이 영광스런 책을 추천하는 것은 매우 특별한 특권이며 기쁨이 아닐 수 없다. 스피어 박사는 개혁파 조직신학의 대가이며, 그 대가를 기념하는 본서는 탁월한 개혁파 학자들에 의해 출판된 신학적 향연이다. 읽고, 배우고, 즐기라!

추천사 3

W. 로버트 갓프레이(W. Robert Godfrey)
Westminster Seminary California 교회사 교수

정치적, 사회적 혼란이 점차 심해져 잉글랜드 내전과 왕의 처형으로까지 나가는 가운데 잉글랜드 의회 위원(commossioners)이라 불리는 이들은 1643년에 만나기 시작했다. 몇 년 동안 위원들은 대영제국(Great Britain) 안에 새롭게 개혁된 교회를 안내할 표준문서를 제작할 바람으로 런던 소재 웨스트민스터교회 내에서 작업했다. 그들을 둘러싼 극도의 혼란에도, 위원들의 작업은 주목할 만한 학문적 균형과 탄탄함을 드러낼 정도로 심오하면서도 엄청나다.

이 웨스트민스터 총회의 위원들은 스스로를 기존의 교회를 파괴하고 새로운 브랜드의 교회를 세우는 종교적 혁명가로 간주하지 않았다. 오히려 그들은 잉글랜드, 웨일즈, 아일랜드, 스코틀랜드의 교회들을 하나님 말씀에 일치시키는 것과 영국 전체를 넘어서 유럽 대륙 개혁파 교회들과 일치를 가져오는 개혁가로 여겼다.

이 총회는 그때 작성한 웨스트민스터 신앙고백과 요리문답들로 인해 가장 잘 기억된다. 그러나 최근 환원주의(reductionism)의 경향을 따르는 자들과 달리, 이 총회 위원들은 공식적 교리의 요약보다도 하나의 개혁파 교회가 더 필요하다는 것을 잘 알았다. 또한 위원들은 교회의 공식적 조직을 구조화하는 교회 정치 형태를 준비했다. 게다가 그들은 하나님을 만날 때 교회를 안내할 "공중예배모범"(Directory of Public Worship)을 준비했다. 그리고 그들은 공중예배를 위한 찬양 모음집으로 시편을 편집했다.

이런 웨스트민스터 총회의 작업이 잉글랜드에서는 그리 큰 성과를 거두지 못했다. 찰스 2세 아래서의 감독파의 회복과 공화정 기간 동안, 잉글랜드의 장로파에 대한 독립파의 승리가 그것을 좌절시켰다. 그러나 스코틀랜드와 전 세계에 걸친 장로교 안에서 웨스트민스터 총회의 작업은 위대하고 복된 영향을 끼쳤다.

21세기 미국 대부분의 개신교 교회들은 웨스트민스터 총회가 작업하고 주의를 기울였던 그 주제에 있어서 심각한 혼란과 곤경에 처해있다. 복음주의, 오순절주의, 개혁파 교회들 안에서 우리는 교리, 교회 정치, 예배 등과 관련해서 심각한 혼란과 오류를 보게 된다.

복음주의 교회들 안에서 현재 혼란스러움의 정도가 얼마나 심각한지는 마크 놀(Mark Noll)과 캐롤린 나이스트롬(Carolyn Nystrom)의 제목이 아주 도발적인 책, 『종교개혁은 끝났는가?』(Is the Reformation Over?, 서울: CLC, 2012년)에 잘 정리되어 있다. 이 책은 지난 50년 동안 로마 가톨릭과 복음주의의 관계의 변화를 주로 조사한다. 이 책의 내용은 로마 가톨릭과 복음주의가 이전보다 신학과 실천 면에서 서로가 가까워진 것, 그리고 많은 복음주의자가 로마 가톨릭과의 차이가 사소하지 않다는 것을 알지라도 지금 로마 가톨릭을 그리스도 안에서 한 형제자매로 올바르게 인식한다는 것이다.

놀과 나이스트롬은 수많은 복음주의의 약점(교회론, 전통, 지적 활동, 성례, 문화 신학, 미학, 철학적 신학, 역사의식)을 지적하고 이런 영역에서 복음주의는 "거의 항상" 로마 가톨릭 전통 안에서 도움을 찾는다고 주장한다.[1] 현대 복음주의자들은 종교개혁의 위대한 개혁파 전통 혹은 루터파 전통에서 그런 도움을 거의 구하지 않는다. 사실 놀과 나이스트롬의 책은 거의 무의식적으로 복음주의자들이 종교개혁의 작업과 관심에 대해 얼마나 적게 이해하고 아는지를 보여준다. 이 책은 또한 무의식적으로 복음주의 전통이 루터파 혹은 오순절주의와 다른 만큼 개혁파 전통과도 차이가 있음을 더욱 명확히 한다.

종교개혁의 개혁파 유산을 말함에 있어서, 어느 누구도 개혁파가 교회 정치에 대해 관심이 부족하다고 비난할 수 없다. 대부분의 연구가 이 주제로 수행되었고, 수많은 책이 교회 정치가 얼마나 성경적 가르침에 충실한지를 연구했다(만일 개혁파에 하나의 잘못이 있다면, 그것은 교회 정치 형태의 부정이 아니라 성경적 장로제도와 그 실천을 명확히 주장하지 못한 것이다). 전통과 역사의식에 대해서 개혁파는 고대 교부들과 중세 신학자들의 가치와 오류 둘 다를 인정하면서 주의 깊게 연구했다. 개혁파 학자들의 지적인 활동은 지난 400년 동안 누구에게도 뒤져본 적이 없다. 성례에 대해서 개혁파는 깊게 사고했을 뿐만 아니라 세례와 성찬에 대해서 넓게 저술했다. 그들은 또한 세례와 성찬을 개신교 예배와 실천에 있어서 필수적인 부분이 되도록 했다. 문화, 미학, 철학적 신학에 대한 개혁파의 공헌은 지난 100년 동안, 특히 화란에서 의미심장하다.

---

[1] Mark Noll&Carolyn Nystrom, *Is the Reformation Over?* (Grand Rapids:Baker, 2005), 71.

수많은 복음주의자가 활력 있는 종교를 추구한 나머지, 놀과 나이스트롬에 의해 강조된 바로 그 약점들에 있어서 종교개혁의 유산을 포기했다. 이런 면에서 복음주의자들이 그들 자신의 전통을 피상적으로 평가절하하는 것은 그다지 놀랍지 않다. 그러나 복음주의자들이 종교적 경험의 추구에 매몰되어서 그들이 성경적이고, 고백적인 개혁파의 헌신보다 로마 가톨릭의 인간중심적 고안물들에 더욱더 친근함을 발견한다는 것에 실망스럽다.

웨인 스피어(Wayne Spear) 박사는 그의 사역의 대부분을 웨스트민스터 표준문서들을 중심으로 신학을 가르치는 데 보냈다. 웨스트민스터 총회의 작업이 얼마나 풍성한지 보여주는 여러 소논문들을 통해 스피어 박사의 은퇴에 경의를 표해야만 하는 것은 당연하다. 우리의 기도는 스피어 박사의 삶과 본서에서 드러나는 굳건한 개혁파 가르침이 하나님의 말씀에 따라 우리의 시대에서도 교회를 개혁하는 것을 돕는 것이다. 아마도 종교개혁 이래로 어떤 다른 시대보다 더 오늘날의 교회는 진리에 대한 인간적 개념보다도 성경적 교리가 필요하다. 작금의 교회는 인간적으로 고안된 직책 중심의 교회 정치보다는 성경적 교회 정치가 필요하다. 오늘날 교회는 인간 중심적 예전과 실천을 헛되게 추구하기보다는 성경적 예배를 필요로 한다. 종교개혁은 끝나지 않았다. 종교개혁은 어느 때보다도 오늘날의 교회에 필요하다. 그리고 웨스트민스터 표준문서들이 가지는 지혜는 최근의 기억을 돌이켜봐도 어느 때보다도 오늘날의 교회에 더 적실하다.

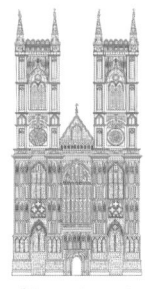

Contents

추천사 1 / 류 호 준 박사 _ 백석대학교 신학대학원장 · 5
    안 상 혁 박사 _ 합동신학대학원대학교 역사신학 교수 · 5
    정 형 남 박사 _ Jordan Evangelical Theological Seminary 선교학 교수 · 6
추천사 2 / 리곤 던칸 3세 목사
     _ First Presbyterian Church in Mississippi 원로목사 · 7
추천사 3 / W. 로버트 갓프레이 · 8
     _ Westminster Seminary California 교회사 교수

웨스트민스터 시리즈 소개 / 칼 트루만 박사 · 14
편집자 서문 / 16
역자 서문 / 18
기고자들 / 21
서론 / 제리 오닐(Jerry O'Neill) · 23

제1장 | 개혁파 조직신학의 생명력 _ 리차드 B. 개핀(Richard B. Gaffin Jr.)   / 33

제2장 | 시대를 위한 소책자 _ 칼 R. 트루만(Carl R. Trueman)
    제임스 뷰캐넌의 『칭의 교리』와 그 역사적, 신학적 배경   / 79

제3장 | 삶을 변화시키는 능력과 위로 _ 조엘 R. 비키(Joel R. Beeke)
    입양 교리에 대한 청교도의 이해   / 123

제4장 | 그리스도의 유익들 _ R. 스캇 클락(R. Scott Clark)
웨스트민스터 총회 이전 개신교 신학에서의 이중 칭의   / 201

제5장 | 교황제에서 원칙으로 _ 데이비드 맥케이(David McKay)
언약도들과 그리스도의 왕권   / 245

제6장 | 웨스트민스터 신앙고백에서의 "타당하고 필연적인 결론"   / 299
_ C. J. 윌리엄스(C. J. Williams)

제7장 | 주의 날과 웨스트민스터 신앙고백 _ 로우랜드 S. 워드(Rowland S. Ward)   / 329

제8장 | 언약 신학의 일치 혹은 불일치? _ 안토니 T. 셀바지오(Anthony T. Selvaggio)
칼빈에서 웨스트민스터까지   / 369

제9장 | 웨스트민스터 총회에서 20세기까지의 속죄 교리   / 415
_ 리차드 C. 갬블(Richard C. Gamble)

제10장 | 그리스도인의 자유의 사용과 남용 _ D. G. 하트(D. G. Hart)   / 457

주제 및 인명 색인 / 488

웨스트민스터 시리즈 소개

칼 R. 트루만(Carl R. Trueman) 박사
크레이그위원회 대표
웨스트민스터신학교 교회사 교수

    16-17세기 개혁파 신학의 본질과 발전에 대한 신학자들의 이해는 지난 이십 년간 획기적으로 진전되었다. 이러한 정황을 맞아 필라델피아 웨스트민스터신학교는 웨스트민스터 표준문서에 대한 획기적인 학문적 연구에 박차를 가하기 위해 2002년에 크레이그센터(Craig Center)를 발족했다. 크레이그센터는 웨스트민스터 총회의 역사와 신학에 대한 학문적 연구와 학술물 발행 그리고 이 결과물들을 공유할 방법을 모색하기 위해 포럼을 열었다.

    이러한 노력의 일환으로, 크레이그센터는 P&R 출판사와 손잡고 1인 저자 혹은 다수 저자가 공동으로 참여한 관련 저서를 출판하기로 했다. 각 저서마다 16-17세기 당시의 역사적, 교회사적 상황을 염두에 두고 새 학계가 이끄는 방향성과 맞게 개혁파 정통주의가 표방한 신학을 깊이 있게 다루고 있다. 그렇다고 해서 이 저서들이 고리타분한 골동품이나 과거사에 대한 연구물 정도라는 말은 아니다. 우리는 현재 당면한 사안들이 채우고 있는 족쇄와 조이고 있는 구속으로부터 과거를 해방시켜 줌으로써, 역사로 하여금 오늘날의 시대가 귀 기울여 들어야 할 메시지를 전할 수 있는 여건을 조성하고자 한다. 그 결과로 웨스트민스터 총회 시리즈가 제공하는 혜택을 교계와 학계가 오래도록 누리기를 크레이그위원회를 대표해서 바라는 바이다.

편집자 서문

안토니 T. 셀바지오(Anthony T. Selvaggio)

본서는 개혁파 조직신학을 칭송하는 책으로 종교개혁의 시대에 출연하여 웨스트민스터 총회에서 최고의 수위에 도달한 조직신학을 기념한다. 조직신학을 기뻐하며 즐기는 것은 우리의 현재 신학적 분위기에서 중요하다. 현재 신학 연구에서 전통적인 조직신학을 무시하는 경향이 있다. 대부분의 현대 신학자들이 조직신학에 있어서 주제별, 이성적 접근법을 버리고 실제적, 내러티브 접근법을 선호하는데, 이러한 경향성은 불행하며 위험하다.

본서의 의도는 교회로 하여금 다시금 하나님의 계시를 통하여 하나님에 대한 겸손한 연구, 즉 신학을 하도록 격려하는 것이다. 이런 의도를 반영하여, 본서는 다양한 개혁파 교회와 국가의 조직신학에 열심을 내는 학자들을 포함한다. 또한 본서는 "개혁파 조직신학의 생명력"(The Vitality of Reformed Systematic Theology)이라는 영감이 있고 사려 깊은 소논문으로 시작한다.

본서는 또한 펜실베이니아 주 피츠버그 소재 개혁장로교신학교

(Reformed Presbyterian Theological Seminary)에서 30년 이상을 가르친 웨인 스피어(Wayne R. Spear) 박사에 대한 기념 논문집이다. 스피어 박사는 전통적 접근법을 통해 조직신학을 연구하는 가치를 나에게 전수했다. 조직신학을 가르치는 스피어 박사의 접근 중 가장 주목할 점은 1차 자료로서 성경과 웨스트민스터 신앙고백을 지속적으로 사용한 점이다. 스피어 박사는 조직신학은 성경 자체로부터 오며 웨스트민스터 신앙고백보다 개혁파 조직신학을 더 잘 요약한 것은 없다고 보았다. 그는 "신앙고백적" 개혁파 조직신학을 대범하게 부끄럽지 않게 잘 가르쳤다. 그러므로 웨스트민스터 신앙고백의 신학과 중요한 주제를 다루는 논문집으로 스피어 박사를 기념하는 것은 적합하다. 특별히 스피어 박사를 기념하기 위해, 본서에서 두 편의 소논문이 스피어 박사의 제자인 C. J. 윌리엄스(C. J. Williams)와 나에 의해, 그리고 또 다른 한 편의 논문이 스피어 박사의 계승자인 리차드 C. 갬블(Richard Gamble) 박사에 의해 쓰였다.

본서에서 독자는 웨스트민스터 신학의 핵심인 칭의, 입양, 그리스도의 왕권, 성경, 주의 날, 언약 신학, 속죄 교리, 그리스도인의 자유와 같은 신학적 주제들을 만날 것이다. 이 신학의 주제들은 17세기 웨스트민스터 사원을 지탱하는 기둥과 같은 역할을 하며, 만일 교회가 이러한 "성도에게 단번에 주신 믿음의 도"(유 3절)를 지속한다면, 21세기와 그 이후에도 개혁파 교회의 기둥으로 계속해서 봉사할 것이다.

역자 서문

　웨스트민스터 신앙고백에 대한 최근 학자들의 소논문을 편집한 본서는 개혁파 신앙고백이 가져다주는 신학의 철저함과 다채로움에 대해 맛보게 해줄 것이다. "신학 서론"과 관련하여, 성경을 신학의 토대(프링치피움 코그노스첸디[*principium cognoscendi*])로 인식하여 주해된 성경을 기반으로 조직신학을 수행할 때 개혁파 조직신학의 미래가 있다는 것이다.

　"칭의 교리"와 관련하여, 제임스 뷰캐넌(James Buchanan)은 이 교리는 철저하게 성경을 기반으로 하면서도 그 당시의 시대적 논쟁들과 무관하지 않다고 한다. 뿐만 아니라 기독교 역사와 신학 전통에 대한 깊은 이해를 바탕으로 로마 가톨릭과 루터파에 비해 개혁파 칭의 교리의 탁월함에 대해 서술하고 현대의 에큐메니칼 운동에 새로운 관점을 제공해 준다. 또한 웨스트민스터 총회의 이전의 "이중 칭의" 교리를 통해 그리스도의 은혜언약이 제공하는 유익들에 대해서 살펴본다. 여기서 이중 칭의는 개신교 칭의 교리의 일탈이 아니라 범개신교 칭의 교리의 발전의 측면에서 바라보아야 한다.

　"입양 교리"와 관련하여, 청교도들이 입양 교리를 신자들의 실제적 삶 가운데 어떻게 적용했는지 보여줌을 통해 교리와 경건의 조화에 대한 지침을 제공해 준다.

"교회와 국가의 관계"와 관련하여, 언약도들이 이해한 그리스도의 왕권에 대한 원칙이 아이러니하게도 교황제로 변화된 모습을 보여준다. 사회 참여에 대한 다양한 관점이 존재하는 상황에서, 개혁파 교회는 항상 개혁하는 교회로서, 스스로의 신학적 지침들에 대해서 늘 자각하여야 한다.

"성경과 이성의 관계"와 관련하여, 웨스트민스터 신앙고백은 "오직 성경" 원칙에 충실하나, 극단적인 성경주의(biblicism)의 입장을 배격하고, 성경을 근거로 타당하고 필연적인 결론(good and necessary consequence)을 당연시 한다. 성경이 구체적으로 지침을 제공하지 않는 여러 이슈들에 대해 타당하고 필연적인 결론은 탁월한 나침반으로서의 역할을 하게 된다.

"주의 날"과 관련하여, 웨스트민스터 신앙고백은 성경적이고 실제적인 지침을 제공한다. "언약 교리"와 관련하여, 웨스트민스터 신앙고백의 언약 신학은 칼빈과의 관계에서 일관성이 있으며 발전이 있다고 본다.

"속죄 교리"와 관련하여, 웨스트민스터 신앙고백에서 20세기의 머레이(Murray)까지 속죄 교리의 일관성이 있다고 한다.

"그리스도인의 자유"에 대한 소고에서, 웨스트민스터 신앙고백은 작금의 변혁주의적 세계관으로 정치에 참여하고 자유의 남용으로 나아가는 일련의 흐름들에 대해 대안으로 그리스도인의 자유와 한계에 대한 균형으로 나아가게 한다고 강조한다. 그러므로 17세기의 웨스트민스터 신앙고백이 21세기의 개혁파 교회에서 유효하고 적절한 나침반의 역할을 한다고 본다.

개혁파 신앙고백의 정수인 웨스트민스터 신앙고백과 관련된 책을 번역할 기회를 가지게 되어 감사하다. 하나님께 영광을 돌리며 추천사를 써주신 류호준 박사님, 안상혁 박사님, 정형남 박사님께 감사드린다. 그리고 번역의 기회를 주시고 본서의 출간을 위해 애써주신 CLC의 박영호 사장님과 모든 직원에게 감사를 드린다. 또한 타당하고 필연적인 결론과 그리스도인의 자유로 나와 평생 언약을 맺은 아내 신하연과 입양 교리를 가슴으로 느끼게 해준 나의 두 자녀 서린과 서로에게 사랑과 감사를 전한다.

2014년 10월 20일

김 은 득 識

*역주
SC(Shorter Catechism, 소요리문답)
LC(Larger Catechism, 대요리문답)
WCF(Westminster Confession of Faith, 웨스트민스터 신앙고백)

기고자들

- 조엘 R. 비키(Joel R. Beeke)

    Puritan Reformed Theological Seminary 총장, 조직신학 · 설교학 교수
    Heritage Netherlands Reformed Congregation 담임목사
    Banner of Sovereign Grace Truth 편집자
    Reformation Heritage Books 편집장
    Dutch Reformed Translation Society 부회장

- R. 스캇 클락(R. Scott Clark)

    Westminster Seminary California 역사신학 · 조직신학 교수

- 리차드 B. 개핀(Richard B. Gaffin Jr.)

    Westminster Theological Seminary 성경신학 · 조직신학 교수
    Orthodox Presbyterian Church(Presbytery of Philadelphia) 담임목사

- 리차드 C. 갬블(Richard C. Gamble)

    Reformed Theological Seminary 조직신학 교수 역임
    Reformed Presbyterian Theological Seminary 조직신학 교수

- D. G. 하트(D. G. Hart)

    Intercollegiate Studies Institute 상임연구원 및 장학위원장

- 데이비드 맥케이(David McKay)

  Reformed Theological College 조직신학 · 윤리학 · 변증학 교수

  Cregagh Road Reformed Presbyterian Church 담임목사

- 제리 오닐(Jerry O'Neill)

  Reformed Presbyterian Theological Seminary 총장, 실천신학 교수

- 안토니 T. 셀바지오(Anthony T. Selvaggio)

  College Hill Reformed Presbyterian Church 담임목사

  Reformed Presbyterian Theological Seminary 신약학 교수

- 칼 R. 트루만(Carl R. Trueman)

  Universities of Nottingham and Universities of Aberdeen 교회사 교수 역임

  Westminster Theological Seminary 교회사 교수

- 로우랜드 S. 워드(Rowland S. Ward)

  Knox Presbyterian Church of Eastern Australia 담임목사

- C. J. 윌리엄스(C. J. Williams)

  Reformed Presbyterian Theological Seminary 구약학 교수

서론

제리 오닐(Jerry O'Neill)

    나는 나의 친구이며 동료인 웨인 스피어(Wayne Spear)박사의 북미개혁장로교(Reformed Presbyterian Church of North America, RPCNA) 역사에 대한 강의를 몇 번이나 들었다. 어느 누구도 그처럼 탁월하게 강의하는 사람은 없었다. 그의 강의를 들은 모든 사람이 이 주제에 대한 그의 철두철미한 지식뿐 아니라 열정에 탄복했다. 그러나 그의 강의가 20세기 후반을 지나 21세기 초반에 이르렀을 때, 그들은 지난 반세기 동안 RPCNA에 가장 심오한 영향을 끼친 한 사람을 소홀히 했다.
    스피어 박사는 일련의 강의에서 고(故) J. G. 보스(J. G. Vos)의 계속되는 영향력을 올바르게 토론하고 수년 동안 우리의 총회에서 정해진 중요한 결정들을 주의깊게 설명한다. 그는 교단에 공식적이든 비공식적이든 리더십을 제공한 개혁장로교신학교(Reformed Presbyterian Theological Seminary, RPTS)의 역대 총장들의 수고를 언급한다. 그는 주님이 우리 세대에서 놀랍게 사용하신 케네스 스미스(Kenneth Smith), 로이 블랙우드(Roy Blackwood)와 에드워드 랍슨(Edward Robson)과 같은 목회자들을 언급한다. 그러나 스피어 박사는 우리 대부분이 생각할 때 최근 세대에 우리 교단 내에서 목회자들을 양성하는 데 있어서, 궁극적으로는 회중을 형성하는 데 있어서 어느 누구보다도 영향력 있었던 웨인 스피어 자신을 겸손 때문에 언급하지 않는다.

스피어 박사는 35년 동안 RPTS에서 조직신학 교수로 봉사했다. 2005년 여름 퇴임할 때까지, 그는 정확히 인생의 절반을 주님과 자신의 교단을 위해 보냈다. 오랫동안 그는 교회사와 설교학도 가르쳤고 학장으로도 봉사했다. 그러나 그가 단순히 35년 동안 교수직으로 봉사했다는 사실이 그렇게 감동을 주는 것이 아니다. 사실 하나님으로부터 좋은 건강과 인내심을 받은 수많은 사역자가 동일하게 35년 동안 주님의 나라를 위해 봉사해 왔다. 그러나 이 주님의 겸손한 종처럼 충실하면서도 탁월하게 봉사한 사역자는 거의 없다.

나는 스피어 박사와 함께 신학교 교수로 봉사한 것을 영예롭게 여긴다. 스피어 박사는 내가 RPTS의 학생이었을 때부터 조직신학 교수였는데, 나는 그의 수업 때 적은 노트를 여전히 가지고 있으며 경우에 따라 그 노트를 이용하기도 한다. 내가 현재 교수직으로 봉사하기 위해 신학교로 돌아왔을 때, 학장으로서 그가 나에게 준 그의 조언은 귀중했다.

나는 또한 여러 교회 모임, 즉 피츠버그 북구(North Hills of Pittsburgh)에서 당회(session), 앨러게니 노회(Presbytery of the Alleghenies), RPCNA 총회 등에서 스피어 박사와 함께 봉사했던 특권을 누려왔다. 이런 교단 사역에서 스피어 박사는 합리적 음성 그 자체였다. 젊은 사역자들이 종종 이런 모임들에서 수다스러울 때가 있지만, 스피어 박사가 말할 때 모든 사람이 경청하고 배우게 된다. 그의 교단에서의 사역은 때론 공적(예를 들어, 제네바대학교[Geneva College] 운영위원장)이고 때론 사적이다. 그러나 그는 늘 드러내지 않고 겸손하게 봉사한다. 본서를 읽는 사람은 스피어 박사가 보이지 않게 그리스도와 교회를 얼마나 여러 방면으로 충실하게 섬겼는지에 대해 나름의 생각을 가지게 될 것이다.

내 전후로 RPTS에서 공부한 사람이라면 누구든지 그랬겠지만, 스피어 박사의 가르침은 나의 신학적 신념에 강력하게 영향을 끼쳤다. 그는 어렵고 복잡한 신학 작품들을 읽는 신비한 능력을 가져서 저자가 의도한 바를 명확히 이해할뿐더러 성경적 관점에서 이 작품들을 탁월하게 비판한다. 더 나아가 원작품을 다룰 수 없는 사람들에게 그 모든 작품을 잘 설명한다.

스피어 박사의 신학과 교회사에 대한 지식은 탁월하다. 학생들의 어떤 질문에도 막힘이 없었다. 때때로 어떤 학생은 수업에서 아무도 알지 못하는 애매모호한 질문을 한다. 확실히 몇몇 학생들은 이런 식의 질문들을 통해 교수의 지적 능력을 재보려는 것 같다. 그러나 스피어 박사는 잠시 말을 멈추고(때때로 오랜 시간이 흐른 적도 있다), 그의 광대한 기억의 저수지로 돌아가 그 수업에 참여한 모든 사람을 "놀랍게 만드는" 대답을 길어낸다. 그는 대답을 위한 저자와 책을 기억할 뿐만 아니라, 핵심을 찌르는 그 저자의 말을 거의 그대로 인용할 수 있다.

스피어 박사의 가르침은 명확하고 조직적이며 철두철미하다. 그의 강의에서 명확함과 유머의 두 조건을 충족시킬 수 있는 지혜로운 금언, 예화, 이야기 역시 그의 수업의 표지이다. 이것들 중 몇몇은 이전에 스피어 박사를 가르쳤던 교수들로부터 전수되어 왔다. 그러나 몇몇은 확실히 그 자신의 것이다. 한 예는, 신참 설교자들이 설교의 길이가 어떠해야 할지 고민할 때 준 것인데, 스피어의 법칙은 "만일 설교가 길어야 한다면, 설교는 그만큼 더 좋아야만 한다"이다.

스피어 박사가 구원론 수업에서 학생들에게 말해 주기를 즐겨한 한 이야기가 있는데, 제네바대학교에서 스피어 박사의 이전 교수들에게서 들은 것이다. 한 학생이 수업 중에 졸다가 어떻게 예정 교리에서 하나님의 주권과 인간의 자유의지와 책임에 대한 성경적 가르침을 조화시킬 수 있을지에 대해 질문을 받았다. 그 학생은 그의 이름을 부르는 것을 들었지만, 그 질문을 듣지는 못했다. 그는 질문을 듣지 못했음을 인정하기보다 엉뚱하게 대답했다.

"어제는 그 질문에 대한 대답을 알았는데, 오늘은 잊어버렸어요."

이에 교수는 다음과 같이 말했다.

"이것은 참으로 큰 비극이로군. 역사에서 오직 두 분만이 나의 이 질문에 대한 대답을 알았네. 한 분은 하나님이신데, 그분은 우리에게 그 대답을 계시하시지 않기로 하셨지. 나머지 한 분은 바로 여기 있는 우리의 형제인데, 그분은 그 대답을 잊어버리셨군."

나는 스피어 박사가 특별히 가르치고자 하는 부분을 이해시키기 위해 현대 우화를 사용하는 탁월한 능력을 단적으로 보여주는 예화 한 편이 떠오른다. 그가 구속(redemption)을 강의할 때 이전 교수들로부터 들었던 한 이야기를 해 주곤 했다. 그 이야기는 헌신과 사랑으로 작은 나무보트를 만들고 관리한 한 젊은 청년에 관한 것이다. 말할 것도 없이 그 보트는 청년의 자랑스러운 소유물이었다. 그리고 청년은 자주 집 근처의 작은 개울에서 그 보트를 탔다. 어느 날 그 청년은 날이 저물어 집에 들어가기 전에 보트를 가까운 나무에 안전하게 묶고 개울가에 놔두었다. 밤새동안 폭풍우가 몰려왔는데 보트는 그만 사라져 버리고 말았다. 이로 인해 청년은 분노로 치를 떨었다. 이후에 그 청년이 어느 중고 가게를 지나가다 그의 작은 나무보트를 보게 되었다. 재빨리 집으로 뛰어가 모든 돈을 모아서 원래는 그의 것이었던 보트를 구입하기 위해서 가게로 되돌아갔다. 그는 가게에서 보트를 가져오면서 보트를 아주 사랑스럽게 쳐다보고 말했다.

"작은 보트야, 너는 두 번이나 내 것이다. 내가 너를 만들었고 지금 너를 다시 구입한다."

당신이라면 이 심오한 성경적 가르침을 이보다 더 잘 가르칠 수 있겠는가?

스피어 박사는 1935년 7월 24일 목회자의 가정에서 태어났다. 그의 아버지 노만(Norman)은 웨인의 12번째 생일 이전에 갑자기 유명을 달리하고, 웨인은 그의 십대를 뉴욕 주 보비나 센터(Bovina Center, New York)에 있는 삼촌의 농장에서 보냈다. 이런 목가적 분위기가 그의 인격과 흥미뿐만 아니라, 최근에 그가 피츠버그 북쪽으로 몇 마일 떨어진 펜실베이니아 주 깁소니아(Gibsonia, Pennsylvania)의 본인 소유의 작은 농장에서 하플링거(Haflinger, 조랑말)들을 사랑으로 심혈을 기울여 기르는 데 많은 영향을 끼쳤다.

스피어 박사는 고등학교 재학 중 로마서를 독창적으로 요약해 냈을 때, 이후 인생 가운데 두드러질 그의 은사와 흥미를 드러냈다. 우리 대부분이 스포츠나 다른 일시적 기쁨들을 추구할 때, 그는 하나님의 말씀을 연구하는 데 엄청난 시간을 쏟았다. 그 역시 스포츠나 다른 여가 활동을 즐겼으나 그의 삶은 이미 균형 잡혔을 뿐 아니라 그리스도 중심적이었다.

제네바대학교의 학생이었을 때, 그는 교실에서 남다르게 열심이었고 크로스컨트리 경주에 참여했다. 그리고 메리 그레이스 맥크래켄(Mary Grace McCracken)과 사랑에 빠져 결국 신학교에서의 수학 1년만에 그녀와 결혼했다. 비록 스피어 박사는 쉽게 인정하지 않겠지만, 그가 신학교에서 최고 학년일 때 전공분야인 성경 종합고사에서 수석을 했을 뿐 아니라 과학 종합고사에서도 모든 과학 전공자들보다도 더 높은 점수를 받았다는 사실은 널리 알려져 있다(그때는 학생들이 졸업 이전에 종합시험을 통과하는 것이 필수였다. 또한 당시 제네바대학교의 의대를 포함한 자연과학대학은 여기를 지원하는 제네바대학교의 학생들을 거의 다 기꺼이 받아들이는 걸로 높은 평판을 받았다).

스피어 박사는 1960년에 RPTS를 졸업한 이후, 총회의 요청으로 그 이상의 학업을 하는 학생이었음에도 6년간 목회를 했다. 그는 프린스턴신학교(Princeton Theological Seminary), 웨스트민스터신학교(Westminster Theological Seminary, Th. M.), 피츠버그대학교 및 피츠버그신학교(University of Pittsburgh, Pittsburgh Theological Seminary, Ph. D.)에서 수학했다. 1970년에 그는 은퇴할 때까지 가르쳤던 RPTS에서 교수직을 시작했다.

RPTS는 수십 년 동안 스피어 박사의 사역의 대부분을 차지하는 곳인데, 이 신학교가 개혁파와 복음주의 진영에서 많은 사람에게 잘 알려지지 않았기 때문에 이 서론에서 이 신학교에 대해 약간이나마 말하는 것이 적절해 보인다. RPTS에 대한 이해는 독자들이 스피어 박사의 사역의 배경을 이해하도록 도울 것이다.

이 신학교는 RPCNA 교단 총회가 공식적으로 설립된 이후 1년이 지난 1810년에 세워졌다. 이 신학교의 설립은 새로운 총회의 첫 사역 중 하나였고, 이는 이 신출내기 교단이 복음 사역을 위해 목회자를 준비하는 데 우선순위를 둔다는 것을 나타낸다. RPTS는 미국에서 5번째로 오래된 신학교이며, 복음주의 혹은 개혁파 진영에서 가장 오래되었다.

수년 동안, 그 시대의 다른 신학교가 운영되는 방식과 같이 총회에 의해 한 신학 교수가 선출되고 신학생들은 교수가 어디서 사역하든 교수가 있는 곳으로 함께 공부하기 위해 왔다. "목회자-교수"가 다른 회중을 섬기기 위해 교회를 옮겼을 때, 신학교 역시 "목회자-교수"와 더불어 이사했다. 이렇게 56년을 지나오는 동안, RPTS는 선도하는 교수가 목사로 봉사하는 지역으로, 즉 적어도 다섯 개의 다른 지역에서 운영되었다.

1856년에 그 신학교는 펜실베이니아 주 피츠버그 북구(North Side of Pittsburgh, Pennsylvania)로 이사했다. 그리고 1923년에 RPTS는 지금의 장소인 피츠버그 동쪽 끝 포인트 브리즈(Point Breeze, in Pittsburgh's East End)로 이사했다. 이 아름다운 곳은 원래는 19세기말 한 소매상에 의해 지어진 맨션이었고, 점차적으로 지금의 신학교로 개조되고 확장되었다.

수년 동안, 이 신학교는 주로 목회 혹은 선교를 준비하는 RPCNA 교단 신학생들을 섬겼다. 20세기의 후반에 사역은 다양한 복음주의와 개혁파 교단의 신학생들을 포함하는 것으로 확장되기 시작했다. 1973년에 펜실베니아 주정부(Commonwealth of Pennsylvania)는 RPTS에 목회학 석사학위(M. Div.)를 제공할 수 있는 권한을 인가했고,

1994년에 RPTS는 신학교연합(Association of Theological Schools, ATS)에 가입했다.

오늘날 이 신학교는 여기서 사역하는 우리 대부분의 판단에 하나님의 성령의 임재가 가장 명백한 특별한 곳이다. 하나님은 그분의 은혜 가운데 RPTS가 다양한 문화, 국가와 교단 배경의 학생들을 섬기면서도 가르침에 있어서 확고하게 역사적 개혁파 신앙을 붙들 수 있도록 했다. 학생들은 이 신학교가 역사적 신앙의 위대한 진리들을 배우는 데 있어서 최상의 환경, 안전한 피난처, 하나의 천국임을 발견하게 된다.

이 신학교는 또한 우리의 도시 안에 있는 학생들을 위한 공동 학위를 제공하기 위해 제네바대학교와 함께 "도시성경사역센터"(Center for Urban Biblical Ministry)를 운영한다. 우리는 또한 제네바대학교가 종전과 다른 야간 학교 형태로 공동체 사역에 대한 학사 학위를 받을 수 있도록 만든 모듈방식이수(modular courses)를 위한 장소를 제공한다. 그러므로 이 장소에서 한 학생은 도시성경사역센터를 통해서 하나의 공동 학위를 받을 수 있는데, 하나는 제네바대학교로부터 공동체 사역에 대한 학사 학위를 받고, 하나는 RPTS로부터 신학석사(Th.M.) 혹은 목회학 석사학위(M.Div.)를 받는다.

신학교의 가장 큰 소망은 하나님의 말씀과 하나님이 우리에게 주신 사명에 충성하는 것이다. 하나님의 은혜로 스피어 박사는 우리가 지난 35년 동안 이 사명을 감당할 수 있도록 하는 데 있어서 수많은 역할을 했다.

RPTS는 역사적으로 가르치는 사역을 강조하는 신학교여서 교수가 연구하거나 책을 쓰는 데 필요한 시간을 주지 않는데다 스피어 박사는 다작하는 저자가 아니기 때문에, 책을 쓰는 데 시간을 많이 사용하는 저자들만큼 잘 알려지지 않았다. 그러나 1974년에 출판된 그의 첫 번째 책,『기도의 신학』(The Theology of Prayer)은 2002년에『하나님과 대화하기: 기도의 신학』(Talking to God: The Theology of Prayer)으로 수정증보가 되었고 칼 바르트(Karl Barth)의 신정통주의 신학을 비평하는 새 책이 곧 출판될 것이다. 스피어 박사는 또한 학문적 소논문들을 쓰고 다른 이들에 의해 편집된 책들의 여러 장을 집필했다. 그는 개혁파 학문 진영에서 존경받는 학자이기 때문에 1993년 런던에서 웨스트민스터 신앙고백의 350주년 기념식과 관련한 논문을 발표해 달라는 요청을 받았다.

스피어 박사의 삶과 사역은 1986년에 심각하게 타격을 받았다. 깁소니아의 집 근처에서 달리기를 할 때, 그는 머리가 깨지는 듯한 두통을 경험했고 뭔가가 잘못되었다는 것을 깨달았다. 그는 지역 병원의 응급실로 갔고, 뇌동맥류로 진단을 받았다. 감사하게도 많은 사람의 기도의 응답과 노련한 의사의 돌봄 아래 주님은 그의 생명을 연장시켰고 그는 뇌동맥류 환자들이 겪는 어떤 후유증이나 장애도 겪지 않았다.

내가 1995년 RPTS에 처음으로 들어왔을 때, 스피어 박사는 이미 은퇴를 생각하고 있는 중이었다. 그는 자신보다 더 젊은 자들에게 봉사할 기회를 제공하는 데 관심이 있었고, 자신이 신학교에서 너무 오랫동안 지체한다면 본인이 바로 교실의 곰팡이가 된다는 것을 걱정했다. 그러나 하나님의 섭리로 그는 1997년 여름에 루마니아의 작은 신학교 교수로 한 팀의 사람들과 함께 파송을 요청받았다. 이 경험이 다시금 그가 교단에서 가르치는 책임들을 활성화시켰으며, 그를 재충전시켰던 것으로 보인다. 그는 가을에 RPTS로 기쁨으로 돌아왔고 은퇴할 때까지 열정적으로 가르쳤다.

개인적으로 나는 스피어 박사의 은퇴 이후에 대해 더 살펴보기를 바란다. 우리는 피츠버그 북구라는 같은 교구에서 봉사했을 뿐만 아니라 가족이 서로 연결되어 있다. 스피어 박사의 막내 아들 샘(Sam)은 나의 큰 딸 멕(Meg)과 결혼했고 그들은 일곱 명의 자녀들을 두었다. 나의 아내 앤(Ann)과 나는 스피어 박사와 그의 아내 메리(Mary)와 손자들을 함께 가지는 축복을 누리니 이 얼마나 감사한가! 그와 메리는 이 글이 작성될 때, 도합 24명의 손자들을 가졌는데 주님이 이후에 태어날 손자들을 예비하실지도 모른다. 진실로 그들은 손자들의 손자를 보는 것과 하나님의 약속들이 한 세대에서 다음 세대로 확장되는 축복을 누리게 되기를 바란다.

RPTS 공동체 전체를 대신하여, 웨인 스피어(와 그의 아내 메리)를 본서의 독자들에게 소개하는 것은 나의 큰 기쁨이다. 나는 주님이 그리스도의 나라의 확장을 위해 본서를 사용하시고 스피어 박사와 메리가 살아가는 모든 날 동안 복 받기를 기도한다. 그들은 그리스도의 일을 위해 자신들을 내어주었다. 그들의 사랑의 수고가 열매 맺기를 기도한다.

제1장

개혁파 조직신학의 생명력

리차드 B. 개핀(Richard B. Gaffin Jr.)

19세기 끝 무렵, 구 학파 장로교(Old School Presbyterian) 간행물인 『장로교와 개혁파 리뷰』(*The Presbyterian and Reformed Review*)는 화란의 신학자 헤르만 바빙크(Herman Bavinck)의 『칼빈주의의 미래』(*The Future of Calvinism*)라는 글을 썼다.[1] 그 글에서 바빙크의 관심은 단지

이 장은 먼저 1994년 6월 네덜란드 노어드와이커하우트(Noordwijkerhout, Netherlands)에서 열린 국제신학회(International Theological Congress)에서 "The Vitality of Reformed Dogmatics"이란 제목의 소논문으로 발표되었고, 그 회의의 일련의 절차로서 J. M. Batteau, J. W. Maris, K. Veilig가 편집한 *The Vitality of Reformed Theology*(Kampen: Kok, 1994)16-50에 실렸다. 여기에서는 Wayne Spear의 삶과 수고에 대한 경외를 가지고 약간의 수정을 거쳐 제공한다.

1 Herman Bavinck, "The Future of Calvinism," *Presbyterian and Reformed Review* 5 (January 1894):1-24; 결과적으로 "Het Calvinisme in Nederland en zijne toekomst," *Tijdschrift voor Gereformeerde theologie* 3(1896): 129-63에서 수정되고 짧아진 서문과 다른 곳에서 가벼운 수정증보로 출판되었다.

칼빈주의 조직신학이라기보다 하나의 세계관으로 광범위한 칼빈주의(Calvinism)에 대한 것이다. 바빙크는 네덜란드의 상황을 반영할 뿐만 아니라 다른 지역에서의 칼빈주의의 미래 역시 고려한다. 그 글은 주목할 가치가 있는, 시의적절한 글이다. 바빙크의 소논문이 간행된 지 100년이 넘었어도, 여전히 칼빈주의의 미래와 칼빈주의 조직신학의 생명력에 대해 관심을 두는 사람들을 위해 그것이 특별히 강조될 만한 가치가 있는 이유는 두 가지이다.

첫째, 17세기 말에 시작된 화란 개혁파 쇠퇴에 대해 조사하면서, 바빙크는 감사하게도 "칼빈주의의 유산들"이 계속해서 전수되었지만, 불균형하고 건강하지 않은 방식으로 유지되었다고 주장한다. 교회와 사회의 주류로부터 소외되어 점점 주변화된, 칼빈주의에 충실하게 남은 사람들은 융통성이 없고 반동적(그들은 과거에 살고 현재는 무시한다)이 되었다. 칼빈주의는 철저하게 급진적이기를 멈췄고 칼빈주의 특유의 생명력을 잃어버렸다.[2] 바빙크는 칼빈주의의 부흥을 바라는 사람들이 "칼빈주의 본래의 모습으로 되돌아가는 것을 바라지 않는다"고 경고하면서 "죽은 보수주의에 대한 양보 없는 껴안기"에 대해 비난한다.[3]

---

[2] "그들은 그들 자신의 시대에 대해 불편함을 느낀다. 왜냐하면 그들은 과거, 즉 오래된 종교적 문헌들의 세계와 교부들의 말과 사상 안에서 살기 때문이다. 한때 모든 운동에서 지도력을 발휘했고, 그들의 시대에서는 진보주의자이며 급진주의자들이었던 개혁파 신학자들은 지금은 보수적이며 반동적이며 구(舊)시대의 찬양자이며 현(現)시대의 멸시자이다…그것은 더 이상 예전의 고결하고 급진적인 칼빈주의가 아니라, 거칠고 가혹하며 세련되지 않을 뿐 아니라 탁월함과 열정이 사라진 차갑고 마른, 아니 더 나아가 죽은 칼빈주의이다." Bavinck, "The Future of Calvinism," 10-11.

[3] Ibid., 13. 유사하게 Abraham Kuyper도 1898년 프린스턴신학교(Princeton Seminary)에서 "Calvinism and the Future"라는 주제로 열린 스톤 강좌(Ston Lecture)의 마지막을

우리는 오늘날 바빙크가 적어도 자신의 교단 네덜란드 개혁파 (Reformed Churches in the Netherland) 내부의 발달[4]이 아닌 20세기에서 지금까지 발생한 모든 발달 때문에, 급진적일 필요없이 신중하고 보수적인 분위기를 주장할 것이라고 너무나 쉽게 추측하곤 한다.[5] 그러나 그런 추측은 너무나 불필요하다. 바빙크는 그렇게 단순하지 않다. 그의 눈은 "불신이 모든 면에서 증가하고 있다는 경고성 사실"[6]에 열려 있었다. 그는 "기독교 내의 현재 시점에 우세한 경향성은 칼빈주의에 우호적이지 않다"[7]는 것을 너무나 잘 알았다.

전례 없는 급진주의와 소비성 활동으로 대표되는 우리 자신의 시대에서는 신학적으로나 윤리적으로 저절로 반동적이 되려는 유혹이 무엇보다도 강하다. 예를 들어, 우리는 종교개혁의 "항상 개혁되어야 한다"(셈퍼 레포만다[*semper reformanda*])는 구호의 남용이 현재보

"흉내만 내는 복고주의에 대한 모든 생각"을 배제하는 것으로 강의를 시작했다. Kuyper는 계속해서 "구 화란 칼빈주의자들과 청교도 이민자들의 후예들이 해야만 하는 것은 마치 칼빈주의가 화석(化石)인 것처럼 과거를 복사하는 것이 아니라, 칼빈주의라는 나무의 살아있는 뿌리로 되돌아가서 그 나무를 깨끗하게 하며 물주며, 다시 한 번 싹트게 하고 꽃피게 하여 현시대의 우리의 실제적 삶과 조화를 이루게 하고 다가 올 세대의 요구까지 충족하는 것이다"라고 말했다. A. Kuyper, *Calvinism* (Grand Rapids:Eerdmans, 1943), 171.

4 1892년 압스케이딩파(Afscheiding, 분리파)와 돌레앙치파(Doleantie, 애곡파) 사이의 일치 운동을 보면서 Bavinck는 부흥의 여명기에 산다는 것을 알았으며 그 연합을 "더 좋고 아름다운 미래에 대한 예언"으로서 보았다. "The Future of Calvinism," 12.

5 내가 말하기를 의도하고자 하는 것은, "충격적인 변화"이다. Bavinck의 주장이 너무 극단적 혹은 불공평하다는 것을 발견한 자들 역시 적어도 이 발달들이 Bavinck가 염두한 "칼빈주의 미래"가 아니라는 것은 인정해야만 할 것이다.

6 Ibid., 13.

7 Ibid., 16.

다 더 노골적이었던 때가 없었다고 믿는다. 그러나 그 원칙의 남용과 변질이 아무리 두드러질지라도 그것이 원칙 내부의 진리를 제거하지는 않는다. "우리는 신학적 원칙이 결정적으로 변경 불가능하다고 가정하지 않는다."[8] 바빙크의 시대와 같이 오늘날도 우리는 바빙크의 놀라운 문구인 "죽은 보수주의에 대한 양보 없는 껴안기"가 칼빈주의 조직신학을 포함한 칼빈주의의 생명력에 살아 있는 위협으로 남는다는 것을 확신한다.

둘째, 바빙크에 의하면, 칼빈주의 특유의 강점들 중 하나는 신학과 교회 생활에서 "칼빈주의가 모든 기계적 일치를 회피한다"[9]는 것이다. 이 말을 할 때, 바빙크는 루터파(Lutheranism)와 대조되는 개혁파 전통 안에 있는 신앙고백의 다양성을 특히 염두에 두고 있다. 바빙크는 칼빈주의는 다양한 민족 사이에 존재하는 차이와 개체성을 드러낼 만한 여유를 가지고 있다고 말한다. 칼빈주의 진리는 너무나 풍요하고 다채로워서 어떤 한 개인 혹은 한 교회가 그 다양성 전부를 완벽하게 통일시키는 것이 불가능하다. "오직 모든 성도와의 교통에서 우리는 그리스도의 사랑의 넓이와 길이와 깊이와 높이를 이해할 수 있다."[10]

오늘날 걷잡을 수 없는 종교적이고 신학적인 다원주의의 관점에서 볼 때, 바빙크의 강조는 경시되고 그의 바울 인용(엡 3:8, 10, 18-19)만 남을 것이다. 그러나 그것은 우리의 개혁파 유산의 중요한 점

---

8 John Murray, "Systematic Theology," in *Collected Writings*, 4 vols. (Edinburgh: Banner of Truth, 1976-82), 4:7.

9 Bavinck, "The Future of Calvinism," 22.

10 Ibid.

을 가볍게 여기는 것이다. 바빙크는 우리에게 개혁파 생명력과 다양성은 갈등 안에 있지 않다고 상기시킨다. 사도적 이상인 "모든 성도와 함께"(엡 3:18)[11]와 바울의 명령인 "너희를 권하노니 다 같은 말을 하고"(고전 1:10)와 같은 방식이나 동일한 어구로 말해져야 한다는 것을 의미하지 않는다.

개혁파 조직신학의 생명력은 확실히 다양한 방식으로 탐구될 수 있지만 이런 방식들은 두 가지의 기본적인 접근법 가운데 한 가지를 반영할 것이다.

한편, 우리는 더 광대한 동시대의 종교적이고 신학적인 환경과는 상반된 입장을 강조할 수 있다. 우리 시대는 몇 개의 특징적인 경향성을 언급할 때, 허용할 수 있고 심지어 건강하다고 여기는 "다양성"이라는 미명 아래, 교리적 분열과 모순을 즐기며 파괴적 혼란으로 만연한 공격적이며 다원주의적인 포스트모던 전제에 의해 지배받고 있다. 그렇게 우리는 개혁파 조직신학의 생명력을 점점 약화시키면서 위협하는 이런 경향성과 다른 경향성들에 대해 반대할 수 있다.

다른 한편, 우리는 개혁파 조직신학의 타고난 생명력과 그 강점들을 어떻게 가장 잘 유지하고 키울지에 집중할 수 있다.

이 접근법들 중 어느 것도 다른 것을 배제할 필요가 없다. 그러나 나는 여기서 항상 생명력의 개념에 집중하게 만드는 더 긍정적인 접근법인 후자를 따를 것이다. 그렇다고 전적으로 전자의 방식을 부정하지는 않겠다. 그렇게 할 때 나는 반대 사안들을 제기할 때보다 다소 더 많은 부분을 다룰 수 있으며 더욱 깊이 연구할 수 있다. 나의

---

11 성경 인용은 필자의 번역이다(본 역서에서는 개역개정을 인용한다-역주).

소망은 적어도 건설적인 방식으로 더 깊은 토론을 자극하는 것이다.

하나님의 말씀은 "살았고 운동력이 있다"(히 4:12). 하나님 자신과 같이 하나님의 말씀은 "영원히 서리라"(사 40:8; 벧전 1:25). 하나님 말씀의 생명력은 궁극적으로 개혁파 조직신학이 계속해서 가질 파생적인 생명력의 근원이다. 나는 이 진리가 본서의 많은 독자에게 공통분모라고 가정하지만 하나님의 말씀을 거절하고 인간의 기록으로 격하시키는 개념이 집요하게 만연하는 신학적 상황에서 이 명백한 진리를 서로에게 상기시키는 것을 멈출 수가 없다.

만일 조직신학의 생명력이 말씀의 생명력이고 또한(동등하게 중요한) 말씀과 함께 교회에서 역사하시는 성령의 생명력이라면, 조직신학의 가장 큰 관심사는 기록된 말씀과 그 말씀을 이해하는 것이다.[12] 조직신학은 지나치게 사변적이지 않다. 오히려 조직신학이 과거 교회의 고백과 교리적 발달뿐만 아니라 교회가 동시대에 직면한 기회와 도전들의 눈을 가지고 신학을 형성할 때에도 다른 신학적 분과와 마찬가지로 성경 주해가 관건이다.[13]

---

12 내 신학적 입장의 가장 간략한 표지로, 하나님의 말씀은 가장 핵심 중의 핵심으로 성육신한 말씀, 즉 예수 그리스도이며, 그와 분리할 수 없는, 기록된 말씀 즉 성문화된 말씀이라고 여기서 말하는 것으로 충분하다. 이 기록된 말씀 전체는 형식적(다양한 본문 형태와 양식)으로나 내용적(다양한 측면의 내용들)으로 승격된 그리스도("성경에서 스스로 자기를 증언하는 그리스도")가 그 자신의 말씀으로 동일시 했고, 성령에 의해 그리스도는 교회의 삶 가운데 기록된 말씀을 주장한다("그리스도 그 자신에 의해 나와 전체 교회를 위해 기록된 편지"). 따옴표의 표현들은 Cornelius Van Til, "My Credo," in *Jerusalem and Athens: Critical Discussions on the Philosophy and Apologetic of Cornelius Van Til*, ed. E. R. Geehan (Nutley, NJ: Presbyterian and Reformed, 1974), 3,5,8에서 인용되었다.

13 전체 창조 질서에 대한 계시를 합당하게 이해하기 위한 필수불가결한 "렌즈"로서 성경에 대한 Calvin의 잘 알려진 묘사(*Institutes of the Christian Religion*, ed. John

이럴 때 해석학적 관점이 조직신학의 과업에 근본적이다. 조직신학자는 가까이는 교회의 교리에, 궁극적으로는 성경에 매이는 해석자이다. 이것은 클라스 스킬더(Klaas Schilder)가 "비판적 지지"(sympathetic-critical)[14]라고 깔끔하게 묘사했듯이, 어느 시점에서든지 조직신학은 교회의 고백과 교리에 매여 신학을 형성하는 것을 의미한다. 조직신학의 가장 큰 염원 중의 하나는 교회의 교리가 "성경에 명확하게 기록된 것이나 성경으로부터 당연하게 추출할 수 있는 것"[15]으로만 형성되는 것이다. 교회의 정경이 완성되었을 때 채택된 사도의 경고, 즉 "기록된 말씀 밖으로 넘어가지 말라"(고전 4:6)[16]는 조직신학은 물론 우리의 모든 신학에도 적용된다. 조직신학의 동

T. McNeill, trans. Ford Lewis Battles, Library of Christian Classics [Philadelphia: Westminster, 1960], 1.6.1, 1.14.1)를 채택하면서, 우리는 신학이 그것을 어떻게 분류하든 간에 모든 신학의 부분에서 렌즈와 테로 구성된 도구들을 통해 "보는 것"을 가능케 하는 일종의 "검안"(檢眼)과 같다고 주장한다. 이런 의미에서 성경은 신학의 근본적 원천이며 규범인 유일한 신학의 원천(프링키피움 우니쿰[*principium unicum*])이다. Gerhard Ebeling이 설득력있게 논증했듯이(*Kirchengeschichte als Geschichte der Auslegung der heiligen Schrift* [Tübingen: Mohr, 1947]), 심지어 교회사 역시 필수적으로 "성경해석의 역사"이다. 그런 입장이 결국 하나의 분과로서의 신학에 대해 주제넘게 너무 많은 부담을 지게 하는 것은 아닌가? 나는 우리가 신학을 다른 연구 분야와 관련하여 너무나 제한시키려는 분위기에 충격을 받았다. 신학에서 작동원리는 무엇보다도 원심적이 아니라 구심적이다. 신학이 성경중심적일 때, 어느 정도 중요하고 실제로 있는 부가적인 질문들도 덜 긴급하게 되고, 더욱더 잘 해결될 것 같다.

14　*Ori ntatie in de theologie: Studiegids samengesteld door de hoogleraren aan de Theologische Hogeschool van De Gereformeerde Kerken in Nederland te Kampen* (Groningen, Netherlands: De Vuurbaak, n.d. 그러나 1974판과 유사하다), 20에서 J. Douma가 인용. 본장 후기를 보라.

15　WCF 1.6.

16　바울이 염두에 두고 있는 기록된 문서 혹은 내용이 무엇이든지간에 이 문제와 관련해 주석들을 보라.

시대적 상황과 교리사적 측면과 별도로 이 "주해- 해석학적" 측면은 다음에 전개할 나의 큰 관심사이다.

바빙크의 글이 발표된 1894년 5월 바로 그 시점에 그 글의 번역자인 게할더스 보스(Geerhardus Vos)는 프린스턴신학교(Princeton Seminary)의 새로운 직책인 성경신학장에 첫 번째로 임명되었다. 이 임명은 의미심장하다. 왜냐하면 어떤 사람보다도 보스가 개혁파 성경신학(biblical theology)의 아버지라고 불릴 만하기 때문이다. 어떤 다른 누구보다도 보스는 우리가 지금 소유한 개혁파의 구속사적 주해(redemptive-historical exegesis)로 알려진 부요한 전통의 창시자였다.[17] 그러나 이것이 우리로 하여금 이런 질문을 하도록 하게 한다. "한 세기가 지나는 동안 어떻게 개혁파 조직신학은 이 주해 방식의 유산을 활용했는가?", "어느 정도 개혁파 조직신학이 구속사적 주해 방식으로부터 일탈했는가?" 본 장의 나머지는 이 질문을 조사하는 데 집중할 것이다.

보스는 취임연설에서 하나의 특정 학문분야로서의 성경신학 프로그램과 그 분과적 위치에 대해 적절하게 다루었다.[18] 상대적으로 독립된 지 얼마 되지 않은 이 특별 학문분야의 유용성을 설명하면서, 그는 이것을 "특별 계시의 역사"[19]라고 불렀고, "하나님은 계시의

---

17 Vos의 개척자적 작업은 Herman Ridderbos, Schilder, B. Holwerda, M.G. Kline, 다소 대중적인 S.G. De Graaf 및 그외의 수많은 학자에 의해 계승되었다.

18 Geerhardus Vos, "The Idea of Biblical Theology as a Science and as a Theological Discipline," in R.B. Gaffin Jr., ed., *Redemptive History and Biblical Interpretation: The Shorter Writings of Geerhardus Vos* (Phillipsburg, NJ: Presbyterian and Reformed, 1980), 3-24.

19 Ibid., 21 n. 2; 또한 Geerhardus Vos, *Biblical Theology: Old and New Testaments* (Grand

내용을 교리 체계가 아닌 역사책에 담으셨다"[20]고 주장했다. 수년이 흘러, 그의 임기 말년에 그는 유사하게 "성경은 교리 입문서가 아니라 흥미진진한 드라마가 넘치는 역사책이다", "계시의 범위는 학파에 있지 않고 언약에 있다"라고 주장한다.[21]

이 진술들이 거의 다 동일한 구조를 가진다는 것이 주목할 만하다. 그 진술들은 "성경은 무엇이 아니다" 와 "성경은 무엇이다"이다. 성경은 "교리 입문서"가 아니며 성경의 구조는 "교리 체계"가 아니다. 그리고 성경의 기원은 학파에 있지 않다. 이 첨예하게 대조적인 공식들은 단순히 수사적이거나 우연적인 서술이 아니다. 그 서술들은 단순하게 가설적인 잘못된 개념을 드러낸다고 할 수 있다. 그렇지 않다면 적어도 갈등의 크기는 나타낸다고 볼 수 있다.

보스가 누구를 갈등의 대상으로 보는가? 확실히 그는 계몽주의(Enlightenment)의 합리주의(rationalism)가 가져오는 해로운 결과들을 염려한다. 그러나 보스가 개신교 정통주의의 조직신학에서 발견한 지성 중심적 경향성, 즉 성경을 비역사적인 제일원칙 혹은 정적(靜的)인 진리들의 모음집으로 보는 경향성에도 반대한다는 진술들의 취지가 무엇인지에 대한 질문은 거의 없다. 보스는 성경 계시의 구속사적 구조와 내용에 더 집중하게 하거나 혹은 다른 말로 하나님의 언약을 점진적으로 드러내는 역사에서 그 계시에 더 집중하는 성경 신학에 의해 그러한 경향성이 완화될 수 있다고 믿었다.

Rapids: Eerdmans, 1948), 서문을 보라.

20　Vos, "The Idea of Biblical Theology," 23.

21　Vos, *Biblical Theology*, 26, 17.

보스의 예상이 얼마나 타당한가? 보스의 예상은 지나치게 과장하지 않고도 내가 여기서 다룰 수 없는 광대한 역사적 질문들을 다룬다. 이 경고는 특히 17세기 개신교 정통주의에 대한 너무나 과도한 부정적 평가에서 드러나는데[22] 종교개혁 이후 신학의 역사를 읽는 데 있어서 광범위하나 심각하게 왜곡된 모델 때문에 더욱더 필요하다.

이런 면에서 보스 그 자신은 탁월하게 균형 잡은 관찰을 했다. 1916년에 개혁파 신학에 대해 쓰면서 다음과 같이 말했다.

> 개혁파 신학은 시작부터 진리 계시의 점진적 성향을 이해한다

---

[22] 그와 같은 주장을 이러한 도식으로 소개하는 것이 정당해 보인다. "창조"-종교개혁; "타락"-17세기 정통주의(18세기 합리주의와 19세기 자유주의에 다소 직접적으로 책임이 있는); "구속"-주로 Karl Barth와 그가 주도한 흐름들. 이런 관점에서 개혁파 정통주의는 종교개혁의 밝은 햇빛에 의한 일시적 광명을 중세의 해로운 이원론적 종합을 재생하면서 종교개혁의 광명을 어두운 구름으로 가린다. 이 신학은 경멸적 뉘앙스의 단어인 "스콜라주의적인"(scholastic)과 "스콜라주의"(scholasticism)로 낙인찍힌다(이 단어의 의미를 정의하려는 노력이 거의 없었다는 것이 주목할 만하다. 단지 짐작으로 그 단어들이 자명하게 나쁘다고 본다). 이런 공격 아래, 만약 우리가 위태로운 상태임이 분명하게 느껴진다면, 그러한 "스콜라적" 방식으로 작성된 도르트 신조와 웨스트민스터 표준문서들과 같은 개혁파 신앙고백들의 생존력과 성경적인 모습을 떠올려야만 한다. 종교개혁 이후 개혁파 정통주의의 더 올바른 평가를 위해 최근 증가하는 수많은 학자의 책들 가운데 특별히 주목할 만한 가치가 있는 것은 Richard Muller의 탁월하고 신기원을 이루는 책이다. 이 작품은 종교개혁자들과 17세기의 개혁파 신학자들과의 신학이나 신학 방법론의 모든 차이에도 불구하고, 그들 간의 깊고도 우호적인 연속성을 보여주는 것을 통해 개혁파 "스콜라주의"를 복원하며 현재 우세한 패러다임의 왜곡들을 반박한다. 특별히 Muller의 4권으로 구성된 *Post-Reformation Reformed Dogmatic Theology: The Rise and Development of Reformed Orthodoxy, ca. 1520 to ca. 1725*, 2nd ed. (Grnad Rapids: Baker, 2003)과 그의 취임 강의인 *Scholasticism and Orthodoxy in the Reformed Tradition: An Attempt at Definition* (Grand Rapids: Calvin Theological Seminary, 1995)을 보라.

는 면에서 진정한 역사적 감각을 소유했음을 보여준다. 개혁파 신학의 역사적 측면에서 언약 교리는 계시의 역사를 구축하려는 첫 번째의 시도를 나타내며 현재 성경신학의 전조(前兆)로 공정하게 고려될 수 있다.[23]

보스는 여기서 다음을 상기시킨다. 개혁파 신앙고백들과 그것들을 포괄하는(특히 언약에 대한 교리 등) 신학적 틀은 성경의 구속사적 성격에 방법론적으로 더욱 집중하게 하며, 적대시하기보다 환대하며 더 나아가 기대하도록 한다. 종교개혁 이후 정통주의에 의심할 여지가 없는 결함들이 있을지라도 우리는 그런 결함들을 과장하는 것을 경계하여야만 한다.

중요한 단서들을 확인하면, 보스가 그저 "좌우로 치우치지" 않았음은 의심할 여지가 없다. 보스는 한 세기가 지나도 사라지지 않는 타당한 질문을 물었다. 조직신학을 체계화하는 주요한 문서로 조직신학을 채우는 것을 충분히 고려할 만한 가치가 있더라도 이 문서 역시 한 부분이며 그것 자체가 핵심 자료일 수 없다. 보스가 위에서 언급했던 "언약"과 "학파" 사이의 갈등과 관련해서, 또한 교회의 삶과 전혀 관련이 없는 교리를 다룰 때의 그런 지성 중심적 흐름들과 관련해서 질문이 계속될 필요가 있다. 그런 갈등과 흐름들이 개혁파 조직신학에서 전적으로 사라졌는가? 즉 개혁파 조직신학이 적절하게 구속사적 주해의 유산을 계속해서 전수하며, 구속사적 주해의 잠재력, 다시 말하면, 풍성한 주해의 결실을 누리게 하고 주해를 통해

---

23   Vos, *Redemptive History and Biblical Interpretation*, 232.

교회를 재구성하는 그런 잠재력을 지니고 있는가? 내가 볼 때, 구속사적 주해의 유산과 잠재력과 관련된 질문들이 조직신학의 지속적 생명력에 관심 있는 개혁파 신학자들에게 가장 도전적이며 약속이 되는 질문이다.

이미 언급했듯이, 여기서 더 큰 사안은 적어도 영어권 논쟁에서 성경신학과 조직신학의 관계에 관련한다. 성경신학과 조직신학 둘 다 혹은 어느 하나에 반대를 하는 것을 떠나서 몇 가지 요점을 간략히 강조할 필요가 있다. 이제는 내 토론의 요점을 더욱 상세하게 가다듬고 필요하다면 이 요점들을 어느 정도는 입증할 것이다.[24]

1. 구속사적 주해로서의 성경신학은 성경 이면의 실제적 계시 과정에 관련한다. 그 과정은 사실 하나의 구속사적 역사인데, 더 넓게는 창조에서 시작해서 타락을 지나 크게 이스라엘 역사를 통과하는, 궁극적으로 성육신하신 그리스도와 그의 사역으로 정점을 맞는 역사, 바로 언약의 역사이다.

이 근본적인 신학적 구성을 지지하는 가장 드러나게 명확한 성경적 근거는 히브리서 저자의 중요한 주장이다.

> 옛적에 선지자들로 여러 부분과 여러 모양으로 우리 조상들에

---

24 Vos, "The Idea of Biblical Theology," 23-24와 *Biblical Theology*의 서문, 12, 24-25; Murray, "Systematic Theology," 9-21; 그리고 나의 "Systematic Theology and Biblical Theology," *Westminster Theological Journal* 38(1976): 281-99; 내용적으로 중첩되는 부분을 가지나 다른 관점으로, W.D. Jonker, "Eksegese en dogmatiek," in W.D. Jonker et al. eds., *Hermeneutica: Erebundel aangebied aan Prof Dr. E.P. Groenewald.* (Pretoria, South Africa: N.G. Kerk-Boekhandel, 1970), 157-79.

게 말씀하신 하나님이 이 모든 날 마지막에 아들로 우리에게 말씀했으니(히 1:1-2a).

이 구절은 다음 세 가지 상호 관련된 요인들을 포착한다.

첫째, 역사적 과정으로서 계시.

둘째, 우리가 관찰한 다양한 양식과 문학 장르뿐만 아니라 역사적 과정 안에 포함된 모든 다양성, 물론 함축적으로 양식과 문학 장르를 다루기 위해 근대 시대에 출현한 타당한 여러 방법론들이 무엇이든 포함한다.

셋째, 그 과정의 종말론적 지점과 궁극인 그리스도.

정경은 그 자체로서 계시이고 구속사의 한 부분으로서 기원했다. 따라서 정경은 본질적으로 계시에 대한 기록이며 교회가 구속사에 접근할 수 있게 하는 유일하고도 충분한 것이다.

2. 말씀으로 더욱 엄밀하게 이해되는 "계시"의 역사는 구속사의 주된 흐름 안에서 펼쳐진다. 혹은 부분적으로 고려될 때 계시된 말씀의 주된 관심은 구속적 행위이다. 그 말씀은 구속적 행위에 묶여 있으며 그 행위를 해석한다. 구속적 행위 없이는 말씀도 어떤 의의를 가질 수 없다.[25] 다른 말로 하면, 하나님이 자신의 창조와 회복과

---

25 "계시는 구속과 촘촘히 얽혀 있어서 만일 구속이 없다면, 계시는 공중에 떠버릴 것이다." Vos, *Biblical Theology*, 24. 예를 들어, 웨스트민스터 소요리문답이 "성경은 인간이 하나님에 대하여 믿어야 하는 것과 하나님이 인간에게 요구하는 의무에 대하여 가르친다"고 주장할 때, 창조와 구속에서 일하는 언약의 하나님으로서의 신론과 관련된 가르침(credenda)과 이(언약-역사적) 직설법에 근간을 두는 명령법(agenda)을 바로 명확하게 하는 것은 중요하다. 이러한 강조는 하나님의 자존성을 부인하지 않고

관련된 활동에 대해 두드러진 해석자이다.

이 때 모든 성경 해석은 해석에 대한 해석-성경에서 하나님이 해석해주신 (창조, 타락, 그리고) 구속에 대한 해석을 다시 우리가 해석한다는 면에서-이다. 내용의 측면에서 성경의 통일성은 전체적으로 구속사적 통일성, 즉 다양한 역사에서 점층적으로 계시를 드러내는 통일성이다. 올바른 성경 해석에 있어 필수적인 컨텍스트의 원칙으로 가장 크게 신경써야 하는 컨텍스트는 언약-역사적 컨텍스트이다.[26] 정경적 켄텍스트가 진실로 받아들여진다면,[27] 전체적인 정경 컨텍스트와 언약-역사적 컨텍스트는 유사하다.

3. 가장 중요한 측면에서, 성경신학과 조직신학의 관계 면에서 보면, 이 둘이 서로 구분된 신학 분야라고 할 수 없다. 그런데 이 관계가 등한시되는 것 같다. 성경신학에 대한 더 근본적이고 기능적이며 해석학적인 이해가 요청된다. 모든 주해는 성경적-신학적(즉 구속사적)이어야 한다. 그래서 소위 성경신학이 바로 조직신학의 해석상의

오히려 성경이 말하는 불가해한 깊이 대부분을 그대로 남겨둔다. 이 구속사적 강조는 또한 교회를 계속해서 오염시키는 기독교 진리의 준(準)영지주의 개념뿐만 아니라 진리의 사유화와 개인주의적 해석에 대한 중요한 해독제이다.

[26] 우리는 소위 성경신학에서 문맥 고려의 원칙으로 종교개혁의 성경 해석 전통에 중심이 되는, 성경이 성경을 해석하는 성경의 유비(analogy of Scripture)가 성경적 실재와 적용에서 가장 핵심을 관통하면서도 일관된 원칙임을 발견한다.

[27] 애석하게도, 이것이 최근에 많이 행해지는 "정경비평"(canonical criticism)이라고 말할 수는 없다(예를 들어 B. Childs와 J.A. Sanders의 작품을 보라). 역사비평 방법과 그 방법의 전제를 포기하는 것 없이 성경(구약)을 정경으로서 읽는 정경비평의 노력은 궁극적으로 자멸적이다.

근원이라는 데 성패가 달려 있다.[28] 더 궁극적으로, 조직신학의 핵심은 교리가 아니라 구속사이다. 구속사는 교리를 위한 목록을 제시한다. 내가 아래에 더 명확하게 제시할 것인데, 교리는 구속사의 기능 중 하나이다. 조직신학의 생명력은 언약 혹은 구속사에 뿌리를 둔다.

최근 구속사적 해석이 개혁파 조직신학을 위해 제공하는 기회들과 도전들을 잘 보여주는 큰 노력의 결실은 고든 스파이크만(Gordon Spykman)의 『개혁파 신학: 조직신학에 대한 새로운 패러다임』(*Reformational Theology: A New Paradigm for Doing Systematic Theology*)이다.[29] 부제가 말하듯이, 스파이크만은 그 자신이 새로운 영역을 개척한다고 본다. 스파이크만은 "새로운 패러다임"을 제공하며, 이 패러다임의 최우선적 관심은 그의 말 그대로 "개혁파 조직신학에 있어서 성경 계시의 역사적-구속적 패턴의 위치를 더욱 확고하게 하는 것"이다. 스파이크만은 "전체 성경 줄거리는 종말 지향적이다"라는

---

28 Murray는 예리하게 관찰한다. "조직신학은 합당하게 고려되고 발달되어야 하는 성경신학의 뿌리를 내버리면 그 임무에서 실패할 것이다. 그러한 태도는 조직신학과 밀접하게 관련된 주해가 성경신학의 원칙에 따라 제한되어야만 한다고 요청하는 것에 의해 조직신학에 과도한 한계를 두는 것처럼 보인다. 주해와 체계들 모두, 다시 말해 성경의 유비에 중요한 정경을 반대하는 것 같다. 그러나 이런 추측은 실제적이지 않다. 오직 조직신학이 성경신학에 뿌리박을 때, 조직신학은 진정한 기능을 하며 조직신학의 목적을 성취한다는 것이 사실이다." "Systematic Theology," 19-20.

29 Gordon Spykman, *Reformational Theology: A New Paradigm for Doing Systematic Theology* (Grand Rapids: Eerdmans, 1992). 내가 아는 한, Spykman의 저서는 적어도 현대 시대에서 그런 첫 번째 노력이다. 물론 18세기까지 거슬러 올라가면, Jonathan Edwards의 *A History of the Work of Redemption*라는 저서가 있는데, 여기서 Edwards는 "전적으로 새로운 방식으로 역사의 형태로 서술된 신학 체계"를 저술하려고 노력했다. Richard Lints, *The Fabric of Theology: A Prolegomenon to Evangelical Theology* (Grand Rapids: Eerdmans, 1993), 171-81을 보라. 더 거슬러 올라가서, Johannes Cocceius와 그의 영향을 받은 사람들이 여기에 포함될지에 대해서는 논쟁적이다.

점을 강조한다.³⁰ 이후 본 장에서는 이 제안의 더 두드러진 구조적 혹은 "패러다임" 요소들에 의해 유발된 상호 작용과 반향들을 주로 다룰 것이다.³¹

1. 스파이크만은 조직신학의 주요 체계를 창조, 타락, 구속, 종말이라는 성경적 주제로 구조화한다. 이 네 가지 구분이 그 책의 주요 부분을 이룬다. 이 기본적 뼈대는 확실히 성경 계시의 전체 구속사적, 종말론적 흐름에 우위를 둠을 확실히 주장한다. 더욱이 이 구분은 창조와 구속이 결코 분리되거나 반대되는 것이 아니라, 구속이 창조를 회복하고 온전하게 하듯이 서로 관련되어 있다는 개혁파 특유의 주장과 창조와 구속 사이의 연결을 강조하는 결정적 장점을 가지고 있다. 또한 이 주요한 구분은 이후 토론할 부차적 논제들과 내부 발달에 대한 판단에서의 차이들을 다룰 만큼 충분한 여지를 허락한다.

그러나 우리는 이 구분이 조직신학을 체계화하는 데 있어서 유일한, 아니 심지어 이상적 구성방식이라거나 신학적 내용을 구성하기 위한 유일한 배열이라고 가정하지 않는다. 물론 스파이크만 역시 그런 주장을 하지 않는다. 이런 면에서, 나는 구속사적 접근이 전통적인 조직신학의 소위 "로치 방법"(*loci* method, 주제에 따른 방법)을 포기하게 할 만큼 필수적이라는 스파이크만의 주장과 같은 확신이 없다. 결국 엄밀히 말하면, 그 이유는 로치 방법 역시 교리의 주제적 모

---

30 Spykman, *Reformational Theology*, 135.

31 더 일관되고 균형 잡힌 주장을 위해, 필자의 회고적 소논문인 "A New Paradigm in Theology?" *Westminster Theological Journal* 56 (1994): 379-90을 보라.

음을 요청하는데 왜 성경적 내용이 그런 접근을 막는지 알기 어렵기 때문이다.

예를 들어, 우리는 성경의 메시지를 거대한 서사 드라마의 전체로 비유할 수도 있다. 이 비유는 성경의 언약-역사적인 주제를 고려하는 꽤 적절한 모델이다. 이 관점에서, 조직신학은 이 대서사시의 광범위한 전반적인 "이야기 분석" 및 적절한 주제(하나님, 인간, 죄, 구원, 교회 등) 아래 다양한 배우들과 그들의 행동과 상호 행동에 대한 고찰"로 볼 수 있다.

존 머레이(John Murray)가 경고하듯이, "의도된…비현실적 관념으로의 경향성"[32]으로 인한, 확실히 전통적인 조직신학에는 성경을 비역사화(dehistoricize)하거나 혹은 추상화(decontextualize)하려는 부인할 수 없는 의도가 있다(이전에 언급했던 보스의 주장에 관심을 두는 또 다른 방식). 그러나 그것이 스파이크만이 주장하듯이, 로치 방법 안에 "추상적이고 합리적인" 경향성이 내재하는 것은 아니다.[33] 역사적-구속적 의식은 성경 계시 전체에 깔린 종말론적 역동성을 감소시키거나, 교리의 주제들을 다룸에 있어서 각 주제들을 고립된 방식으로 다루거나 중요한 상호연결을 놓치는 접근법들에 대해서 반작용이 되어야 한다.[34]

또한 고려되어야 할 또 다른 문제의 측면이 있다. 만일 성경이 진

---

32 Murray, "Systematic Theology," 20.

33 Spykman, *Reformational Theology*, 135.

34 문제시되는 접근들은 우리가 나중에 주장할 부분으로서, 조직신학의 마지막 장, 종말론의 언약적 측면을 거의 부록처럼 첨부하는 가장 중요한(그리고 불행한) 약점을 가진다.

실로 하나님의 말씀이라면, 그때 성경의 긴 역사에서 점층적으로 보여주는 다양성이 교리적 혼란이나 모순의 수렁이 아니라, 조화되면서 상호연관된 통일성, 즉 다양성 안의 통일성이 존재한다고 보아야 한다. 의심의 여지없이, 성경에서 볼 수 있는 다양성은 항상 수많은 헤아리기 힘든 요소들(예를 들어, "측량할 수 없는 그리스도의 풍성함", "지식에 넘치는 그리스도의 사랑을 알고", 엡 3:8, 19)을 포함할 것이다. 가장 인상적인 조직신학은 "우리가 지금은 거울로 보는 것 같이 희미하나"(고전 13:12)로 잘 알려졌듯이, 지나친 확신이 있거나 "체계-안정적"인 것과는 거리가 멀다. 그러나 이 다양성 안의 논리정연한 통일성이 교회가 이 질문, "성경(단지 이사야, 바울 등이 아닌)이 어떤 주제(성경에 적절한 주제)에 대해 무엇을 말하는가?"에 대한 대답을 하도록 허용할 뿐만 아니라 권위 있게 정답이라고 말할 수 있게 한다. 그 질문에 답하는 것은 조직신학 특유의 관심이어야만 한다.

2. 스파이크만의 네 가지 주제보다 더 기본적인 구분은 창조-타락-구속으로, 구속에 종말이 종속되며, "이미-아직 아니"(already not yet)라는 현재적 구속과 미래의 구속으로 구분되는 두 개의 주요한 하부 주제가 발견된다. 스파이크만에 충실한 이러한 구분은 그리스도의 사역, 특히 미래에 완성될 그의 사역의 종말론적 성격을 드러낼 것이다. 신약 해석에 있어서 이러한 구분은 앞선 한 세기 혹은 그 이전부터 일반적인 합의 사항이었다.[35]

---

[35] 이러한 일치는 19세기 말 형성된 예수님의 하나님 나라 선포에 대한 재평가(J. Weiss와 A. Schweitzer의 연속적 종말론)로부터 시작했다. 그것은 당시 자유주의(liberalism) 신학을 지배했던 낙관적 종말론(A. Ritschl과 A. von Harnack)에 대한 반동이었다. 신약

개혁파 신앙고백과 신학 안에 내재된 부요한 유산(특별히 언약 교리 안에 이미 나타난 구속사적 의식을 포함하여)에도 불구하고, 내가 볼 때, 앞서 언급한 그러한 해석학적 합의 사항은 그것이 발휘해야 하는 영향을 아직 끼치지 못하는 것 같다. 보다 더 날카롭게 말하면, 전체의 구조와 내부적 발달에서, 조직신학은 구원론이 종말론이라는 것을 더 명확히 해야 할 필요가 있다.[36] 여기서 나는 토론할 가치가 있는, 중요하고 복잡한 사안들의 여러 측면들을 다루고자 한다.

바울 신학에 대한 기념비적 저술에서, 헤르만 리델보스(Herman Ridderbos)는 마치 후렴구에서 반복되듯이, 이 문제든 저 문제든 사도의 관심은 구원의 서정(오르도 살루티스[ordo salutis])이 아니라 구속사(히스토리아 살루티스[historia salutis])에 있다고 계속해서 말한다.[37]

가르침을 가장 간략하게 제시한 표본인 "때가 차서"(갈 4:4; 엡 1:1) 그리스도의 오심은 역사상 가장 특별하게 상서로운 순간이 아니라, 절대적 측면에서 역사, 역사의 목적을 완성하는 것을 의미한다. 죄를 사하기 위한 그리스도의 희생적 죽음은 "세상 끝에"(히 9:26), "이 말세에"(벧전 1:20)에 발생했다. 부활하시어, 그리스도는 "첫 열매"(고전 15:20)가 되었다. 그의 부활은 과거의 동떨어진 사건이 아니라, 궁극적으로 종말에 모든 신자들을 포함한 부활-추수 역사의 실제적이면서도 가시적인 시작이다. 그러므로 부활은 계속해서 이어진다. 모두가 말하듯이, 그리스도의 초림과 재림은 두 개의 분리된 사건이 아니라 주님의 도래라는 한 종말론적 사건의 두 양상이다.

36　"구원론"에 대해서 나는 성육신한 그리스도의 전체 사역을 염두에 둔다. 구원이란 그리스도께서 성취한 구원과 성령에 의해 적용되는 것이다.

37　Herman Ridderbos, *Paul: An Outline of His Theology* (Grand Rapids: Eerdmans, 1975), 14, 63, 173ff., 205ff., 211. 참조. 45ff., 91, 214ff., 221ff., 268ff. 365, 378, 404ff.; *When the Time Had Fully Come* (Grand Rapids: Eerdmans, 1957), 49. 전에 언급한 Vos의 진술과 같이, 이 상반되는 진술은 우연적이거나 단순히 수사적인 것이 아니다. 그 진술들은 Ridderbos가 여전히 개혁파 전통과 그밖에 다른 전통에서 두드러지게 보는, 바울에 대한 신학적이며 목회적 사용에 있어서 주로 핵심을 다루는 것(75년 후에 Vos가 인용한 것)처럼 보인다. 그런데 나는 그 상반된 측면의 한 부분에 대해, Ridderbos의 구원의 서정에 대한 관심이 일상적으로 받아들여지는 일련의 논리적 혹은 인과 관계로

내 판단에 리델보스는 이 점을 다소 과장한다.[38] 그러나 만일 구원의

연결된 행동과 유익의 결과를 포함할지라도, 그것에만 제한되지 않는다고 받아들인다. Ridderbos의 "구속사-구원의 서정" 대비는 성취된 구속과 적용된 구속 사이의 기본적 구분과 거의 전적으로 일치한다. 완전히 같지는 않지만, 방향성에 있어서 Vos의 다음 글을 참조하라. "The Interaction between Eschatology and Soteriology," in *Pauline Eschatology* (1930; repr., Grand Rapids: Baker, 1979).

38 믿음의 역할에 대한 Ridderbos의 탁월한 진술(*Paul*, secs. 29, 40-41)과 별도로, 그는 바울이 염두에 두는 구원의 서정에서 믿음의 위치가 어디인지에 대해 독자들로 하여금 어리둥절하게 만든다. 예를 들어, 빌립보 간수의 질문(행 16:30)은 너무나 적절하나, 바울의 대답은 교회가 또 다른 별개의 영역에 신학적 반성을 하게끔 하는 것이다. "구원의 방식"이라는 제목 아래, Spykman의 구속에 대한 생각은 혼란을 제공할 뿐만 아니라 심각한 문제가 있다. 단번에 모든 것을 이루신 구원과 계속해서 적용하는 구원 사이의 구분이 전체적으로 놓치지는 않더라도, 거의 무너졌다. 기껏해야 함축적으로 "The Christian Life," *Reformational Theology*, 480ff의 한 부분에서 다루어진다. 확실히 우리는 구원의 서정(ordo salutis)에 대한 전통적 서술이 종종 지나치게 강조되었고, Anthony A. Hoekema, *Saved by Grace* (Grand Rapids: Eerdmans, 1989), 14-17와 G.C. Berkouwer, *Faith and Justification* (Grand Rapids: Eerdmans, 1954), 1장에서도 나타나듯이 역효과를 일으키기도 한다. 특히 도르트 회의 기간에, 아르미니우스주의(Arminianism)와 경건주의(pietism)에 대한 필수불가결한 반대의 증가로부터 크게 영향 받은 발달들은 승귀된 그리스도와의 연합(구속-연합을 적용하는 시작과 끝으로 중요할 뿐만 아니라 모든 다른 구속-연합의 측면들과 유익들을 포괄하며 내재하는 이 "성령의 신비한 능력"을 통해, 신자의 믿음에 의한 연합)에 대한 칼빈의 탁월한 강조를 흐릿하게 하는 지속적인 결과를 갖는다. Calvin, *Institutes*, 3.1.1; C. Graafland, "Heeft Calvijn een bepaalde orde des heils geleerd?" in J. van Oort et al., eds., *Verbi Divini Minister: Opstellen voor L. Kievit* (Amsterdam: Ton Bolland, 1983), 109-27. 그러나 우리가 그리스도와 "동시대 사람들"이 된다는 스파이크만의 개념은 특별히 성취된 구속과 적용된 구속 사이의 구분을 명쾌하게 하지 않기 때문에 별로 도움이 되지 않는다. 모든 신비가 포함된, 예수의 죽음과 부활에서 그리스도와의 연합은 나의 "지금" 상황들과 조건들과 단번에 모든 것을 이루신 "그때" 사이의 역사적 거리를 구원론적으로 제거하지 않는다. 구원의 공동적 측면과 개인적 측면 둘 다에서, 구원의 지속적 적용으로, 현재는 단순히 그리스도의 완결된 사역의 연장선 상에 있는 것이 아니다. 종교개혁을 일어나게 한 잘못된 발전들(예를 들면 미사 교리에 집중된 로마 교회의 구원론과 교회론)은 다른 것들도 위험하게 했다. 그러한 것들이 일어날 때, 그리스도의 죽음과 부활의 충분성과 역사적 종말성이 부정된다. 궁극적으로 복음 그것 자체는 성취된 구속과 적용된 구속 사이의 구분에 따라 바로 서거나 무너지게 된다. 더 자세한 것은 나의 "Biblical Theology and the Westminster

서정과 구속사의 대비가 상호 배제하는 반대로서가 아니라, 강조의 차이로 받아들인다면, 그 대비는 전체적으로 바울의 가르침을 아우르는 구속사적, 종말론적 체계를 강렬하게 드러낸다는 측면에서, 그는 중요하며 가치 있는 통찰을 제공한다.[39] 구속의 지속적인 적용(구원의 서정)은 단번에 모든 것을 성취하신 구원(구속사)의 기능 혹은 결과이다.[40]

다른 고려사항 가운데, 구원사와 구원서정의 대비가 그리스도인의 삶과 교회의 현존에서 너무나 중요하기 때문에 양도할 수 없는 종말론적 차원 원칙에 대해 윤리학을 포함한 조직신학은 더욱더 명확하게 설명해야 할 필요가 있다. 그 종말론적 관점은 바울이 교회에서 지금도 역사하시는 성령 하나님을 위해 사용한 상업적, 농업적 은유를 통해서 가장 쉽고 생생하게 드러난다. 즉 우리의 종말론적 기업에 관한 "보증"(down payment, 고후 5:5; 엡 1:14; 참조. 엡 4:30),

---

Standards," *Westminster Theological Journal* 65 (2003): 165-79, 특히 167-69를 보라.

39 Ridderbos, *Paul*, 2장을 보라.

40 이 통찰 안에 명확히 내재된 도전은 특별히 종교개혁 이래로, 바울의 저작들이, 특히 구원론 교리를 형성할 때의 주도적인 역할을 생각한다면 더욱더 주목하지 않을 수 없다. 한편으로, 교회는 구원론에서 교회의 교리와 삶 둘 다에서 합당한 균형을 유지해야 할 때 혹은 우선 순위를 지키려 할 때 이런 부분에서 지속적으로 어려움을 가졌다고 보는 것이 적절해 보인다. 구원의 적용은 구원의 성취에 반대되는 것이 아니라 하나의 기능이다. 구원의 성취는 단순히 구원의 적용을 실행하도록 하기 위해 존재하지 않는다. 물론 그런 위험이 전혀 없는 것이 아닐지라도, 동등하게 고려해야 할 것들을 약극화할 의도 없이 기독교, 즉 하나님 언약의 종교의 "요점"은 그리스도인이 아니라 그리스도이며, 우리의 경험이 아니라 그분의 일하심이며, 우리의 필요가 아니라 그분의 영광이다. 오직 이런 요점이 그리스도인 정체성과 경험에 인정될 때, 개인이나 공동체나 올바른 빛 가운데 서게 된다. 만일 그러하지 않다면, 우리는 결국에는 Schleiermacher 혹은 그 이상을 향한 길고 구불구불한 길을 간다.

부활-입양에 대한 종말론적 추수의 "첫 열매"(first-fruits, 롬 8:23)에서 그 관점이 드러난다. 그러나 구속사와 구원의 서정의 상반된 측면을 강조하기 위해, 우리는 이렇게 질문할 수 있다. 얼마나 많은 신자가 종말에 하나님이 창조 세계 전체를 새롭게 하는 위대한 사역의 한 부분으로 성령이 그들의 삶 전체에서 행하시는 사역(물론 그 사역의 명확한 내적이면서도 인격적인 친밀함을 포함하여)에 대해 생각하는가?(혹은 생각하도록 가르침을 받았는가?)

더 나아가 조직신학이 구원의 적용에서 다양한 요소를 가려내는 "이미-아직 아니" 구조를 더 명쾌하게 할 여지가 있다. 그런 구조는 그리스도의 죽음과 부활에서 신자의 그리스도와의 연합에 반영된다. 그리스도의 부활과 재림 사이에, 바울의 "속사람"과 "겉사람"(고후 4:16) 구분에 의하면, 신자들은 이미 부활했고, 또한 부활할 것이다. 그래서 십자가에서 죽으시고 부활하신 그리스도와 연합되는 것에서부터 구체적 유익들, 즉 법정적(칭의, 입양)일 뿐만 아니라 혁신적(중생, 성화)인 유익은 둘 다 실현되었다. 또한 미래에 온전히 실현될 것이다.[41]

예를 들어, 법정적 측면에서, 로마서 8장은 입양, 즉 하나님의 자녀이면서 그리스도와 공동-상속자로서 우리의 종말론적 정체성은 현재(14-16절)에 속하면서도 여전히 미래(23절)에 속할 것이라고 분명히 보여준다. 그러나 조직신학적 접근들은 대개 이런 면을 명쾌하게 진술하지 못한다.

---

[41] 바울에 관한 한, 나의 *Resurrection and Redemption* (Phillipsburg, NJ: Presbyterian and Reformed, 1987), 127-43을 보라. 또한 요 11:25-26의 예수의 "나는…이다" 선언 참조.

칭의에 대하여, 일반적으로 종교개혁의 신학은 로마서 5:1과 8:1에 의해 강하게 주장된 종말론적 "지금"에 대해 적어도 직관적으로는 이해하고 있었다. 신자들이 의롭고 영생을 얻는다. 즉 이미 이루어진, 그러므로 최종적이며 변경할 수 없는 심판을 포함하는 평결이 신자에게 주어진다는 것을 종교개혁자들은 본능적으로 인식했다.[42] 그러나 확실히 로마 가톨릭과의 논쟁 때문에, 신약에서 드러나게 가르쳐지지 않아도, 명확히 함축된 칭의의 미래적 측면을 강조하고 교리로 형성할 때 더욱더 그 측면이 드러났다.[43] 예를 들어, 웨스트민스터 요리문답서들은 신자가 "심판의 날에 공개적으로 알려지고 무죄를 선고받을 것이다"라고 고백한다.[44] 그런 문장표현들은 철저히 법정적이며, 무죄 선고는 칭의의 핵심이다.

미래의 선고와 현재의 칭의 사이의 필수적인 연결이 명확해질 필요가 있다. 그리스도께서 자신의 의를 전가해 준 것과 오직 믿음으로 그 의를 받아들임으로 생겨난 단일한 칭의가 있다. 미래 선고는 그 칭의를 공개적으로 드러내는 현재 칭의의 완성이다. 예수님의 재림 전인 지금도 여전히 신자의 칭의는 확실하며 무너질 수 없는 것이다. 예를 들어, 로마서 8:33-34은 이러 면에서 명확하다. 의롭게 하는 믿음은 오직 사랑 안에서 역사한다(갈 5:6). 늘 그렇듯이, 우리의 신학함에 있어서 복음 진리와 심각한 오류 사이의 위기가 여기에 있

---

42 그러나 성령의 사역처럼, 대부분 칭의는 어떤 특별한 종말론적 구조에 대한 언급 없이, 시간 속에서 하나님과 개별적 죄인 사이의 화해로 고려되는 것 역시 사실이다.

43 최종 심판에 대한 로마서 2:13과 갈라디아서 5:5 및 다른 본문들이 칭의는 어떤 측면에서 미래에 주어진다고 가르치는지 여부에 대해 논쟁이 있다.

44 LC 90; SC 38.

다. 이는 조심스럽게 다루어져야 한다.[45]

개혁파 신학은 그리스도께서 재림할 때, 신자의 죽음에 이어 부활에서 절정을 이루는, 미래에 주어질 신자의 종말론적 변형에 대해 확실히 명쾌했다. 그러나 신자들이 이미 경험한 거듭남(중생)이 종말론적 변형과 본질적으로 일치하는지에 대해 결정적이지 않고 애매모호할 뿐이다. 핵심적인 부분에 있어서 신자들은 이미 경험한 것보다 더 나은 부활을 겪지는 않을 것이다. 최종 "부활-추수"(고전 15:20-23)의 상태는 지금과 미래가 동일하다.

예를 들어, 에베소서 2:5-6에서, 신자가 이미 "그리스도와 함께 부활했다"는 것은 단순히 "교리적"이거나 은유적이지 않다. 그것은 미래에 주어질 몸의 부활과 연관된 한 부분으로 "실제적"이며 "존재론적"이다. 근접 문맥(1-10절)에서 볼 수 있듯이, 그리스도와 함께 부활했다는 것은 기존의 삶의 방식과 정반대로 사는(2, 10절) 활력이 넘치며 삶을 변화시키는 경험이다. 즉 먼저 "허물과 죄로 죽었던 존재"의 생활방식(1-3, 5절)으로 시작했다가 그리스도 안에서 새로운 피조물로서 "선한 일"을 하는 것(10절)으로 마친다.

신약 다른 본문에서도, 그리스도 안에 있는 신자는 이미 "새로운 피조물"(고후 5:17)이다. 십자가에서 죽으시고 부활하신 그리스도와의 연합 때문에, 신자들은 더 이상 그들을 다스리는 죄의 능력 아래 더 이상 "거하지" 않는다(롬 6:1). "하나님께로부터 난 자마다 죄를 짓지 아니하나니…그는 범죄할 수 없느니라"(요일 3:6, 9).[46] 여기서 인

---

45 신약, 특히 바울의 작품에 의한 칭의와(최종) 심판 사이의 관계에 대해 리델보스의 *Paul*, sec. 31.의 서술들이 도움이 된다.

46 이런 면에 대해 Murray의 중요한 토론인 "Definitive Santification," in *Collected Writings*,

간론적으로 풀기 어려운 질문들뿐만 아니라 교회를 계속해서 병들게 하는 잘못된 완벽주의의 문제가 보인다. 개혁파 조직신학은 신약이 가르치는 이미 실현된, 비법정적 종말론적 신자의 "온전함"에 대해 더 적절하게 정리할 필요가 있다.

동시에 신약에서 종말론적으로 잘 정리된 구원의 서정이 구약에서 이미 나타난 것과 본질적으로 다른 혹은 새로운 순서가 아니라는 것을 개혁파 조직신학이 늘 추구하듯이 명확히 할 필요가 있다. 여기서도 구속사를 꿰뚫는 관점이 중요하다. 은혜언약(covenant of grace)의 구원론적 일치가 "신비의 계시"(롬 16:25-26; 골 1:26)에 근거를 둔다는 것을 인식하지 않고서는 그 일치를 합당하게 인식하지도, 만족스럽게 설명할 수도 없다. 즉 그것은 그리스도 안에서 이루어진 약속의 성취인 하나님의 의의 종말론적 계시이다. 오직 그런 기반에서 "때가 차기"(갈 4:4) 전에 "미리" 언약의 유익들이 적용되었기에 구약의 신자들, 예를 들어, 아브라함이나 다윗은 믿음으로 의롭게 된 모델(롬 4장; 갈 3장)로 인용될 수 있었다.

구약에서 신약으로 이동하는 가운데 포함된 명백하고 상당한 차이들은 주로 구원의 서정이 아니라, 구속사적 측면에 있다. 물론 구원의 서정에서도 이해할 만한 차이가 있지만, 그 차이들은 성경 계시의 주변부에 속하고 완전히 구별되지 않는다. 한편으로, 아브라함이나 다윗은 신약의 신자들처럼 부활하신 그리스도와의 연합이라는 하나님과의 언약적 교제를 누리지 못했고 누릴 수도 없었다. 그러나 이런 구약과 신약의 신자들이 누리는 경험적 차이는 바로 "더 확대

2:277-84를 보라.

된"(enlarged), "더 탁월한"(greater), "더 충만한"(fuller)(WCF 20.1에서 그리스도인 자유에 대해 서술할 때 사용된 언어)과 같은 비교급 어휘로 대략 이해될 수 있다.

히브리서 저자가 말하는 "더 좋은 것"은 구원에 대한 개개인의 적용에서 신약과 구약 신자로 차별하지 않고, 저자가 말했듯이, 그렇게 하나님에 의해 계획되어, "우리가 아니면 그들로 온전함을 이루지 못하게 하려 하심"(히 11:40)이다. 예를 들어, 오순절에서 구원론적 새로움은 인간적-개인적-경험적 측면에서가 아니라, 기독론적 측면과 교회론적 측면에서이다.

① 성령은 그리스도 사역의 완성을 토대로 마침내 "살려주는 영"(고전 15:45)으로 지금도 임재하신다. 즉 성령은 종말론적 영이시다.

② 지금은 이방인이나 유대인이나 차별 없이 "모든 육체에 성령이 임하신다." 즉 성령은 보편적 영이시다.[47]

3. 스파이크만의 책에서 주목할 만한 또 다른 특징은 신학적 서론에 대한 광범위한 서술이다. "1장: 신학적 기초들"은 거의 전체 560페이지 중 136페이지에 달하며, 이는 책의 약 1/4 분량이다.[48] 이 긴 서론이 지적인 자극을 주며 유용하다는 것을 인정하는 것과 별도

---

[47] 더 나은 설명을 위해, 나의 *Perspectives on Pentecost*(Phillipsburg, NJ: Presbyterian and Reformed, 1979), 13-41을 보라.

[48] Spykman은 아마도 이 넘치는 분량의 토론에 대해 특별히 가장 중요하고 가치 있는 부분으로 여겼으며, 그가 제안한 "새로운 방향"(*Reformational Theology*, 76ff.)으로 고려했었을 것이다. 그 책의 나머지 부분은 "이 새로운 방향을 향한 갈급함과 추구로 지속적으로 완성하고자 의도한 것이다." Ibid., 135.

로, 나는 몇 가지 중대한 문제를 제기한다.[49] 일례로, 스파이크만의 신학적 서론은 그의 조직신학 주요 체계로 취해진 구속사적 접근을 택하지("서론에 제시하지") 않는다. 오히려 신학적 서론은 구속사적 접근을 약화시킨다. 내 생각에 주로 스파이크만의 신학에 대한 개념과 신학과 성경의 상호 관계 때문에, 서론에서 채택한 입장과 책의 나머지 부분에서 취한 입장 사이에는 분명한 부조화가 있다.[50]

(1) 성경에 신학이 존재하는가? 스파이크만은 절대로 아니라고 말한다. 그런 결론에 도달한 특별한 근거는 스파이크만이 "이론적 사고"(theoretical thinking)와 "선이론적 사고"(pretheoretical thinking) 사이의 구조적 차이를 신칼빈주의 방식으로 강조하는 데 있다. 그런 철학적 뼈대 내에서 성경은 기독교 신앙고백과 더불어 선이론적 사고

---

49 비록 Barth에서 시작해서 계몽주의와 후기 계몽주의에 대한 비판이 주목할 만하게 날카롭지 않을지라도, 이 서론에서 가장 탁월한 면은 포괄적 사고(synthesis thinking), 특히 자율에 대한 헌신으로 대변되는 계몽주의와 후기 계몽주의의 다양한 결과물을 드러낸 것이다. 예를 들어, Kant이후 신학에서 본체적-현상적 분리와 Kant의 중요성이 명확하게 다루어진다. Ibid., 29-30, 41-42. 이 서론의 다른 강점으로는 부적절하고 잘못된 이원론에 대항하는 것뿐만 아니라, 창조주-피조물 구분에서 명확한 차이를 강조한 것과 신학을 근본적으로 구성하는 데 있어서 종교 지향적인 면에서 세상과의 대립을 강조한다는 것이다. 이 서론에 대한 나의 주된 비판은 (1) Spykman이 종교개혁 이후 개혁파 조직신학(전체적으로 영미 장로교를 포함한, 즉 명확히 Kuyper와 Bavinck 이전의 모든 개혁파 조직신학)을 다소 경멸적인 "스콜라적"(대개 "종교개혁"에 개혁파 정통주의를 포함시키지 않는다)으로 여기며 거의 배제한 것과 (2) Spykman이 신학 방법론을 위해 요청하는 "삼요소"에 수반되는 기독론적 문제들("중심축, 즉 계시하는 하나님, 반응하는 피조물, 규범적 경계이자 다리인 하나님의 말씀")에 있다. Ibid., 60.

50 다시 우리는 이후 논평보다 상세한 토론에 참여하게끔 된다. 필자의 *Resurrection and Redemption*, 19-30과 나의 *Redemptive History and Biblical Interpretation*의 "서문", xiv-xxiii를 보라.

를, 신학은 이론적 사고를 대변한다.

신학과 성경 사이의 이러한 간극이 의미하는 바는, 성경에 대한 특권적 관계를 가지는 단일한 학문(신학뿐 아니라)은 없다는 것이다. 스파이크만은 이것을 인정하는 것이 개혁파 전통, 특히 조직신학("학문의 여왕"이라고 칭하는 데서 드러나듯이)에 오랫동안 나타난 "승리주의의 허세"[51]로부터 우리를 구원할 것이라고 생각한다. 신학이 합당한 위치에 놓여진다면, 그것은 하나의 인간 활동으로서 특별히 신앙고백과 관련된다. 스파이크만은 "신학"(theology)을 대신해 신조어, 즉 다양한 면에서 이론적 신앙을 반영하는 "신앙학"(pistology)이라는 명칭을 선호한다.[52] 이 "신앙학"은 성경에 기반을 둔 신앙으로부터 신학과 철학의 상호작용을 포함한 모든 세부 학문에 내재하고 있는, 즉 모든 신자에 익숙한 세계관에 이른다는 면에서 "규범적 움직임"(normative movement)[53] 내에서 범위가 정해진 학문분야이다.

그러나 나는 주저 없이 성경에 대한 신학의 권리는 특별하다 못해 독점적인 것으로 하나님에 대해 주의를 기울여서 방법론적으로 의식적이며 책임 있게 말하는 권리라고 말할 수 있다. 동시에 그것은 예배와 신앙고백의 행위일 수 있고, 또한 그런 행위이어야만 한다고 나는 기꺼이 말한다. 교회가 가지고 있는 신학함의 권리는 교회의 초기부터 인정되었고, 그런 이유로 계속되었다. 그러나 때때로 그 권리가 잘못 사용되거나, 심지어 참혹한 재앙이 되는 경우도 있

---

51 Spykman, *Reformational Theology*, 106.

52 Ibid., 104-5.

53 Ibid., 102.

었다. 신학의 권리를 인정하는 것이 다른 신자들이 성경에 자유롭게 접근하지 못하게 하는 일종의 신학적 길드를 형성하는 것이 아니며 다른 특정 학문분야들을 지배하는 것도 아니다. 그보다는 다른 학문분야들과 보편 교회에 오직 신학만이 줄 수 있는 지도력을 제공하는 것이다.

여기서 쟁점은 모든 인간적 열심에 필수불가결한 신앙중심의 본성이나 저변에 깔려있는 세계관에 대한 개념이 아니다. 그것은 또한 개혁파 조직신학과 기독교 철학에서 성경이 "지적인 출발점"[54]이라는 것도 아니다. 물론 이런 것들은 스파이크만이 효과적으로 지적하는 중요한 통찰이다.

성경에서 신학을 거절하는 것은 스파이크만이 유일하지 않다. 그런 거절은 스파이크만의 인식론이나 광범위한 "반-스콜라적" 태도를 공유하지 않은 다른 신학자들에 의해서도 행해진다.[55] 이에 대한 가장 의미심장한 사례는 아브라함 카이퍼(Abraham Kuyper)가 "성경신학"이라는 용어를 거절하는 것에서 보여준, 신학적 백과사전에 대한 그의 작업에서 발견된다.[56]

카이퍼의 거절이 합리주의, 즉 성경의 권위와 개신교 정통주의를 공격하려는 의도를 감추고 "성경신학"이라는 이름 아래 있는 "비평

---

54 Ibid., 101.

55 예를 들어, 명백하게, *Oriëntatie in de theologie*의 저자들은 "성경신학"이라는 표현을 거절한다. 영미 칼빈주의와 대조적으로 유럽 대륙 개혁파 신학의 명백한 특징인 이런 거절은 아마도 "조직신학"(systematic theology)이라는 명칭을 혐오하고, "교의학"(dogmatics)이라는 명칭을 선호하는 것과 관련된다.

56 Abraham Kuyper, *Encyclopaedie der heilige godgeleerdheid*, 3 vols.(Kok, 1909), 3:166-80(Kuyper가 "계시의 역사(*historia revelationis*)"를 토론하는 부분).

주의" 신학에 대한 반동이 아니라는 것을 인식하는 것이 중요하다. 확실히 역사적 요인이 중요한 역할을 하지만[57], 카이퍼의 거절에는 더 깊은 차원의 원칙이 있다.

카이퍼는 성경을 신학의 원천(프링치피움 테올로기아[*principium theologiae*])으로 이해하기 때문에 "성경신학"이라는 용어를 단호하게 거절한다. 성경은 그것 자체가 신학이 아니라 신학의 근간을 이룬다.[58] 신학을 이미 형성된 교리와 동떨어져 생각할 수 없고 교리는 제도적 교회의 산물이기 때문에 성경의 저자들을 "신학자"[59]라고 불러서는 안 된다.[60] 성경 자체는 어떤 교리도 포함하지 않는데, 교회가 교리를 "구성하도록" "내용"을 제공한다.[61] 성경 계시는 "개성이 넘치는 상징적-미학적 동방 언어"에서 오지만, 신학은 "변증법적 명료성"을 선호하는 "서방 지성"이 성경의 내용들과 만났을 때 오게 된다.[62] 요컨대, 카이퍼는 성경과 교리 사이의 차이, 성경의 저자들과 이후 교회의 신학적 활동 사이의 불연속성을 강조한다. 그는 성경신학이라는 용어뿐만 아니라 개념도 거절한다.[63]

---

57 Ibid., 169-70, 401-4.

58 Ibid., 167.

59 Ibid., 176.

60 Ibid., 169; 395ff.

61 Ibid., 169, 404; 355ff.

62 Ibid., 168; 2:247-48.

63 확실히, Kuyper는 성경신학의 내용, 즉 성경 계시의 역사적 특징에 관심을 갖는다. 그는 이런 면에서 전통적인 조직신학의 로카 프로바티아(*loca probatia*) 방법에서 단점으로 여겨지는 것에 대해 탄식하고 계시의 역사에 대한 연구로부터 열매를 내기 위해 성경적 이해의 참된 진보를 찾는다. Ibid., 170ff. 참조. Herman Bavinck, *Reformed*

이 점에서 보스 및 리델보스가 카이퍼와 차이가 있다는 것이 놀라우면서도 시사하는 바가 크다. 카이퍼와 분명한 대조를 보이면서, 그들은 사도 바울과의 연속성, 즉 더욱이 둘 다 구체적으로 신학적이라고 여기는 연속성이라는 측면에서 사도 바울을 다룬다. 신학적 연속성에 대한 그런 이해가 리델보스에게서 충분히 나타난다. 그는 바울의 가르침에 대한 구속사적 강해를 다룬 그의 두꺼운 책 부제를 "바울 신학의 요약"(Outline of His Theology)으로 정했다. 보스는 바울과의 연속성을 더욱 강조한다. 그는 "사도의 신학적 체계"를 말한다.[64] 바울은 "기독교 종말론의 아버지라고 공정하게 불릴 수 있다."[65] 바울의 종말론은 "기독교 자료와 관련해서 가장 체계적인 지성을 갖춘 위대한 신학저작이다."[66] 큰 틀에서, 나는 개혁파 내에서 우리를

Dogmatics(1906; repr., Grand Rapids: Baker, 2003), 1:343-46.

64 Vos, *Pauline Eschatology*, 60.

65 Ibid., vi.

66 Ibid., 149. 그런 진술은 Vos에게서 더 찾아볼 수 있다. 왜냐하면 사도의 지성은 "본성상 확실히 조직적 경향을 가졌는데, 그것이 사도로 하여금 결연한 의지로 이미 주어진 전제의 결과를 추구하게 만들었고"(Ibid., 60), 또한 사도의 지성이 "교리적이고 종합적"이었기 때문에(Ibid., 148), 바울이 "기독교 진리를 형성한다"는 측면에서, 그의 "진리체계"(Ibid.)는 "자신의 가르침에 대한 교리적 색칠"로 생각해야만 한다(Ibid., 60). 바울의 "강력한 종말론적 사고는 치밀하게 구성된 신학적 전체 구조 속에 통합되는 경향이 있다"(Ibid., 61). 바울의 수많은 해석자가 너무나 쉽게 한쪽으로 치우친 편향성을 띠는 이유는 부분적으로 "신학적 사상가로서 바울의 지성에 해석자들이 도달하지 못하기 때문이다"(Ibid., 149). "엄밀하게 교리적 구조를 가진 복음을 전파하는 데 있어서 교리를 형성하는 은사가 있는 바울은 너무나 적합한 도구였다. 왜냐하면 그의 은사는 복음과 관련해서 미리 수여되고 연마되었기 때문이다." Vos, *Biblical Theology*, 17. 그런데 이런 바울에 대한 Vos의 해석과 Vos 자신의 취임사 사이의 주목할 만한 차이 역시 시사하는 바가 크다. "마치 성경 안에서 우리가 나중에 따라오는 Origen, Augustine, Thomas Aquinas, Luther, Calvin의 작품이 시작을 가지는 것처럼," 생각하는 개념을 거절하면서, Vos는 계속해서 주장한다. "우리가 신학이라는

일깨우는 보스와 리델보스의 저작의 신선한 자극과 열매인, 성경 전체에 충만한 구속사 관련된 내용물이 신학적 연속성이라는 접근에서부터 온다는 것을 주장할 것이다.

성경은 스파이크만이 신학이 아니라 신앙고백이어야만 한다고 명백히 주장하듯이 단순히 하나의 범주에 분류되지 않는다.[67] 만일 "이론적 사고"와 "선이론적 사고"의 구분이 성경에 적용된다면, 성경은 그 "이론적 사고"와 "선이론적 사고" 전체를 가로지르는 하나의 연속체임을 보여준다. 성경은 신학의 범주에 포함되지 않는다고 주장하는 사람들은 바울에 대해 더 많이 다시 읽거나 히브리서에 존재하는 큰 논쟁의 줄기들을 고려해야 할 필요가 있다.[68]

용어를 성경에 축적되었고 계시에 의해 주어진 하나님에 대한 실제적이며 역사적인 지식으로서, 더 본래적이며 단순한 의미로 받아들인다면, 우리는 우리 신학분야에 대한 지금 일반적으로 받아들여지는 이름인 성경신학의 사용을 정당화할 수 있다. 이런 하나님이 주신 내용물에 대한 신학적 설명은 성경의 기간 이후에 이행된 것으로 보아야 한다. 그런 신학적 설명은 계시가 종료되고, 경전으로서의 성경이 완성된 후에만 생겨날 수 있다. 가장 크게 인정할 만한 것은 신약의 사도적 가르침 안에서 이런 신학적 설명 과정이 시작됐다고 여길만한 첫 번째 표지를 볼 수 있다는 것이다. 그러나 심지어 사도들이 가르친 것은 신학의 측면으로 여겨질 수 없다. 그것은 모든 다른 것보다 앞선 하나님의 영감으로 된 말씀이다." Vos, "Idea," 20-21. 여기, 명백히 Kuyper의 모델이 지배적이며, 의심되지도 확인되지도 않는다.

67 예를 들어, Spykman, *Reformational Theology*, 103을 보라. 특별히 교회의 공동체적 고백인, 신앙고백 그것 자체는 명확히 신학적 명제이다. 적어도, 이것은 어떻게 16, 17세기 개신교가 신앙고백을 어떻게 여겼는지 대한 이해방식이다. 신학적 명제는 교회의 생활에서 교리의 남용으로 필수 불가결하게 이어진다고 생각하지 않았다.

68 예를 들어, 어떻게 Kuyper가 범주의 일반화로서 성경 계시는 "개성이 넘치는 상징적-미학적 동방의 언어"(만일 그것이 "de symbolisch-aesthetische kunsttaal," *Encyclopaedie*, 2:168에 대한 올바른 번역이라면)에서 온다고 주장할 수 있는가! 아마도 Kuyper의 백과사전에 대한 열정이 이 부분에서 자신이 다른 곳에서 주장한 것에 대해 눈멀게 한 것 같다. "바울의 편지를 그렇게 어렵게 만드는 것은 동방의 신비적 언어와 서방의 변증적 언어의 흐름이 서로를 향하기 때문이다"(*Dictaten dogmatiek*, 10 vols. [Kampen,

나는 신학적 연속성에 대한 지나친 강조가 종종 가져오는 위험에 대한 깊은 우려를 인정하고, 그 위험성을 확실히 공유한다. 즉 신약 저자들의 독특한 권위의 포기, 바울의 사도성에 대한 평가절하, 정경인 성경의 상대화, 통일성과 신적 저작권에 대한 부인 등이 그것이다. 이런 위험들은 계몽주의 이후의 발달이 보여주듯이 결코 상상이 아니다. 그러나 그런 참혹한 결과들이 필연적인 것은 아니다. 우리는 신학함에 있어서, 특히 여기에서 옛 격언을 기억해야 한다. "남용은 합법적 사용을 무효화하지 않는다"(아부수스 논 톨리트 우숨[abusus non tollit usum]).

여기에 또 고려할 만한 것이 있다. 성경의 신적 기원과 완전성, 정경과 정경의 완성, 사도성, 이 모든 것은 비역사적인 추상화의 결과가 아니라 언약-역사적 모형에 의해 내재적으로 인정된 결과이다.[69] 확실히 그런 모형 내에 종말론적 새 언약의 완성 지점에 사도 시대에서 속사도 시대로의 중요한 전환점이 고려되어야 한다. "성령의 영감으로 된/정경적인 것"과 "성령의 영감으로 되지 않은/비정경적인 것"의 부수적 구분이 후자를 전자의 절대적 권위 아래 오게 한다. 그 차이는 너무나 결정적이어서 모호했던 적이 없다.

그러나 이 연속성 안에 통일성이 더 깊게 놓여 있다. 사도 시대 역시 교회의 역사에 속한다. "교회"라는 면에서 "사도 시대"와 "속사

1907], vol.1, pt.2, p.54); "바울이 야고보보다 더 명민한 사상가이다"(*Encyclopaedie*, 2:241).

69 Herman Ridderbos, *Redemptive History and the New Testament Scripture*, rev. ed.(Philipsburg, NJ: Presbyterian and Reformed, 1988)을 보라.

도 시대"라는 공통분모(구속사)를 가진다.[70] 그런 공통분모의 측면에서, 두 개의 복합된 공통요소가 나타난다.

① 부분적으로는 신학적으로 인정된 복음의 주제들에 대한 공통된 강조점, 즉 십자가에서 죽으시고 부활하신 그리스도.

② "이미-아직 아니"라는 배경 혹은 공통점, 즉 그리스도께서는 재림하실 때까지 현재 떠나 계시고, 대신 그리스도의 영을 보내심.

그런 접근은 성경의 유일하고 최종적인 권위를 깎아 내려 우리 자신처럼 오류투성이 수준으로 끌어내리기보다는, 오히려 나에게 교회의 신학적 활동이 성경 계시의 울타리 안에 확고히 선다는 것을 다소 확실히 해준다. 에베소서 2:11에 있는 교회에 대한 바울의 가르침을 따라, 이 접근은 그 활동을 "이제 그의 거룩한 사도들과 선지자들에게 성령으로 나타내신 것과 같이" "그리스도의 비밀"에 충실하게 돕는다(엡 3:4-5). 그것은 우리의 신학이 "그리스도 예수께서 친히 모퉁이돌이 되신" 것을 토대로 "사도들과 선지자들의 터 위에" 확고히 서도록 한다(엡 3:4-5; 2:20).[71]

---

70 "여전히 우리는 신약성경의 베드로와 바울과 요한이 살았던 것처럼 우리 자신이 산다는 것을 너무 잘 안다." Vos, *Biblical Theology*, 324-25. 이런 배경에서 보스는 "구약과 신약의 연대기에서 보이는 불균형이…새로운 계시 그것 자체를 너무 많이 보고, 충분히 따라오는 큰 기간의 서론과 근본으로서 보지 않기 때문에 생겨난다." Ibid., 325, 강조는 나의 것이다.

71 엡 2:20(또한 엡 3:5)에 있는 것은, 종말론적 완성지점으로부터 사도와 더불어, 구약이 아닌 신약의 선지자들이며, 신약 선지자들을 통해 주어진 계시이다. 근접 문맥인 엡 2:11 하반절의 관심은 구약과 신약의 통일성/연속성에 대한 것이 아니다. 신약의 새로움, 특별히 교회에 유대인과 함께 이방인이 편입된 정황에 있다. 내가 취하기에, 이 관점은 주해적으로 심각한 문제를 일으키진 않는다. Wayne Grudem, *The Gift of Prophecy*(Westchester, IL: Crossway, 1988), 47; 그리고 최근 주해서들과 저작들에서 거의 보편적인 동의를 대표하는, Andrew T. Lincoln, *Ephesians*, Word Biblical

한 건물이라는 사도의 교회 모델은 특별히 공동체를 강조한다는 면에서 시사하는 바가 크다. 사도들의 "터" 위에 지어진 것은 다른 구조가 아니라, 속사도의 "상부구조"이다. 둘 다 그리스도의 부활과 재림 사이의 기간에, 부활한 그리스도(엡 4:7)가 한 건물을 짓는 활동으로부터 기인한다. 성경은 그때 조직신학의 내용을 위한 경전이었을 뿐만 아니라 조직신학의 임무에 대해서도 말한다고 할 수 있다. "신학의 유일한 원천"(프링치피움 우니쿰 테올로기아[*principium unicum theologiae*])로서, 성경은 우리에게 올바른 대답을 줄 뿐 아니라 올바른 질문까지도 가르친다.

(2) 신약 저자들이 신학의 공통분모로 성경을 접근하는 방식은 우리가 우리 자신의 신학적 임무를 위한 모델들을 제시한다. 사실 그 모델들은 우리의 조직신학적 임무의 중심으로 단순히 성육신한 그리스도의 인격과 사역만 주장하는 것이 아니라, "신성의 충만"(골 2:10)으로 성육신한 그리스도는 삼위일체 하나님의 종말론적으로 완성된 계시라는 것을 주장하는 모델이다.

몇 가지 예들을 언급하기 전에, 나는 내 주된 관심이 조직신학을 하나의 특별한 구성방식으로 형성하는 것이 아님을 다시 한 번 명확히 하고자 한다. 사실 신약은 다양한 접근들을 지지하며 그것은 통일성 안에 다양성이다.

① 헤르만 리델보스는 "바울의 임무는 그리스도의 가르침에서 하나님 나라로 칭해진 종말론적 실재를 설명한 것이라고 올바르게

Commentary(Dallas: Word, 1990), 153을 보라.

말할 수 있다"고 적었다.[72] 이 관찰은 다양성을 무시하지 않으면서도 통일성을 가지고 신약을 읽도록 특별한 도움을 제공한다. 만일 적절하게 우리가 리델보스의 통찰을 바울 이외의 다른 신약 저자들에게도 적용하고, 더 나아가 예수님의 하나님 나라 선포를 그리스도께서 이루신 성취(눅 24:44-47. 참조. 행 1:3)로부터 전체 구약의 모든 부분을 읽는 기준으로 여긴다면, 그때 우리는 성경 전체에서 통일성을 가지고 계시의 역사를 이해하는 하나의 하나님 나라 모델, 즉 역사를 그리스도 중심으로 확실히 조정하고 성경 자체에서 지지되는 모델을 갖게 된다.

② 영어권 칼빈주의에서, "하나님의 전체 뜻"(whole counsel of God)이라는 표현은 개혁파 신학을 다른 신학과 구분하는, 소위 포괄적으로 하나님 중심적인 진리에 대한 관심을 표출하는 구호 이상의 것이 되어왔다.[73] 그러나 자신의 사역 전체를 설명하는 단락에서 바울이 "하나님의 (전체) 뜻"(행 20:27)이라는 문구를 유일하게 사용하면서 독특한 하나님 나라의 요점을 갖는다. 먼저 그것은 적어도 성경 진리의 주제별 요약이 아니라, 즉각적인 문맥에서 관련된 표현들이

---

72 Herman Ridderbos, *When the Time Had Fully Come*(Grand Rapids: Eerdmans, 1957), 48-49. 물론 바울서신에서 "하나님 나라"라는 용어가 점점 희미해진다는 사실이 공관복음에서 예수의 가르침과 비교될지라도, 위의 주장은 사실이다. 그것은 문제의 비중이 하나의 특별한 구성방식 혹은 단일한 어휘에 속하는 것이 아니라는 것을 보여준다. 바울은 예수님의 하나님 나라 선포의 "핵심"을 주로 의와 성령에 대한 자신의 가르침에서 반영한다(롬 14:17; 참조. 마 6:33; 12:28).

73 "하나님 자신의 영광과 인간의 구원과 신앙과 생명에 필요한 모든 것에 관한 하나님의 전체 뜻은 성경에 명확하게 쓰여 있거나 성경으로부터 당연한 귀결로써 추출된다…"(WCF 1.6). 한 예로, "하나님의 전체 뜻"이라는 표현은 웨스트민스터신학교의 인장으로 새겨져 있다.

보여주듯이, "하나님께 대한 회개와 주 예수 그리스도에 대한 믿음"(행 20:21)과 교회를 위해 모든 "유익한 것"(행 20:20)에 연관된 "하나님의 은혜의 복음"(행 20:24)을 증거한 것으로, "하나님 나라를 전파하는 것"(행 20:25)에 관심이 있다. 더 넓게 누가복음(그리고 바울서신)의 문맥에서 드러나듯, "하나님의 뜻"에 대한 주도적인 관심은 하나님 백성의 구속과 만물의 새 창조를 위해 종말에 드러날 그리스도 안에서 하나님의 통치, 하나님 나라가 도래하는 것에서 나타나는 역사적-종말론적 역동성이다.[74]

③ 바울이 그의 가르침 전체에서 구속사적, 종말론적 경향성을 표현하기 위해 사용한 또 다른 개념은 "신비의 계시"(롬 16:25)이다. 정확하게 주해하자면, 신비의 계시는 개혁파 신앙고백과 신학이 하나님의 작정과 작정의 실행에 관련된 것과 언약의 약속과 성취 구조를 주장하고 방어하기 위해 필수적인 것을 발견했고, 계속해서 발견해야만 하는 모든 것을 아우르는 개념이다.

그러나 그 개념은 그렇게 신비적인 하나님의 작정이 필수불가결하게 비생산적인 사변으로 흘러서 부담스러운 하나의 분리된 주제로 채택하지 않고도 개혁파 신앙고백과 신학이 발견해야만 하는 것을 가능하게 한다. 신비의 계시라는 개념은 계시된 신비로서, 계시를 계속해서 강조한다.[75] 다른 말로 하면, 그 개념은 바울이 다시 그

---

74 더 나은 설명을 위해, 필자의 "The Whole Counsel of God and the Bible," in John H. White, ed., *The Book of Books*(Philipsburg, NJ: Presbyterian and Reformed, 1978), 19-28을 보라.

75 예를 들어, 최근 개혁파 신학에서 타락전예정론/타락후예정론(supralapsarian/infralapsarian)에 대한 논쟁이 단계적으로 축소되고 있는 것이 주목할 만한데, 이것이 언약-역사적 경향성을 띠는 성경의 저자들이 그 논쟁에 관련해서는 성경의 주변부에

의 신학 전체의 핵심으로 복음 선포를 묘사할 때, 다른 본문에서도 말했듯이(고전 15:1-4), 구원론적-종말론적 중요성("우리의 죄를 위하여")에서나 성경의 성취라는 면("성경에 의하면")에서 "제일 중요한" 그리스도의 죽음과 부활을 계속해서 강조한다.

개혁파 조직신학에서 이 복음보다 더 중요한 것은 없다. 예상되는 반대인 그리스도 중심성, 적절한 구속사적 견해, 완전한 신 중심성, 삼위일체적 균형 등 이러한 것들의 충돌은 없다.

내가 덧붙인 이런 관찰들은 조직신학의 방법에서 일종의 성경주의를 위한 간청으로 무시되어서는 안 된다. 그 관찰들은 우리의 조직신학에서 바울이 자신의 사역에서의 주된 관심이며 속사도 교회에도 구체적으로 명하여진 "바른 말씀의 체계"(딤후 1:13)를 더욱더 충실하게 설명하기 위한 관심을 반영하는 것이다.

(3) 공통된 신학적 활동으로 신약을 접근하는 것은 우리가 보았듯이 신약의 주제별 내용뿐만 아니라 신약의 배경 때문에도, 우리가 어떻게 조직신학이 구속사적으로 정리할 만한지를 인정할 수 있게 한다. 이미 언급했듯이, 신약을 공통된 신학적 활동으로 보는 것은 우리가 신약 저자들과의 불연속성에도 불구하고 신약을 공통된 배경으로 공유하게 한다.

이럴 때 모든 다른 신학적 노력처럼, 조직신학은 "시의 적절한" 신학적 기도(enterprise)가 된다. 특별히 동시대의 교회를 위해서 우

애매모호하게 진술하였기에 그 논쟁의 질문들이 적법할지라도 답이 나올 수 없다는 주장들이 힘을 얻는 것이 아니라면, 무엇이 이것을 설명하겠는가?

리는 그리스도의 부활과 재림으로 나누어지는 "기간 내의 시기," 즉 "그 시기를 알아야 한다"(롬 13:11). 바울이 데살로니가전서 1:9-10에서 이 핵심을 깔끔하게 정리한다. 교회는 "우상을 버리고 하나님께로 돌아와서 사시고 참되신 하나님을 섬기는" 사람들로 구성되고, 또 그런 섬김에서, 그들은 "죽은 사람들 가운데서 다시 살리신 그의 아들이 하늘로부터 강림하심을 기다린다." 조직신학은 이 부활과 재림 사이의 기간, 즉 성령으로 충만하고, 성령이 역사하는 중간기를 위해 존재한다. 조직신학이 제공하고 정교하게 만들어낸 "시의 적절한" 지식으로 무장된 신학은 교회가 "재림을 기다리며 섬기는 것"이다. 공식적 교리(doctrinal formulation)와 조직신학은 구속사의 한 부분으로, 그 기능은 신약에서 시작한 교리를 형성하는 것이다.[76]

그런데 이런 관찰들은 우리로 하여금 신약 그것 자체가 복음의 가장 깊고 심오한 핵심일 뿐 아니라 복음과 "관련된 상황"이라는 것을 인정하게 한다. 성경은 하나님과 인간에 대한 비역사적인 내용이어서 문화에 적합하게 사용될 필요가 있는 것이 아니다. 궁극적으로, 성경은 상황화에 대한 필요가 있는 것이 아니라, 성경 그 자체가 그 상황을 제공한다.[77]

---

76 "확실히 성경에서 어느 정도 종합된 것을 푸는 것이 조직신학이 되는 것이 아니다. 조직신학은 다소 관련된 가닥들을 함께 이어 더욱더 조직적으로 묶는 것이다." Meredith G. Kline, *By Oath Consigned*(Grand Rapids: Eerdmans, 1968), 29. "조직신학은 성경에 단순히 놓인 것이 아니라 성경 자체에 내장된 신학적 프로젝트로 보는 것이 중요하다. 왜냐하면 성경의 구조를 더욱더 반영하는 것에서 어떻게 신학적 프로젝트가 재구성할 수 있을지를 보는 것이 더 쉬울 것이기 때문이다." 저자의 Edwards와 Vos에 대한 초기 토론과 관련해서 Lints, *The Fabric of Theology*, 261.

77 이 언급은 적어도 상황화 논쟁의 모든 면에서는 그렇지 않다는 면에서 그 상황화에 대한 지속적인 논쟁을 하려는 것이 아닐 뿐만 아니라, 성경의 세계와 성경 이후의

(4) 생명력을 유지하기를 바라는 조직신학이 직면할 수 있는 가장 큰 위험은 성경이 조직신학을 교정할 수 없고, 현존하는 교리들을 확증하기 위해 성경에 지지를 구할 수 없다는 것이다. 결국 성경에 의존해서 계속 조직신학을 도전하고 개선하는 것보다 더 긴급한 사항은 있을 수 없다.[78]

이전에 언급한 "성경으로부터 당연한 귀결로써 추론된 것"[79]에 대한 신앙고백적 헌신은 특별히 개혁파 조직신학에서 일어나는 헌신이다. 그러나 이 특별한 귀납적 추론이 진정으로 "당연하며 참이 되는가?" 그런 질문이 특별히 계속해서 개혁파 조직신학을 차지해야 한다. 공통된 구속사적 기획이라는 면에서든지, 혹은 더욱더 명확

특별한 시공간의 문화 차이에서 벌어지는 논쟁의 적합성을 부인하는 것도 아니다. 히브리서는 이런 면에서 시사하는 바가 크다. 다른 신약 본문처럼, 구체적으로 사회적, 경제적, 정치적 상황에 놓인 특별한 시공간의 독자들에게 주어진, 히브리서는 주목할 정도로 이런 문화적 요인들을 거의 나타내지 않는다. 언제, 어느 때의 독자들에게 주어졌는지 계속해서 논쟁중이며, 저자가 누구인지에 대해서도 끊임없이 문제가 제기되나, 확실한 답을 알 수 없다. 히브리서 저자가 그의 독자들이 명확히 이해하기 바라는 것은 그리스도께서 "많은 사람의 죄를 담당하시려고 단번에 드리신 바 되었고 구원에 이르게 하기 위하여…두 번째 나타나실 때"(히 9:28), 즉 하나님이 그의 아들을 통해 말씀하실 때(히 1:2), 바로 "이런 세상 끝"(히 9:26)에 독자들이 존재한다는 것이다. 모든 문화적 개별성 안에서도 히브리서 독자들과 궁극적으로 연관된 결정적 "상황"은 그런 특별한 정황이 아니라 그리스도의 부활과 재림 사이의 기간이다. 이 기간 내에 교회는 새롭고 궁극적인 광야 공동체로서 정체성을 가진다(히 3:7이하). 이 거시-역사적이며 거시-문화적인 관점이 복음에 필수적이다. 이 관점이 1세기 지중해 세계를 넘어서고 어떤 특별한 문화적 망에서든지 삶을 변혁시키며 재설정할 뿐만 아니라 참으로 중요하게 역사와 문화를 뛰어넘어 연속성을 제공한다.

78 이런 면에서 Jonker의 "Eksegese en dogmatiek," 163-66, 171-73에 나타난 언급들은 특별히 가치가 있다. 성경의 확고한 진술들은 "방어요새"(jamming station)(!)와 같이 기능해서 공식적 교리를 무너뜨리는 요소들로 작용한다.

79 WCF 1.6.

하게 복음을 공유한 측면에서든지, 우리 자신이 신약 저자들과 연관된다고 보는 것은 바울이 사도행전 20:20에서 "유익한 것"으로 언급했듯이, "당연하며 참된" 것과 그렇지 않은 것을 구분할 때 가치 있게 입증된 입장이다.

카이퍼와 같이 성경이 교회로 하여금 교리를 "형성하도록", 그리고 조직신학을 전개하도록 원 "재료"를 제공한다고 계속해서 보는한, 성경을 증거본문으로만 바라보는 잘못된 방식을 극복하고자 하나 극복하기 어렵고, 결국 개혁파 조직신학을 손상시켜 온 사변적이며 주지주의적인 흐름은 집요하게 계속될 것이다. (오용된 의미의) 스콜라주의적 기독교, 너무나 개념적인 기독교, 기독교 교리에 대해 과도하게 사변적이며 지적인 접근, 복음과 그 적용의 열렬한 전형, 이 모든 것에 대한 대안은 성경이 신학을 구성한다는 생각을 버리지 않고, 또 성경이 신학을 축소한다는 생각을 버리고 성경의 올바른 권리를 인식하고 되찾아주는 데 있다.

나는 건전하게 신학을 하도록 쉽게 이끄는 어떤 원리도 없다는 것을 지금까지 살아오면서 충분히 배웠다. 그러나 나는 21세기의 시작을 맞는 교회들을 위해, 개혁파 조직신학의 생명력은 1세기의 사도적 교회와 신학과는 비록 오랜 세기 동안 떨어져 있을지라도, 우리가 그 깊은 이면의 신학적 연속성을 인정하고 연구하는 것을 통해 갖게 될 것이라고 주장한다.

[후기]

　최근에[80] W. 로버트 갓프레이(W. Robert Godfrey)는 교회의 신앙고백(각주 13을 보라)을 향한 조직신학의 기본적 입장을 위해, 이 장의 원본(이 장의 첫 각주를 보라)에서 내가 스킬더로부터 빌려온 "비판적 지지"라는 표현을 사용하였는데, 이것을 예외적으로 취했다. 갓프레이는 이 입장은 "우리의 신앙고백과 [조직신학적] 전통 사이를 명확하게 구분하지" 못하기 때문에 "신앙고백의 공동체적, 교회론적 특징을 간과한다"고 주장한다. 그는 심지어 이 입장을 "마치 교회의 신앙고백을 구시대의 역사적 문서 혹은 쉽게 따르거나 거절할 수 있는 경건한 충고 혹은 수정하기 자유로운 간략한 조직신학처럼 여기는 사람들", 교회가 적절하게 변화할 때까지 교회의 신앙고백을 잊어버리는 사람들, "신앙고백은 그 고백을 지켜야 하는 도덕적 의무 아래 있다고 주장하는 것에 의해 자신의 신앙을 고백하는 사람들"의 태도와 연관시킨다. 그 대신 교회의 신앙고백과 같은 고백, 특별히 동의된 고백들에 대한 우리 태도는 "먼저 비판적이지 않아야 하는데, '비판적 지지'가 아닌" 확신을 가지고 보는 태도여야 한다.

　나는 "비판적 지지"라는 표현 그 자체가 갓프레이 박사가 그것을 읽듯이 반감을 가지고 비판적으로 읽혀질 수 있다고 여기지만, 그런 식으로 여겨질 필요가 거의 없다고 본다. 나는 그것을 교회론적으로 무관심(혹은 도덕적 무관심)하게 내버려두고 싶지 않다. 나는 독자들

80　David VanDrunen, ed., *The Pattern of Sound Truth: Essays in Honor of Robert B. Strimple*(Philipsburg, NJ: P&R Publishing, 2004), 141-42에서 사용함.

이, 정확히 세 가지 요인들(교회에 주어진 성경, 교회 교리/신앙고백, 교회의 유익을 위해 행해진 조직신학) 사이의 합당한 관계를 교회와 연관하여 지적하기 위해 의도된 것으로서 내 자신의 용례의 근접 문맥, 그리고 전체 소논문의 취지가 얼마나 명확한지를 판단하기를 바란다. 어느 정도 나는 이 표현이 교회가 신앙고백을 고수할 때, 또한 이런 신앙고백에 충실한 조직신학과 교회를 살릴 만한 것을 표현한다고 확신하기 때문에, 이 표현을 유지한다.

여기에 도움이 될 만한 개혁파 정통주의 구분이 있는데, "규범을 결정짓는 규범"(노르마 노르만스[norma normans])으로서 성경의 절대적인 권위와 "규범으로 결정된 규범"(노르마 노르마타[norma normata])으로서 교회 신앙고백의 이차적인 권위 사이의 구분이다. 조직신학이 과업을 수행할 때, 조직신학은 이 구분을 유지하여야만 하고 신앙고백의 이차적인 권위를 절대적으로 받아들이지는 않는다. 사실 웨스트민스터 표준문서들을 충실하게 따르는 사람들은 모두 이 구분을 유지하는 경향이 있다.[81] 확실히, 웨스트민스터 신앙고백을 따른다는 것은 그 내용을 받아들인다는 것을 전제하며, 어떤 이유에서든지 누군가의 관점이 신앙고백과 다른 부분이 있을 때, 감독할 책임이 있는 교회나 다른 기구에 의해 그런 다양성이 받아들여질 수 있는지의 여부를 결정하는 공정한 절차가 있어야 한다. 그런데 이것은 말할 필요는 있지만 나에게 있어 큰 사안인 것은 아니다.

---

81 "모든 종교적 논쟁은 최고의 결정권자로부터 결정되어야 한다…그리고 최고의 결정권자의 판결에 우리가 의존해야 한다. 그런데 그 최고의 결정권자는 다름 아닌 성경에서 말씀하는 성령이다"(WCF 1.10); 참조. WCF 20.2:"오직 하나님만이 양심의 주님이며, 하나님 말씀에 배치되는 인간의 교리와 명령으로부터 인간의 양심을 자유롭게 한다."

그러나 위에서 살펴 본 그 구분(사실 "비판적"인 구분)이 사용되지 않거나 유지되지 않을 때, 신앙고백은 성경과 성경의 권위만큼 동등하게 기능하게 될 것이며 결국에는 절대적인 권위를 갖게 될 것(갓프레이 박사가 확실히 염두에 두지 않은 결론: 그는 "우리의 신앙고백은 인간의 저작물이며 하나님의 말씀이라는 더 명확한 이해의 빛 아래서 변화될 수 있다는 것에 대한 인정"을 요구한다)이라는 위험이 있다. 이러므로 우리가 균형을 위해 우리 교회의 신앙고백에 대해 "비판적 지지를 하는 확신"에 대해 말하지 않았는가?

갓프레이 박사는 "신앙고백은 근본적으로 조직신학의 가장 간략한 형태"라는 관점을 오류가 있다고 거절하면서, 이 관점을 나와 연결시킨다. 이것은 너무나 당혹스럽다. 확실히 신앙고백은 한 개인이나 더 많은 개인들이 작성한 조직신학 이상이다. 그러나 만일 조직신학이 성경 전체의 일관된 가르침을 질서정연하게 적절한 주제로 제안하는 것으로 여겨진다면, 그때 신앙고백이나 요리문답서는 "교회가 교회의 모든 활동을 위해 이차적인 권위의 지위까지 이르도록 채택한, 조직신학에서 특화된 부분"으로 볼 수 있다. 예를 들어, 웨스트민스터 표준문서들을, "성경에 있는 교리 체계의 요약…" 혹은 "성경에서 가르친 교리 체계를 구성하는 것"으로 보고 그것을 고백하지 않는가![82]

언급했듯이, "비판적 지지"는 스킬더의 표현이다. 아마도 내가 그 표현을 다우마(J. Douma) 책의 한 구문 전체로부터 인용한다면 더 가

---

82 각주 67을 보라.

치가 있을 것 같다.[83] 그렇게 하면 스킬더와 다우마와 염두에 두고 있는 것을 더욱더 명확하게 이해할 것 같아 인용해 본다.

> 신학이라는 학문은 교회를 위해 봉사하여야 한다…교회와 신학의 연결을 부정하는 사람들에 대항하여 우리는 하나님의 계시가 교회에 위임되었다는 것을 주장한다. 이런 계시를 연구하는 사람은 오직 적실한 위치, 즉 교회에서 연구할 수 있다. 하나님 말씀을 다루는 직분(목사와 교사)에 하나님 말씀을 다룰 수 있는 훈련이 주어진다. 이런 교회론적 연결은 신학자는 로마 가톨릭의 주장처럼 교회 전통에 묶여야 한다는 것을 의미하지 않는다. 벨기에 신앙고백 7장은 신자로 하여금 모든 것 위에 하나님의 진리를 놓으라고 명령한다. 그것은 신자들에 포함된 신학자들에게도 동일한 진리이다. 고백적 헌신은 고백적 협소함과는 차원이 다르다. 이 연결에서 중요한 것은 스킬더가 제시하는 조직신학에 대한 정의이다. 조직신학은 "성경의 내용과 목적에 충실한 상태에서, 보편적인 신앙을 따라 형성된 교리의 내용에 비판적 지지의 관점으로 재형성하여, 교회의 신학적 교리들의 문제(*der kerkelijk-theologische dogmata*)를 배열하고 조직적으로 다루는 학문이다"(*Dictaten compendium-dogmatiek*, 1:13).

비판-"결국 교회가 사라지거나 혹은 성경 계시의 진리를 잃어버리지 않았고, 죄의 결과로부터 자유로운 적도 없었고, 이후에

83　각주 14를 보라.

도 그러지 못한다면, 성경 계시에 의존하여 교리를 반성하고 재형성하여 교리와 신앙고백에 대해 비판적 입장을 가지도록 하게 한다"(Ibid., 1:12).

지지-"당연히 이 비판적 입장에서도, 조직신학자가 학문적 사고를 할 때조차도, 신자로서 교회의 교리를 연구하기 시작할 때 지지의 입장이 가능하다"(Ibid.).

제2장

시대를 위한 소책자

제임스 뷰캐넌의 『칭의 교리』와 그 역사적, 신학적 배경

칼 R. 트루만(Carl R. Trueman)

제임스 뷰캐넌(James Buchanan, 1804-70)은 스코틀랜드 장로교(Church of Scotland)의 10년 대립(Ten Years' Conflict)과 이어진 1843년의 스코틀랜드 장로교의 분열(Disruption) 및 스코틀랜드 자유교회(Free Church of Scotland) 형성을 거치면서 신학적, 교회적인 성숙을 경험한 세대의 중요한 인물이었다. 윌리엄 커닝햄(William Cunningham), 로버트 스미스 캔들리쉬(Robert Smith Candlish), 제임스 배너만(James Bannerman)과 같은 당대의 여러 공헌자들과 더불어, 뷰캐넌의 강의와 저술은 19세기 중반 이 새로운 분파에게 지적인 힘을 제공했다. 또한 뷰캐넌의 다른 중요성은 그가 분파적인 경계를 넘어, 빅토리아 시기 영국의 교회 갈등의 현장에서도 표면화되듯이, 개혁파 정통주의의 가장 뛰어난 대표자 중 하나였다는 점에 있다.

뷰캐넌은 당대에 전통적인 개혁파 신앙을 그대로 설명한 것보다 철학적 신학자이자 변증가로 훨씬 더 유명했는데, 이는 유신론(theism)의 합리성과 유비(analogy)의 의미와 사용에 대한 저작 덕분이다.[1] 뷰캐넌은 1845년 에딘버러의 뉴칼리지(New College)에서 처음 변증학 교수가 되었고, 이어 1847년에 토마스 찰머스(Thomas Chalmers)가 죽으면서 조직신학 교수로 옮겼는데, 이는 그의 신학적 능력과 관심에 있어서의 두 특징을 반영한다. 실제로 뷰캐넌이 쓴 철학적 패러다임이 너무 오래된 것이므로, 그의 형이상학 관련 저술들도 결과적으로는 우리의 관심에서 다소 동떨어질지라도, 그는 여전히 전통적 개혁파 신학을 따르는 학생들에게 고전적 정통주의의 입장들을 잘 제공해 준다. 이에 대해서는 잘 알려진 그의 조직신학 연구서 『성령의 좌소와 사역』(*The Office and Work of the Holy Spirit*, Edinburgh, 1841)과 『칭의 교리』(*The Doctrine of Justification*, Edinburgh, 1867)에 잘 나타난다. 특히 『칭의 교리』는 1866년 커닝햄 강좌에서 처음 강의되었고, 바로 이 장의 주제이기도 하다.

1. 뷰캐넌 본문의 배경

칭의 교리가 개신교를 대표하는 표지인 것은 자명하다. 16세기에 서구 기독교 국가에서 일어난 신앙고백운동(confessionalization)은 로마 가톨릭과 개신교 사이를, 개신교 내에서는 루터파와 개혁파 사이

---

[1] *Faith in God and Modern Atheism Compared*, 2 vols. (Edinburgh, 1855); *Analogy, Considered as a Guide to Truth* (Edinburgh, 1864).

의 교리적 분화를 확고히 했다. 그럼에도 불구하고, 칭의라는 중요한 사안에 있어서, 특히 믿음의 수단과 그리스도의 의의 전가에 대해서는 개혁파 교회의 신앙고백 문서와 루터파의 합의 교리서(Book of Concord) 사이에 큰 차이가 없었다.

그러나 이러한 분명한 일치에도 불구하고, 개신교는 특히 이 문제에 있어서는 평탄한 역사를 누리지 못했다. 17세기에, 칭의 교리에서 행위(good works)의 정확한 역할에 대해 잉글랜드 청교도들 사이에서 상당한 논쟁이 있었는데, 이는 특별히 정치적, 사회적으로 혼란했던 이 시기에 일어난 반율법주의(antinomianism)에 대한 두려움 때문이었다. 리차드 백스터(Richard Baxter)의 소위 "신율법주의" (neonomianism) 반대는 아마도 가장 유명한 일례인데, 종교개혁의 교리가 율법을 전적으로 폐지한다는 오해를 피하는 방식으로 개주(改鑄, recast)한다. 그리고 이 점에 관한 백스터의 정통주의 견해가 당시부터 오늘날까지 활발한 논쟁 주제이다.

영원한 칭의(eternal justification), 믿음의 본질에 있어서의 확신이 차지하는 비중, 은혜언약의 조건성, 신자의 삶에서 율법의 역할 등과 같은 다른 관련된 사안들에 대한 논쟁들 역시 개신교의 지속적인 논의였으며, 이런 논의가 지속되면서, 어느 정도, 이 사안에 관한 개혁파의 일치가 나뉘게 되었다.[2] 그 중 가장 유명한 사건은 정수-알맹이 논쟁(Marrow Controversy)으로, 이 논쟁은 18세기 초 스코틀랜드 장로

---

2 다음을 보라. Hans Boersma, *A Hot Peppercorn: Richard Baxter's Doctrine of Justification in Its Seventeenth-Century Context of Controversy* (Zoetermeer, Netherlands: Boekencentrum, 1993); Tim Cooper, *Fear and Polemic in Seventeenth-Century England: Richard Baxter and Antinomianism* (Aldershot, Hampshire: Ashgate, 2001).

교뿐만 아니라 개혁파 정통주의 신학자들 사이에도 심한 논쟁을 야기했다.³

뷰캐넌이 1860년대에 이 주제에 대해 언급할 즈음에, 또 다른 신학적 발전이 이루어졌다. 아마도 그 중 가장 중요한 것이 1830년대에 출현한 소책자 운동(Tractarianism)일 것이다. 이 운동은 다양한 정치적, 문화적, 그리고 신학적 조류들에 대한 반응으로, 여러 교회 당파들과 적대자들이 종종 시도했던 단순한 범주로의 축소에 반대한다. 가톨릭 해방(Catholic Emancipation), 교회 와해를 위한 시도들, 산업화의 급속한 증가, 낭만주의의 부침 등, 이 모두가 이 운동의 기조와 사상을 형성하는 데 기여했다. 이 운동에서 특히, 존 헨리 뉴먼(John Henry Newman)이 19세기의 가장 명석한 신학자이며, 품위 있는 문장가 중 한 명일 것이다. 뉴먼은 현대의 로마 가톨릭에도 상당한 영향을 끼친(이것은 절대 과대평가일 수 없다) 인물이다.⁴

소책자 운동의 신학적 중심에 역사적 개신교의 정체성을 재고하려는 시도가 있었지만, 그 반대자들이 통상적으로 "로마 가톨릭으로 치우친"(Romanizing) 경향이라고 비판할 여지를 남겨 두었다. 하지만 소책자 운동을 하는 사람들 스스로를 종교개혁 이전의 보편 교회(catholicity)에 잉글랜드 국교회주의(Anglicanism)를 포함시키려는 의

---

3 다음을 보라. David C. Lachman, *The Marrow Controversy, 1718-1723: An Historical and Theological Analysis* (Edinburgh: Rutherford House, 1988).

4 소책자 운동에 관해서는 다음을 보라: Owen Chadwick, *The Mind of the Oxford Movement* (Stanford: Stanford University Press, 1960); Peter Nockles, *The Oxford Movement in Context* (Cambridge: Cambridge University Press, 1994). Newman에 대해서는 다음을 보라. Ian Ker, *John Henry Newman: A Biography* (Oxford: Oxford University Press, 1988).

도를 가진 자들로 보았다.[5] 이런 시도에서 발생한 가장 분명한 점은 교회의 실천 및 미학(aestheticss)과 직접적으로 연관된 문제인데, 결국 성찬 문제가 이러한 수정주의적 의제에 있어서 핵심 부분이 되었다는 점이다. 그럼에도 불구하고, 칭의 교리가 미사(Mass)의 폐지와 더불어 아마도 역사적 개신교가 로마 가톨릭과 가장 명확하게 구분되는 표지임을 고려한다면, 칭의 교리가 논란이 되는 것은 너무나 당연했다.

뉴먼 자신도 그의 유명한(또는 악명 높은)『소책자 XC』(Tract XC)에서 칭의 전후의 행위와 관련된 사안을 다룬다. 뉴먼은 39개 신조(Thirty-nine Articles)에 나타나는 너무나 명백한 종교개혁의 개신교적 특징들을 회피하면서 재량 공로(congruent merit)에 대한 논쟁과 연관되게 그것을 읽는다. 따라서 39개 신조의 제11, 12, 13조에 대한 뉴먼의 주석들은 하나의 큰 틀로 함께 읽혀야 한다. 왜냐하면 의롭게 만드는 과정과 연계된 칭의로서의 믿음에 대한 강조를 벗어나 행위와 연관된 재량 공로로 논지의 방향을 바꾸기 때문이다. 결국 칭의를 다루면서 뉴먼은 그 조항들을 은혜 문제에 관한 어거스틴식의 이해와 동일한 것으로 이해하면서도, 그리스도의 의가 오직 믿음에 의해서 전가되는지 여부에 대한 중요한 종교개혁의 사안들을 언급하기를 회피한다.[6]

물론 뉴먼이 39신조를 로마 가톨릭 신학에 맞추려고 처음 시도한 인물은 아니다. 실제로 잉글랜드 국교회(Anglican Church)의 개신

5　Chadwick, *The Mind of the Oxford Movement*, 16-17.

6　본문은 William G. Hutchison, ed., *The Oxford Movement: Being a Selection from Tracts for the Times* (London: Walter Scott, 1906), 197-203에서 찾아볼 수 있다.

교와 로마 가톨릭 사이의 관계에 대한 전체 문제는 첫 번째 "공동 기도서"(Book of Common Prayer, 1549) 이후 계속해서 다소 골치 아픈 문제였다.⁷ 17세기, 특히 1630-40년대 그 대립이 최고조였을 때, 프란치쿠스 상타 클라라(Francicus à Sancta Clara, Chrsitopher Davenport)가 39개 신조에 대한 전통적인 로마 가톨릭의 해석을 논증하는 라틴어 논문을 썼다.⁸ 물론 칭의에 대한 개신교적인 이해의 중요한 요소들 중 하나는 루터파와 개혁파 고백적 전통에서 이 교리가 또 다른 구조적인 기능으로 작용했을 수 있다는 점이다. 하지만 이 둘은 각각 독립적인 것으로 받아들여 질 수 없고, 오히려 수많은 다른 교리에 대한 함의들을 가지고 있다. 그러므로 클라라의 시도, 즉 신조를 로마 가톨릭의 방식으로 이해하려는 것은 그로 하여금 신조들 다수의 기초가 되는 신학을 다시 만들게 했다.

제11조("사람의 칭의에 대하여", Of the Justification of Man)에 대해, 그는 전가(imputation)를 수여(impartation)로 대체함으로써 개신교 신학에서의 믿음의 수단(instrumentality)의 힘을 약화시킨다.⁹ 제14조

7　예를 들어, 성만찬에 대한 Thomas Cranmer의 견해를 반박하기 위해 Stephen Gardiner가 1549년 공동 기도서를 어떻게 허세부리듯 사용하였는지는 다음을 보라. Diarmaid MacCulloch, *Thomas Cranmer* (New Haven: Yale University Press, 1996), 486-87.

8　Franciscus à Sancta Clara, *On the Articles of the Anglican Church*, ed. Frederick George Lee (London, 1865). 여기에는 원래 라틴어 본문(*Paraphrastica Expositio Articulorum Confessionis Anglicanad*)과 영어 번역을 포함한다. 원본은 1646년에 출판되었다. 19세기에 쓰인 서론은 흥미로운데, 편집자가 원하는 방식으로 상대적으로 취급되었음을 보여준다. "믿음"과 "종교"에 대한 글을 구별하면서, 그는 그 글은 정통주의의 견해가 아니라 단지 개인 의견이라고 주장한다. 이 들 중 일부는 실제로 믿음의 문제를 다루는 것으로 보이며, 전체적으로는 신앙고백적(creedally)으로 권위 있게 여겨지지 않는다.

9　Sancta Clara, *On the Articles*, 13.

("공덕의 역할에 대하여", Of Works of Supererogation)에 대해서, 그는 순수한 본성에 대한 로마 가톨릭의 가르침의 배경에 반하여 제14조를 읽음으로써, 은혜의 맥락 가운데 정죄를 없애고 공로의 여지를 남겨두었다.[10] 마지막 예로, 클라라는 제22조("연옥에 대해 Of Purgatory")에 대해, 정죄되어야 할 것은 바르게 가르쳐진(as truly taught) 로마 가톨릭 교리가 아니라 로마 가톨릭에 전수된 그 교리(the doctrine imputed to Rome)라고 주장한다.[11]

클라라에 의해 구체화된 논쟁의 전통에서 두 가지는 분명하다.

첫째, 클라라와 같은 로마 가톨릭 논객들은 논쟁에서 성공하기 위해서는 개신교 신학의 중심에 있는 칭의 교리를 따로 언급해야 할 뿐 아니라, 그러한 비평의 관점에서 개신교 신학의 내용을 수정해야 한다는 점을 알고 있었다.

둘째, 이러한 종류의 로마 가톨릭 주장은 근본적으로 논쟁이 은혜, 선행, 공로 간의 관계에 대한 것임을 주장함으로써 칭의에 대한 논쟁을 상대화하려 했다. 이는 믿음의 수단과 전가와 같은 중요 사안들을 효과적으로 부차적으로 만들고, 종교개혁을 이전의 펠라기우스 논쟁의 관점으로 바꾸기 때문이다. 그러한 개주는 명백히 종교개혁자들 사이에 널리 퍼진 신념으로 인한 것으로, 그 내용은 종교개혁자들과 로마 가톨릭과의 논쟁이 실제로 어거스틴과 펠라기우스 사이의 논쟁과 유사한 측면에서 진행되었다는 것이었다.

이러한 칭의에 관한 트리엔트 로마 가톨릭(Trentinian Catholicism)

---

10 Ibid., 17.

11 Ibid., 39-42.

과 신앙고백적 개신교 사이의 차이점들을 상대화하려는 시도는, 19세기에 확고해진 관습, 즉 논쟁의 초점이 신자의 선행에 공로가 있다고 설명하는 방식과 유사하다. 이 점은 분명하게 자유교회의 신학자인 윌리엄 커닝햄에 의해 1852년 리차드 왓틀리(Richard Whately)의 책 『인간의 본성에 관한 로마 가톨릭의 오류들』(*Essays on the Errors of Romanism Having Their Origin in Human Nature*, London, 1837) 재판에 나타난다.[12] 이 책의 부록 B에서 왓틀리는 본문에서 소위 "자기 의"(self-righteousness)를 다루지 않은 이유를, 개신교도들이 볼 때 인간 행위의 공로적 특성을 믿는 것은 트리엔트 로마 가톨릭의 주요한 오류들 중 하나이기 때문이라고 설명한다. 이에 대해 왓틀리는 다음과 같이 말한다.

> 그러나 로마 교회는 실제로 이것을 그들의 유산으로 여기지 않았다. 만약 어느 누가 로마 교회와 트리엔트 공의회의 결정들의 확고한 권위가 무엇이냐고 묻는다면, 그는 그들이(로마 교회) 아마도 "공로"(merit)라는 단어를 잘못된 사용했을 수 있지만, 그들과 다른 사람들(반율법주의자가 아닌) 사이의 모호한 문제가 주로 어구(표현)에 관한 것이라는 것을 알게 될 것이다. 왜냐하면, 그들은 그리스도를 제외하고서는 하나님 앞에 인정될 수 있는 것이 아무것도 없음을, 또한 우리 안의 성령의 사역에 의하지 않고서는 우리가 어떠한 선한 행위를 할 수 없음을 시인할 뿐 아

---

12 WilJiam Cunningham, "The Errors of Romanism," in *Discussions on Church Principles: Popish, Erastian, and Presbyterian* (Edinburgh, 1863), 1-34. 이 글의 원본은 다음에 실려 있다. *Northern British Review* 34 (August 1852).

니라 엄숙히 선언하고 있기 때문이다. 그래서 비록 성경의 약속이 계속해서, 분명히 그의 선함을 통해 "그 상급을 잃지" 않을 것이라고 말하지만 소위 그리스도인들의 의는 동시에 그리스도의 의이다.[13]

왓틀리의 핵심 지적은, 바울의 언급과 반대되는 행위의 의가 율법 전체가 아닌 의식법에 대한 것이라는 주장과 맞물려, 신자의 의의 공로에 대한 개신교와 로마 가톨릭 두 진영의 불일치의 토대를 바꿈으로써 양자 사이의 차이를 상대화하는 데 기여한다. 왓틀리가 정확히 관찰한 대로, 이것은 기독론적으로 고려되어야 할 것이지 인간의 자력으로 또는 펠리기우스적인 의미에서가 아니다.

물론 문제는 이 점이 종교개혁에서의 주요 논쟁점이 아니었다는 것이다. 양자 모두 칭의는 그리스도의 의에 기초한다는 것에 동의했고, 다른 점은 이것이 전가(imputation)에 의해 신자에게 주어진 것인지, 수여(impartation)에 의한 것인가에 대한 것이었다. 여기에서 왓틀리에 대한 커닝햄의 비판은 정확하다. 만약 왓틀리가 옳다면, 종교개혁은 개신교도들이 실제로 로마 교회의 오류를 배척해서 이루어진 것이 아니라, 표준적인 로마 교회의 입장에 대한 오해에 기인한 것이 되고 만다. 커닝햄은 이 점을 이 주제에 대한 17세기의 고전적 두 연구, 즉 존 데이브넌트(John Davenant)와 조지 다우네임(George Downame)의 연구들을 통해 강조한다.[14]

---

13 Whately, *Essays on the Errors of Romanism*, 336. 필자는 1830년의 초판을 사용한다.

14 Cunningham, *Discussions on Church Principles*, 25. Cunningham은 선척적(habitual)이고 실제적인 의에 대해서는 Davenant의 두 번째 섹션과 Downame을 인용한다. John

이러한 칭의 교리에 관한 잉글랜드 국교회 내의 신학적 움직임은 장로교도들에 대해 상당한 압력을 가한 스코틀랜드의 감독파(Episcopalianism)의 부활과 일치한다. 차례로 이는 로마 가톨릭, 로마화되는 감독파, 전형적인 많은 19세기 영국 복음주의자들에 대한 전반적인 두려움에 부가되었고, 위에서 언급했듯이, 영국 사회의 가톨릭 해방과 그 수용 및 영향력 증가에 의해 고무되었다. 그러므로 1860년대의 로마와의 끊임없는 교리 논쟁은 부가된 교회적, 사회적, 정치적 긴박함을 가지고 있었다.

한편, 뷰캐넌이 속했던 자유교회의 분열(Disruption Free Church)이 처음에는 토마스 찰머스에 의해 주도되었는데, 그는 가톨릭 해방에 대해 눈에 띄게 진보적인 견해를 가지고 있었다. 하지만 이를 가톨릭 해방이 그 신학적인 면에서나 로마 가톨릭의 문화에 대해 온건적이었다는 신호로 받아들여서는 안 된다.[15] 로버트 캔들리쉬(Robert Smith Candlish)와 더불어, 커닝햄은 로버트가 보인 조심성에 비해 보다 더 급진적이고 젊었으며, 그는 뉴칼리지의 교회사 교수(후에 총장)로 가게 되었고, 반로마 신학 논쟁가로서의 전형을 따랐다.[16] 게다가 신학적으로 재능이 덜했지만 체질적으로 예리하고 목사로서 영

Davenant, *Praelectiones de Duobus in Theologia Capitibus* (Cambridge, 1631) George Downame, *A Treatise of Justification* (London, 1634). Cunningham은 후자를 1633년판으로 인용하지만 짧은 제목은 1632년과 1634년 판에만 나타난다.

15 다음을 보라. Henry R. Sefton, "Chalmers and the Church," in A. C. Cheyne, ed., *The Practical and the Pious* (Edinburgh: St. Andrew Press, 1985), 166-73.

16 예를 들면, 1845년에 Cunningham은 Edward Stillingfleet의 다음 책 개정판을 편집하고 서문을 썼다. *The Doctrines and Practices of the Church of Rome Truly Represented* (Edinburgh, 1845).

향력이 있었던 제임스 벡(James Begg)은 열렬한 반로마 정서와 더불어 계몽적, 진보적 사회관을 보여주었다. 따라서 로마 가톨릭에 대한 이들의 태도에서, 자유교회의 지도자들은 당시의 복음주의적 개신교를 구현했음을 알 수 있다.[17]

이러한 배경을 고려해 볼 때, 이 시대의 반로마 정서가 칭의에 대한 세기 중반의 논쟁들에 반영되었다는 것은 놀랄 만한 일이 아니다. 이는 커닝햄의 사후(死後)에 출판된 강의, 『역사 신학』(Historical Theology)의 칭의를 다루는 부분에서 잘 드러난다. 여기서 그는 칭의에 대한 개신교의 이해에 대해 로마 가톨릭의 두 가지 표준적인 반응들을 지적한다. 그들은 분명히 개신교의 입장을 배격하는데, 여기에는 로마에 대한 일부 합당한 비판도 포함된다.

커닝햄에 따르면, 이 후자의 접근은 "개신교와 로마 교회의 교리 사이에 그렇게 다른 점이 없다"는 것을 주장하기 위해서이다.[18] 커닝햄이 자신의 주장들을 이 문제에 집중할 것이라고 말하는 것은 바로 이러한 논의 선상에 있다.[19] 그러므로 커닝햄을 가장 혼란스럽게 한 것은 당시 논의들의 상대화 경향이었는데, 아마도 그러한 견해들이 보다 많은 대중에게 호소될 정도로 사회적, 문화적 맥락이 무르익었을 것이며, 그래서 개신교 정체성의 중심에 있는 중요한 신학적, 목

---

17 다음을 보라. James Lachlan MacLeod, *The Second Disruption* (East Linton, Scotland: Belknap, 2000),22-31.

18 William Cunningham, *Historical Theology: A Review of the Principal Doctrinal Discussions in the Christian Church since the Apostolic Age*, 2 vols. (London: Banner of Truth, 1960), 2:4.

19 Ibid., 5.

회적 관심 사안에 대해 심각한 교리적 무차별주의(indifferentism)라는 보다 넓은 가능성을 열어 놓았기 때문이었을 것이다. 그는 특히 이 문제에 있어서 뉴먼(Newman)에 대해 예리하게 지적하는데, 뉴먼이 아직 잉글랜드 국교회 신도일 때의 강의들을 고찰하면서, 그가 이미 "교황파의 목적"(Popish purposes)을 가지고 있었고, 특별히 39개 신조에 명시된 칭의의 선포적 특징을 심각하게 경시하고 있다고 말한다.[20] 이러한 커닝햄의 강의들을 뷰캐넌과 그의 동료 제임스 배너만(James Bannerman)이 출판을 위해 편집했다는 점을 고려하면, 우리는 커닝햄의 주장들의 강조점들과 접근방식이 뷰캐넌에게 친숙했다고 생각할 수 있다.[21]

뷰캐넌이 신학저술가로서 1843년에 소책자 운동에 대한 조그만 서간 형식의 책을 출판했었기 때문에, 그 자신도 이 운동에 대한 관심을 보였다고 할 수 있다.[22] 이 책에서 칭의 문제는 직접적으로 언급되지 않지만, 뷰캐넌은 소책자 저술가들의 구원론에 대해, 뉴먼과 그 무리들이 회개와 믿음에 반대되는 것으로서, 개인이 그리스도의 유익들(benefits)을 누리는 수단으로서, 가시적 교회(the visible church)에 강조점을 둔다고 비판한다.[23] 국교회 사상의 발전에 대한 뷰캐넌의

20　Ibid., 33-34.

21　Cunningham은 칭의 교리가 "종교개혁에서 가장 근본적이고 특징적인 교리이고, 모든 종교개혁자가 최고 중요한 것으로 여겼다"고 말한다(Ibid., 1). 또한 그는 그가 고찰하는 것이 로마와의 충돌을 줄이기 위해 교리사를 다시 쓰려는 고위 성직자들(High Churchmen)의 걱정을 보여 주는 것이라고 지적한다(Ibid., 4).

22　James Buchanan, On the "Tracts for the Times"(Edinburgh, 1843).

23　"모든 참회하는 신자의 영혼은 단번에 모든 위대하고 고귀한 약속을 자기의 것으로 삼으며 일용할 양식처럼 그것들을 먹는다. 그러나 옥스퍼드(Oxford) 신학자들은

관심은 1860년대 초기의 『논문과 서평』(*Essays and Reviews*)에 대한 반응에서도 잘 드러난다. 여기서 그는 소책자 운동과 후대의 자유주의적 움직임을 국교회 내의 종교적 권위의 전반적인 위기에 대한 대응들로, 그리고 로마에 대한 유화적인 태도이자 오직 성경이라는 원리에 대한 근본적인 불신으로 파악한다.[24]

그러나 1860년대 중반, 칭의 문제에 대해 더 집중하게 된 중요한 이유가 있다. 물론 뉴먼은 1845년에 로마 가톨릭으로 개종했고, 그 여정은 그의 『칭의 강의』(*Lectures on Justification*, 1938)와 『소책자 XC』 (*Tract XC*, 1841), 1845년까지 출판되지 않았지만 그가 잉글랜드 국교회 신도일 때 쓴 『기독교 교리의 발전에 관한 소고』(*An Essay on the Development of Christian Doctrine*)에 잘 드러난다. 뉴먼의 개종 과정이 실제로 어찌되었든지 간에, 그것은 칭의와 교회의 권위 사이의 문제와 씨름하는 맥락에서 공개적으로 이루어졌다.[25]

개신교를 존재하게 한 칭의의 본질이 서구 신학 및 교회 전통을 로마 가톨릭과 개신교로 나누었기에, 또한 그 문제와 권위와 교리에 대한 이해의 관계에서 볼 때, 왜 뉴먼의 개종이 이 문제에서 반드시 언급되어야 하는지는 꽤 분명하다. 실제로 심지어 뉴먼이 로마 가톨

말하기를, 이러한 약속들은 사람들을 회개하고 믿도록 만드는 것이 아니라, 단지 교회(THE CHURCH)의 일원으로 만들기 위한 것이고, 누구도 자신들에 대해 적절한 또는 적용가능함에 대해 하나님의 보장을 주지 않는다. 이러한 교회와 갈급한 영혼과 그리스도, 생명의 빵, 자신의 희망을 신실함(faithfulness)이 아닌 충실함(fidelity)에 의존하도록 하는 것은 무엇인가?" Ibid., 99.

24　James Buchanan, *The "Essays and Reviews" Examined* (Edinburgh, 1861), 7-44.

25　*Lectures on Justification*의 중요성에 대해서는 다음을 보라. Ker, *John Henry Newman*, 151-57.

릭으로 개종한 이후, 그 문제들은 앵글로-가톨릭(Anglo-Catholic)의 지속적인 관심사가 되었다. 예를 들어, 1865년에, 앞에서 언급한 상타 클라라의 17세기 작품이 출판되었는데, 이는 잉글랜드 국교회의 종교개혁 글들을 가능한 로마 가톨릭 방식으로 읽으려는 시도를 가능케 했다. 이러한 모든 것이 이신칭의와 그 관련된 여러 교리를, 로마 가톨릭에 반대한 개신교 정통주의를 옹호하고자 하는 사람들의 신학적 논쟁의 중심부에 놓는 데 기여했다.[26]

이 시점에서 칭의의 중요성에 대한 신앙고백적 루터파 신학과 개혁파 신학 사이의 차이점을 지적하는 것이 필요하다. 양자 모두에게, 그리스도의 의의 전가에 기초하여 믿음을 통해 은혜로 말미암아 의롭게 된다는 것이 기본이다. 결과적으로, 이 부분에 있어서, 둘 사이에 주요한 쐐기를 박으려는 모든 시도는, 그것이 19세기 소책자 운동가들의 입장이든, 개혁파 신앙고백 공동체 내부에서 명백하게(혹은 암시적으로) 전가를 거부하려고 하는 성가신 당대의 운동이든, 그것들은 옳지 않고 역사적 혹은 신앙고백적 통일성을 결여시키는 것이다. 실제로 칭의 교리와 관련하여 만약 어떤 사람이 비텐베르그(Wittenberg)나 제네바(Geneva)로 가지 않는다면, 옛 속담, "모든 길은 로마로 통한다"는 그대로 이루어질 것이다.[27]

---

26 Buchanan은 Robert Traill을 인용하면서 다음과 같이 간결한 방식으로 요약하면서 당대의 움직임에 대해 의문을 제기한다. "교리에 있어서 '중도의 길'(middle ways을 추구하는 그러한 사람들은 대개 그 중도에 있어서 그들이 출발한 곳보다 가려는 길의 극단에 대해 훨씬 더 관용적이다." *Doctrine of Justification*, 173.

27 이것은 분명히 뷰캐넌의 입장으로, 그의 서론의 언급과 같다. "종교개혁의 중요 교리에 관한 이러한 모든 공격들은, 그것들이 어디서 왔건 간에, 모두 한 가지 목적과 방향, 즉 비록 그 형태는 다를지 몰라도, 그 내용에 있어서 로마 교회의 타락한 교리로의 회귀를

그러나 이러한 모든 것이 루터파와 개혁파 전통 내에서 칭의 교리가 정확히 같은 구조적 기능을 가진다는 말은 아니다. 루터파에게 믿음을 통한 칭의는 단순히 핵심 교리로서만 작동하는 것이 아니라, 신학적 체계 전체의 핵심적인 구조적 원리로 기능한다. 비록 이 교리를 모든 다른 교리가 파생되는 자명한 원리를 의미하는 핵심 도그마로 이해하는 데 주의를 기울일 필요가 있지만, 어쨌든, 이 교리는 "합의 교리서"에 표현된 대로 교리 체계의 기초적인 구조적 핵심을 제공한다. 루터파들이 아마도 대부분 강력하게 부인할지도 모르지만, 이러한 구조적 중요성은 대체적으로 마틴 루터 자신의 인생에서 그 교리가 가지는 개인적 중요성의 결과에 있다고 말할 수 있다.[28]

그러나 개혁파 신앙고백에 있어서, 칭의는 루터파에서와 같은 구조적 중요성을 가지지 않는다. 그럼에도 불구하고, 이 점이 교리의 중요성이 다소 상대화 되거나 절충될 수 있다는 것을 의미하지 않음을 이해하는 것이 중요하다. 당연히 이 교리는 여전히 핵심적 진리이다. 이에 대해 부정한다면 개혁파 신학 체계 전체에 대한 근본적인 개정은 수반될 것이다. 칭의 교리는 교리들의 복잡한 구성의 중요한 핵심 부분이고, 실제로 다른 중요한 교리들, 즉 행위언약과 은혜언약, 삼위일체에서 각 위의 경륜적 관계, 본래의 완전성, 타락 후 죄의 상태에서의 인간성의 상태, 하나님의 영원한 작정, 선행, 공로,

---

추구한다." Ibid., 11.

28 루터파의 신앙고백 자료들에 대해서는 다음을 보라. Robert Kolb and Timothy J. Wengert, eds., *The Book of Concord* (Minneapolis: Fortress, 2000); 루터파의 칭의의 구조적 중요성에 대해서는 다음을 보라. Werner Blert, *The Structure of Lutheranism* (St. Louis: Concordia, 1962), 73-106.

확신, 최후 심판, 영화(glorification)와 연관된 그리스도인의 삶의 특징 등은 전체의 긍정적 연결점이다.

칭의 교리의 수정은 이러한 다른 모든 교리의 수정을 요구하며, 그 반대도 그렇다. 그러므로 칭의 교리는 개혁파 신학의 핵심적인 교리(dogma)는 아니지만, 대신 전체 신학 체계의 내용과 안정성에 있어서 핵심적인 중요성을 갖는다고 할 수 있다.[29]

뷰캐넌이 칭의 교리에 대해 강의할 즈음에, 칭의의 신학적 의의는 개혁파 신앙고백 신학의 핵심 요소이자 로마 가톨릭과 개신교 사이의 중요한 논쟁(혹은 유일한 논쟁)이었고, 그것은 19세기의 사회적, 종교적, 정치적 상황과 결합되어, 종교개혁의 가르침을 둘러싼 논쟁을 활성화하고 전체 문제에 있어서 긴박한 분위기를 부여했다. 그러므로 자유교회의 주도적 신학자인 뷰캐넌은 웨스트민스터 표준문서들의 신학을 지키기 위한 엄숙 맹세와 함께 개혁파 정통주의의 대표자로서 알려지게 되었다. 그는 웨스트민스터 표준문서에 헌신함으로 더 풍부한 신학적 유산을 쌓았다.

뷰캐넌의 강의들 자체로 눈을 돌리면, 우리는 뷰캐넌이 신앙고백적인 신학, 따라서 역사적, 교회적으로 충실한, 전형적인 방법으로 접근하고 있음을 알 수 있다. 제1부는 7개의 강의들로 이루어져 있는데, 신구약에 나타난 교리에 관한 논의에서 시작해서 개신교와 로마 가톨릭 둘 모두의 발전들을 고찰하면서 종교개혁과 후기종교개

---

29 Buchanan 자신이 종교개혁자들의 믿음을 통한 칭의 교리에는, "이전에 오랫동안 사람들로 하여금 단순한 믿음과 초대 교회의 예배를 타락시키도록 만든 모든 스콜라적 오류와 미신적 관습들"이 없다고 설명한다. *Doctrine of Justification*, 9. 그러므로 그는 칭의 교리가 종교개혁 전체의 과업, 즉 신학적, 교회적, 실천적인 데 있어서 핵심적인 것으로 보았다.

혁 시기로 넘어간다. 그는 제1부 말미에 특별히 잉글랜드 국교회 내의 교리사를 분석하는데, 그 이유는 그가 명백히 소책자 운동가들에 의해 자극을 받았기 때문이다. 제2부는 8개의 강의들로 이루어지는데, 칭의의 성경적 용어의 의미론에 관한 논의에서 시작해서 일련의 성경적 자료의 통합으로, 그리고 성령의 주관적(개인적) 역할에 대한 분석으로 마무리한다. 이 주제에 관해 뷰캐넌보다 더 정교한 분석을 찾기가 어려운 현상황에서 이 강의들은 19세기 개혁파 정통주의에 대한 가장 중요한 연구 중 하나임은 틀림없다.

2. 출발점: 행위언약

뷰캐넌의 주장의 핵심에는 칭의에 대한 정확한 이해는 본질적으로 율법과 의에 대한 정확한 이해와 관련된다는 확신이 있다.

> 칭의 주제에 만연한 거의 모든 오류는 결국 하나님의 율법과 의(Law and Justice of God)에 대한 잘못된 견해들 때문이라고 할 수 있다.[30]

이 주장이 중요한 이유는, 이 점이 교리적인 측면에서 한편으로는 창조, 아담, 타락까지 거슬러 올라가고, 다른 한편으로는 하나님 자신의 삼위일체 내적 관계(intra-Trinitarian life)와 중보자로서의 그

---

30 Ibid., 268.

리스도, 그리고 구원에까지 거슬러 올라가기 때문이다.

먼저 창조와 타락에 있어서, 뷰캐넌은 그의 강의에서 분명히 하나님과 아담 사이의 타락 전 언약(pre-fall covenant), 즉 모든 인간의 대표자인 아담과 그의 순종과 보상의 특징을 결정한 언약에 대한 확신을 분명히 밝힌다. 이 타락 전 언약 문제가 중요한 이유는 그것이 궁극적으로 뷰캐넌에게 대표자적 머리됨(federal headship)을 통한 그리스도 희생을 이해하는 문맥을 제공하기 때문이다.[31] 그러나 그에 앞서, 우리는 이러한 타락 전 언약의 이행(administration)을 언급하는데 있어서, 뷰캐넌이 몇몇 신앙고백적인 용어들을 사용하고, "생명언약"(covenant of life)과 "행위언약"(covenant of works), 둘 모두에게 친숙하다는 점을 언급해야 한다.[32] 전자는 SC 12와 LC 20에서 사용되었고, 후자는 WCF 7.2에서 사용되었다. 뷰캐넌이 사용한 용어를 언급하는 것이 다른 부분을 지적하는 것보다 신학적으로 더 중요할 것이다.[33]

뷰캐넌은 아담의 대표자적 머리됨(federal headship)은 언급하지만 그에 대한 자세한 근거는 제시하지 않는다. 그러나 그는 분명히 칭의 교리에 있어서 아담에 대한 신앙고백적 입장의 중요성을 분명히

---

31 Ibid., 298-301.

32 Ibid., 22, 270, 287.

33 Ibid., 287. John Murray가 에덴 동산에서의 하나님과 아담 사이의 합의(arrangement)에 대해 "언약"(covenant)이라는 말을 피하고자 한 것은 잘 알려져 있다. 필자의 견해로는, 그러한 방법은 고전적인 조직신학 범주들에 대한 전반적인 비평적 접근의 결과이자, 언약적 용어에 관련하여 특정한 성경주의(biblicism), 그리고 행위라는 말에 수반되는 엄격한 공로(strict merit)를 의심한 결과이다. 그러나 그의 행위언약에 대한 비평은 대체적으로 내용에 있어서의 의미론적인 발전이다,

전제하고 있고, 그는 특별한 이 문제를 장황하게 변호할 필요가 있다고 여기지 않았다. 그렇기에 그는 글 초반부에 독자들에게 아담이 "인류의 공통된 아버지이자 대표자"라고 간단히 말하면서 시작한다.[34] 나중에 그는 아담을 모든 인류의 "공통 조상이자 인류의 대표"로 언급하며, 아담의 죄가 직접적으로 그의 모든 자손에게 전가된다고 말한다. 이는 후대의 자손들이 행위언약의 규정을 근거로 하나님께 다가갈 수 있다는 어떤 개념을 배제한다. 행위언약은 대표자적 머리에 의해 영구히 파기되었으며, 어떠한 개인도 이를 근거로 영생을 얻을 수 없게 되었다.[35]

개혁파 구원론의 구조적 핵심으로 주장될 수 있는 이러한 가정은 19세기 중반에 수십 년에 걸쳐 이루어진 논쟁들의 특정한 요구 조건에 잘 부합한다. 소책자 운동가들과 로마 가톨릭은 논쟁의 중심부에 있는 공로 문제에 대한 신앙고백적 개신교의 입장을 공격한다. 또한 이 문제는 뷰캐넌으로 하여금 행위언약 교리를 다루는 데 열중하게 만들었다. 따라서 뷰캐넌은 개혁파 사상의 오랜 전통을 견지하면서 에덴 동산에서의 언약을 은혜언약(a gracious covenant)으로 간주한다.

WCF 7.1의 분명한 가르침에 부합하게, 뷰캐넌은 하나님과 인간 사이의 존재론적 차이가 너무 커서 아담이 온전한 상태를 유지했다고 하더라도, 하나님은 그러한 순종에 대한 어떠한 보상을 할 당연한 의무 아래 있지 않다고 말한다. 오히려 그것은 단순히 창조자

---

34 Buchanan, *Doctrine of Justification*, 19.

35 Ibid., 278-81.

에 대한 이성적 피조물의 마땅한 의무라는 것이다.[36] 그럼에도 불구하고, 하나님은 언약을 이루시기 위해 그분의 선하심 때문에 겸손히 낮아지시고, 그 언약을 통해 순종에 대해 보상을 부가하셨으며, 결과적으로 의(justice)의 관점에서 보상을 요구하는 조항(stipulation)을 만족시키도록 하셨다. 왜냐하면, 뷰캐넌이 토마스 보스턴(Thomas Boston)을 인용하면서, 하나님은 이제 "자신의 성실하심에 대해 빚진 자"가 되셨기 때문이다.[37]

이러한 언급에서, 뷰캐넌은 아담과의 언약을 세우심에 있어서의 하나님의 낮추심(condescension)에 관한 WCF 7.1에 나오는 것 이상을 말하지 않으며, 공로에 대한 일반적으로 확립된 개혁파의 관점을 분명히 말한다. 이 입장은 구속의 맥락에서 그리스도인의 행함의 공로적인 특징을 확립시키려 한 로마 가톨릭 논객들과의 논쟁 과정

---

[36] 이 점에 대해 Buchanan의 글을 길게 언급하는 것이 필요하다. "그러나 도덕법은, 아무리 완전하다고 할지라도, 그리고 비록 보상과 처벌에 의해 그 제재가 확실하다고 해도, 반드시 생명을 약속하는 언약은 아니다. 불순종의 경우에 처벌을 선언하면 되고 순종과 연결될 수 있는 축복들에 있어서는 처벌에 대한 완전한 면제면 될 것이다. 한편 법 혹은 통치의 도구는 그가 자신의 상태를 유지함으로써 영생의 견고한 상속자가 될 수 있을지, 또한 그가 그런 상태를 유지 할 수 있을지 아무런 확신을 줄 수 없을 것이다." Ibid, 270-71.

[37] Ibid., 21. Buchanan이 참조를 달지 않았지만, 그는 Boston을 인용하면서 아담과의 언약에 들어가시는 데 있어서의 하나님의 순전한 자유와 거기서 순종에 부가되는 보상은 엄격한 의미에서 필수는 아니라고 강조한다. 다음을 보라. Thomas Boston, *Human Nature in Its Fourfold State* (Edinburgh: Banner of Truth 1964) 49. 낮추심의 개념은 개혁파 정통주의의 언약 신학에서는 흔한 것이다. 그 예로 다음을 보라. John Downame, *The Summe of Sacred Divinitie* (London, 1620), 1.15, 223-24; Edward Fisher, *The Marrow of Modern Divinity* (London, 1645), 10-11; John Ball, *A Treatise of the Covenant of Grace* (London, 1646) 7; David Dickson, *The Summe of Saving Knowledge, with the Practical Use Thereof* (Edinburgh, 1671), head 1.

에서 형성된 것이다. 하지만 하나님과 창조 사이의 무한한 거리라는 확실한 기본 전제는 행위언약에 대한 개혁파의 논의에서 중요한 역할을 한다.[38]

뷰캐넌이 이러한 언약의 우연성(contingency)과 낮추심(condenscension)이라는 특징을 설명하기 위해 은혜라는 용어를 사용하는 것이 신앙고백적 개혁파 신학의 오랜 전통이다. 그러나 이것은 구속적 의미(redemptive sense)로도 소위 타락 전과 타락 후의 행위의 공로 사이의 차이를 상대화하는 방식으로도 이해되지 않는다(구속적 개념들은 타락 전에 위치하지 않는다). 후자의 오류에 빠지는 것은 선행에 대한 보상이란 개념을 포함하는 의의 본질을 약화시킨다. 선행은 확립된 언약이라는 맥락에서, 하나님 편에서 볼 때는 단순히 선한 의지의 행위가 아니다. 보스턴의 용어를 빌려 말한다면, 하나님의 언약의 규정에 대한 하나님 자신의 신실하신 생생하고 필연적인 행위이다. 그리고 그 오류는 그리스도의 단독적 사역이 아니라 거저 주시는 속죄의 은혜에 보상을 추가함으로써 그리스도의 십자가 사역을 약화시킨다.

이러한 뷰캐넌의 은혜에 관한 논의는 하나님의 낮추심에 대해 언급하는데, 이 낮추심은 하나님이 명령과 이에 대한 피조물의 순종에 약속하신 부가된 보상으로 맺어진 무한하신 하나님과 피조물의 첫

---

38 다음을 보라. Downame, *A Treatise of Justification*, 547-660. Downame의 초점은 신자의 행위의 공로에 대한 것이다. 하지만 언어 내에서 작용할 수 있는 일반적인 보상적 구조는 명백하다. 그 예로 554페이지에 있는 그의 Thomas Aquinas 인용을 보라. *Summa Theologiae* 1a2ae.114.3. 난외주는 다음과 같다. "신실하고 의로우신 주님은 그분의 약속들을 수행하는 데 있어서, 주님이 자유롭고 은혜롭게 약속하신 자유롭고 과분한 보상을 위해서, 자신을 우리가 아닌 자신에 대해 빚진 자로 만드신다."

번째 관계(그래서 공로라는 말이 이해될 수 있다)의 확립과 관련된다. 은혜라는 용어는 언약이 성립된 양자 사이의 관계에 있어서 그에 수반되는 역동성을 강하게 나타내지 않는다. 실제로 이 점에 대한 뷰캐넌의 생각은 보스턴의 생각과 유사해 보일 수 있다. 보스턴은 빚진 자(채무자)로서의 하나님(God's being a debtor)에 대한 논의를, 행위 조건을 만족시키는 자가 "언약을 근거로 보상을 요구할 수 있다"고 말함으로 하나님의 성실성에 대한 논의로 확장시킨다.

다시 말하면, 자유롭게 이루어진 언약의 맥락에서, 그 조건에 부합하게 실행된 행위들은 어떤 의미에서는 공로적이며, 아담에 의해 하나님 앞에서 그가 얻은 보상으로 요청될 수 있는데, 이는 그 행위들이 내적으로 가치가 있어서가 아니라 이미 확립된 언약의 법적 기준에 부합하고, 언약에 대한 하나님의 성실하심이 그것들(행위들)에 대해 보상할 것을 요구하기 때문이다. 이에 대한 분명한 함의로, 언약의 맥락 내에서 수행된 선행만이 공로적이라고 말할 수 있을 것이다.[39]

---

[39] "그러나 그 안에 상당한 은혜를 가지고 있는 이 법은 적절하게 행위언약으로 부를 수 있다. 왜냐하면 행위와 대가 사이에 존재하는 순종과 보상이라는 특정한 관계를 세웠기 때문이다." Buchanan, *Doctrine of Justification*, 22. 마찬가지로, Boston 역시, 행위언약의 확립과 그에 대한 하나님의 참여(entry)에 대한 특별한 언급과 더불어, 그에 따르는 실행은 제외하고, 은혜와 낮추심이라는 언어를 사용하는 데 있어서 주의를 기울인다. 또 다시, 우리는 그러한 비구속(nonredemptive) 맥락에서 "은혜라는 구속적 용어를 사용하는 것이 현명하다는 것"에 대해 질문을 던질 수 있다. 그러나 하나님과 창조, 그리고 공로의 본질에 대한 중세와 개혁파 정통주의의 논쟁의 배경에 대하여, 그의 목적은 분명히, 그리고 완전히 정통적이며, 인간의 하나님에 대한 타락 전후의 관계 또는 행위와 믿음 사이의 차이를 상대화하는 노력을 의미하지 않는다. 다음을 보라. Boston, *Human Nature in Its Fourfold State*, 48-49. 다음의 유사한 주장과 비교해 보라. David Dickson, *Therapeutica Sacra* (Edinburgh, 1664), 1.5, 73-74.

언약과 공로에 대한 뷰캐넌의 접근은, 개혁파 정통주의 전통의 범위 내에 있다. 실제로 뷰캐넌의 언약 사상과 비슷한 사상이 커닝햄의 『역사 신학』(*Historical Theology*)에서도 발견되며, 특별히 공로적 행위들(meritorious works)의 개념에 대한 비평의 맥락에서 그렇다. 그러나 커닝햄은 그의 주장 나머지 부분에서 창조자와 피조물 사이의 거리에 관한 존재론적 고려들을 통해 타락 전 언약의 상황에도 같은 주장이 적용될 수 있도록 한 것이 분명하다. 그 밑에 있는 경건한 확신은 하나님은 엄격한 절대적 의미에서 결코 어떠한 경우에라도 하나님의 피조물에 대해 빚진 자가 아니라는 것이다.

그러나 다른 많은 논점들에서와 같이, 신앙고백적 개혁파 전통은 이 문제에 대한 다양한 견해를 배제할 만큼 편협하지도 완고하지도 않다. 예를 들어, 이 문제에 대한 존 오웬(John Owen)의 언급을 살펴보자. 행위언약의 확립에 관해 논의하면서, 오웬은 하나님에 의해 아담에게 주어진 인간의 본성인 본래적 의(original uprightness)와 순종에 대한 보상인 초자연적인 결과(supernatural end)에 대해 언급할 때, 은혜(grace)라는 말을 사용한다.[40] 그러나 오웬 역시 어떠한 은혜라도 다 첫 번째 언약과 관련되어 있음을 부인한다. 중요하게도, 이러한 비평은 첫 번째 언약 아래에서의 보상의 토대(자신의 행위로 보상을 얻는 인간의 공로)와 두 번째 언약(다른 사람들을 위하여 보상을 얻는 그리스도의 공로) 사이의 차이를 극적으로 강조하려는 배경에서 나타난다. 다시 말해, 여기서 은혜라는 말을 부정하는 목적은 언약이 일

40　John Owen, *A Dissertation on Divine Justice*, in Works, 24 vols. (London, 1850-53), 10: 85.

방적으로 또는 하나님에 의해 자유롭게 확립된 방식과 연결되는 것이 아니고, 행위언약과 은혜언약 하에서 인간에게 주어진 영생의 방법들에서 존재하는 명백한 차이를 강조하는 것이다.[41]

이 문제에 관한 개혁파 신앙고백 신학의 다양성은 헤르만 윗치우스(Herman Witsius)의 『하나님과 인간 사이의 언약들의 관계』(*Economy of the Covenants between God and Man*, 1693)에 잘 나타난다.[42] 윗치우스는 하나님이 인간의 창조자로서의 지위와 피조세계를 뛰어넘는 무한한 높으심(exaltation)에 기초하여 그의 피조물에 대해 아무것도 빚지지 않음을 밝힌다.[43] 또한 윗치우스는 아담이 행위언약 이전에, 또는 그 외에서도, 그의 창조자에게 어떠한 요구도 하지 않았다는 것을 분명히 한다.[44] 이 점은 나중에 뷰캐넌이 설명하는 것과 유사하다.

하지만 윗치우스는 계속해서 하나님의 본성이 특정한 방식들로 행동하는 것이 그 자신의 존재와 모순될 수 있다는 것을 의미한다고 주장한다. 그러므로 예를 들면, 하나님은 순종적인 피조물이 비존재(nonexistence)의 상태로 돌아가는 것을 허락하지 않으셨을텐데, 그 이유는 그분의 선하심과 정의에 상당히 모순될 가능성이 있기 때문이다. 이 점은 분명히 데이비드 딕슨(David Dickson), 보스턴, 뷰캐넌의

---

41 Ibid., 5:44-46.

42 필자는 다음의 번역을 참조할 것이다. William Crookshank, 2 vols. (London, 1822; repr., Kingsburg, CA: den Dulk Christian Foundation, 1990).

43 Witsius, *Economy of the Covenants*, 1.4.11.

44 Ibid., 1.1.14.

견해와는 맞지 않는다.[45] 분명히, 윗치우스는 윌리엄 트위세(William Twisse)의 극단적인 신학적 주의주의(voluntarism)에 반대하는데, 트위세의 신론은 둔스 스코투스(Duns Scotus)에게서 깊이 영향을 받았다. 따라서 우리는 이 측면에서 윗치우스의 주장이 그의 논쟁자들보다는 개혁파 신학 내의 보다 주지주의적(intellectualis)인 경향을 대표한다고 볼 수 있다.

그럼에도 우리가 알고 강조해야 하는 것은, 두 접근법 사이의 차이점은 방법론에 있으며, 그것이 신앙고백적으로 다양성을 암시하는 측면에서 강조하는 것임을 나타낸다는 점이다. 둘 모두 개혁파 고백 공동체 내의 주장들이고, 따라서 이는 고백주의 내부의(intraconfessional) 문제일 뿐 아니라, 중세 후기 사상의 토마스주의(Thomist)와 스코투스주의(Scotist) 경향 모두를 가지고 있는 개혁파 정통주의의 절충적 특징(eclectic origins)을 반영한다. 그리고 그 핵심은 행위언약에서의 영생의 보상이 언약의 확립에서 하나님의 선하심의 결과이지, 이론적으로 고려되는 인간 행위의 내재적 공로나 절대 우위 때문이 아닌 것으로, 이는 고백주의적으로 공통적인 토대라고 말할 수 있다.

이러한 낮추심과 공로의 본질에 대한 사상적인 연결은 뷰캐넌의 신학을 이 문제에 있어서 단순히 개혁파 정통주의의 전통적 외형과 연결시킬 뿐 아니라, 오웬, 윗치우스, 트위세와의 비교에서 드러나듯이, 그 전통을 통해, 학자들이 후기 중세 신학의 공통점이자 이 문제

---

45 Ibid., 1.4.14-23. 예를 들면, 이 점을 Dickson과 대조해 보라. Dickson, *Therapeutica Sacra*, 1.5, 74; Boston, *Human Nature in Its Fourfold State*, 49; Buchanan, *Doctrine of Justification*, 21-22.

들에 대한 개신교 사상의 상당한 개념적 배경을 제공하는 것으로 여기는 언약과 인과율(causality)에 대한 논의들로 연결시킨다.[46]

물론 뷰캐넌은 의식적으로 그의 사상이 교부 시대로 거슬러 올라가는 역사적 논의들에 뿌리를 두고 있다는 사실을 알고 있다. 그러므로 그는 하나님의 낮추심의 맥락 내에서 공로를 이해하는 데 있어서 분명한 교부들이 입장을 그 논거로 언급할 수 있었고, 이 점에 있어서 개신교에 대한 어떠한 새로운 도전에 대해서도 충분히 방어할 수 있다고 주장할 수 있었다. 이 점에 대한 주요한 권위는 17세기에 어셔(Ussher) 대주교가 만든 교부들과 중세 자료들을 편집한 것에 두었는데, 이 책에는 특히 공로에 대한 부분이 있다.[47]

---

46 다음의 흥미로운 논의를 보라. Heiko A. Oberman, *The Harvest of Medieval Theology* (Durham, NC: Labyrinth, 1983); William J. Courtenay, *Covenant and Causality in Medieval Thought* (London: Variorum, 1984). 개혁파 신학과 중세 사상의 연결점에 관한 일반적인 문제들에 대해서는 다음을 보라. Richard A. Muller, *Post-Reformation Reformed Dogmatics*, 4 vols. (Grand Rapids: Baker, 2003); Carl R. Trueman and R. Scott Clark, eds., *Protestant Scholasticism: Essays in Reassessment* (Carlisle, Cumbria: Paternoster, 1998).

47 James Ussher, *An Answer to a Challenge Made by a Jesuite in Ireland* (London, 1686). 뷰캐넌은 분명하게 이 글을 언급한다. *Doctrine of Justification*, 93 & n.12, 그리고 그의 교부 인용 목록은 적어도 부분적으로는 상당한 독립성을 보여준다. Ussher 자신이 그의 입장을 요약하는데, 보스턴의 용어들과 비슷하게 교부들을 인용한다. "그러므로 원래 그리고 그 자체로, 우리는 이러한 보상의 과정이 하나님의 자유로운 관대함과 선하심에서 나온 것이며, 하나님이 그러한 보상을 주시기 위해, 자신을 자신의 말과 약속에 묶으셨다는 점에서, 우리는 이제 의롭다함—심지어 우리의 죄를 사하시는(forgiving of our Sins)에서와 같은, 모든 인간이 자비의 행위라고 아는 것에 있어서—의 행위와 같은 종류의 것을 인정하고, 그 약속의 신실한 수행에 있어서 하나님을 요일 1:9의 신실하고 정의로운 분으로 말해야 한다." *An Answer*, 405.

3. 그리스도와 언약들

뷰캐넌은 하나님의 낮추심과 그 공로에 대한 이러한 이해가 행위 언약 안에서 칭의를 정확히 이해하려 할 때 분명한 함의들을 가진다고 본다. 우선, 이것은 아담 이후 인간들이 행위언약이라는 조건에 따라 영생을 얻을 수 있다고 보는 어떠한 개념도 부정한다. 만약 모든 공로가 하나님의 낮추심과 언약의 용어로 이해되어야 한다면, 타락한 인간의 행위가 그들의 내적인 가치가 아닌 하나님의 허락에 의해 체결된 언약에 의해 하나님의 선을 얻을 수 있는 것이 되는 어떤 체결(arrangement)을 생각할 수 있게 될 것이다. 이러한 접근은 루터가 교육받고, 그리고 부분적으로는 루터가 반대한 중세 후기의 새로운(모데르니[*moderni*]) 언약(팍툼[*pactum*]) 신학의 접근 방법이다.[48]

뷰캐넌은 신앙고백적 개혁파 정통주의 신학 선상에서, 하나님의 율법(divine law)의 확고함과 언약주의(federalism)의 안정성을 강조함으로써 이러한 입장을 피한다. 그는 하나님의 율법을, 긍정적 명령과 그에 반하는 사람들에 대한 처벌(penalties)의 관점에서, 하나님의 본질적 속성의 표현이자, 따라서 그의 신성(divinity)으로서는 협상의 여지가 없는 것으로 간주한다. 하나님이 도덕법을 폐기하실 수 없는 이유는 그러한 폐기는 곧 하나님 자신이 하나님이기를 중단하시는 것과 같은 것이기 때문이다.

개혁파 정통주의는 이 문제에 있어서 정확한 일치점을 가지고 있

---

48 다음을 보라. Heiko A. Oberman, "Headwaters of the Reformation: Initia Lutherz:-Initia Reformatzoms", in Oberman, *The Dawn of the Reformation* (Edinburgh: T&T Clark, 1992), 39-83.

지 않다. 그것은 그리스도의 성육신과 속죄의 필연성에 대한 고백주의적 전통 내에서의 여러 견해들의 차이에서 분명히 드러난다. 예를 들어, 17세기의 윌리엄 트위세와 사무엘 러더포드(Samuel Rutherford) 등은 그리스도의 성육신과 속죄는 단순히 하나님이 그렇게 하기를 원하셨기 때문에, 그리고 구원이 하나님의 결정에 의해 죄인들에게 주어졌기 때문에 필요한 것이라고 주장한다.[49] 다시 말하면, 하나님의 율법은 하나님의 본질(divine essence)을 반영하는 것이 아니라 하나님의 의지(divine will)을 보여주며, 이론적으로 하나님은 하나님의 본질을 부정하지 않고 효과적으로 그것에 반하는 방식으로 행하실 수 있다.

그러나 존 오웬은 이 견해에 대해 상당히 반대했다. 그는 율법이 하나님의 창조에 대한 하나님의 절대적이고 불가피한 도덕적 요구들을 반영하기 때문에, 그러므로 만약 죄가 용서되어야 한다면 성육신과 속죄는 필수라고 주장한다.[50] 이 점에 있어서 뷰캐넌은 오웬의 영향을 받았고,[51] 분명히 본질적으로 동일한 입장을 보인다.

> 사람들은 하나님의 법을 폐지, 수정, 완화되지 말아야 할 것 정도로 가볍게 말한다. 하지만 율법은 하나님의 지고의(supreme)

---

49 다음을 보라. William Twisse, *Vindiciae Gratiae* (Amsterdam, 1632); Samuel Rutherford, *Disputatto Scholastica de Providential* (Edinburgh, 1643).

50 다음을 보라. Owen, *Works*, 10: 481-624; Carl R. Trueman, "John Owen's *A Dissertation on Divine Justice*: An Exercise in Christocentric Scholasticism," *Calvin Theological Journal* 33(1998): 87-103.

51 Buchanan, *Doctrine of Justification*, 495 n. 5.

의지의 권위적 표현이면서, 하나님의 본질적 속성의 계시이다 즉 하나님이 홀로 거룩하신 분, 의로우신 분, 우주의 지배자, 만인에 대한 통치자이시며 재판관이심에 대한 표현이다. 율법은 단순히 커드워즈(Cudworth)가 말한 "전능하시지만 변덕스러운 의지"(arbitrary will omnipotent)의 산물이 아니다. 하나님의 의지는 그분의 속성의 무한한 완전성에 의해 결정되고, 그분의 속성은 "영원하고 불변한 도덕성"의 실제적, 궁극적인 기준이다.[52]

이 점에 대한 뷰캐넌의 확신을 고려하면, 그는 하나님이 어쨌든 인성의 죄의 문제를 단순히 그의 기준들을 낮추심으로써 해결하실 수 있다는 점을 배제한다. 행위언약에서 표현된 대로 하나님의 율법의 절대적 조건들을 충족시키기 위해서는 두 번째 대표자적 머리를 필요로 한다 율법은 약화될 수 없고, 그 함의에 있어서도, 선행을 통해 영생을 얻는 언약적 소망을 아담이 깨뜨렸기 때문에 필요한 것도 아니다. 그러므로 뷰캐넌은 율법의 신적 속성으로 인한 절대적 지위를 강조함으로 그리스도의 사역의 본질을 결정함에 있어서 중요한 기준을 세운 것이다.[53]

따라서 그리스도의 중보에 있어서, 뷰캐넌은 오늘날의 인류 전체가 아닌 선택 받은 자들의 대표자적 머리인 그리스도께서 행위언약의 동일한 조건 하에 있다고 주장한다. 즉 이 점에서 그의 신학은 예

---

52 Ibid., 288.

53 "행위언약으로서의 율법에 대한 면밀한 연구는 반드시 은혜언약으로서의 복음에 대한 바른 이해를 필요로 한다. 그리고 영원한 하나님의 율법이 폐지되었고, 수정되거나 완화되어야 한다고 일부에 의해 주장되는 것은 특별히 시기적절하다." Ibid., 24.

외적이라기보다 확립된 전통에 따른다. 이 맥락에서, 그는 두 언약을 주장한다.

첫째, 하나님 자신의 영광을 위해 인간의 죄를 극복하려는 삼위일체 간의 은혜언약과 그에 따라 선택의 작정을 실행하는 것이다.

둘째, 중보자로서의 그리스도를 확립하고 구속 사역의 자세한 사항들을 결정한 아버지 하나님과 아들 사이의 구속언약(covenant of redemption)이다.[54]

아버지와 아들 사이의 영원한 언약에 대한 뷰캐넌의 주장은 웨스트민스터 신앙고백에 대한 그의 헌신에서 생겨난 교리가 아니다. 하지만 이 문제에 있어서 그의 몇몇 언급들은 개혁파 신학에 있어서 그 개념의 중요성을 강조한다.

첫째, 아버지와 아들 사이의 영원한 언약과 같은 것을 언급하기 위한 언약적 언어의 사용은 개혁파 신학에서는 일반화 되지 않았는데, 이는 영국과 대륙에서도 1640년대 후반까지는 그러했다.[55] 따라서 이 내용이 웨스트민스터 신앙고백에 나오지 않는 부분적인 이유는 분명히 시기가 맞지 않았기 때문이다.[56]

---

54 Ibid., 293-98.

55 필자는 Carol Williams에게 감사를 표하고 싶다. 최근 박사학위 논문에서 그녀는 구속언약이라는 말이 1638년에 David Dickson의 스코틀랜드 장로교의 총회 연설에서 처음 사용되었음을 보여준다. 다음을 보라. Carol A. Williams, "'The Decree of Redemption Is in Effect a Covenant': David Dickson and the Covenant of Redemption"(Ph. D. diss., Calvin Theological Seminary, 2005), 174-75.

56 이 사안에 대한 개념과 어휘를 만들어낸 영국 저자들에 다음이 포함된다. Edward Fisher, *The Marrow of Modern Divinity* (London, 1645); Peter Bulkeley, *The Gospel-Covenant; or The Covenant of Grace Opened* (London, 1646); 그리고 Dickson, *The Summe of Saving Knowledge*. Dickson의 글은 1640년대에 쓰였다. 비슷한 측면의

둘째, 이 교리에 대한 직접적인 성경적 토대는 아니지만, 중보자로서의 그리스도에 대한 논의에 있어서, 그리스도의 인성에만 의존하는 중세적인 중보자 개념 대신, 두 속성(인성과 신성) 모두에 기초한 중보자로서의 그리스도에 대해 집중한 개혁파 신학의 논쟁들에서 이 교리가 기인한다는 점을 기억하는 것이 중요하다. 이 점에 있어서 로마 가톨릭 신학자들이 중보자로서의 그리스도의 약속과 지위를 가다듬고 분명히 하도록 개혁파 신학에 압력을 행사했고, 이러한 과정은 부분적으로 아버지와 아들 사이의 영원한 언약을 주장하는 데 있어서 절정에 이르렀다.57 다른 여타 공식적 교리처럼, 구속언약은 순진한 증거본문 방식으로 도출된 것으로 보이지는 않는다. 오히려 그것은 성경 본문으로부터 교리적 종합이 얼마나 복잡하고, 신학적 전통, 언어학적 분석, 논쟁적인 주제들, 성경 해석적 관점 사이에 어떤 종합이 가능할 지에 대하여 보여준다.

셋째, 16세기 후반과 17세기의 개혁파 신학의 발전에 있어서의

발전들이 동시에 대륙 개혁파 신학에서도 발생했다. 다음을 보라. Willem J. van Asselt, *The Federal Theology of Johannes Cocceius* (1603-1669)(Leiden, Netherlands: Brill, 2001), 227-47. 이 부분에 있어서 영국에서 가장 훌륭한 책은 John Owen이 서문을 쓴 Patrick Gillespie의 *The Ark of the Covenant Opened* (London, 1677)이다.

57 이 점은 가톨릭 변증가들로부터 논쟁적 반응을 불러일으켰는데, 그들은 하나님이 하나님과의 중보자가 될 수 있다고 말하는 것이 논리적으로 명백히 어리석은 것임을 지적했다. 청교도인 William Ames도 그의 개혁파 개신교의 방어에 있어서 한 점을 지적한다. 그에 따르면, Robert Bellarmine은 두 본성에 따른 중보자로서의 그리스도에 관한 생각에 대해 일련의 반대를 주장하는데, 이에 대해 Ames는 성육신과 중재의 본성에 대해서 분명하고 간단하면서도 우연한(contingent) 반응을 보임으로써, 신성(Godhead)의 의지 내에서의 성육신의 기초들에 대한 더 깊은 고찰을 요구한다. 그 고찰은 궁극적으로는 구속의 언약에 대한 후대에 그 형성의 열매를 맺을 것이었다. William Ames, *Bellarminus Enervatus*(Oxford, 1692), 129-30.

핵심적인 역동성 중 하나는 삼위일체로서의 하나님 사이의 관계를 정교하고 분명하게 설명하는 것과, 구원(salvation)에 있어서의 반(反)펠라기우스적 특징에 있다. 구속언약은 긍정적으로 어떻게 영원한 삼위일체가 역사에서의 그리스도의 구속의 행위들과 연관되는가를 이해하려는 시도를 의미한다.[58]

일부는 구속언약이 아버지와 아들 사이의 관계와 인간 구원에 대한 영원한 기초를 상업적 용어로 설명함으로 아버지와 아들 사이를 갈라놓는 것처럼 보인다는 점에서 반대한다.[59] 이러한 비평들에 대해 충분하게 반박하는 것은 본 글의 범위를 벗어나기 때문에, 몇 가지만 언급하고자 한다.

첫째, 뷰캐넌은 전형적인 개혁파 정통주의 선상에서, 구속언약의 토대는 아버지와 아들 사이의 어떤 대립이 아니라 그들이 구속된 죄인들을 보고싶어 하는 공통된 갈망에 있다고 본다. 아버지와 아들 사이의 대립은 없으며 아들은 적대적인 아버지의 호의를 "구매"(buy)하지 않는다.[60]

---

58 부분적으로 개혁파 정통주의에서 삼위일체주의자들(Trinitarianism)과 반펠라기우스주의자들(anti-Pelagianism) 사이를 조정하려는 시도였다. 다음을 보라. Carl R. Trueman, *The Claims of Truth: John Owen's Trinitarian Theology* (Carlisle, Cumbria: paternoster, 1998).

59 이러한 비평은 정통주의에 대한 바르트적 비평을 상당 부분 수용한 학자들 사이에서는 공통적인 점이다.

60 Buchanan 자신이 하나님 자신에게 있어서 즉각적인 좋은 기쁨에 부합하는 언약을 강조하면서, 직접적으로 아들이 어쨌든 아버지의 사랑을 "획득한다"(purchases)는 점을 언급한다. *Doctrine of Justification*, 295. 참조. Witsius, *Economy of the Covenants*, bk. 2. 여기에서 구속언약은 명백히 타락한 인간을 구원하시려는 삼위 하나님의 중요한 의지(will)의 맥락에서 이루어진 것이다. 더불어 다음을 보라. Gillespie, *Ark of the Covenant*, 6-16.

둘째, 그리스도께서 오로지 택함 받은 자들을 위해서만 임명된 중보자라는 점에서, 이러한 구원의 갈망(desire)은 모든 죄인에게로 확대되는 것이 아니라는 점은 분명하다. 그러나 언약의 특별성에 대한 반대가 그 사상 전체가 부적절한 영리적 개념들에 기초하고 있다는 주장은 아니다.

셋째, 한 가지 더 부언하면, 개혁파 정통주의의 전통에 대한 분석에 대해 개인적인 신학적 기호(personal theological taste)를 부과하려는 것은 간단히 말해서 역사적인 설명으로서는 부적절한 것이다.

뷰캐넌의 주장에서, 구속언약은 그리스도를 행위언약의 조건 아래 놓는 것, 중보자로서의 역할의 특징을 정의하고 확립하는 것, 그리고 또한 창조와 구원의 경륜에서의 하나님의 법의 확고함을 존중하는 점에 있어서 중요한 역할을 한다. 행위언약이 순종과 보상의 관계, 타락의 본질과 그 함의들 사이의 관계, 이 둘 모두를 이해하는 배경을 제공했다는 점을 고려하면, 그리스도를 새로운 대표자적 머리로 언약의 조건 아래 두는 것은 그분의 사역이 어떠한 구원적 가치를 가지고 있는 것이든 아니든 분명히 중요하다.

그러므로 구속언약은 그리스도의 사역을 공로적이고 대리적인 것으로 만들고, 이로부터 발생하는 하나님의 영광(divine glory)과 인간의 구원에 대한 기초를 제공한다.[61] 또한 구속언약은 그리스도의 중보적 직무의 중요 부분으로서의 온전한 순종(whole obedience)을 확립하는 역할을 한다. 이것이 중요한 이유는, 17세기에 그랬던 것처럼 뷰캐넌도 그리스도의 능동적 순종(active obedience)과 수동적 순

---

61 Buchanan, *Doctrine of Justification*, 300-01.

종(passive obedience)에 대한 외형적 구분을 하기 때문이다. 하지만 뷰캐넌은 양자를 실제로 분리할 수 있는 것으로 보지 않는데, 그리스도의 직무의 관점에서나 죄인에 대한 이중 전가(twofold imputation)의 관점에서나 모두 그렇다.[62] 구속언약은 그리스도의 비하(Christ's humiliation)의 전(全) 상태가 구속을 위한 역할을 한다는 점, 그리스도의 삶이 단지 대속적 죽음을 위해 바치는 예비적 단계뿐 아니라 그분의 대속 사역의 일부 자체라는 점을 확실히 해 준다.[63]

웨스트민스터 신앙고백에 대해 능동적 의와 수동적 의 사이의 이러한 구분의 역사는 상대적으로 다소 불분명하다. 잘 알려진 대로 그 대표자들 중에 윌리엄 트위세와 토마스 가테이커(Thomas Gataker) 모두 그리스도의 중보 사역에 있어서 그리스도의 능동적 의에 대해 심각하리만큼 보류한 상태로 놓았다. 아마도 이는 부분적으로 혹은 전체적으로 다음과 같은 이유들, 즉 반율법주의에 대한 두려움, 속죄에 대한 안셀름(Anselm) 식의 이해, 그리고 성경 해석 때문일 것이다. 확실히 가테이커는 비록 완전히 동의하지는 않았지만 유럽 대륙 신학자인 헤르본의 요한네스 피스카토르(johannes Piscator of Herborn)가 이 문제에 대해 설명한 것에 깊이 영향을 받았다.[64]

---

62 이 점에 대해 Buchanan은 그의 어조나 뉘앙스에서 Cunningham을 따르며 실제로 각주에서 Cunningham을 언급한다. Ibid., 496 n. 7, William Cunningham, *The Reformers and the Theology of the Reformation* (Edinburgh: Banner of Truth, 1967), 402-6에서 인용.

63 Buchanan, *Doctrine of Justification*, 301-7, 333-34.

64 Piscator의 칭의에 관한 중요한 글들이 웨스트민스터 총회가 열리기 전에 잉글랜드에서 출판되었다. 첫 번째는 *A Learned and Profitable Treaties of Mans Justification* (London, 1599)로 그의 친구, 즉 곧 유명해질 Conrad Vorstius의 요청에 의해 1594년 글을 번역한 것이고, 칭의가 의에 대해 전가(imputing)되는 것인지 수여(imparting)되는

능동적/수동적 의의 문제는 웨스트민스터 총회 초기에 제기되었는데, 스코틀랜드 위원들이 도착하기 전에, 논쟁이 39개 신조의 수정에 초점을 두었을 때. 제11조, "인간이 의롭다고 인정받는 일에 관하여"에 대한 일련의 연설에서, 다니엘 휘틀리(Daniel Featley)는 칭의에서의 그리스도의 "이중 의"(twofold righteousness)에 대해 가장 정교하고 중요한 주장을 했다.[65] 궁극적으로, 휘틀리가 그날 승리했고, 비

것인지에 대한 예수회의 Bellarmine에 대한 응답이었다. 당연히 Piscator는 후자를 주장했지만, 아마도 더 중요하게, 그는 끊임없이 칭의를 죄 용서(remission of sins)와 동일시했고, 그리스도의 죽음을 죄 용서의 토대로 보았는데, 즉 만족 사역에 포함되지 않는 고결한 생명에 초점을 두었다. 가령, *A Learned and Profitable Treatise*, 2, 5-6, 13, 105-6. 두 번째 글은 라틴 논문으로 Piscator, 바젤의 Lodovicus Lucius, Gataker의 세 가지 논의를 보여준다. *D Ioannis Piscatoris Herbonensis et M. Lodovici Lucii Basiliensis, Scripta Quaedam Adversaria; DeCausa Meritoria Nostri Coram Deo Justificationis: Una cum Thomae Gatakeri LondinatisAnimadversionibus in Utraque* (London, 1641). 이 글에서, Piscator는 그리스도의 능동적 순종이 중보자로서의 그의 역할을 충족시키는 것이지만, 중재 사역 자체-수동적 순종과 관련된-의 부분은 아니라고 주장한다. *Scripta Quaedam Adversaria*, pt. 1, p. 5. 이러한 주장은, Anselm의 주장과 비슷하게, 가테이커의 입장의 핵심으로, 피조물로서의 그리스도께서 피조물로서의 자신의 지위(status) 때문에 율법에 순종해야 하고, 따라서 그가 다른 사람들을 위해 수행하는 대리적인 구원 사역을 구성하는 과도한 대리 사역(the work of supererogation)이라고 부를 수 있는 것에 속하는 것이 아니다. Ibid., pt. 1, p. 68; pt. 3, pp. 10-11. 하지만 가태커의 입장을 Piscator의 입장과 동일시하는 데 있어서는 주의를 해야 하는데, 왜냐하면 전자가 죄 용서가 칭의와 동일한 것이 아니고 실제로 분리될 수 있다고 확신하기 때문이다. 다음에서 Piscator의 입장과 Gataker의 입장을 대조해보라. Piscator, Ibid., pt. 1, pp. 33-34 Gataker, Ibid., pt. 1, pp. 9-10, 21; 참조. Thomas Gataker, *An Antidote against Errour concerning Justification* (London, 1670), 11-14, 여기에서 Gataker는 양자를 분리될 수 있다는 것에 대한 언어학적, 논리적 주장을 한다.

65 Daniel Featley, *The Dippers Dipt*, 5th ed. (London, 1647), 192-211. Featley는 이 점에서 잉글랜드의 주류 개혁파 신학을 보여준다. William Perkins가 이 문제를 직접적으로, 특히 Gataker와 Featley와 같은 관점에서 언급하지 않았다. 분명히 그는 그리스도의 의의 전가를 그리스도의 죽음과 율법에 대한 그의 순종 모두와 관계된 것으로 보았다. 이에 대한 그의 언급을 보라: *A Golden Chaine, Works*(1603), 87, and

록 형용사인 "온전한"(whole)이 나중에 WCF 11.3에서 분명하게 빠지긴 했지만, 신학자들 중 다수가 수정된 조항의 "온전한 순종과 만족"(whole obedience and satisfaction)이라는 용어에 동의했다.[66] 그러나 LC 70-73을 고려하면, 이러한 생략에 큰 중요성이 있다고 보기는 어렵다. 그것은 기껏해야 트위세와 가테이커와 같은 소수가 동의한 것이다.[67]

뷰캐넌의 맥락은 다소 웨스트민스터 총회와는 다르다. 속죄의 초점을 배타적으로 그리스도의 죽음에만 두려는 트위세나 가테이커와는 달리, 뷰캐넌은 속죄를 성육신과 단순하게 동일시하려고 한 19세기 스코틀랜드 교회(Scottish Church)에서의 중요한 흐름을 알고 있었을 것이다. 두 가지 가장 분명한 예 중 하나가 로우의 존 맥레오드 캠벨(John McLeod Campbell of Row, 1800-72)인데, 그의 견해는 고백적인 측면의 결여로 인해 결국 1831년에 스코틀랜드 장로교 에서 제명되었고, 또 다른 중요한 평신도 신학자 린라덴의 토마스 어스킨(Thomas Erskine of Linlathen, 1788-1870)은 자신의 보편구원론

---

in *A Reformed Catholike*, *Works*(1603), 681; James Ussher, *Eighteen Sermons Preached in Oxford 1640* (London, 1660), 370-92; Downame, *A Treatise of Justification*, 18, 24-27, 151-59. 이 부분의 주에서 Buchanan은 명시적으로 Downame을 언급한다. *Doctrine of Justification*, 307 n.7.

66 *The Westminster Standards: An Original Facsimile* (Audubon, NJ: Old Paths Publications, 1997) 에는 개정된 조항과 최종 고백 사본 모두가 실려 있다.

67 흥미롭게도 이 문제가 의회에 제기되었을 때 Featley 자신이 신학자들의 관심을 프랑스의 대회의 대표자들에게 이 문제가 최근의 것이고 중요성도 덜하므로 이에 있어서 분열되지 말 것을 요구하는 James I의 오래된 편지에 관심을 쏠리게 했다. 이 편지는 번역과 함께 Featley의 책에 실려 있다. *Dippers Dipt*, 212-24.

(universalism)의 함의를 분명히 하는 데 주저하지 않았다.[68]

이후 신학자들이 이들과 이들의 장황한 저작들에 그 중요성을 부여했을 때, 어떤 이는 아마도 그리스도의 죽음에서의 수동적 의를 강조하고 다소 그들의 신학과 관련되었음을 주장하는 뷰캐넌을 생각했을 것이다.[69] 실제로 비록 이름을 언급하지는 않더라도 단지 한 문장이 그들에 대해서 한 마디 언급을 하는 것 같은데, 뷰캐넌이 능동적/수동적 의의 중요성을 주장하고 그리스도의 삶이 비록 그의 죽음에서 정점에 달하지만 그리스도의 중보를 대체하는 것도 아니고 그 준비도 아니라고 주장하는 데서 그렇다.

그리스도는 대표자적 머리였고, 언약의 조건 하에서 그분께 주어진 사람들을 대신해서 대표자로 사셨고 죽으셨고 부활하셨다. 따라서 뷰캐넌이 이러한 성육신적인 사상을 주장하는 학파에 대해 세밀한 비평이 필요하다고 여긴 것으로 보이며, 그는 주류 개혁파 신학 입장에 대해, 그 비평에도 불구하고 강조점에 있어서 수정이 필요하다고 보지 않았다.[70]

우리는 처음에 칭의에 관한 종교개혁자들의 로마 교회에 대한 반박이 공로와 은혜에 대한 로마 교회의 가르침에 대한 오해에서 비롯

---

68   다음을 보라. John McLeod Campbell, *The Nature of the Atonement* (Cambridge, 1856); Thomas Erskine, *The Brazen Serpent* (Edinburgh, 1831); John McLeod Campbell, *The Doctrine of Election*(London, 1837); 스코틀랜드 신학의 이러한 궤도에 대한 비판을 다음을 보라. N. R. Needham, *Thomas Erskine of Linlathen* (Edinburgh: Rutherford House, 1989).

69   McLeod Campbell을 옹호하는 가장 중요한 현대 신학자는 J. B. Torrance이다. 그의 다음 글을 보라. "The Contribution of McLeod Campbell to Scottish Theology," *Scottish Journal of Theology* 26(1973): 295-311.

70   Buchanan, *Doctrine of Justification*, 303.

되었기 때문에 근본적으로 잘못되었다는 것이 주요 소책자 운동가들의 주장이라는 점을 지적했다. 그들 중에 커닝햄은 이러한 주장이 잘못 되었고, 19세기 중반의 교회적 상황에서도 근본적으로 해로운 것이라는 점을 바로 보았다. 신앙고백적 개신교와 로마 가톨릭 사이의 논쟁점은 칭의가 은혜에 의해 그리고 그리스도의 의에 기초하는 것이냐의 문제가 아니라, 유일한 수단으로서의 믿음과 더불어 의가 신자에게 전가되느냐(imputed) 아니면 수여되느냐(imparted)에 관한 것이라는 것이다.

뷰캐넌 역시 이 점을 분명히 견지한다. 이러한 모든 교리적 구성은 아담과 행위언약에 상응하는 은혜언약과 구원언약을 통해 불가피한 전가에 의한 칭의라는 교리를 만드는 기능을 한다고 보는 것이다. 아담과 그리스도께서 대표자적 머리라는 것은 그들이 대표하는 모든 사람이 그들의 순종에 제한됨을 의미한다. 일단 아담이 죄를 지었고, 이로 인해 공로는 언약 관계 밖에서는 의미가 없기 때문에 하나님의 선의를 누구도 얻을 수 없게 되었다. 그리고 그 언약은 주어진 대표자적 머리에 의해 파괴되었다. 구속언약에 의해 행위언약의 조건 아래 놓여진 오직 두 번째 대표자적 머리만이 은혜언약의 조건 하에서 그에게 주어진 사람들에게만 영생을 얻게 할 수 있다.

그러므로 뷰캐넌에게 있어서 전가는 한쪽 당사자에 의해 다른 당사자에게 어떤 행위를 주는 것이기 때문에 그리스도의 사역이 제 삼자에게 어떤 종류의 영향을 준다고 주장하는 것은 전가를 주장하는 것이다. 그러므로 만약 율법이 이제는 그리스도의 사역 때문에 완화되었다면, 율법을 완성시킨 그리스도의 사역이 이렇게 완화된 율법 세대를 즐기는 자들에게 전가되었다고 할 수 있다. 실제로 뷰캐넌이 지적하듯이, 은혜언약과 구속언약의 조건은 그리스도의 온전한 순종, 능동적/수동적 순종이 믿음으로 그리스도의 약속을 신뢰하여 그리스도께 연합된 사람들에게 전가되고, 이 순종이 그들의 순종으로 여겨지는 것이다.[71]

이러한 맥락에서, 뷰캐넌은 법적 의제(legal fiction)로서의 칭의라는 언어에 대해 유보적으로 수용한다. 만약 어떤 것이 참으로 진실이 아니라는 의미라면 그것은 법적 의제라 할 수 없다. 그리스도의 대표자적 머리됨은 그에게 연합된 이들이 하나님 앞에서 의로우며, 이로부터 흘러나오는 실제적 복, 하나님의 선의(favor)의 회복, 하나님 형상의 회복, 하나님의 사랑의 보증, 입양의 특권, 그리고 영생을 의미한다. 다시 말해, 언약적 구도의 조건 아래에서 칭의에 승인된 법적 지위는 실제로 매우 사실적이다.[72]

4. 결론

물론, 뷰캐넌의 저작에 관해 더 할 말이 많이 있다. 특별히 믿음의 수단에 관해서는 본 글에서 실제로 다루지는 않았지만, 전체적인 구도에서는 중요한 위치를 차지한다. 그럼에도 불구하고 불충분한 본 분석에서 결론적인 두 가지 요점은 적절하다.

첫째, 뷰캐넌의 신학은 17세기 개혁파 정통주의가 어떻게 생명력

71　Ibid., 332-34.

72　Ibid., 334-38.

있는 교회의 존재로서 가장 높은 지적 수준을 19세기까지 계속해서 유지할 수 있었는가에 대한 분명한 예이다. 실제로 칭의에 관한 뷰캐넌의 강의들은 17세기의 고전적 개혁파 신학에 대한 후대의 설명이자 적용을 의미하며, 이는 또한 19세기의 한 신학자가 자신의 시대의 여러 도전들에 부응하기 위해 어떻게 충분한 전통적인 자료들을 제시했는지를 보여준다. 주류 신학은 고백적 전통들에 대한 엄격한 고수에서 멀어졌었다. 하지만 그것은 이러한 전통들이 지적인 파산이나 논쟁에서의 무기력함을, 또는 유용성이 없는 구시대적인 것이라는 것을 의미하지는 않는다. 후기 칸트 신학의 핵심적인 도덕적, 인식론적 패러다임들을 수용하지 않는 이들에게 개혁파 정통주의 신학은 여전히 당시의 논쟁적 사안들을 설명하는 체계적인 신학적 구조를 제공했다.

그러므로 뷰캐넌이 계몽주의에 대해 교리적인 특징보다는 경험이나 경건으로 반응한 일반적인 복음주의자도 아니었고, "책이 아니라 성경"(no book but the Bible)이라고 외치며 교회의 전통을 로마 가톨릭의 오류로만 보는 근본주의자도 아니었으며 교리적이고 교회적인 순수함이라는 신화적 황금 시대에 향수를 느끼면서 과거의 쉽볼렛(shibboleths)만을 외치려는 반동적 몽매주의자(obscurantist)도 아니었다. 오히려 그는 신앙고백적 장로교도로서, 교회의 역사적 가르침을 취할 뿐 아니라 성경에 부합되는 대로 웨스트민스터 표준문서들의 신학을 설명하고 옹호하는 데 있어서 그의 교회에서의 서약에 충실했을 뿐 아니라, 오류들에 대적하는 주요 재원으로서 그 표준문서들이 속한 신학적 전통을 잘 사용하여 하나님의 백성의 보호자이자 목자로서의 그의 역할에 충실했다.

뷰캐넌의 글은 역사적 분석, 신앙고백적 관심사들에 대한 집중, 그리고 면밀한 성경 해석과 특정 논쟁적, 교회적, 목회적 관심에서의 교리적인 통합이 특징적이며, 따라서 행동적인 "목사-신학자"의 전형적인 예라고 할 수 있다. 19세기 영국 신학의 분석에 있어서 만약 우리가 뷰캐넌과 같은 이들이 어떻게 생각하고 그들의 행동을 기술했는지를 잘 이해하고 싶다면 이러한 고백적 목사(churchman)의 범주를 필요로 한다고 하겠다.[73]

둘째, 뷰캐넌은 분명히 칭의에 대한 개혁파 신학의 교리에 대해 충분한 설명을 제공했다. 우리는 본 글 서두에서 개혁파 고백 전통에서 칭의가 루터파들의 그것과 동일한 구조적 중요성을 갖지 않음을 살펴보았다. 그러나 칭의가 전가에 의해 다른 신론 교리들, 예를 들면 창조와 타락, 인간론, 기독론(그리스도의 사역) 등이 하나님이 인간을 다루시는 데 있어서의 언약적 특징들과 같은 다른 여러 교리들과 직접적으로 연결된다는 점은 분명하다.

이 점은 고백적 동의(subscription)에 있어서 조직적으로 유익한 중요성을 갖는다. 즉 칭의를 어설프게 다루거나 실제로 칭의와 연결된 다른 많은 교리들을 어설프게 다루는 신학은 웨스트민스터 표준문

---

73 Michael Jinkins의 Buchanan에 관한 글에서, 그는 칭의에 관한 Buchanan의 강의를 "주로 건설적이고 독창적인 사고를 회피한 것에서 주목할 만한" 것으로, 이어서 "비독창적인 보수 신학"으로 언급한다. 이 두 언급 둘 다 다소 경멸적으로 보인다. 신학에 대한 고백적 접근을 지속한 것에 대한 보다 분명한 이해는 그러한 개인적인 가치 판단으로부터 우리를 자유롭게 하고 Buchanan에 대해서도 우리가 부당하다고 여길 기준들에 의해 그를 판단하지 않도록 해줄 것이다. 결국 고백적 입장이 결정적으로 부당하다고 증명되기 전에는 그러한 입장을 고수하기 위해 자발적으로 엄숙히 선서한 교회 신학자들은 교리에 있어서 훌륭하고 칭찬받을 만한 식의 독창성을 거의 얻을 수 없다.

서들의 경계를 벗어나게 할 수 있다.

그러면 다시 만약 누군가가, 이 교리가 16세기나 17세기에는 어떤 다른 교리가 오늘날 할 수 있거나 해야 하는 것을 했다고 주장함으로써 전가 교리를 역사화, 상대화하고자 한다면, 그는 논리적 일관성을 위해 다른 교리들 전체를 수정하거나 재구성해야 할 것이다. 그리고 그렇게 하는 데 있어서, 그가 정직하다면 그는 신앙고백적인 개혁파 정통주의 신앙과 모호하게 유사한 어떤 것도 버려야 할 것이다. "그리스도와의 연합"이라는 쉽볼렛을 반복하는 것은 분명히 개혁파 신앙과 부합된다.

그러나 만약 이것이 확고한 언약적 틀 내에서 뷰캐넌이 제시한 것과 비슷한 것이 아니라면, 그 어구의 내용은 어떠한 중요한 역사적, 고백적 방법에 있어서도 개혁파가 될 수 없다. 이것은 웨스트민스터 표준문서들 또는 개혁파 정통주의 전통 전체로서 교리의 모든 세세한 부분 – 예를 들어, 우리는 구속언약이 고백적인 필수사항이 아니라는 점을 지적했다 – 까지의 정확한 동의를 요구한다는 말이 아니다. 하지만 칭의의 내용이나 개혁파 신학의 언약적 구조 내의 기본적인 위치 모두 웨스트민스터 표준들의 신학을 견지하는 데 있어서 교회서약을 통해 헌신된 사람들에게는 분명하고 논쟁의 여지가 없는 것이다.

칼 마르크스에 따르면, 헤겔은 모든 역사적 사건과 인물은 두 번 등장한다고 말했다. 하지만 마르크스는 헤겔이 그 첫 번째는 비극이지만 두 번째는 코미디라는 점을 간과했다고 지적했다.[74] 분명히 마

74　Karl Marx, "The Eighteenth Brumaire of Louis Bonaparte," in Robert C. Tucker, ed.,

르크스의 언급은 위대한 신학적 논의들에도 유사하게 적용된다. 그리고 역사를 심각하게 받아들임으로써만 그러한 비극이나 코미디를 피할 수 있다.

그러므로 필자는 마지막으로 자신들의 소명을 추구하는 데 있어서 역사에 결코 눈길을 돌리지 않는 현대 신학자들 – 조직신학, 성경신학, 그리고 둘 사이의 어떤 지점이든 – 에 대해 한 역사가의 일침으로 이러한 제안을 하고자 한다.

만약 그들이 주로 신경(creeds)과 신앙고백들(confessions)에 반영된 수세기 동안의 교회의 해석적 지평들에 대해서 자신들만의 편협한 해석적 지평을 고수하거나 재창조하려는 비극-코미디를 피하고 싶다면, 그들은 칭의에 관한 현재의 논쟁들이 굉장히 많은 여러 방식으로 적어도 19세기의 소책자 운동가들뿐 아니라 수세기 동안 이 교리에 대해 제기된 사안들을 연상시킨다는 사실을 숙고해야 할 것이다. 예를 들어, 이 점은 오해에 기초하여 종교개혁을 개주하려는 시도들에도 적용되고, 일부 바울이 말한 "율법의 행위들"을 배타적으로 유대인들의 의식적(ceremonial) 특징들과 동일시 하는 것에도 적용된다.

나아가 그들은 또한 다음을 고려해야 할 것이다. 뷰캐넌의 글이 부분적으로는 뉴먼, E. B. 퍼시(E. B. Pusey), 그리고 다른 이들의 『시국 소책자』(Tracts for the Times)에 제시된 신학에 대한 비판이었지만, 동시에 그의 글은 오늘날 우리 시대에 대한 진정한(veritable) 소책자로 오늘날 종교개혁파 신학자들도 동경할 만한 예로 남아있다. 그의

The Marx-Engels Reader (New York: Norton, 1978), 594.

글은 교회적, 신앙고백적 신학의 한 원리이며 당대 논쟁에서 고전적 고백주의적 정통주의 재원의 유용함을 보여준다. 그리고 그는 가장 중요한 개신교 교리들, 즉 오직 은혜, 오직 믿음, 오직 그리스도, 이신칭의에 대한 열정과 학식을 가진 기품 있고 완전한 개혁파 정통주의 교회 신학자의 전형이라고 할 수 있다.

제3장

삶을 변화시키는 능력과 위로

입양 교리에 대한 청교도의 이해

조엘 R. 비키(Joel R. Beeke)

우리는 오직 입양을 통해서
우리를 교정하는 하나님께로 나아갈 수 있다.
그것은 위대한 값없는 은혜이다. 천사들도 노래한다.
당신을 그의 자녀로 삼아주신 주님께 당신의 찬양으로 송축하라.[1]
-토마스 왓슨-

그동안 청교도들은 모든 진정한 그리스도인은 다 하나님의 입양된 자녀라는 성경 교리, 즉 입양(adoption)에 대한 교육이 부족하다는 혹평을 받아왔다. 제임스 패커(J. I. Packer)는 그의 명저, 『하나님을 아

---

1 Thomas Watson, *A Body of Divinity in a Series Sermons on the Shorter Catechism* (London: A. Fullarton, 1845), 160.

는 지식』(*Knowing God*)의 "하나님의 자녀들"(Sons of God)이라는 장에서 다음과 같이 기록했다.

> 청교도들은 그리스도인으로서의 삶에 관한 가르침을 거의 모든 면에서는 다 강조하면서, 유독 입양 교리에 대한 가르침만큼은 눈에 띄게 불충분하게 남겼다.[2]

또한 에롤 헐스(Erroll Hulse)도 그의 저명한 소논문에서 다음과 같이 주장했다.

> 청교도들은 이 진리, 즉 입양을 그저 여기저기에 몇 개의 단락을 남기는 정도에 그칠 뿐 실제로 거의 연구하지 않았다.[3]

입양에 대한 이러한 익숙한 논평들은 이 교리가 청교도의 구원의 서정(오르도 살루티스[*ordo salutis*])에서 등한시되었음을 말해준다.

사실상 입양 교리는 몇몇 긴밀하게 잘 연결된 교리들, 즉 칭의, 성화, 확신 등과 같이 대단히 발전되는 않았지만, 그렇다고 청교도들 사이에서 완전히 도외시된 주제도 아니다. 윌리엄 에임스(William Ames), 토마스 왓슨(Thomas Watson), 사무엘 윌라드(Samuel Willard), 헤르만 윗치우스(Herman Witsius)는 그들의 조직신학 분야에서 입양에 대한 충분한 작업을 했다. 특히, 윗치우스는 『하나님과 인간의 언

---

2 J. I. Packer, *Knowing God* (Downers Grove, IL: InterVasity, 1973), 207.

3 Erroll Hulse, "Recovering the Doctrine of Adoption," *Reformation Today* 105(1988): 10.

약 경륜』(*The Economy of the Covenants between God and Man*)이라는 그의 저서에서 28페이지나 되는 분량을 이 입양 교리에 할애했다.[4]

청교도의 아버지라 불리는 윌리엄 퍼킨스(William Perkins)는 적어도 그의 아홉 개의 작품에서 입양의 다양한 측면들에 대해 꽤 자세하게 언급했다.[5] 윌리엄 베이츠(William Bates), 휴 비닝(Hugh Binning), 토마스 브룩스(Thomas Brooks), 앤서니 버지스(Anthony Burgess), 스티븐 차녹(Stephen Charnock), 조지 다우네임(George Downame), 존 플라벨(John Flavel), 토마스 구드윈(Thomas Goodwin), 윌리엄 거지(William Gouge), 에스겔 홉킨스(Ezekiel Hopkins), 에드워드 레이(Edward Leigh), 존 오웬(John Owen)에 이르기까지 이들 모두는 입양이라는 주제를 다룬 바 있다.[6] 다른 청교도들, 제레미아 버로우즈

---

4 William Ames, *The Marrow of Theology*, trans. and ed. John D. Eusden (Boston: Pilgrim Press, 1968), 164-67; Watson, *A Body of Divinity*, 155-60; Samuel Willard, *A Compleat Body of Divinity* (repr., New York: Johnson Reprint Corporation, 1969), 482-91; Herman Witsius, *The Economy of the Covenants between God and Man*, 2 vols. (repr. Kingsburg, CA: den Dulk Christian Foundation, 1990), 1: 441-68.

5 *The Workes of That Famous and Worthy Minister of Christ in the Universitie of Cambridge, Mr. William Perkins*, 3 vols. (London: John Legatt and Cantrell Ligge, 1612-13), 1:82-83, 104-5, 369-70, 430; 2:277-80; 3:154-55, 205; and 382 of 2nd pagination.

6 William Bates, *The Whole Works of the Rev. W. Bates, D.D.*, ed. W. Farmer, 4 vols. (repr., Harrisonburg, VA: Sprinkle, 1990), 4:299-301; Hugh Binning, *The Works of the Rev. Hugh Binning, M.A.*, ed. M. Leishman (repr., Ligonier, PA: Soli Deo Gloria, 1992), 253-55; Thomas Brooks, *The Works of Thomas Brooks*, 6 vols. (repr., Edinburgh: Banner of Truth, 2001), 4:419-20; Anthony Burgess, *Spiritual Refining: or A Treatise of Grace and Assurance* (London: A. Miller for Thomas Underhill, 1652), 237-43; Stephen Charnock, *The Complete Works of Stephen Charnock*, 5 vols. (Edinburgh: James Nichol, 1865), 3:90; George Downame, *A Treatise of Justification* (London: Felix Kyngston for Nicholas Bourne, 1633), 239-42; John Flavel, *The Works of John Flavel*, 6 vols. (Edinburgh: Banner of Truth, 1997), 6:197-99; Thomas Goodwin, *The Works of Thomas*

(Jeremiah Burroughs), 토마스 콜(Thomas Cole), 로저 드래이크(Roger Drake), 토마스 후커(Thomas Hooker), 토마스 맨튼(Thomas Manton), 스티븐 마샬(Stephen Marshall), 리차드 십스(Richard Sibbes), 존 테넌트(John Tennent), 존 와이트(John Waite)는 입양에 대해 적어도 한 편 이상의 설교를 했다.⁷

웨스트민스터 신학자들이 처음으로 WCF 12에서 이 입양을 하

Goodwin, 12 vols. (repr., Eureka, CA: Tanski, 1996), 1:83-102; William Gouge, *A Guide to Goe to God: or, An Explanation of the Perfect Patterne of Prayer, The Lords Prayer*, 2nd ed. (London: G.M. for Edward Brewster, 1636), 10-21; Ezekiel Hopkins, *The Works of Ezekiel Hopkins*, ed. Charles W. Quick, 3 vols. (repr., Morgan, PA: Soli Deo Gloria, 1997), 2:120-21 , 569-76; 3:198-99; Edward Leigh, *A Treatise of Divinity* (London, 1646), 510-11; John Owen, *The Works of John Owen*, ed. William H. Goold, 16 vols. (repr., London: Banner of Truth, 1966), 2:207-22; 4:265-70; 23:255-76.

7 Jeremiah Burroughs, *The Saints' Happiness, Delivered in Diverse Lectures on the Beatitudes* (repr., Beaver Falls, PA: Soli Deo Gloria, 1988), 193-202; Thomas Cole, *A Dicourse of Christian Religion, in Sundry Points…Christ the Foundation of Our Adoption, from Gal. 4.5* (London: for Will. Marshall, 1698); Roger Drake, "The Believer's Dignity and Duty Laid Open, in the High Birth wherewith He Is Privileged, and the Honourable Employment to Which He Is Called," in *Puritan Sermons 1659-1689: Being the Morning Exercise at Cripplegate, St. Giles in the Fields, and in Southwark by Seventy-five Ministers of the Gospel in or Near London*, 6 vols. (repr., Wheaton, IL: Richard Owen Roberts, 1981), 5:328-44; Thomas Hooker, *The Christians Two Chiefe Lessons* (repr., Ames, IA: International Outreach, 2002), 159-73; Thomas Manton, *The Complete Works of Thomas Manton, D.D.*, 22 vols. (London: James Nisbet, 1870), 1:33-57; 10:116-21; 12:111-39; Stephen Marshall, *The Works of Mr Stephen Marshall, The First Part, [Section 2:] The High Priviledge of Beleevers. They Are the Sons of God* (London: Peter and Edward Cole, 1661); Richard Sibbes, *Works of Richard Sibbes*, 7 vols. (Edinburgh: Banner of Truth, 2001), 4: 129-49; John Tennent, "The Nature of Adoption," in Richard Owen Roberts, ed., *Salvation in Full Color: Twenty Sermons by Great Awakening Preachers* (Wheaton, IL: International Awakening Press, 1994), 235-50; John Waite, *Of the Creatures Liberation from the Bondage of Corruption, Wherein Is Discussed…[Section 5]: And Lastly Is Discussed That Glorious Libertie of the Sonnes of God into Which the Creature Is to Be Reduced* (York: Tho. Broad, 1650).

나의 구별된 장으로 수록했다는 것은 청교도가 얼마나 이 교리를 강조했는지 보여주었다는 면에서 의미심장하다. 웨스트민스터 총회 후 지금껏 웨스트민스터 표준문서에 대한 수많은 해석가가 주장하는바와 같이, LC 74와 SC 34 역시 입양에 대해 언급했다.[8] 무엇보다 중요한 것은 몇몇 청교도들이 입양에 대한 주제로 글을 썼다는 점이다.

- 존 크랩(John Crabb), 『살아계신 하나님의 사역에 관한 증언: 하나님의 신비로운 사역이 인간 안에서나 인간관계에서 전개되는 다양한 방식, 계시된 하나님에 대한 지식이 하나님의 아들들을 어두움의 속박으로부터 자유롭게 하는 방식에 대하여』 (*A Testimony concerning the VVorks of the Living God: Shewing How the Mysteries of His Workings Hath Worked Many Wayes in and amongst Mankind. Or, The Knowledge of God Revealed, Which Shews the Way from the Bondage of Darkness into the Liberty of the Sons of God*).

---

8 예를 들어, 웨스트민스터 신앙고백에 대해 Robert Shaw, *The Reformed Faith: An Exposition of the Westminster Confession of Faith* (repr., Inverness, Scotland: Christian Focus, 1974), 137-41을 보라; 대요리문답에 대해, Thomas Ridgley, *Commentary on the LC*, 2 vols. (repr., Edmonton: Still Waters Revival Books, 1993), 2:131-37을 보라; 그리고 소요리문답에 대해 John Brown(of Haddington), *An Essay towards an Easy, Plain, Practical, and Extensive Explication of the Assembly's SC Explained, by Way of Question and Answer* (repr., Lewis, East Sussex: Berith Publications, 1998), 184-87; Thomas Vincent, *The SC of the Westminster Assembly Explained and Proved from Scripture* (repr., Edinburgh: Banner of Truth, 1980), 96-97을 보라. 입양을 진술하는 부가적인 고백적 문서들에 대해서는 Tim Trumper, "An Historical Study of the Doctrine of Adoption in the Calvinistic Tradition"(Ph. D. diss., University of Edinburgh, 2001), 5-10을 보라.

- 시몬 포드(Simon Ford), 『속박과 양자의 영: 이 두 영의 사역의 방식과 두 영에 속한 양심의 적절한 태도에 관한 광범위하고 실천적인 고찰』(*The Spirit of Bondage and Adoption: Largely and Practically Handled, with Reference to the Way and Manner of Working Both Those Effects; and the Proper Cases of ConscienceBelonging to Them Both*).

- 엠.지.(M. G.), 『양자의 영의 탁월한 영광』(*The Glorious Excellencie of the Spirit of Adoption*).

- 토마스 그랭거(Thomas Granger), 『그리스도인들을 비추는 하나의 거울: 위로를 제공하는 입양 교리』(*A Looking-Glasse for Christians. Or, The Comfortable Doctrine of Adoption*).

- 코튼 매더(Cotton Mather), 『두 증인과 더불어, 우리의 하나님이 인치신 사역자들이 스스로를 전능하신 주님의 자녀들이라는 확신을 갖게 하기 위해서, 다른 신자들과 더불어 성령의 증인을 하나님이 그의 자녀로 입양하신 것에 대한 간략하고 평이한 묘사』(*The Sealed Servants of Our God, Appearing with Two Witnesses, to Produce a Well-Established Assurance of Their Being the Children of the Lord Almighty or, the Witness of the Holy Spirit, with the Spirit of the Beleever, to His Adoption of God; Briefly and Plainly Decribed*).

- 사무엘 페토(Samuel Petto), 『성령의 음성: 성령의 증거에 대한 발견』(*The Voice of the Spirit. Or, An Essay towards a Discoverie of the Witnessings of the Spirit*).

- 사무엘 윌라드(Samuel Willard), 『자녀의 몫: 주장되고 입증된 하나님의 자녀들의 보이지 않는 영광』(*The Child's Portion: Or the Unseen Glory of the Children of God, Asserted and Proved: Together with Several Other Sermons Occasionally Preached*).[9]

슬프게도 이 중의 어느 것 하나도 다시 출판되지 않았다. 그것이 바로 청교도들이 입양에 대해 거의 연구하지 않았다는 현재의 인식을 강화하는 데 부분적으로 기여했다고 할 수 있다.

또한 당시 청교도 편에 섰던 스코틀랜드와 네덜란드 목회자들도 입양에 대하여 상세히 다룬 바 있다. 예를 들면, 스코틀랜드 장로교회의 목사로 네덜란드에서 주로 목회를 했던 존 포브스(John Forbes)는 『그리스도인이 자신이 하나님의 자녀가 되었는지에 대해 확신할 때, 하나님의 영의 증거인지 자신의 영의 증거인지를 구분하는 법』(*A Letter for Resolving This Question: How a Christian Man May Discerne the Testimonie of Gods Spirit, from the Testimonie of His Owne Spirit, in*

---

9 Crabb (London: John Gain, 1682); Ford (London: T. Maxey for Sa. Gellibrand, 1655); M. G. (London: Jane Coe for Henry Overton, 1645); Granger (London: William Jones, 1620); Mather (Boston: Daniel Henchman, 1727); Petto (London: Livingwell Chapman, 1654); Willard (Boston: Samuel Green, to be sold by Samuel Philips, 1684).

Witnessing His Adoption)이라는 책을 저술했다.¹⁰ 뿐만 아니라, 토마스 보스턴(Thomas Boston)은 입양이라는 주제에 대해 40페이지를, 빌레무스 아 브라켈(Wilhelmus à Brakel)은 25페이지를 할애했다.¹¹

도입부에 기록된 청교도의 참고문헌 목록들은 영적 입양의 교리에 관해 대략 800페이지에 할애해 기록하고 있다.¹² 그럼에도 불구하고 내가 아는 한 지금까지 누구도 이 주제에 대해 청교도들이 상당한 양에 이르는 연구를 해왔다는 사실을 인식하지 않았을 뿐 아니라 그 누구도 제대로 된 연구를 통해 확인한 적도 없다. 이번 장에서는 청교도들이 그들 자신을 대변하게 함으로 이런 식의 잘못된 청교도에 대한 인식을 바로 잡고자 한다. 앞으로 나는 입양 교리가 갖고 있는, 하나님의 자녀들을 위한 광범위한 변혁적 능력과 위로를 청교도들이 어떻게 인식했는지 보여주고자 한다.

1. 입양 교리의 위대함과 포괄성, 그리고 구원론과의 관계

청교도들은 입양 교리의 삶을 변화시키는 능력, 최상의 가치, 놀

---

10 Middelburg, Netherlands: Richard Schilders, 1616.

11 Samuel M'Millan, ed., *The Complete Works of the Late Rev. Thomas Boston, Ettick*, 12 vols. (repr., Wheaton, IL: Richard Owen Roberts, 1980), 1:612-53; 2:15-27; Wilhelmus a Brakel, *The Christian's Reasonable Service*, trans. Bartel Elshout, ed. Joel R. Beeke, 4 vols. (Grand Rapids: Reformation Heritage Books, 1999), 2:415-38; 3:486-87.

12 이 숫자는 입양에 대해 주요한 주제로 다루는 청교도 주석과 부가적 설교를 포함한 작품을 포함하지도 않을뿐더러, 웨스트민스터 표준문서들에 대한 부차적인 주석들도 포함한 숫자가 아니다.

라운 경이로움을 강조하는 것을 좋아했다. 그들은 이 교리의 위대하고 탁월하며 신성하고 포괄적인 특성을 자주 언급했다.

윌리엄 퍼킨스는 그리스도인이라면 자신이 하나님의 자녀로 입양된 것을 "세상의 어떤 왕위의 상속자나 자녀가 되는 것보다 위대하게 여겨야 한다. 왜냐하면 최고 권력자의 아들이 어쩌면 진노의 자식일지 모르기 때문이다. 하지만 은혜로 하나님의 자녀가 된 사람은 예수 그리스도를 그의 맏형으로 삼아 예수님과 함께 하나님 나라의 상속자가 되며 성령 또한 예수 그리스도처럼 위로자가 되시고 하나님 나라가 그의 영원한 유산이 된다"고 말했다. 퍼킨스는 이 사실을 체득한 사람이 거의 없다는 사실에 개탄을 금치 못했다.

> 세상에서의 성공에 대해 사람들은 매료되나, 자신들이 하나님의 자녀라는 것에 기쁨으로 도취된 사람을 발견하는 것은 어렵다.[13]

영적 입양은 하나님 구원의 광범위함에서 정점을 차지한다. 청교도들은 사도 요한이 선포한 다음 말씀을 경외했다.

> 보라 아버지께서 어떠한 사랑을 우리에게 베푸사 하나님의 자녀라 일컬음을 받게 했는가(요일 3:1).[14]

하나님의 자녀로 입양되었다는 것이 이 얼마나 위대한 경이인

---

13 *Works of William Perkins*, 3:138(두 번째 패이지 매김부터).
14 성경 인용은 KJV이다(본 역서에서는 개역개정을 인용한다-역주).

가! 브라켈은 이렇게 말했다.

> 사탄의 자녀에서 하나님의 자녀로, 진노의 자녀에서 하나님의 은혜의 대상으로, 저주받은 자녀에서 모든 약속과 축복의 상속자로, 가장 비참한 상태에서 높임을 받아 가장 기쁨을 누리는 상태로, 이것은 모든 이해와 경배를 넘어서는 특별한 것이다.[15]

또한 입양이란 얼마나 포괄적인가! 대부분의 청교도들은 웨스트민스터 회원들이 제시한 대로, 구원의 서정에서 입양의 위치를 칭의와 성화 사이에 두었다. 우리도 곧 살펴보겠지만, 칭의와 입양, 성화와 입양 이들 사이에 각각 필수불가결한 연결이 있는 것으로 볼 때 이는 논리적으로 수긍이 가는 지점이다. 그러나 몇몇 다른 청교도들은 입양이 때때로 구원의 한 측면이나 구원의 서정의 한 부분으로 여겨질 수 있지만, 때로는 모든 구원론을 포괄하는 것으로 보는 것이 가장 적합할 때가 있다고 생각했다.

예를 들어, 스티븐 마샬은 다음과 같이 말한다.

> 비록 성경은 우리가 하나님의 자녀가 되는 것이 우리의 특권이라고 말하고 있지만 너무나 빈번히 성경은 모든 믿는 자는 현재와 영원히, 그리고 이 세상과 올 세상에서 예수 그리스도로부터 하나님의 자녀가 되는 것을 취한다. 즉 이 모든 것을 한마디로 하면 "그들은 하나님의 자녀가 되었다"이다.

---

15 Brakel, *The Christian's Reasonable Service*, 2:419.

나는 모든 은혜의 언약이 "나는 그들의 아버지가 되고 그들은 나의 자녀가 될 것이다"라는 말 속에서 얼마나 자주 표현되는지 모른다.

우리를 예정하사 예수 그리스도로 말미암아 자기의 아들들이 되게 하셨으니(엡 1:5).

마샬은 에베소서 1:5의 이 한 표현에 바울이 이해한 구원론이 모두 나타난다고 보았다.[16] 청교도들은 확실히 구원론에 있어 입양이란 교리에 숭고하고 포괄적인 지위를 부여했다.

2. 구약의 입양과 신약의 입양

청교도들은 "입양"과 "하나님의 자녀"라는 은유가 신구약의 모든 신자에게 유효하다고 생각했다. 하지만 입양의 삶을 변화시키는 능력은 신약에서만 핵심 역할을 한다고 생각했다.

이에 대해 가장 명확한 지적을 했던 사람 중 하나였던 헤르만 윗치우스는 구약 시대의 신자들도 역시 중생하여 예수 그리스도의 신부가 되었으며 하나님의 자녀로 입양되었다고 강조했다. 그는 "믿는 자들은 항상 하나님의 자녀였다. 이스라엘 백성이 아니었던 엘리후

---

16 Marshall은 또한 로마서 8:23과 갈 4장의 초반부를 성경의 빈번하고 포괄적인 입양의 사용을 입증하기 위해서 사용한다. *Works of Stephen Marshall*, 37-38.

도 하나님을 그의 아버지라고 불렀다"라고 썼다. 그러나 구약 시대의 신자가 하나님의 양자인지에 대한 명확성은 신약 시대의 신자와 비교했을 때, "태양빛 앞에 별빛"만큼이나 흐릿하다고 말했다.[17]

윗치우스는 "구약의 신자들은 혹독한 훈련을 시키는 교사들, 즉 무거운 짐을 지우고, 고통 가운데 태어난 아이들의 어깨에 그 무거운 짐을 지우는 교사들 밑에 있는 어린아이들과 같았다"고 계속해서 주장한다. 결과적으로 신자들은 "모세 율법에서 하찮은 의식들 즉 교회에서의 일종의 놀이같이 보이는 의식들에 하루 종일 참여하는 어린아이 같이, 이 세상의 약하고 보잘 것 없는 요소에 부득이하게 굴복했다." 신약 시대의 신자들과 비교했을 때, 구약 시대의 신자들은 "스스로의 자발적인 선택을 할 수 없는", 이제 막 태어난 갓난아기들과 같은 대우를 받았고, 그들의 아버지 되시는 하나님과의 "친밀함"은 거의 경험하지 못했다. 그들은 성전에 출입하는 것이 허용되지 않았고, 하나님 나라의 상속이라는 약속에 대한 다소 애매모호한 이미지인 가나안 땅에서 희생과 제사를 통해 그림자와 모형 아래 살아가야만 했다.[18]

이와는 달리 신약 시대의 신자들은 만형이신 예수 그리스도를 통해 은혜와 자유로 하나님의 자녀가 되는, 하나님의 너무나 풍성한 사랑의 빛을 누리게 된다. 윗치우스는 다음과 같이 또한 썼다.

우리의 만형이신 그리스도께서는 인간 본성을 취하시고, 이 낮

---

17 Witsius, *Economy of the Covenants*, 1:447.

18 Ibid., 1:447-48.

고 낮은 세상에 오셔서, 우리를 위해 우리의 짐을 대신 지시고, 결국 우리에게 요한복음 8:36이 말하는 참된 자유 즉, 구약 시대의 교사와 율법의 짐으로부터의 자유를 베푸셨다.

그리스도께서는 성부 하나님의 "신비로운 경륜" 속에 우리가 있게 하셨고, 그리스도 자신을 우리에게 보이심으로 우리가 아버지 하나님을 볼 수 있게 하셨으며(요 14:9), 우리를 왕 같은 제사장으로 삼으셨다(벧전 2:9). 또한 그리스도께서는 우리에게 영적인 유산과 하늘의 보화들을 주셨을 뿐 아니라 하나님 나라를 맡기셨다(눅 22:29). 이사야 선지자가 예언하고(사 56:4-5), 성령이 친히 신자들의 영과 더불어 신자들이 하나님의 자녀임을 증언하셨듯이, 신자들은 이제 특별히, 그리고 명확하게 "하나님의 자녀"(요일 3:2)라고 불린다.

하나님은 확실하게 신자들 개개인의 아버지가 되셨고, 이 "아버지"라는 이름은 하나님과 맺은 새 언약에서 하나님의 이름이 되었다. 이에 하나님과 신자가 아버지와 자녀가 되는 일종의 가족 언약 안에서 마침내 신자들은 "아빠, 아버지"(갈 4:6)라고 부를 수 있는 자유를 가진다.

> 때가 차매(자녀들이 후견인 아래 있는 때가 다 지나) 하나님이 그 아들을 보내사 여자에게서 나게 하시고 율법 아래에 나게 하신 것은 율법 아래에 있는 자들을 속량하시고 우리로 아들의 명분을 얻게 하려 하심이라 너희가 아들이므로 하나님이 그 아들의 영을 우리 마음 가운데 보내사 아빠 아버지라 부르게 하셨느니라 그러므로 네가 이 후로는 종이 아니요 아들이니 아들이면 하나

님으로 말미암아 유업을 받을 자니라(갈 4:4-7).

신자들은 그리스도의 보혈을 통해 세워진 그리스도의 나라에 "자녀로 입양된다." 그 하나님 나라는 온전한 세상(whole world)이다. 따라서 여기서 신자들은 모든 양식을 받으며, 창조의 모든 면면을 본다. 역사하시는 하나님의 모든 섭리는 아버지의 사랑과 선을 드러낸다. 이 영적인 나라에 하나님 자녀로 입양되어 들어감은 죄에 대한 승리, 사탄 권세의 파괴, 측량할 수 없는 풍요, 영혼의 평안, 성령 안에서의 기쁨, 그리스도 안에서 담대함(엡 3:12)을 누리는 것이다.[19]

3. 입양이 아닌 것

입양에 관한 청교도들의 가르침을 보다 더 자세히 분석하기 위해, 우선적으로 그들이 무엇을 입양이 아니라고 생각했는지부터 살펴보는 것이 유익하다.

1) 입양은 중생이 아니다

우리는 중생과 입양을 동의어처럼 취급하기 쉽다. 왜냐하면 그리스도인의 중생이란, 위로부터 태어나는 것을 의미하기 때문이다. 입양 또한 언뜻 보기에 그러한 새로운 탄생의 결과를 묘사하는 또 하

---

19 Ibid., 1:448-54.

나의 방식으로 보인다. 그러나 청교도들은 그렇지 않다고 주장한다. 비록 중생한 자들이 모두 하나님의 자녀가 되고 모든 하나님의 자녀는 중생할 지라도, 이 둘은 서로 다른 축복이다.[20]

중생과 입양은 두 가지 다른 문제들을 다룬다. 입양은 우리의 상태를 다룬다. 우리는 태생적으로 진노의 자식이고 사탄의 자식이다. 즉 우리의 상태는 소외와 저주의 상태인 것이다. 그러나 우리의 죄를 사하시고 율법을 온전히 이루신 예수 그리스도의 공로로 말미암아 우리의 지위는 완전히 변화되어 이제는 하나님의 자녀라 일컬음을 받는 것이다.

그러나 만약 입양에서 우리가 오직 하나님의 자녀라는 지위와 특권만 받는다면 무언가 중요한 것을 놓친 것이다. 자녀로 입양된 사람은 생물학적 부모의 본성을 가지고 있지, 입양한 부모의 본성을 갖지 않는다. 그러나 하나님은 그의 놀라운 은혜 안에서 우리에게 하나님의 자녀가 되는 지위와 권세뿐 아니라, 성령의 사역으로 중생한 우리의 입양에 대한 증거인 아들의 영을 주신다. 그 성령이 우리 안에 새로운 본성을 심으신다.

그때, 중생은 마치 물을 마시듯이 죄악을 들이키는 우리의 죄로 가득한 본성을 다룬다. 하나님은 우리에게 새 생명을 주심으로 죄악을 사랑하는 우리의 본성을 변화시키신다. 다시 말해서, 우리의 지위를 변화시키셔서 하나님의 가족의 자녀들로 삼아주신 뒤, 하나님은 사탄의 자녀처럼 계속해서 행동하는 것을 허락하지 않으신다는 것이다. 하나님은 우리가 그렇게 할 수 없게 하셨다. 왜냐하면 하나님

---

20 Burroughs, *The Saints' Happiness*, 192.

은 중생에 의해 우리 자녀된 신분에 합당한 본성을 주셨고 하나님을 닮게 하셨기 때문이다. 그렇다면 우리의 표제인 "하나님의 입양"은 직접적으로 우리 자신의 경험과 관련이 있다고 할 수 있다. 우리는 이제 더 이상 예전의 우리가 아니다(요일 3:9). 하나님은 육신의 부모가 자녀를 입양할 때 할 수 없는 일, 즉 그들이 입양한 자녀의 인성과 본성을 변화시켜서 자녀가 입양한 부모를 닮게 하는 것을 이미 이루셨다. 하나님은 중생을 통해 다시 태어난 하나님의 자녀들이 하나님의 사랑과 거룩하심을 공유하도록 하셨다.

요약하면, 청교도들은 중생과 입양이 몇 가지 측면에서 서로 구분된다고 가르쳤다. 다음의 내용은 토마스 맨튼과 스티븐 차녹이 만든 주요 차이점들이다.

- 중생은 우리를 그리스도께 가까이 이끌어 주는 데 반해 입양은 성령이 우리 마음 가운데 내주하게 한다.
- 중생은 성령이 새롭게 하시는 것이고, 입양은 성령이 거하시는 것이다. 중생은 성령이 그 자신을 위해 성전을 지으시는 것이고, 입양은 성령이 그 성전 안에 사시는 것이다(이것은 마치 벌들이 처음에는 벌집을 만들고 그 다음에 그 안에서 사는 것과 흡사하다).
- 중생은 믿음이라는 조건에 제약을 받지 않는데 비해 입양은 제약을 받는다.
- 중생은 우리로 하여금 칭의와 입양을 믿도록 한다.
- 중생은 하나님의 본성을 우리에게 새기고, 입양은 우리가 하나님을 우리 아버지로 관계를 맺게 한다.

- 중생은 새 생명의 원칙을 가져다줌으로 우리를 하나님의 자녀가 되게 하고(벧전 1:23), 입양은 새 생명의 능력을 제공함으로 우리를 하나님의 자녀로 계속 유지시켜 준다(요 1:12).
- 중생은 하나님의 본성에 참여하게 만들고, 입양은 하나님의 사랑에 참여하게 만든다.
- 중생은 우리의 본성에 영향을 미치고, 입양은 우리의 관계에 영향을 미친다.[21]

2) 입양은 칭의가 아니다

칭의는 복음의 주요하고 근원적인 축복으로 우리의 가장 기본적인 영적 필요 – 용서와 하나님과의 화해 – 를 충족시켜준다. 우리는 이러한 칭의 없이 하나님의 자녀가 될 수 없다. 그러나 입양이란 우리를 법정에서 가정으로 데려다 주었으므로 이것이 더욱 풍성한 축복이다.

> 칭의는 법적인 측면에서 인식되지만, 입양은 사랑의 측면에서 인식된다. 칭의는 하나님을 재판관으로 보지만, 입양은 하나님을 아버지로 본다.[22]

---

21 *Works of Thomas Manton*, 12:113-14; *Complete Works of Stephen Charnock*, 90.

22 Gordon Cooke, "The Doctrine of Adoption and the Preaching of Jeremiah Burroughs," in *Eternal Light, Adoption, and Livingstone* (London: Congregational Studies Conference Papers, 1988), 23.

물론 칭의와 입양은 분명히 여러 가지로 공통점이 많다. 청교도들은 입양의 지위가 칭의 교리처럼, 과정이 아니라 법적 상태라고 가르쳤다. 로버트 벨라민(Robert Bellarmine)이나 로마 가톨릭과는 달리 이런 상태는 전가에 의해서 행해지는 것이지 주입되는 것이 아니라는 것이다.[23] 그 상태는 순간에 일어나는 것이지 연속적으로 일어나는 것이 아니다. 신자들은 점진적으로 하나님의 자녀가 되는 것-더욱더 하나님의 자녀가 되어 가는 것이 가능한 것처럼-이 아니다. 입양 역시 칭의처럼 단계를 거쳐야 할 필요가 없다. 죄인들이 하나님을 믿으면 그들은 완전히 하나님의 자녀가 되고 그 신분을 유지하는 것이다. 하나님을 믿는 순간 칭의는 신자들을 의롭다고 선포한다. 따라서 신자들은 하나님의 자녀가 되고 그리스도와 함께 하나님의 상속자가 된다.

칭의와 입양의 관계를 보다 더 명확하게 기술하려고 시도했던 청교도들에게는 세 가지 관점이 있었다.

첫째, 브라켈로 대표되는데, 칭의가 죄책과 처벌로부터의 석방이라는 소극적인 측면뿐 아니라 하나님의 자녀가 상속자로 선언되는 영생의 권리를 부여받는 능동적인 측면까지 포함하기 때문에, 입양을 칭의의 능동적인 측면에 포함된다고 보는 것이 가장 알맞다. 다시 말해서, 칭의는 영적인 부모 자식 관계를 포함하는 것이다.

둘째, 웨스트민스터 대요리문답에 대한 해설로 가장 잘 알려진 중도 칼빈주의자인 토마스 릿지리(Thomas Ridgley)에 의해 대표되는 관점이다. 입양이 어떤 측면에서는 칭의에 포함될 수 있지만 또 다

---

23 Downame, *A Treatise of Justification*, 241-42.

른 측면에서는 그렇지 않다고 보는 것이다. 릿지리는 입양이 어떤 점에서는 칭의의 한 부류로 간주될 수 있지만 어떤 점에서는 성화의 한 부류로 볼 수도 있다는 입장이었다. 그는 다음과 같이 썼다.

> 만약 칭의를 삼위 하나님 간의 내재적인 사역을 명시하는 것으로 보고, 성부 하나님과 성자 하나님 간의 언약 – 마치 그리스도께서 신자들의 언약대표가 되듯이 – 에서 택함 받은 자가 고려된다면, 신자들은 그리스도 안에서 하나님의 양자가 된 것으로 여겨질 것이다. 따라서 그리스도 안에서 택함을 받아 영생에 이르는 것으로 묘사될 때, "하나님의 자녀로 예정되었다"라고 말하게 된다.

칭의와 입양 둘 다 믿음으로 받아들인다고 릿지리는 덧붙인다. 한편, 만약에 입양이 하늘에 속한 본성, 즉 "겸손함, 경건함, 하나님에 대한 사랑과 의존, 하나님의 영광에 대한 열심, 그리스도를 닮아 감, 하나님의 마음을 우리도 공유하는 것 등 하나님의 자녀로서의 기질과 성향을 부여받는다는 점에서 살펴본다면, 바로 이런 점에서 입양은 성화에 부합한다."[24]

셋째, 대다수의 청교도들은 웨스트민스터 총회의 입장을 지지했는데, 그 입장은 칭의와 입양이 서로 밀접하게 연관되어있다 할지라도, 둘은 각각 구별된 특권이기 때문에 신학에서 따로 다루어야 한다는 것이다. 예를 들면, 소요리문답을 해설하는 가운데, 사무엘 윌

---

24 Ridgley, *Commentary on the Larger Catechism*, 136-37.

라드는 성경이 로마서 8:14, 에베소서 1:5 및 다른 여러 부분에서 분명하게 칭의와 입양을 구분하고 있다고 강조했다. 성경은 의롭다고 여기는 것과 하나님의 자녀가 되는 것은 각각 별개로 취급한다. 전자가 재판관이신 하나님이 우리를 받아주시는 것이라면, 후자는 아버지이신 하나님이 모든 사랑과 관심으로 우리를 받아주시는 것이다. 이처럼 칭의는 법적 관계를, 입양은 인격적 관계를 말한다.

실질적으로 말해서, 이 세 가지 입장은 서로 동떨어지지 않았다. 그러나 신학적으로 두 번째와 특별히 세 번째 입장은 보다 더 성경적으로 입양을 강조하는 경향이 있다. 비록 칭의와 입양 둘 다 법적인 개념이지만(전자는 형법의 영역에서, 후자는 가족법에서 파생되었다) 칭의와 입양 교리의 실질적인 영역은 서로 상당히 다르다. 칭의는 입양에서 추상적인 개념으로 분리되면서 다소 텅 빈 법적 개념만 남게 된 셈이다. 물론 죄를 용서받고 하나님께 받아들여졌다는 우리의 특권은 과소평가되어서는 안 된다.

그러나 입양은 하나님께 받아들여진다는 개념에 대한 우리의 이해를 폭넓게 한다. 우리는 단순히 도덕적 행위자로 받아들여지는 것이 아니라 그리스도를 통해 나타난 성부 하나님의 형상 보유자로 받아들여지는 것이다. 우리는 하나님을 아버지라고 부를수 있는 특권과 하나님께 봉사할 책임을 가진 하나님의 자녀로 받아들여지는 것이다. 이후 더욱더 상세히 고려할 것이지만, 신자들은 주관적으로 하나님의 자녀가 되었다는 지식에서 자라난다.[25] 그러므로 청교도들은 신자의 상태와 칭의와 연관된 객관적 측면에서 입양이 즉각적

---

25 본 글에서 어떻게 입양이 실제적으로 경험되는지에 대한 부분을 보라.

으로 완성되며, 신자의 조건과 성화와 연관된 주관적 측면에서 점차적으로 입양의 특권과 책임과 적용에 대한 지식에서 자라난다고 가르쳤다.

3) 입양은 성화가 아니다

토마스 브룩은 성화가 단순히 신자가 하나님의 자녀로 입양되어 아버지와 자녀 관계(요 1:12, 롬 8:17)로 살아가는 것이라고 주장한다.

> 당신이 성도가 되었다는 것은, 당신이 진노의 자녀에서 하나님의 사랑의 자녀로, 지옥의 자녀에서 천국의 자녀로, 노예에서 하나님의 아들로 되었다는 것을 의미한다.[26]

성화에 대한 패커의 주장은 청교도들의 주장을 잘 상기시켜주는데, 패커는 성화를 다음과 같이 묘사한다.

> 성화란 복음이 우리에게 가져다 준, 하나님의 자녀로서 하나님과 맺는 관계 내에서 지속적으로 살아가는 것이다. 성화는 하나님의 자녀답게 그의 아버지와 그의 구세주와 그 자신에게 얼마나 참되게 대하고 관계를 해 나가는지에 대한 문제이다. 성화는 한 사람의 삶에서 자신의 하나님 자녀됨의 표현이다. 성화는 왕의 가정에서 태어난 난봉꾼이나 골칫덩이의 문제와는 별개로,

---

26 *Works of Thomas Brooks*, 419.

선한 자녀가 되는 것의 문제이다.[27]

성화를 통하여 신자는 자신이 하나님의 자녀가 되었다는 것에 대해 더욱더 많은 경험적 지식을 가지게 된다. 신자는 하나님의 자녀가 된다는 것이 무엇인지를 더 많이 알게 되며, 하나님의 자녀가 된다는 기쁨 속에서 살아가게 되는 것을 배운다.

4. 입양에 대한 웨스트민스터 총회의 정의들

다수의 청교도들이 참여한 웨스트민스터 총회는 입양에 대한 세 가지 규범적인 정의, 즉 소요리문답에서 기본적 정의, 대요리문답에서 중간적 정의, 신앙고백에서 다소 총체적인 정의를 제시한다.

> 입양이란 하나님이 값없이 베푸시는 은혜의 행위로 우리를 하나님의 자녀의 수효에 받아들여지게 하시고 자녀의 모든 특권을 누리게 하시는 것을 말합니다(SC 34).

> 입양은 하나님의 유일한 아들 예수 그리스도 안에서, 그리고 그를 위하여 하나님이 값없이 베푸시는 은혜의 행위로, 의롭다 함을 받은 모든 이들이 그분의 자녀들의 수효에 받아들여지는 것입니다. 이들에게는 하나님의 이름이 새겨지고 그분의 아들의

---

27 Packer, *Knowing God*, 201.

성령이 주어지며 , 아버지의 사랑과 돌보심을 받게 되고, 하나님의 자녀들의 모든 자유와 특권을 누리며, 모든 약속들의 후사요, 영광 중에 계시는 그리스도와 함께하는 후사가 되는 것입니다(LC 74).

하나님이 의롭다 함을 받는 모든 사람이 그분의 독생자 예수 그리스도 안에서, 그리고 그리스도를 위하여 입양의 은혜에 참여하는 자들이 되는 것을 허락하신다. 이로 말미암아 그들은 하나님의 자녀의 수효로 들게 되고, 자녀로서의 자유와 특권을 누리게 된다. 또한 그들 위에 하나님의 이름이 새겨지고 그들은 양자의 영을 받으며 담대하게 은혜의 보좌로 나아가며 아바 아버지라 부를 수 있다. 또한 불쌍히 여김을 받으며, 보호를 받으며 필요한 것을 공급받는다. 그리고 육신의 아버지에게 징계를 받는 것처럼 징계를 받으나 결코 버림을 받지 않으며 구속의 날까지 인치심을 받으며 약속들을 기업으로 받는 영원한 구원의 상속자들이다(WCF 12).[28]

몇 가지 중요한 요점들이 입양에 대한 웨스트민스터 총회의 작업과 관련된다.

첫째, 종종 너무나 스콜라주의의 색채를 드러낸다고 비난받는 웨스트민스터 총회가 가장 스콜라주의와 동떨어진 기독교 교리 중의

---

[28] Joel R. Beeke and Sinclair B. Ferguson, eds., *Reformed Confessions Harmonized* (Grand Rapids: Baker, 1999), 107.

하나인 입양에 대해서 기독교 교회에서 최초로 고백적이며 규범적인 소논문들을 제공한 것이 얼마나 흥미로운가! 왜 웨스트민스터 총회가 입양에 대해 하나의 분리된 교리적 장을 할당하기로 결정했는지, 그 이유는 명확하지가 않다. 웨스트민스터 총회의 출판된 의사록이나 출판되지 않은 의사록 모두가 우리에게 단지 입양에 대해 하나의 장을 할당하기로 결정한 사실과 그 기본적 일정만을 말해줄 뿐이다.[29] 아마도 웨스트민스터 총회는 입양 교리가 칭의, 성화, 믿음의 확신, 견인 등 다른 부수적 교리들과 관련이 있고, 교리적으로나 실제적으로나 중요하다고 인식했기 때문에 이런 분리된 장을 제공했을 것이다.

둘째, 웨스트민스터 총회가 입양 교리를 간략하게 다루는 중요한 이유들이 있는데, 웨스트민스터 이전의 신앙고백에서 이 교리가 거의 다루어지지 않았다는 점, 이 교리와 연관되어 논쟁할 이단이나 분파가 거의 없었다는 점, 확신과 견인 교리에서 이미 이 교리를 다룰 때가 있다는 점이다. 이 모든 요인이 총회로 하여금 이 중요한 교리를 간략하게 요약하여 다루도록 했다.[30]

셋째, 웨스트민스터 총회는 예정 교리를 구원론적으로 적용하는 데 관심이 있다. 이것은 입양 교리를 예정 교리와 연관하여 처음으로 언급한 WCF 3.6에서 명백하게 살펴볼 수 있다.

---

29 입양과 관련된 웨스트민스터 총회록에 대한 더욱 상세한 연구를 위해, Trumper, "An Historical Study of the Doctrine of Adoption in the Calvinistic Tradition," 227-29를 보라.

30 Chad Van Dixhoorn, "The *Sonship* Program, for Revival: A Summary and Critique," *Westminster Theological Journal* 61(1999): 235-36.

택함 받은 자들은 아담 안에서 타락하고, 그리스도에 의해 구속되며, 적당한 시점에 성령의 사역에 의해 그리스도에 대한 믿음으로 효과적으로 부르심을 입으며, 의롭다 함을 받고, 하나님의 양자가 되고, 성화되며, 하나님의 능력에 의해 믿음으로 구원을 온전히 이룬다. 오직 택함 받은 자 외에 다른 아무도 그리스도에 의해, 구속되거나 효과적으로 부르심을 입거나 의롭다 함을 받거나 하나님의 자녀가 되거나 성화되거나 구원받지 못한다 (WCF 3.6, 강조는 필자의 것).

이후에, 총회는 입양은 "하나님이 값없이 베푸시는 은혜의 행위"[31]로 출발하여, 선택의 수효에 "들게 되고"(taken)[32] 혹은 "받아들여지는"[33](received) 것을 뜻한다. 팀 트럼퍼(Tim Trumper)는, "웨스트민스터 총회는 이 사안에 대하여 칼빈이 예정론을 구원론적으로 적용하는 것처럼 관심을 기울였으므로, 칼빈과 후대 칼빈주의자들 사이의 분리를 주장하는 시도(특히 입양 교리를 포함해서)는 그 목적을 이루지 못한다"고 올바르게 주장했다.[34]

넷째, 그리스도와의 연합은 입양과 불가분의 관계이다. 우리가 받은 자녀의 위치는 본래는 그리스도의 자리이다. 입양은 "하나님의 독생자 예수 그리스도 안에서, 그리고 그를 위하여" 발생하여, "하나

---

31 LC 74; SC 34; WCF 3.5.

32 WCF 12.

33 SC 34; LC 74.

34 Trumper, "An Historical Study of the Doctrine of Adoption in the Calvinist Tradition," 231.

님의 이름이 새겨지고", "그분의 아들의 성령이 주어지게" 된다.[35] 칭의, 입양, 그리고 성화는 모두다 그리스도와의 연합에서부터 일어난다.[36] 몇몇 학자들이 주장하는 것과 반대로, 웨스트민스터 총회원들은 칼빈처럼 "양자가 되는 것은 하나님의 아들인 그리스도와 연합되는 것이다"라고 주장했다.[37]

다섯째, 웨스트민스터 총회는 입양의 법정적인 요소와 가족적인 요소를 조화시켰다. 그들은 입양의 사법적 선포[38]와 입양의 "자유와 특권"으로 여겨지는 아들로서의 경험 둘 다를 말한다.[39] 이것은 법정적인 면과 가족적인 면이 둘 다 조화된 칭의 교리를 다루는 장에서 명확하게 되는데, 여기서 의롭다 여김을 받는 자들은 "칭의의 상태에서 결코 전락될 수는 없지만, 그들의 죄들로 말미암아 하나님의 부성적인 노(fatherly displeasure)를 살 수 있게 된다"[40]고 진술된다. 그러므로 입양은 법정적 측면으로만 설명되지 않는다. 다소 법정적 측면은 "하나님의 집과 권속"(the house and family of God)으로 묘사된 가시적 교회에서 나타나는 아들의 가족적 삶을 확고하게 해 준다.[41]

---

35   LC 74; WCF 12.

36   LC 69.

37   Trumper, "An Historical Study of the Doctrine of Adoption in the Calvinist Tradition," 232.

38   LC 74; WCF 8.5, 12.

39   LC 74; WCF 12.

40   WCF 11.5, 강조는 필자의 것.

41   WCF 25.2; Trumper, "An Historical Study of the Doctrine of Adoption in the Calvinist Tradition," 234-36.

여섯째, 웨스트민스터 총회는 마지막으로 입양이 하나님의 값없이 주시는 은혜임을 강조한다.⁴² 입양 교리에서 사랑받을 자격이 없는 죄인이 하나님에 의해 무조건적으로 사랑받으며, 하나님의 가족으로 입양된다. 이것에 대해 왓슨은 다음과 같이 말한다.

> 입양은 하나님의 애 태우시는, 값없이 주시는 은혜의 자비이다. 우리 모두는 본성상 이방인이기 때문에 아들이 될 자격이 없다. 오로지 하나님만이 한 무리를 영광의 그릇으로, 또 한 무리를 진노의 그릇으로 택하실 수 있다. 하나님의 자녀로 택함 받은 상속자들은 그저 "주여, 어찌하여 주님은 나에게 당신을 보여주고, 세상에는 그렇지 않으시나이까?"라고 외친다.⁴³

5. 입양의 변화시키는 능력

우리가 다시 태어날 때, 하나님은 우리를 사탄의 노예된 가족으로부터 구원하시고, 하나님의 놀라운 은혜에 의거하여, 우리를 하나님 아버지의 아들로 그 지위를 옮기신다. 하나님은 우리를 아들이라 부르신다. 우리는 하나님의 가족으로 택함을 받고, "죄와 고통의 상태에서", "존귀와 위엄의 상태"로 옮겨진다고 왓슨은 적었다. "하나님이 한 줌의 먼지로 별을 만드셨던 것보다 하나님이 죄와 흙으로

---

42 SC 34; LC 74; WCF 12.

43 Watson, *A Body of Divinity*, 155.

지어진 우리를 취하셔서 그분의 상속자로 택하신 은혜가 더 크다."[44]

사도 요한의 시대에 입양은 유아가 아닌 청소년 혹은 청년을 대상으로 주로 실시되었다. 로마의 법에 의하면, 양자 삼음은 하나의 법적 행위로서, 한 사람이 그 가족 구성원 이외의 사람을 재산의 상속자로 선택하는 것이다. 이처럼 신자들은 성부 하나님이 신자들을 택하여 그리스도와 더불어 하나님의 상속자가 되게 한, 바로 그 은혜로운 사역을 통해 하나님의 자녀가 된다.

에임스는 인간과 하나님의 입양 사이의 네 가지 차이점을 다음과 같이 설명한다.

- 인간의 입양은 양자로 택함 받는 것 이외에는 어떤 상속의 권리를 가지지 않는 가족 외부의 사람과 관련된다. 그러나 신자들은 그들 역시 자연적 태생으로는 어떤 상속의 권리를 가지지 않을지라도, 중생, 믿음, 칭의 때문에 그런 권리가 주어진다.
- 인간의 입양은 오로지 보이는 것들에 대한 외부의 지정과 수여이다. 그러나 하나님의 입양은 내적 행동과 새로운 내적 삶의 교통에 근거하기에 진정한 관계가 가능하다.
- 인간의 입양은 택하는 자가 본인의 아들이 없거나 얼마 없을 때 주로 발생한다. 그러나 하나님의 입양은 자식의 부족에서 일어나는 것이 아니라, 하나님의 풍성하신 선하심으로 인해 일어나며, 그 선하심에 의거해 진정한 아들처럼 아버지와의 신비한 연합이 택함 받은 아들에게 주어진다.

44　Ibid., 156.

● 인간의 입양은 양자로 채택되면서 그 양자는 상속을 통해 그 아버지를 계승한다. 그러나 하나님의 입양은 상속의 계승 때문이 아니라, 할당된 유산에 참여하기 위해 일어난다. 아버지와 첫째 아들 그리스도는 영원히 사시기 때문에 여기에서는 어떤 계승도 일어나지 않는다.[45]

재산을 공유하지 않는 인간의 상속자들과 달리, 하나님의 자녀로 입양된 자들은 하나님의 유일한 아들에게 속한 특권을 똑같이 공유한다는 것이 얼마나 놀라운가! 청교도들은 그리스도의 기도를 풍성히 누렸다. "아버지께서…나를 사랑하심 같이 그들도 사랑하신 것을…"(요 17:23).[46] 이런 사랑이 하나님이 우리 아버지 되시는 것의 핵심이다. 그것은 얼마나 하나님이 하나님 자신과 우리를 화해시키기를 계속해서 원하시는지를 보여준다.

우리의 삶 가운데 하나님의 통치를 거부하고, 그분의 사랑을 퇴짜 놓으며, 그분의 율법을 오히려 신성시 한, 그러므로 하나님의 심판을 받아 마땅한 우리를 하나님의 자녀로 부르신 것은 하나님이 우리에게 주신 얼마나 놀라운 사랑인가(요일 3:1)! 여기 지옥에 가도 마땅한 자를 아버지 하나님이 사랑하셨다는 것이 확실히 하나님의 자녀가 누리는 큰 확신이다. "내가 영원한 사랑으로 너를 사랑하기에"(렘 31:3)라는 하나님의 말씀은 얼마나 놀라운 확신을 주는가!

존 오웬에 따르면, 사랑과 하나님과의 교감은 입양 교리의 심장

---

45 Ames, *The Marrow of Theology*, 165-67.
46 Anthony Burgess, *CXLV Expository Sermons upon the Whole 17th Chapter of the Gospel According to John* (London: Abraham Miller for Thomas Underhill, 1656), 641-48.

을 차지한다. 오웬은 입양 교리의 다섯 가지 요소를 정리했는데, 이를 싱클레어 퍼거슨(Sinclair Ferguson)이 다음과 같이 요약한다.

(1) 그 사람은 먼저 다른 가족에 속한다.
(2) 그가 속할 권리가 없는 한 가족이 있다.
(3) 한 가족에서 다른 가족으로 옮겨지는 법적 권위가 있다.
(4) 양자로 입양된 사람은 그가 속했었던 가족의 모든 법적 구속력으로부터 자유롭다.
(5) 그의 옮김으로 인해서 그는 새로운 가족의 모든 권리와 특권과 이익을 누린다.[47]

청교도들은 삼위 하나님 모두가 우리의 입양에 관여한다고 강조한다. 마샬은 이에 대해 요약했는데, 즉 입양은 우리를 택하고, 부르신, 그리고 우리에게 하나님의 아들이 되는 특권과 축복을 제공하신 성부 하나님의 은혜로운 행위이다. 성자 하나님은 그의 중보자적 죽음과 희생을 통하여 우리를 위한 그런 축복들을 받으셨고, 장자로서 우리에게 그 축복들을 적용하시며, 그 죽음과 희생에 의해 우리가 하나님의 자녀(요일 4:10)가 되게 하신다. 그리고 성령 하나님은 본질상 진노의 자녀였던 우리를 중생을 통해 하나님의 자녀가 되게 하시며, 그리스도와 우리를 하나 되게 하시고, 하나님과 그리스도를 향한 "적합한 성향"이 우리 안에서 일어나게 하시고, 우리는 하나님의

---

[47] Sinclair B. Furgurson, *John Owen on the Christian Life* (Edinburgh: Banner of Truth, 1987), 90-91; 참조. *Works of John Owen*, 2: 207ff.

자녀라고 우리의 영과 더불어 증거하는 양자를 택하는 성령으로 우리 자녀됨을 인치신다. 이런 증거 가운데 성령은 우리의 마음 안에 하나님 은혜의 작동을 보여주시고 "우리의 마음을 주님께 이끄시며, 우리 영혼에 하나님이 우리 아버지시라고 증거하신다."[48]

6. 입양 교리와 목회적 조언

청교도들은 목회자의 입장에서, 입양 교리와 연관하여 사람들을 네 부류로 구분했다.

첫째, 몇몇 사람들은 하나님의 교회 가족으로 입양되지만, 입양에서 누릴 수 있는 내적 경험이 부족하다. 토마스 셰퍼드는 다음과 같이 말한다.

> 입양은 외면적이다. 주님이 외양의 언약과 제도에 의해 사람들을 그분의 자녀들로 취하셨다. 그러므로 모든 유대인은 하나님의 "장자"(출 4:22)이며 그들은 "자녀로 입양되었고"(롬 4:4, 5) 그래서 그들의 자녀들도 "하나님의 자녀들"과 성도들, 그리고 "거룩한 백성"(고전 7:14; 겔 14:20, 21)으로 간주된다. 그러나 유대인들이 그랬던 것처럼, 많은 사람이 외면적 입양에서 떨어진다.[49]

---

48 *Works of Stephen Marshall*, 43-48.

49 Thomas Shepard, *The Sincere Convert and the Sound Believer* (repr., Morgan, PA: Soli Deo Gloria, 1999), 251. Burgess, *Spiritual Refining*, 238-39; Drake, "The Believer's Dignity," 329-30; Watson, *A Body of Divinity*, 155.

오늘날, 이런 가시적 입양은 신약 교회에 적용된다. 많은 사람이 교회의 구성원으로 복음을 고백하지만 그들은 복음의 능력을 알지 못한다. 중생하지 않았기 때문에, 그들은 양자의 영을 소유하지 않는다. 이것은 복음 안에 문제가 있음을 말하는 것이 아니라, 그들 자신에게 문제가 있음을 말해준다.

맨튼은 "그들은 은혜언약에 있어서 이방인으로 살아가며, 그들 자신의 과실과 어리석음에 따라 살아간다"고 적었다. 맨튼은 계속해서 말하기를, 만나는 그들의 천막 주변에 있으나 그들은 만나를 모으기보다는 굶고자 한다. 맨튼은 "성령은 준비되었으나 그들이 게으르다"라고 결론짓는다.[50]

그런 사람들은 "은혜언약의 가시적 집행 가운데" 살아간다. 그리스도는 종종 그들에게 "이교도들에게 주지 않으신 일반 은사들, 경건의 신비에 대한 지식, 영적이며 하늘에 속한 것들에 대한 언변의 은사, 히브리서 4장에서의 '사후 세계의 힘과 하늘에 속한 은사, 선한 말씀을 맛보는 것'이라 칭해진 것들에 대한 사랑"을 준다. 그들이 이런 명목상 기독교의 일반 은사들을 소유한다 할지라도, "특별 은사와 함께 진정한 기독교의 내용"이 부족하다.[51]

사역자들은 외양상 하나님의 가족 구성원인 것처럼 보이나, 사실상 사탄의 가족 구성원으로 남아 있는 위험을 가진 자들에 대해 경고해야만 한다. 사역자들은 죄인들에게 회개하고 그리스도를 믿고 자녀로 입양하는 하나님의 사랑을 신뢰하라고 간청해야만 한다.

---

50 *Works of Thomas Manton*, 12:116.

51 Ibid.

로저 드래이크(Roger Drake)는 "당신은 외부인입니까? 오 제발, 당신이 구원받는 아들의 상태에 들어올 때까지 안식하지 마세요"라고 말한다.[52]

둘째, 신앙을 고백하는 교회 구성원 몇 사람은 "속박의 영" 아래 살아간다. 그들은 성령의 죄의 책망을 받았으나 아직 그리스도 안에서 자유를 누리지 못한 자들이다. 모든 청교도는 아닐지라도, 대부분의 청교도들은 이것이 소위 "예비적 은총"(a preparatory work of grace)을 의미한다고 이해했다. 에스겔 홉킨스(Ezekiel Hopkins)는 이 예비적 은총의 정수를 더 간략하게 정리한다. 그의 핵심 사고는 다음과 같이 적절하게 요약된다.

- 회심의 예비적 은총은 주로 영혼 안에 법적 두려움과 공포를 불러일으키는 것에 의해 수행된다.
- 이 법적 두려움은 영혼을 두려움에 맹목적으로 붙들리게 하며 속박의 영 아래 살아가게 한다.
- 비록 이 두려움이 맹목적일지라도 이 맹목적 두려움은 하나님의 영에 의해 영혼 안에 일어난다.
- 영혼이 죄책을 불러일으키는 사역에 의해 은혜의 작동에 예비될 때, 혹은 그 영혼이 겸비함을 일으키는 사역에 의해 예비될 때 전에는 속박의 영과 같았던 성령이 지금은 양자를 택하시는 영이 된다.
- 성령이 한 번 양자로 택한 사람들에게는 다시는 결박과 두

---

52 Drake, "The Beliver's Dignity," 340.

려움의 영이 되지 않는다.
- 자녀로 입양하는 하나님의 영이 우리에게 우리 자녀됨을 강력하게 증거하는 증인이 될 때, 하나님을 향한 경외와 사랑이 담긴 두려움이 우리의 영혼을 소유하게 된다.[53]

목회적으로 청교도들은 속박의 영 아래 살아가는 자들에게 그들의 위험을 충고하고, 그들을 주님께 초대하고 그렇게 하도록 격려한다. 그들의 위험은 만일 그들이 회개하는 믿음으로 그리스도 안에서 피난처를 가지지 않고, 자녀로 입양하는 성령을 알려고 하지 않는다면 멸망하는 것이라고 한다. 그들에 대한 초대는 그들의 죄(어린아이 같은 하나님을 향한 경외가 부족한 죄를 포함한)를 고백하면서, 그리스도께 즉각적으로 나오라는 것이다. 그들은 성령께 자신들의 자기 확신으로부터 은혜로운 자리에 이르기까지 자신들을 이끌어 달라고 요청해야만 한다.

그리고 시몬 포드에 따르면, 그들에 대한 격려는 하나님이 몇 가지 이유로 하나님이 택하신 사람들을 무한정으로 결박 가운데 내버려 두지 않으실 것이라는 것이다. 계속해서 결박 가운데 내버려 둔다면, 종교는 더욱더 불편하고 사람들에게 매력적이지 않게 될 것이며, 사람들은 죄의 무게로 고통을 받아 하나님에 대한 잘못된 생각들을 하게 될 것이기 때문이다. 하나님은 결박 가운데 묶인 자들을 자유로 이끄실 것이다. 하나님은 그분을 섬기는 것이 헛되지 않으며 이 세상과는 자신이 다르다는 것을 보여주기 원하시며, 하나님은 자

---

53 *Works of Ezekiel Hopkins*, 2: 569-74.

신을 섬기는 자들과 연합되기를 원하신다.[54]

셋째, 몇몇의 신실한 하나님의 자녀들은 그들 자신이 하나님의 자녀가 되었다는 것에 대해 잘 의식하지 못한 채 살아간다. 객관적으로 모든 하나님의 자녀는 우리가 알 듯이 동등한 하나님의 자녀들이다. 그러나 맨튼이 다음과 같이 주장한다.

> 모든 하나님의 자녀는 양자의 영에 대한 감각과 느낌이 없을지라도 결과적으로 양자의 영을 가진다. 그들은 위로를 경험하지 않을지라도 위로의 영을 가진다…그들은 어린아이와 같은 경향과 인상을 가진다. 이 사실을 알든지 모르든지 어린아이와 같든지 아니든지 상관없이 말이다.

그리스도는 우리의 이해로 측량할 수 없을 정도로 성령을 소유하시지만 그리스도인들은 그들이 동일하게 성령을 소유한다 할지라도, 성령을 사모하고 성령의 사역을 누리는 데에 있어서 차이가 난다. 그리스도인들은 결코 동일한 크기로 성장하지 않고 제각각 자라난다. 맨튼은 다음과 같이 결론짓는다.

> 몇몇 사람들은 다른 사람들보다 더욱더 그들의 자녀된 특권을 잘 누린다. 그러나 진지하고 열매맺는 그리스도인들과 다르게 지금 성령의 역사에 기쁨으로 순종하지 않는 이들에게는 성령으로 말미암아 가능하게 되고 커지는 이 은사의 최고의 열매를

---

54 Ford, *The Spirit of Bondage and Adoption*, 212-16.

풍성히 맺기를 기대할 수 없다.⁵⁵

맨튼은 여기서 하나님 자녀라는 것을 잘 의식하지 못하는 부류의 사람들과 여전히 속박의 영 가운데 살아가는 부류의 사람들의 차이를 설명한다. 하나님 자녀라는 것을 잘 의식하지 못하는 사람들은 하나님께 어린아이처럼 누리는 친밀함과 담대함이 부족할지라도, 하나님을 향한 어린아이 같은 의존성을 가진다. 그들은 하나님 아버지 안에서 어린아이처럼 자녀라는 확신을 누리지는 못해도, 하나님 아버지께 어린아이 같은 존경을 가진다(벧전 1:17). 그들은 하나님의 은혜의 일반적인 제공에 대해 어린아이 같은 의존성을 갖지만, 그들의 특별한 요구에 대한 하나님의 신실하심에 대해서는 신뢰하지 않는다. 그들은 하나님 아버지의 그들을 향한 사랑에 대한 확신이 부족할지라도, 하나님을 향한 어린아이 같은 사랑을 가진다. 그들은 믿음에 대한 성숙하면서도 충만한 확신 없이 어린아이 같은 믿음을 고수한다. 속박의 영 아래서 탐욕으로 하나님을 추구하는 사람들과 달리, 이 사람들은 하나님을 어린아이 같은 마음으로 추구한다.⁵⁶

맨튼은 믿음이 약한 자들이 하나님을 그들의 아버지로 여길 수 있도록 돕는 네 가지의 충고를 제공한다.⁵⁷

(1) "당신이 하나님을 아버지로 부를 수 없다는 것을 부인해라."

---

55 *Works of Thomas Manton*, 12: 116-17.
56 Ibid., 1:34-36; 12:117-18.
57 Ibid., 1:36, 50-51; 참조. Ford, *The Spirit of Bondage and Adoption*, 200; Petto, *The Voice of the Spirit*, 56-62.

만일 당신이 하나님을 "아버지"라고 부를 수 없다면, 호세아 14:3, "고아가 주로 말미암아 긍휼을 얻음이라"와 같은 본문들을 사용하여 당신의 "아버지가 없는" 상황에 대해 간절히 기도하라.

(2) "겸손한 방식으로 하나님을 직면하라." 자신의 무가치함을 고백하는 탕자나 자신을 죄인의 괴수로 여기는 바울처럼 하나님 아버지께 다가오라. 만일 당신이 당신의 구원자 아버지이신 하나님께 다가갈 수 없다면, 당신의 창조주 아버지이신 하나님께 다가오라.

(3) "소망 가운데 하나님을 아버지라고 불러라." 만일 당신이 하나님을 직접적으로 "아버지"라고 부를 수 없다면, 소망을 가지고 아버지라고 불러라. 맨튼은 "우리 자신이 이런 관계를 누리도록 기도하자. 탄식하며 기도할 때 우리는 하나님이 그리스도 안에서 우리 아버지 되심을 더 명확하게 느끼게 될 것이다"라고 충고한다.

(4) "예수 그리스도를 의지하라." 그리스도의 이름이 천국에서 가장 영화롭기에, "만일 당신이 당신의 아버지이신 하나님께 다가올 수 없다면, 우리 주 예수 그리스도의 아버지이신 하나님께 다가오라(엡 3:14). 그리스도께서 당신을 하나님의 임재로 초청하시게 하라. 그리스도께서는 우리가 가지는 관계들을 변화시키실 것이다. 당신의 팔로 그리스도를 안아라. 무엇이든지 그리스도의 이름으로 구하면 주실 것이기에 하나님께 그리스도의 이름으로 다가가라."

마침내 많은 신자는 그들이 하나님의 아들이요 딸이라는 것을 아는 기쁨을 경험한다. 그들이 하나님의 자녀라는 지식은 궁극적으로 하나님의 선택이라는 객관적 진리에 근거한다. 하나님의 뜻이 이런 지식의 주춧돌이 된다.

> 그 기쁘신 뜻대로 우리를 예정하사 예수 그리스도로 말미암아
> 자기의 아들들이 되게 하셨으니(엡 1:5).

하나님의 선택은 그리스도의 보혈을 흘리신 속죄를 통해 실행된다. 그리스도를 "여자에게 나게 하고 율법 아래에 나게 하신 것은… 우리로 아들의 명분을 얻게 하려 하심이라"(갈 4:4-5). 그리스도는 율법에 대한 순종과 하나님의 공의에 대한 만족에 의해 신자들이 그리스도의 형제와 자매가 되게 하신다. 보스턴이 "신자들 중 누구든지 그들의 아버지 집과 사람들(예로, 사탄이나 구원받지 못한 자들)을 떠나 하늘 가족으로 채택되어야 한다"고 말한 것처럼, 그리스도께서는 "신자들에게 하나님의 자녀라는 정체성을 선포하기 위해서" 사역자들을 파송하신다. 사탄은 이런 메시지에 격분하지만 "하나님은 자신이 선택한 사람들에게 성령을 보내어 성령으로 하여금 그들의 귀를 열고 그들의 양심을 일깨우고 그들을 더 이상 구세주 없이는 살지 못하도록 각성시키신다."[58]

그때 성령은 그리스도의 완전한 속죄를 신자들의 중생에 적용하여, 신자들이 즉각적으로 믿음에 의해 하나님의 자녀가 되는 지위로 들어가게 하신다.

> 영접하는 자 곧 그 이름을 믿는 자들에게는 하나님의 자녀
> 가 되는 권세를 주셨으니 이는 혈통으로나 육정으로나 사
> 람의 뜻으로 나지 아니하고 오직 하나님께로부터 난 자들

---

58 *Works of Thomas Boston*, 1: 619, 621.

이니라(요 1:12-13).⁵⁹

중생과 믿음의 순간부터 신자는 하나님의 친 아들인 그리스도와 영적으로 연합되고 성부 하나님은 신자를 그분의 양자로 여기신다(엡 1:23).⁶⁰ 윌라드는 "우리가 영원으로부터 (입양될 것으로) 정해졌더라도 그 입양은 우리가 믿을 때 수여된다"고 말한다.⁶¹

신자 역시 이 입양을 주관적으로 깨달을 수 있다. 포드는 "원리상 주관적 확신(certitude subjecti) 이전에, 객관적 확신(certitude objecti)이 있어야만 한다. 왜냐하면 나는 어떤 것이 있기 전에는 그것에 대해 확신할 수 없기 때문이다"라고 포드는 쓰고 있다. 몇 년이 지나도 그는 하나님께 양자로 입양된 자들은 그가 입양되었다는 것을 알 수도 있다고 계속해서 말한다. 사실 입양에 대한 주관적 의식은 영생에 있어서 필수적이지 않기 때문에, 포드는 신자가 "특별하게 실제적인 보증이 없어도, 혹은 특별한 확신이 없더라도 하나님을 자신의 아버지로 주장하는 것"(물론 이 주장이 규범적인 것은 아닐지라도)이 가능하다고 결론을 내린다.⁶²

청교도들은 구원 때문에 성도 밖에서 행해진 모든 것은 성도 내에서 대응 관계를 가진다고 믿었다. 자신이 택한 사람들의 구원을 보증하시는 그리스도께서는 또한 구원을 그들에게 적용하신다. 그

---

59 *Works of Thomas Boston*, 12: 123.

60 Brakel, *The Christian's Reasonable Service*, 2: 420.

61 Willard, *A Compleat Body of Divinity*, 487.

62 Ford, *The Spirit of Bondage and Adoption*, 201-2.

리스도께서는 소위 포브스가 "경험된 말씀"(experienced word)이라고 불렀던 것으로 이를 행하신다. 하나님은 "신자의 마음에 진리의 말씀을 선포하신다." 이 선포하심이 신자의 마음으로 하여금 "듣고 반응했던 그 말씀을 믿도록" 하며, "성령을 부으시고, 성령의 증거는 영혼으로 하여금 입양과 영생을 가장 확실하고 명확한 것으로 여기게 한다."[63]

대부분의 청교도들은 이 확신을, "입증하시는 성령 하나님의 증거"로 부르기를 좋아했다. 사실 청교도들은 이 증거를 성령의 인치심에 대한 의식이나 믿음의 확신과 동일시했다. WCF 18.2는 "우리가 하나님의 자녀인 것을 우리의 영으로 더불어 증거하는 성령의 증거"를 지시한다. 사무엘 페토는 성령의 증인되시는 사역을 "하나님의 자녀로 택함 받은 영혼들의 문제들을 깨끗하게 하시며, 사람들 사이에서 불확실하고 의심스러운 문제들을 판단하고 결정하시는 증인의 사역"으로 정의한다.[64]

청교도들은 어떻게 성령의 증인되시는 사역이 하나님의 자녀들에게 경험되는지에 대해서는 다양한 해석을 가지고 있다.[65] 제레미아 버로우즈, 앤서니 버지스(Anthony Burgess), 조지 길레스피(George Gillespie) 등은 성령의 증인되시는 사역은 청교도들이 소위 은혜의 열매나 표지로 불렀던, 즉 은혜의 내적 증거로부터 생겨난 확신과

63　Forbes, *How a Christian Man May Discerne the Testimonie of Gods Spirit*, 37.

64　Petto, *The Voices of the Spirit*, 7.

65　필자의 *Quest for Full Assurance: The Legacy of Calvin and His Successors* (Edinburgh: Banner of Truth, 1999), 142-47.

동시에 일어난다고 강조한다.⁶⁶ 그들은 성령의 증인 사역이 하나님의 자녀의 양심과 신자는 하나님의 아들이라는 성령의 증거를 일치시키는 성령의 사역으로 한정적으로 언급한다. 그런 관점에 따르면, 성령의 증거는 신자의 영의 증거와 동시에 일어난다. 그러므로 로마서 8:15(양자의 영을 받는 것)과 8:16(신자의 영과 더불어 하는 성령의 증언)은 같은 의미를 지닌다.⁶⁷ 그러므로 성령의 증거와 신자의 양심의 증거가 신자가 어느 정도 은혜의 열매와 표지를 소유한다고 일치되게 확증할 때, 스스로 하나님의 자녀라고 확신한 신자는 "아빠, 아버지"(갈 4:6)라 부르게 된다.⁶⁸

맨튼은 우리의 영과 더불어 증거하는 성령의 사역을 여섯 가지로 정리한다.

(1) 성령은 성경 안에 은혜의 표지들을 내려 놓는다.
(2) 하나님의 사랑에 대한 우리의 관심이 그런 은혜의 증거인데, 성령은 하나님의 자녀들 안에서 그렇게 특별하게 은혜로 일하신다.
(3) 성령은 우리가 우리 안에 역사하시는 성령의 역사들을 느끼고 발견하도록 도우신다.

---

66 Burroughs, *The Saints' Happiness*, 196; Burgess, *Spiritual Refining*, 44; George Gillespie, *A Treatise of Miscellany Questions* (Edinburgh: Gedeon Lithgovv for George Svvintuun, 1649), 105-9.

67 *Works of William Perkins*, 2:18-19에 나타난 Perkins의 롬 8:16에 대한 주해; *Spiritual Refining*, 49-50에 나타난 Burgess의 롬 8:15-16; 엡 1:13; 요일 5:8에 대한 주해 참조.

68 *Works of William Perkins*, 2:277-80; *Works of John Owen*, 4: 265-70.

(4) 성령은 우리가 성령의 역사라고 발견한 것들과 성경에서의 성령의 역사와 비교하고 그것들을 분별하도록 돕는다.

(5) 성령은 우리가 우리의 상태를 올바르게 규정짓도록 돕는다.

(6) 성령은 모든 이러한 성령의 역사들에 대해 우리의 이해를 깨우치시고 고양시키어 우리를 평안으로 채우시며, 우리가 가지는 하나님의 사랑에 대한 감각을 높여 우리를 기쁘게 하신다. 이 모든 것이 다 성령 사역의 열매이다.[69]

페토(Petto), 윗치우스(Witsius), 사무엘 러더포드(Samuel Rutherford), 윌리엄 트위세(William Twisse), 헨리 스쿠더(Henry Scudder), 토마스 콜(Thomas Cole), 코튼 매더(Cotton Mather)와 같은 청교도들은 지금까지 말한 것들과 거의 일치한다. 그러나 그들은 지금까지 말한 이 모든 것이 WCF 18.2에서 은혜의 내적 증거를 통해 획득된 성령의 보증을 언급하는 부분의 표현에 포함된다고 느낀다. 그들은 성령의 증인 사역이 로마서 8:16과 구분된 로마서 8:15에 묘사된 성령의 사역 그 이상을 포함한다고 믿는다.[70] 그들은 신자의 영과 더불어(with) 증거하시는 성령과 직접적인 말씀의 적용으로 성령

---

69 *Works of Thomas Manton*, 1:51-53.

70 Petto, *The Voice of the Spirit*, 67-97; Samuel Rutherford, *The Covenant of Life Opened, or A Treatise of the Covenant of Grace* (Edinburgh: Ando Anderson for Robert Broun, 1655), 65ff.; William Twisse, *The Doctrine of the Synod of Dort and Arles, Reduced to the Practice* (Amsterdam: G. Thorp, 1631), 147ff.; Henry Scudder, *The Christian's Daily Walk, in Holy Security and Peace* (repr., Harrisburg, VA: Sprinkle, 1984), 338-42; Witsius, *Economy of the Covenants*, 1:465ff.; Cole, *Christ the Foundation of Our Adoption*, 357-62; Mather, *The Sealed Servants of Our God*, 16-22.

이 신자의 영에(to) 증거하시는 것을 구분했다.

하인리히 마이어(Heinrich Meyer)는 전자는 "나는 하나님의 자녀"라는 자기의식적인 확신으로 작용한다. 따라서 신자는 아버지 하나님께 다가서는 것에 자유를 누린다. 후자는 아버지 하나님을 대신하여 "너는 하나님의 자녀"라는 성령의 증언을 포함한다. 따라서 신자는 자신이 하나님께 입양되었다는 하나님 말씀의 선언을 기반으로, "아빠, 아버지"라고 부르는 자녀의 친숙함으로 아버지 하나님께 다가선다.[71] 윗치우스는 이것이 "하나님 사랑을 입은 사람들이 삼층천으로 올림을 받아 하나님 자신의 입으로부터 그들의 입양을 직접 들은 것처럼, 그리고 입양을 즉각적으로 보증 받은" 것처럼 강력하게 온다고 말한다.[72] 매더는 이 보증에 대한 두 가지 근거를 다음과 같이 구분한다.

> 우리의 입양에 대한 성령의 증언이 있다. 이 증언은 전능한 빛처럼 와서, 우리가 진정 하나님의 입양된 자녀라는 것을 보증하기 위해서, 우리의 마음을 직접적으로 비춘다. 우리의 축복에 대한 추론된 보증이 있는데, 그것은 우리 영혼에 하나님이 거주하신다는 확증으로 영혼의 표지와 징후로부터 추론된다. 그리고 그때, 그 보증에 더 직관적인 보증이 있다. 그 보증 안에서 성령은 더 즉각적으로 가장 저항할 수 없도록, 그리고 전능한 빛으로 신자의 마음에 입양에 대한 강력한 설득을 제공한다. 바로

---

71 Heinrich Meyer, *Critical and Exegetical Hand-book to the Epistle of the Romans* (New York: Funk & Wagnalls, 1889), 316.

72 Witsius, *Economy of the Covenants*, 1: 466-67.

신자가 하나님의 아들이라는 것, 신자의 아버지가 되시는 하나님이 신자에게 결국 모든 것을 상속하실 것이라는 것이다. 신자의 영혼은 지금 놀랍게 감화되어서, 하나님은 나의 아버지, 그리스도는 나의 구원자, 그리고 나는 내가 들어갈 천국에서 상속에 참여한다는 생각들에 잠기며 강력하게 휩싸인다.[73]

청교도들이 성령의 증인 사역에 대해 다양한 견해를 가질지라도, 그들은 모두 입양과 그 보증에 대한 모든 측면에 있어서 성령이 중심된다는 것과 성령의 증거가 하나님의 말씀과 항상 함께하지 절대로 역행하지 않는다는 데 동의한다.[74] 그들은 말씀과 성령이 없는 모든 영적인 경험은 위조된 것이며, 너무나 쉽게 비성경적인 신비주의(mysticism), 과도한 감정주의(emotionalism), 내부 지향성의 결박, 혹은 열매 없는 반율법주의(antinomianism)와 같은 수많은 오류로 변질될 수 있음을 알았다.

그러므로 성숙한 하나님의 자녀는 말씀과 성령을 통해 그의 입양에 대한 의식과 확신에서 성장한다. 그러나 그런 성장은 약간의 부침(ups and downs)을 동반한다. 포드는 다음과 같이 말한다.

> 이런 성령의 보증과 확신을 가진 자들 중에서, 모든 성장의 순간이 일치하는 사람은 거의 없거나, 아무도 없고, 모든 경우에 똑같이 성숙할 수 없다. 너무나 큰 죄악들과 고난들은 매번 신

73　Mather, *The Sealed Servants of Our God*, 16.

74　*Works of Thomas Manton*, 12: 127; Witsius, *Economy of the Covenants*, 1: 463; Petto, *The Voice of the Spirit*, 23-41.

자가 그들의 입양에 걸맞게 행하는 것을 방해한다. 그러므로 다윗은 시편 51:11, 12에서 성령을 거두지 말 것을 간청한다. 범죄를 저지른 자녀는 하나님을 아버지로 담대히 부를 수 없으며, 죄책감이 계속해서 몰려온다.[75]

맨튼은 이것에 대해 간결하게 말한다. "어떤 제품을 생산한 제작자는 구매자에게 그 제품에 대한 가장 확실한 보증이 될 수 있다. 먼저 성령은 신자를 성화시키고, 그때 신자는 확신한다. 때때로 우리는 우리 마음에 있는 어두움과 혼란으로 인해 우리의 내적 증거들을 간과한다." 그는 계속해서 말하기를, 성령은 "우리가 은혜를 보는 것뿐만 아니라, 은혜가 맞는지 아닌지를 판단하도록 돕는다." 성령은 우리가 삶의 증거로부터 마음의 담대함, 위안, 기쁨을 가진 채, 우리가 입양된 하나님의 아들과 딸들이라고 주장하는 것을 돕는다. 이런 위로가 우리로 하여금 하나님의 약속에 대해 기도하게 하고, 자유롭게 그 약속을 포괄하도록 돕는다.[76] 이런 하나님의 약속들은 항상 우리의 입양과 이에 대한 보증에 주요한 근거가 된다. 성령은 우리의 입양에 대한 하나님의 약속으로 우리를 위로하고, 우리에게 그 약속을 스스로에게 적용할 수 있도록 은혜를 준다.[77]

청교도들은 그런 신자들에게 그들의 신앙고백을 붙들도록, 예수 그리스도의 은혜와 지식에서 자라나도록, 하나님 아버지의 선하심

---

75 Ford, *The Spirit of Bondage and Adoption*, 201.

76 *Works of Thomas Manton*, 12:128-29.

77 Ford, *The Spirit of Bondage and Adoption*, 204-5.

에 대해 증인이 되도록, 하나님과 사람에 대해 섬기는 삶을 살도록 권면한다. 요약하면, 하나님의 입양된 자녀로서 그들은 이후 설명할 책임들과 의무들에 대해서 매일 참여해야 한다.

7. 입양의 표지들

청교도들은 우리가 하나님께 속한 가족인지, 사탄에게 속한 가족인지 결정하는 명확한 표지들을 제공했다. 그들은 자기직면(self-examination)이 성경적으로 수행되었을 때, 성령이 자기직면을 하나님 자녀의 삶에서 긍정적으로 변혁시키는 능력으로 종종 사용한다고 믿었다.

퍼킨스는 본인이 하나님의 자녀인지를 확신하도록 돕는 여섯 가지의 표지들을 제공한다.

(1) 모든 것에서 하나님의 영광을 더욱더 추구하려는 간절하고 진실한 열망
(2) 하나님께 복종하기 위해 자기 자신을 포기할 준비가 기꺼이 된 상태와 생각과 말 그리고 행위에서 하나님의 말씀과 성령의 통치를 받기를 기꺼이 바라는 열망
(3) 우리가 악하다고 아는 모든 것에 양심이 깨어 있으면서, 모든 것에서 하나님의 뜻대로 행하려는 신실한 노력
(4) 인간을 향한 합법적 부르심에 합당하게 걷는 것, 그리고 하나님이 무엇을 행하시든지 간에 기뻐하면서 믿음으로 하나님의

섭리를 의지하는 것

(5) 범죄의 경우, 그리스도 안에서 하나님의 용서를 구하면서 하나님 앞에 겸비해지는 것과 나날이 그의 믿음과 회개를 새롭게 하는 것

(6) 육체와 성령의 지속적 싸움에서 부패를 끌어당겨서, 은혜가 이기게끔 하는 방식[78]

　로저 드래이크 또한 이런 표지들 – 믿음과 의존의 영(고후 4:13), 기도의 영(행 9:11), 증인의 영(롬 8:16), 자유의 영(고후 3:17), 기다림의 영(롬 8:23), 사랑의 영(요일 5:2) – 을 제공한다.[79]

　매더는 우리가 구원의 유일한 방편이 예수 그리스도와 그의 속죄하는 보혈에 있다고 긍정적으로 대답할 수 있을 때, 우리가 성령에 의해 효과적으로 부르심을 입었을 때, 우리가 생명력 있는 경건 – 하나님을 두려워하고, 하나님께 영광을 돌리며, 우리의 이웃을 사랑하는 – 을 연습할 때, 우리가 하나님의 가족에 속했다고 말한다.[80]

　마샬은 다음과 같은 질문들에 우리가 바르게 대답할 때 입양의 표지로 여긴다.

　　성령이 당신을 그리스도와 연합시키기 위해 당신 안에 거주하러 오십니까? 성령이 당신 안에 어린아이와 같은 마음을 부어

78　*Workes of William Perkins*, 3:154.

79　Drake, "The Believer's Dignity," 344.

80　Mather, *The Sealed Servants of Our God*, 9ff.

주셨나요? 당신은 하나님께 영광을 돌리며 경외하며 우선 순위를 두십니까? 그리고 당신은 적어도 영혼의 지속적인 움직임에서 순종적인 자녀들같이 하나님 앞에 걸을 수 있습니까?[81]

8. 입양 안에서 변화되는 관계들

하나님 가족으로 자신이 입양되었다는 의식은 신자의 삶의 전 영역에 영향을 끼친다. 청교도들은 대부분 패커의 다음과 같은 주장에 동의한다.

> 하나님의 자녀가 된다는 것은 모든 면을 지배하는 규범적 카테고리에 가까운 생각이어야만 한다.[82]

신자의 모든 관계가 입양에 의해 변화된다. 그리스도 그 자신이 이 진리의 가장 좋은 증거가 된다. 예수님의 의식, 즉 하나님 아버지와 독특한 부자관계에 있음에 대한 의식은 그리스도의 모든 삶과 생각을 지배한다.

> 나는 나의 뜻대로 하려 하지 않고 나를 보내신 이의 뜻대로 하려 하므로(요 5:30).

---

81 *Works of Stephen Marshall*, 54-55.

82 Packer, *Knowing God*, 190.

> 만일 내가 내 아버지의 일을 행하지 아니하거든 나를 믿지 말려
> 니와(요 10:37).
>
> 아버지께서 나를 보내신 것과 같이 나도 너희를 보내노라
> (요 20:21).

예수님은 제자들에게 그들의 생각과 삶이 하나님이 지금 그들의 아버지가 되고, 그들이 그분의 자녀가 된다는 것과 그분은 그들의 모든 필요를 안다는 확신(마 6:32)에 의해 지배되기를 권고했다. 하나님의 자녀는 하나님 아버지가 모든 자녀에게 하나님 나라를 약속하셨다는 것을 기억하면서 그의 전적인 삶을 하나님 아버지와의 관계 속에서 살고 기도해야만 한다.

존 코튼(John Cotton)은 요한일서 3장을 설명하면서, 입양의 중요성이 다음과 같은 관계들에 영향을 끼친다고 주장한다.

(1) 하나님과 우리의 관계(요일 3:1). 하나님의 입양된 자녀들은 우주 안에서 가장 안전한 유일한 장소는 하나님 아버지의 집이라는 것을 배운다. 예수님은 제자들에게 이 진리를 다양한 방식으로 가르치셨다. 예수님은 제자들에게 하나님 아버지의 사랑을 인간 아버지의 사랑에 비교하며 그 사랑을 생각하도록 권고하셨다.

> 너희가 악한 자라도 좋은 것으로 자식에게 줄 줄 알거든 하물며
> 하늘에 계신 너희 아버지께서 구하는 자에게 좋은 것으로 주시
> 지 않겠느냐(마 7:11).

이것은 불완전한 이 땅의 아버지들, 즉 타락한 본성을 가지고, 결함, 실패, 죄악들을 보여주는 악한 아버지들의 아버지됨과 하나님의 완벽한 아버지됨에 대한 비교이다. 우리가 코튼이 다음과 같이 말한 바, "확실히 나는 하나님의 자녀가 아니다. 왜냐하면 나는 내 마음에서 교만을, 내 영혼에서 반항과 부패를 발견하기 때문이다. 확실히 내가 그리스도에게서 태어났다면, 나는 그리스도를 닮아야 한다. 그러나 여기서 사도 요한은 무엇을 말하는가? 우리 안에 수많은 불신이 있고, 수많은 약함과 부패가 있을지라도, 우리는 지금 하나님의 자녀라는 것이다"[83]는 것을 고백하도록 유도하는 것은 바로 우리의 부족함에도 불구하고, 하나님은 흠이 없으시다는 것이다. 이 모든 약함에도 불구하고, 예수님은 우리에게 우리의 성부의 사랑은 모든 것을 초월하신 영광스런 사랑이시라는 것을 보여줄 것이다.

(2) 세상과 우리의 관계. 하나님 아버지에 의한 신자의 입양은 또한 신자의 세상과의 관계에도 영향을 끼친다. 요한일서 3:1 하반절은 우리에게 이 세상과의 관계가 문제가 됨을 보여준다.

그러므로 세상이 우리를 알지 못함은 그를 알지 못함이라(요일 3:1).

신자는 한편으로는 그리스도와 함께 하나님 아버지의 말로 표현할 수 없는 사랑을 공유하고 또 다른 한편으로는 그리스도와 함께

---

[83] John Cotton, *An Exposition of First John* (repr., Evansville, IN: Sovereign Grace Publishers, 1962), 319.

세상의 적대, 무시, 증오를 공유한다.

이런 세상의 반응은 신자가 하나님 가족으로 입양되었음을 보여주는 하나의 증거이다. 왜냐하면 세상은 예수 그리스도를 모르기 때문이다. "자기 땅에 오매 자기 백성이 영접하지 아니하였으나"(요 1:11). 그리스도께서는 자신이 창조한 세상에 계셨으나, 세상은 그분을 알지 못했다. 세상은 예수 그리스도를 하나님의 아들로 인정하지 않았고 궁극적으로 그분을 십자가에 못 박았다. 코튼은 다음과 같이 기록했다.

> 만일 하나님이 그분의 아들이 세상에서 고난 받아야 하고, 하나님의 진노의 쓴잔을 마셔야만 한다고 여기신다면, 우리는 그리스도께서 마시셨던 고난의 잔을 마시는 것 없이, 그리스도께서 우리를 위해 준비하신 천국의 처소들을 소유하고 천국에 들어간다고 생각하지 말자. 하나님이 우리를 그분의 자녀들로 삼으신 것만큼 우리 자신을 기뻐하도록 행하자.[84]

(3) 미래와 우리의 관계. 우리는 위대한 소망을 간직한다. 사도 요한은 다음과 같이 선포했다.

> 장래에 어떻게 될지는 아직 나타나지 아니하였으나 그가 나타나시면 우리가 그와 같을 줄을 아는 것은 그의 참 모습 그대로 볼 것이기 때문이니(요일 3:2).

---

[84] Ibid., 318.

하나님의 입양된 가족에겐 큰 소망이 있다. 왜냐하면 하나님의 자녀들은 영광스러운 상속을 받을 것이기 때문이다. 심지어 하나님의 자녀들은 자신들이 받을 상속의 정도를 상상할 수조차 없다. 하나님이 그런 상속의 정도를 숨겨서, 하나님의 자녀들은 고난을 받으신 그리스도와 같이 되고, 그들의 믿음이 여러 시험 가운데 지켜지며, 이 세상에서 어느 정도로 믿음의 인내를 배우게 된다고 코튼은 말한다. 그 이유는 "만일 하나님이 하나님의 자녀들을 이 세상에서 완벽하게 거룩케 하신다면, 이 세상 사람들은 하나님의 자녀들이 그들과 더불어 오랫동안 사는 것을 허락지 않을 것(신 7:22)"[85]이기 때문이라고 한다.

만일 우리가 하나님의 입양된 자녀로서 누리는 특권들이 너무나 커서 이 세상이 그 특권들을 인식하지 못한다면, 미래에 주어질 우리의 소망은 더욱 영광스러워서 심지어 우리도 그 특권들을 온전히 알지 못할 수 있다.

> 기록된 바 하나님이 자기를 사랑하는 자들을 위하여 예비하신 모든 것은 눈으로 보지 못하고 귀로 듣지 못하고 사람의 마음으로 생각하지도 못하였다 함과 같으니라(고전 2:9).

하나님은 우리 아버지이시고 우리는 그분의 입양된 자녀들이기 때문에 우리는 우리에게 주어질 풍성한 상속을 기대한다. 가장 귀한 것은 그런 상속들이 있다는 것이다. 오늘날 우리는 우리의 연약함과

85　Ibid., 320-21.

죄악에도 불구하고, 위대한 축복들을 경험한다. 그러나 언젠가 우리는 죄로부터 자유하며 하나님과의 완벽한 연합 가운데 살아내는 영광 가운데 있게 될 것이다. 우리의 하늘 아버지는 결국 그분의 자녀들을 위한 가장 큰 기쁨을 주실 것이다. 특히 하나님은 자녀들의 모든 슬픔을 기쁨으로 바꾸실 것이다.

(4) 우리 자신과 우리의 관계. 하늘 아버지의 자녀들은 그들을 향하신 하나님의 뜻과 목적을 받아들인다. 모든 하나님의 입양된 자녀들은 거룩이 가족 안에서의 자신의 행복을 위한 하나님의 목적 가운데 중요한 부분이라는 것을 안다.

> 주를 향하여 이 소망을 가진 자마다 그의 깨끗하심과 같이 자기를 깨끗하게 하느니라(요일 3:3).

코튼은 이 본문으로부터 다음과 같은 교리를 구성한다.

> 모든 하나님의 자녀는 그리스도 안에서 소망을 가지는데, 그리스도께서 나타나실 때 그리스도와 같이 되는 소망이다. 그 소망은 그리스도 안에서 약속된 것들에 대한 확실하고 근거가 있는, 그러나 인내를 동반하는 기대인데, 믿음으로 우리는 그 소망이 우리에게 속한다는 것을 믿는다. 하나님은 이 소망을 은혜의 수단을 통해 주시고 우리는 세상에 아무렇게나 던져지거나 세상 속에 매여 지내지 않는다.[86]

---

86 Ibid., 327-29.

그렇게 우리는 우리의 모범이신 그리스도를 통해 우리 자신을 나날이 순결하게 할 것이다. 거룩함은 우리를 사랑하시는 아버지와 우리를 위해 죽으신 구세주를 영광스럽게 하지 못하는 모든 것을 벗어 버리는 것을 의미한다. 그것은 "긍휼과 자비와 겸손과 온유와 오래 참음으로"(골 3:12) 옷 입는 것을 의미한다. 코튼은 우리 자신을 순결하게 한다는 것은 "인성 전체"를 아우르는 것으로 우리의 지성, 감정, 의지, 사고, 언어, 눈, 손, 실망, 상처, 대적들과 관련된 모든 것을 포함한다고 말한다.[87] 우리 자신을 순결하게 하는 것은 아버지 하나님께서 사랑하시는 모든 것을 사랑하고 아버지 하나님이 증오하시는 모든 것을 증오하는 것을 포함한다. 회심의 순간에서 우리가 마지막 호흡을 다하는 그날까지, 우리는 우리가 계속해서 추구할 소망을 가지는데, 바로 그리스도와 같이 되기 위하여 우리 아버지 하나님 앞에서 우리 자신을 순결하게 하는 것이다.

(5) 하나님의 가족으로서 교회와 우리의 관계. 하나님의 입양된 아들과 딸로 우리는 한 위대한 가족에 속하게 된다. 만일 우리가 이것을 올바르게 이해한다면, 하나님의 가족 안에 우리의 형제와 자매들을 향한 우리의 태도는 심오하게 변화될 것이다(요일 3:14-18). 우리는 하나님의 가족과 동떨어져 살라고 입양된 것이 아니라, 하나님의 가족으로서 더불어 살라고 입양되었다. 자녀들을 입양하시는 하나님의 목적은 한 가족을 만드는 것인데, 그 가족에서 그리스도는 많은 형제 사이에서 맏아들로 영광 받으실 것이다. 하나님은 성부, 성자 성령 사이에 존재하는 사랑이 그리스도 안에 있는 형제와 자매 사이

---

87 Ibid., 331.

의 사랑을 통하여 확장되기를 원하신다. 코튼은 "하나님의 아들들은 우리의 사랑과 기쁨의 사람들이어야만 한다(요삼 1, 2, 5절; 벧전 2:11, 빌 4:1)"[88]라고 말한다.

우리가 다른 신자들을 대하는 방식은 우리가 하나님의 입양된 자녀인지 아닌지를 입증한다(요일 3:14-15). 코튼은 하나님이 우리와 더불어 입양하신 형제들을 우리가 사랑해야 하는데, 왜냐하면 "하나님이 그들에게도 동일한 사랑을 보여주시고", "그들 역시 하나님을 사랑하며", "모든 그리스도인에게는 그것이 동일한 진리(요이 1, 2절)"이기 때문이라고 코튼은 말한다.[89]

하나님으로부터 많은 사랑을 경험한 자들은 다른 형제들을 사랑하지 않을 수 없다. 코튼은 다음과 같이 결론을 내린다.

> 우리 형제들에 대한 사랑의 결핍은 멸망의 상태를 유지하려는 표지이거나 혹은 아직 중생하지 못하고 육체의 상태에 머물러 있음을 보여주는 표지이다.[90]

9. 입양의 특권과 유익

청교도들은 입양의 어떤 다른 측면보다도 입양의 특권, 소위 자

---

88 Ibid., 316.
89 Ibid., 317.
90 Ibid., 372.

유, 유익, 축복, 권리로 다양하게 불리는 것을 설명하는 데 더 많은 시간을 할애한다. 입양에 대한 내용 중 절반 이상이 하나님 자녀의 삶 가운데 능력과 위로를 가져오는 이러한 "자유들과 특권들"의 목록들로 채워져 WCF 12와 LC 74에 명백하게 드러난다.

가장 중요한 특권을 상속으로 잘 요약할 수 있다. 하나님의 입양된 자녀들은 모두 다 명백한 왕권의 상속자이며, 그리스도와 더불어 상속받는다(롬 8:16-17). 버로우즈는 "인간들은 많은 자녀를 두나 한 명만이 상속자이나 하나님의 자녀는 모두가 상속자다"라고 기록한다.[91] 히브리서 12:23은 하나님의 자녀들을 "장자들"이라고 칭한다.

청교도들은 그리스도와 함께하는 공동상속을 강조한다. 그리스도와 함께하는 공동상속자인 신자들은 그리스도의 왕권을 공유하고 그들의 기업으로 하늘 나라를 소유한다. 토마스 그랭거(Thomas Granger)는 신자들이 세 가지 면에서 하나님의 영적 왕국에서 왕들로 세워진다고 말한다.[92]

> 첫째, 신자들은 그들의 적들인 죄, 사탄, 세상, 죽음, 지옥의 정복자들이며 주권자들이기 때문이다.
> 둘째, 우리는 그리스도의 나라와 구원에도 참예한다. 왜냐하면 우리는 그리스도에게서 은혜 가운데 은혜를, 영광 가운데 영광을 받기 때문이다.
> 셋째, 우리는 그리스도로 말미암아 모든 것에 대해 주권, 지배

---

91 Burroughs, *The Saints' Happiness*, 192.

92 Granger, *A Looking-Glass for Christians*, 26.

력, 지분을 갖는다.

위치우스는 이 "모든 것"에 "전 세계를 소유할 권리"를 포함하는데, 그것은 아담에게 수여되었다가 잃어버린바 되었고(창 1:28, 3:24), 아브라함에게 약속되었으며(롬 4:13), 그리스도에 의해서 그리스도 자신과 그의 형제들을 위해 다시 얻게 되어(시 8:6), 지금 이 모든 것은 현세나 내세에 모두 하나님의 백성의 것이다.[93] 궁극적으로, 신자들은 모든 것을 주재하며 소유한다. 왜냐하면 그것들은 그리스도께 속한 것이며 그리스도는 하나님께 속하기 때문이다(고전 3:21-23).[94]

이 세상에서 어떤 것도 신자의 소유물에 들어가지 않는 것은 없다. 그것은 "어떤 외적 요인들, 즉 불이나 폭력 등에 의해서나 내적인 요인들, 즉 죄와 더럽혀진 오점들에 의해" 결코 썩거나 없어지지 않는다(벧전 1:4). 그것은 유산의 계승도 아니다. 하늘 아버지와 그의 자녀들은 항상 같은 유산으로 살아가며, 신자들의 유산은 그리스도의 제사장직만큼이나 불변하다(히 7:24). 그것은 유산의 분배 개념도 아니다. 모든 상속자는 유산 전체를 상속한다. 왜냐하면 하나님은 "무한하며 단일하시기" 때문이다. "하나님은 그의 나라의 반만 주시는 분이 아니시고 그의 나라 전체, 즉 모든 것을 주시는 분이다(창 25:5, 계 21:7)."[95] 하나님의 거룩한 유산과 영적인 입양으로부터 우리 신자들을 위해 축적하신 구체적인 축복들은 이 세상에서나 다가올 새 세

---

93 Witsius, *Economy of the Covenants*, 1:452-53.

94 *Works of William Perkins*, 1:82, 369.

95 Drake, "The Believer's Dignity," 334; *Works of John Owen*, 2: 218-21; Burroughs, *The Saints' Happiness*, 196.

상에서나 인간의 상상을 뛰어넘는 가장 놀라운 특권들을 포함한다. 여기에 청교도들이 정리한 그 특권들의 요약이 있다.

1) 우리 아버지 하나님은, 진노와 사탄의 자식이며 육적으로 아담에게 속한 가족의 구성원인 우리를 그 가족으로부터 잘라내어, 자신의 가족으로 접목시켜 언약 가족의 구성원이 되게 하신다.

콜은 다음과 같이 말한다.

> 입양은 우리를 비참한 상태에서 행복한 상태로 바꾸는 것이다. 하나님은 우리와 언약 가운데 계시며, 우리도 그와 언약 가운데 있다.[96]

마샬은 다음과 같이 말한다.

> 우리는 진노의 자식이며, 벨리알의 자식이며, 아담의 자식이며, 죄와 죽음의 자녀이다. 우리는 그런 가족에게서부터 떨어져 나와, 더 이상 그런 속박, 비열, 얽매임과 저주에 매여 있지 않고, 이제는 하나님의 아들과 딸인 하나님의 가족으로 변화되어⋯ 하나님은 영원히 계속적으로 우리에게 몰두하신다. 그래서 이 가족 관계는 영원히 지속될 것이다(요 8:35).[97]

---

[96] Cole, *Christ the Foundation of Our Adoption*, 351.

[97] *Works of Stephen Marshall*, 50-51.

2) 우리 아버지 하나님은 우리에게 그분을 "아버지"라고 부를 수 있는 자유를 주시고, 우리에게 하나님의 아들과 딸로 하나님의 집에 들어갈 보증으로 사용되는 새로운 이름을 주신다(계 2:17, 3:12). 우리는 특별한 백성, 하나님의 백성이다(대하 7:14).

보스턴은 다음과 같이 말한다.

> 이는 우리의 옛 이름이 영원히 기억되지 않는다는 것을 의미한다. 우리는 더 이상 사탄의 자식으로 불리지 않으며 하나님의 아들과 딸로 불린다(히 12:5).[98]

코튼은 한 걸음 더 나아가 하나님의 아들과 딸로 불리는 것을 "입양"이라고 하면서 다음과 같이 주장한다.

> 우리는 소위 죄에 대한 용서를 나타내는 흰 돌을 가진다. 그 돌에 새 이름이 새겨지는데, 그것이 바로 입양이다. 만일 우리가 온유하며, 겸손하며, 순결한 지적 뼈대를 가지고 있다면, 우리는 이런 위로를 가질 것이다.[99]

양자의 영에 의해서, 우리는 그리스도를 통하여 화해된 아버지이

---

98 *Works of Thomas Boston*, 1:624.

99 다음에서 인용. Jesper Rosenmeir, "'Clearing the Medium': A Reevaluation of the Puritan Plain Style in Light of John Cotton's *A Practicall Commentary upon the First Epistle Generall of John*," *William and Mary Quarterly* 37, no. 4(1980): 582.

신 하나님께 나아가게 된다. 우리는 하나님을 (세상의 어떤 것보다 가치있는) "아버지"로 부를 자유가 있다(렘 3:4).[100]

3) 우리 아버지 하나님은 우리에게 양자의 영을 주신다. 신자들은 은혜로 성령과 함께하는 자가 된다.

버로우즈는 우리에게 다음과 같이 말한다.

> 성령은 우리의 지성을 조명하시며, 우리의 마음을 성화시키시고, 하나님의 지혜와 뜻이 우리에게 알려지게 하시며, 우리를 영생으로 이끄신다. 또한 성령은 우리 안에서 전적인 구원의 역사를 일으키시며, 구속의 날까지 우리의 구원에 대해 보증하신다(엡 4:30).[101]

윌라드는 다음과 같이 말한다.

> 성령이 우리 자녀됨이 변하지 않게 하시며, 우리에 대한 하나님의 약속이 변하지 않도록 확증하신다. 성령은 우리 안에 그의 증거를 제공해서 우리의 모든 증거를 비준하시고 우리 자녀됨과 상속권에 대해 완전히 확신시키신다.[102]

---

100   *Works of Thomas Boston*, 1:623.

101   Burroughs, *The Saints' Happiness*, 196.

102   Willard, A Compleat Body of Divinity, 489.

4) 우리 아버지 하나님은 우리가 그분과 그분의 아들을 닮도록 그분 자신을 내어주신다. 즉 아버지는 아버지를 닮고자 하는 자식의 성향과 마음을 우리에게 부여하신다.

드래이크는 다음과 같이 말한다.

> 기드온의 형제들처럼, 모든 하나님의 입양된 자녀는 그들의 아버지를 닮는다(삿 8:18). 그들은 거룩함과 존귀함에서 하나님과 같이 된다(마 5:44-45; 롬 8:29; 히 2:7; 요일 3:2-3).[103]

콜은 기독론적 관점을 취하여 위와 유사하게 말한다.

> 그리스도는 그들 모두 안에 심겨졌다(갈 4:19). 그리스도처럼 그들도 그들 각자가 한 왕의 자녀들을 닮는다(삿 8:18). 그들은 부활 때에 그리스도와 똑같아질 것이다(시 17:15). 그들은 영원으로부터 이것에 예정되었다(롬 8:29).[104]

버지스는 우리에게 "그리스도의 고난에 우리가 동참하는"(빌 1:29) 특권을 포함한다고 상기시켜준다.[105]

5) 우리 아버지 하나님은 기도와 약속이라는 그분의 은사를 통하

---

103 Drake, "'The Believer's Divinity," 333.

104 Cole, Christ the Foundation of Our Adoption, 350; Burroughs, The Saints' Happiness, 195-96.

105 Burgess, Spiritual Refining, 242.

여 우리의 믿음을 특별히 강하게 해주신다.

왓슨은 다음과 같이 말한다.

> 만일 우리가 양자로 입양되었다면, 그때 우리는 모든 약속에 대한 지분을 갖는다. 그 약속들은 자녀들의 양식이다. 그 약속들은 하나의 정원과 같은데, 그 정원에는 모든 질병을 치유하는 약초가 있다.[106]

윌리엄 스퍼스토웨(William Spurstowe)가 지적하듯이, 하나님의 약속들은 동전들로 가득 찬 가방과 같아서 하나님은 입양된 자녀들의 발에 동전들을 부으시고, 모아서 "네가 원하는 대로 취해라"[107]라고 말하는 것이다.

기도에 관해서는, 우리는 우리의 하늘 아버지께 무한하게 접근할 수 있는 허락을 받았다. 아이들은 그들의 아버지가 아무리 바쁘고 중요한 일이 있어, 심지어 아버지가 한 국가의 대통령일지라도 아버지에게 접근할 권리를 가진다. 그와 마찬가지로, 신약은 입양된 자녀들이 그들의 하나님의 무한하신 영광에도 불구하고, 도움이 필요할 때 은혜와 자비를 구하기 위해 언제든지 신이며 인간이신 구세주를 통해 은혜의 보좌 앞에 담대히 나아가도록 권면한다(히 4:14-16). 성령은, 하늘에 계신 우리 아버지는 우리 자녀들이 문을 두드리며 우

---

106 Watson, *A Body of Divinity*, 160.

107 William Spurstowe, *The Wells of Salvation Opened: or A Treatise Discovering the Nature, Preciousness, and Usefulness, of the Gospel Promises, and Rules for the Right Application of Them* (London: T. R. & E. M. for Ralph Smith, 1655), 34ff.

리 거실로 들어오는 것을 보는 것보다 그분의 입양된 자녀들이 그분의 보좌에 기도의 문을 통해 들어오는 것을 보는 것을 더 기뻐하신다는 것을 가르쳐 주신다.

윌라드는 다음과 같이 말한다.

> 성령은 신자의 믿음을 생명력 있게 하는데, 신자들이 아버지이신 하나님께 가서 이런 관계를 주장하고, 그 주장에 근거하여 그들의 인격을 받아주시고 그들의 기도를 들어주시며 그들의 요청을 허락하고 그들의 필요를 공급하여 주실 것을 담대하게 간청할 수 있다 (롬 8:15).[108]

6) 우리 아버지 하나님은 우리의 성화를 위해 우리를 교정하고 훈계하신다.

> 주께서 징계하고 그가 받아들이시는 아들마다 채찍질하심이라 (히 12:6).

모든 징계는 우리 성부 하나님의 손으로부터 출발하는 훈육을 포함하고 우리의 영적 성숙을 가장 잘 증진시킨다(삼하 7:14, 시 89: 32-33, 롬 8:28, 고후 12:7). 오웬은 우리의 고난은 하나님 가족의 교육을 위해 혹은 교육 교재로 사용된다고 적었다.[109] 혹은 윌라드가 말하듯

---

108 Willard, *The Child's Portion*, 21.

109 *Works of John Owen*, 24: 257.

이, "모든 우리의 고난은 천국을 위한 도움이다." 고난은 "영광의 영원함을 증가시키는 데 기여한다. 모든 비난과 상처는 고난의 왕관에 무게를 더한다."[110] 우리는 어리석게도 하나님이 우리를 파멸시키기 위해 우리를 징계한다고 생각하지만 고린도전서는 그렇지 않다고 가르친다.

> 우리가 판단을 받는 것은 주께 징계를 받는 것이니 이는 우리로 세상과 함께 정죄함을 받지 않게 하려 하심이라(고전 11:32).[111]

하나님의 징계는 우리 자녀됨과 아버지의 사랑의 표지이다(히 12:3-11). 그 징계는 오직 신자들을 위해 이생에서만 주어진다. 오웬은 다음과 같이 말한다.

> 천국과 지옥 둘 다 징계가 없다. 천국에서는 죄가 없기 때문에 징계가 없고, 지옥에서는 개선이 없기 때문에 징계가 없다.[112]

7) 우리의 아버지 하나님은 우리를 그분의 사랑과 동정으로 위로하시고 하나님과 그분의 독생자와의 친밀한 연합을 기뻐하도록 우리를 감화시키신다(롬 5:5). 윌라드는 하나님이 이를 행하시는 몇 가지 방식을 언급한다.

---

110 Willard, *The Child's Portion*, 28.

111 *Workes of William Perkins*, 1:82; Willard, *The Child's Portion*, 18-19; Granger, *A Looking-Glasse for Christians*, [31-32].

112 *Works of John Owen*, 24:260.

하나님은 이전의 약속들을 신자들의 영혼에 적용시키시어 그
들에게 따뜻한 위로를 주시며, 그들과 대화하심으로 그들로 영
광의 맛을 미리 맛보게 하시고, 그들을 내적인 기쁨과 새로움으
로 채우신다.[113]

아버지 하나님은 우리가 가장 작은 순종의 행위를 하도록 명하시고 격려하신다.[114] 하나님은 우리를 위해 허락하신 고난으로 인해서 우리에게 더욱 위로를 주신다.[115]

그때 그분의 자녀들을 향하신 하늘에 계신 아버지 하나님의 사랑은 얼마나 귀한가! 버로우즈는 다음과 같이 말한다.

무한하고 영광스러운 절대자이신 하나님은 자신의 자녀들을
아버지 사랑으로 안아준다. 자녀들을 향한 모든 부모의 사랑을
자녀들을 향하신 아버지 하나님의 사랑에 비한다면, 무한한 바
다 같은 하나님의 사랑의 겨우 한 모금의 사랑일 뿐이다.[116]

8) 우리 아버지 하나님은 자녀인 우리에게 영적인 그리스도인의 자유를 제공한다(요 8:36). 이 자유는 우리를 속박에서 해방시킨다(갈 4:7). 그것은 우리를 노예들이나 하는 복종, 굽실거리게 하는 교

---

113 Willard, *The Child's Portion*, 22.

114 Ibid., 19.

115 *Workes of William Perkins*, 1:369.

116 Burroughs, *The Saints' Happiness*, 194.

육방식, 권위적인 비난, 견딜 수 없는 멍에, 행위언약에 의한 율법의 무서운 저주(갈 3:13)로부터 구원한다.[117] 물론 율법의 구속하는 능력으로부터는 아닐지만 말이다. 우리의 칭의(justification)와 행복은 우리의 율법에 대한 순종에 달려있지 않지만(롬 3:28), 우리는 용병이 아니라 하나님의 자녀들로서 "사랑의 섬김"으로 율법에 복종한다.[118]

그리스도인의 자유는 우리를 고소하고 판단하고 주재하는 죄의 능력으로부터 구원하여(롬 6:12, 8:1; 고후 5:21) 하나님의 자녀로 하나님과의 평화를 즐길 수 있게 한다. 그러나 그 자유는 남용되어서는 안 된다. 콜은 다음과 같이 말한다.

> 그리스도인의 자유에 대해 너무 자유롭게 말하는 것은 위험한 것인데, 왜냐하면 그런 주장을 하는 많은 사람은 그들 자신에게 부당한 것들을 허락하고 너무 과도하게 치우쳐 모든 절제를 포기한다.[119]

영적인 자유는 우리를 세상과 모든 강력한 유혹과 핍박과 위협에서 구원한다(요일 5:4). 그것은 우리를 사탄의 결박에서, 위선과 두려움에서, 사람들의 관습에서 구원하여, 우리가 자유롭게 우리 자신을 하나님의 가르침에 붙들리게 한다. 그것은 우리에게 하나님 앞에서 투명하게 살아가는 자유, 온 맘과 정성과 힘을 다해(시 18:1) 하나

---

117 *Works of Thomas Boston*, 1:625; Cole, *Christ the Foundation of Our Adoption*, 352-53.

118 Burroughs, *The Saints' Happiness*, 194.

119 Cole, *Christ the Foundation of Our Adoption*, 355.

님과 그의 방식을 사랑하고 섬기려는 자유를 주어서 우리가 기쁘게 하나님의 멍에를 메고 매일 자녀의 순종으로 하나님을 섬기고(벧전 1:14), "이것이 내 아버지의 세계"라고 고백하게 한다.[120]

9) 우리 아버지 하나님은 우리를 보호하시고 우리를 실족으로부터 지킨다(시 91:11-12; 벧전 1:5). 그분은 우리를 모든 실족으부터 회복시키시고 우리를 겸손케 하시고 항상 우리의 위선을 막는다.[121] 윌라드는 다음과 같이 말한다.

> 이 세상에서 하나님의 자녀들은 작은 아이들처럼, 항상 발을 헛디디고 돌부리에 걸려 넘어질 정도로 약해서 자신들을 향해 그 손을 벌리시고 영원한 팔을 펴시는 하나님 없이는 결코 다시 일어날 수 없다.[122]

10) 우리 아버지 하나님은 그분의 자녀로서 우리가 육체적으로든지 영적으로든지 필요한 모든 것을 제공하시고(시 34:10; 마 6:31-33), 우리를 모든 해로움으로부터 보호하신다. 그분은 우리의 적들, 즉 사탄, 세상, 우리의 육체로부터 우리를 방어하실 것이고 우리의 잘못된 경향을 교정하실 것이다. 그분은 우리를 돕고 강하게 하실 것이며, 항상 돕는 손길로 우리를 이끄셔서 우리가 모든 어려움과

---

120 Willard, *The Child's Portion*, 23-27.
121 Ridgley, *Commentary on the LC*, 136.
122 Willard, *The Child's Portion*, 17.

유혹을 뛰어넘게 하신다(딤후 4:17). 우리는 안전하게 우리 아버지 하나님의 손에 모든 것을 맡기고, 그분이 우리를 결코 내버려 두거나 버리시지 않는다는 것을 안다(히 13:5-6). 우리는 더 이상의 위험이 없는(계 21:25) 영광 가운데 "구속의 날까지 인쳐진"[123] 이 땅에서의 순례 동안에 아버지 하나님의 특별한 점검과 돌보심 아래 있는 자녀들이다(벧전 5:7).[124]

11) 우리 아버지 하나님은 부리는 영인 그분의 천사들로 하여금 우리의 선을 위해 봉사하게끔 하신다(시 34:7; 히1:14).[125] 천사들은 우리를 보호하고 우리를 지킨다. 윌라드는 그들을 악으로부터 우리를 지키고 방어하고 우리의 선을 지켜주는 "수호 천사"로 부른다(시 91:11).[126]

> 천사들은 신자들 주변에 그들의 천막을 치고(시 34:1), 천사들은 하늘로부터 평화의 메시지를 가져오고, 심지어 신자들의 기도 응답들을 가져오며(단 9:23), 신자들의 내면의 갈등에서 그들을 강하게 하고 확신시켜주고(눅 22:43), 신자들이 죽을 때 천사들은 신자들의 영혼을 영원한 안식으로 데려가는 호송대이다(눅 16:22).[127]

---

123 WCF 12.

124 Willard, *The Child's Portion*, 16-18; *Works of Thomas Boston*, 625.

125 *Workes of William Perkins*, 1:83, 369.

126 Willard, *The Child's Portion*, 27-28.

127 Granger, *A Looking-Glasse for Christians*, [30-31].

10. 입양의 책임 혹은 의무

청교도들은 입양의 모든 특권이 그에 상응하는 책임 혹은 의무를 가지며, 그런 책임과 의무가 신자들이 생각하고 살아가는 방식을 변화시킨다고 가르쳤다. 이 내용을 요약하면 네 가지로 다음과 같이 정리할 수 있다.

1) 모든 것에서 당신의 아버지 하나님을 향한 아이와 같은 존경과 사랑을 보이라. 당신 아버지의 위대한 영광과 위엄에 대해 습관적으로 묵상하라. 그분을 경외함으로 서라. 모든 것에서 그분께 찬양과 감사를 드리라. 당신의 거룩한 아버지가 모든 것을 보고 계시다는 것을 기억하라. 아이들은 때때로 그들 부모의 부재 시 위험한 행동들을 저지르지만, 당신의 아버지는 결코 부재하시지 않는다. 버지스는 다음과 같이 설명한다.

> 어떤 것도 비밀스럽게 행해질 수 없다. 당신의 아버지 하나님이 그것을 보고 계시기 때문이다. 마음 깊숙이 있는 교만이나 타락도 숨길 수 없다. 당신의 아버지 하나님은 보고 계신다. 당신이 기도할 때, 말씀을 들을 때만이 아니라, 당신의 아버지 하나님은 성령과 더불어 모든 것을 보고 계신다. 오! 그러므로 만일 당신이 하나님의 아들이라면, 당신은 하나님이 당신의 전체 삶을 보고 계심을 발견할 것이다. 그러므로 아들은 자신의 아버지의 얼굴을 찌푸리게 하는 것을 두려워한다. 그래서 신자는 다음과 같이 말한다. "나는 감히 이것을 행하지 못하겠다. 왜냐하면 내 아

버지 하나님의 기분이 상하실 것이기 때문이다. 그렇다면 나는 어떻게 행하여야 하는가? 사도 베드로가 "너희가 아버지라 부른 즉 너희가 나그네로 있을 때를 두려움으로 지내라"(벧전 1:17)라고 말한 대로 해야 한다."[128]

당신의 아버지 하나님에 대한 사랑과 더불어 어린아이와 같은 공경이 넘치게 하라. 여기서 사랑은 당신이 모든 은혜의 수단을 활용하게 하고, 하나님의 명령을 지키게 하고, 하나님을 위해 일하게 하는 사랑이다. 버로우즈가 쓴 것처럼, "당신이 용병처럼 하는 것이 아니라, 사랑으로 할 수 있는 모든 것을 행하라. 종은 돈을 받는 것 이상의 어떤 것들에 신경 쓰지 않지만, 자녀는 그렇지 않다. 그는 사랑으로 할 수 있는 것을 한다."[129]

2) 모든 섭리 안에서 당신의 아버지 하나님을 인정하라. 하나님이 회초리를 가지고 당신을 다루실 때, 반항하거나 투덜거리지 마라. "나는 하나님의 자녀가 아니고, 하나님도 나의 아버지가 아니다. 왜냐하면 하나님은 나를 엄격하게 다루시기 때문이다. 만일 하나님이 나의 아버지라면, 그는 나를 불쌍히 여겨 주실 것이고, 이런 슬픔에서 때론 나쁜 십자가에서 나를 구원해 주실 것이다"라고 말하며 즉각적으로 하나님께 반응하지 마라.

브라켈은 이에 대해 다음과 같이 말한다.

---

[128] Burgess, *Spiritual Refining*, 239.

[129] Burroughs, *The Saints' Happiness*, 199.

이렇게 말하는 것은 바른 자녀의 본성에 맞지 않는다. 오히려 올바른 자녀라면, 침묵하고 겸손하게 순종하고, "내가 여호와께 범죄하였으니 그의 진노를 당하려니와"(미 7:9)라고 말해야 한다.[130]

버지스는 다음과 같이 말한다.

만일 당신이 자녀의 성품을 지녔다면, 당신은 이렇게 말해야 한다. "내가 비록 지금 쓰디쓰게 느낄지라도, 당신은 여전히 아버지이십니다. 나는 항상 악한 자녀이기에 이 징계의 시간이 오히려 당신이 좋은 아버지이심을 확인하게 해줍니다"라고 말해야 한다.[131]

3) 당신의 아버지 하나님을 닮아가고 순종하라. 그리고 하나님의 형상 담지자들을 사랑하라. 하나님처럼 되려고 노력하라. 그분이 거룩하신 것처럼 거룩하라. 그분이 사랑하신 것처럼 사랑하라. 우리는 "하나님을 본받는 자"(엡 5:1)가 되어야 한다. 이것이 우리가 하나님의 가족임을 보여준다. 그때 하나님의 형상을 보며 사랑해야 한다. 월라드가 말하는바와 같이 해야 한다.

성도는 주님의 살아있는 형상이다. 우리는 성도 안에서 하나

---

130   Brakel, *The Christian's Reasonable Service*, 2:437.

131   Burgess, *Spiritual Refining*, 239.

님의 모양(likeness)만이 아니라 하나님의 온전하심이 반영되어 빛나는 것을 볼 수 있다. 그러므로 우리는 성도들을 사랑해야 한다.[132]

우리는 하나님의 자녀로 동일한 아버지 하나님, 첫 형제인 그리스도, 내주하시는 성령을 소유하기 때문에, 서로에 대하여 사랑과 인내로 살아가야만 한다. 버로우즈는 다음과 같이 결론을 맺는다.

> 세상의 자녀들은 서로 언쟁하고 싸운다. 하나님을 그들의 아버지로 고백하지 않는 자들은 하나님의 임재 밖에서 서로 언쟁하고 싸운다. 하나님의 영은 절대로 이런 싸움을 일으킬 수 없다.[133]

4) 당신이 아버지 하나님의 자녀된 은혜를 즐기는 것을 막는 모든 장애물에 대해 저항하라. 포드는 그 장애물들을 다음과 같이 나열한다.

- 신자를 향한 하나님의 현재 섭리에 대해 투덜거리는 인간 영의 내밀한 성향.
- 자기 자신을 향해 **불평할 때** 일종의 기쁨을 갖는 것과 자신의 영혼에 대해 사탄의 거짓 증거를 수없이 취하는 것.
- 하나님이 신자의 심령을 성화시키는 사역에 대한 불손한 부정.

---

132 Willard, *The Child's Portion*, 43.
133 Burroughs, *The Saints' Happiness*, 200.

- 하나님이 말씀의 사역과 다른 여러 경로로 우리의 상태와 관련해서 주시는 약속들과 위로들을 아무 근거 없이 신뢰하지 못하게 하는 것.
- 우리와 관련 없는 성경의 경고들을 보고 우리의 조건들이 변하지 않을 것이라는 근거 없는 추측.
- 사탄의 계획을 따라 사는 것.
- 하나님을 시험하는 것, 평화를 위해 하나님이 아닌 사람이나 수단들에 대한 의존, 하나님을 제한하여 하나님을 어떤 시간에 매이게 하는 것, 그 시간을 넘어서 기다리지 않거나, 어떤 다른 수단으로 행하실 것에 대해 기대하지 않는 것.
- "나는 죄에 쉽게 영향 받는 가난한 영혼이라고 고백하며 겸비해지면, 내 활동에서 이 무기력과 단조로움에서 생명력과 깨어있는 영혼으로 회복될 수 있을 것이다. 그러면 나는 나를 향하신 하나님의 사랑의 보증과 위로를 믿을 것이라는 위로와 평화를 자기가 준비하려는 죄악된 야망.
- 현재 감각이나 감정에 의해 하나님과 하나님의 사랑에 대한 너무나 많은 편견.
- 명령과 의무에 대한 태만과 불성실.
- 너무 용의주도하고 회의적인 질문들로 가득 차 있는 것.[134]

5) 당신의 아버지 하나님의 임재 안에 있는 것을 기뻐하라. 그분과 연합되어 있음을 기뻐하라. 버지스는 다음과 같이 말한다.

---

134 Ford, *The Spirit of Bondage and Adoption*, 258-87.

하나님의 아들은 자신의 아버지 하나님의 편지로 인해 기뻐하고, 그분에 관한 이야기하기를 좋아하며, 아버지 하나님의 임재를 즐긴다.[135]

천국에서 이 기쁨은 가득 찰 것이다. 우리의 입양은 그때 완성될 것이다(롬 8:23). 그때 우리는 성부 하나님의 "임재와 궁전"으로 들어가 "하나님을 영원토록 즐기고, 기뻐하며, 찬양할 것이다."[136] 우리의 넘치는 유산을 열렬히 기대하는 자녀들로서 삼위일체 하나님이 우리의 모든 것 중에 모든 것이 되실 그때를 바라보고 기다리자.[137]

11. 결론과 적용

웨스트민스터 표준문서와 같은 고전적 청교도 진술은 입양과 관련해 많은 부분을 생략한다. 트럼퍼는 입양에 대한 청교도 진술이 바울서신에서도 불충분하며 구속사적으로도 그러하다고 주장한다.[138] 사실 바울 신학이나 구속사가 청교도 문헌에 적절하게 진술되었음에도 영적 입양에 대한 교리에 있어서는 청교도들은 결코 철저하지 못했다. 예를 들어, 그들은 성경 교리에서 자녀됨의 중심성에

---

135 Burgess, *Spiritual Refining*, 240.

136 *Works of Thomas Manton*, 12:125.

137 Drake, "The Believer's Dignity," 342; 참조. Willard, *The Child's Portion*, 71.

138 Trumper, "An Historical Study of the Doctrine of Adoption in the Calvinistic Tradition," 238-48.

대해서나 퍼거슨이 제안하는 방향을 따라 구원을 이해하는 구성 원칙에 대해서나 적절하게 진술하지 않았다.[139]

그러나 청교도들은 그동안 인식되어 온 것보다 영적 입양과 이것의 변화시키는 능력에 대해 우리에게 더욱 많이 가르친다. 그들은 우리에게 죄를 피하는 것과 우리의 입양에 대해 확신하는 것을 추구함의 중요성을 가르친다.[140] 패커가 도움이 되도록 잘 요약한 것처럼, 그들은 우리가 입양을 통해 성령의 사역, 복음의 거룩케 하는 능력, 우리 자신의 믿음의 확신, 기독교 가정의 견고함과 기독교 소망의 영광을 더 잘 이해하도록 돕는다.[141]

청교도들은 또한 우리에게 은혜의 수단들을 사용하면서도 사탄의 가족으로 머물러 있는 것에 대한 위험을 경고한다. 보스턴은 다음과 같이 말한다.

> 당신은 부르심을 따라 떠나왔는가? 그러지 않았다면 당신은 아직도 사탄의 자식이며(행 13:10), 지옥과 진노의 상속자이다. [불신자들이 반대할 때] 너는 누구의 형상을 닮았는가? 거룩은 하나님의 형상이고, 불경은 사탄의 형상이다. 어두운 마음과 불경한 생활은 당신이 어느 가족인지를 말해준다.[142]

---

139 참조. Ferguson, "The Reformed Doctrine of Sonship," in *Pulpit and People: Essays in Honour of William Still on His 75th Birthday*, ed. Nigel M. de S. Cameron and Sinclair B. Ferguson (Edinburgh: Rutherford House, 1986), 84-87.

140 *Workes of William Perkins*, 3: 205.

141 Packer, *Knowing God*, 198-207.

142 *Works of Thomas Boston*, 1:627; 참조. Mather, *The Sealed Servants of Our God*, 23-28.

청교도들은 강하게 훈계하는 만큼 또한 강하게 복음으로 초대한다. 윌라드가 다음과 같이 말한다.

> 당신은 그리스도를 만나기 위해서 어떤 사람이 복음으로 초대되었는가? 이것에 대해 당신은 어떻게 생각하는가? 입양이 그리스도를 당신 앞에 기뻐할만 한 대상으로 제시하는가? 그리스도를 진정한 믿음으로 받으라. 그러면 그가 당신을 친구로 삼아주실 뿐만 아니라, 하나님의 자녀로 삼아주실 것이다.[143]

무엇보다도 청교도들은 입양의 진리를 강력한 위로를 통해 하나님의 가난한 자녀들을 변화시키기 위한 씨로 사용한다. 토마스 후커(Thomas Hooker)는 어떻게 입양이 세상의 경멸, 자괴감, 가난, 질병, 고난, 박해, 위험 등에 직면한 신자들을 위로하는지 보여준다.[144] 죄에 억눌리고, 사탄에게 뒤흔들리고, 세상에 유혹당하고, 혹은 죽음에 대한 두려움이 일어날 때, 청교도들은 존귀한 아버지 하나님에게서 피난처를 가지라고, 윌라드가 말하는바와 같이 신자들을 격려했다.

> 나는 아직 하나님의 자녀가 아닌가? 만일 내가 하나님의 자녀라면 하나님이 나를 징계하신다 해도(나는 그럴만하다. 그래서 나는 하나님의 이 일에 복종할 것이다), 하나님은 나를 향하신 인애를 여

---

143 Willard, *The Child's Portion*, 34-42; 참조. Mather, *The Sealed Servant of Our God*, 28-36.

144 Hooker, *The Christians Tvvo Chiefe Lessons*, 170-74.

전히 버리지 않으신다고 나는 확신한다.[145]

윌라드는 결론으로 삼위일체 하나님과 영원한 연합을 누리는 완벽한 입양이 실현되는 천국의 영광을 기다릴 때 다음과 같이 하라고 말한다.

> 항상 당신 스스로를 입양에 대한 생각으로 위로하라. 당신의 위로와 평안을 그 아버지와 자녀 관계에 두라. 그리고 자주 이 소중한 입양의 특권을 묵상하고 그것을 즐기라. 이 기쁨이 다른 어떤 기쁨보다 더 앞서게 하라. 이 기쁨이 모든 슬픔을 제하고 너의 영혼의 모든 곤경과 어려움을 없게 하라. 거기서 당신은 그 근원에 머무르며, 막힘도 없고 바닥도 없는 영광의 바다를 영원토록 헤엄치게 될 것이다.[146]

---

145 Willard, *The Child's Portion*, 51-52.

146 Ibid., 54, 66-70.

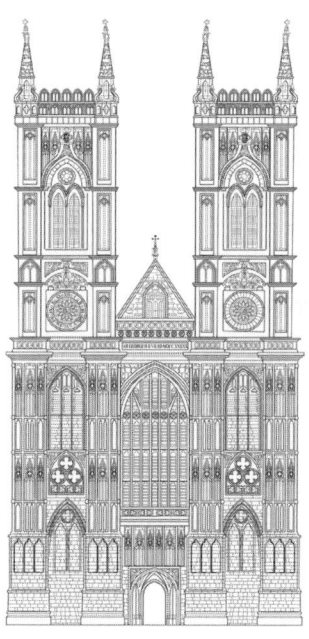

The Faith Once Delivered

제4장

그리스도의 유익들

웨스트민스터 총회 이전
개신교 신학에서의 이중 칭의

R. 스캇 클락(R. Scott Clark)

그리스도께서 주시는 유익에 대하여 LC 57은 다음과 같이 기술한다.

> 문) 그리스는 중보를 통해서 무슨 유익들을 마련하셨습니까?
> 답) 그리스는 중보를 통해서 구속과 더불어 은혜언약의 모든 다른 유익들을 마련하셨습니다.[1]

필자는 본 글을 통해 웨스트민스터 신학자들이 "은혜언약의 유익들"이라는 어구를 통해 무엇을 말하고자 했는지 살피고자 한다.

---

1 *The Humble Advice of the Assembly of Divines . . . concerning a Larger Catechisme* (London, 1648), 8.

이 어구의 배경과 해석은 어떻게 되는가? 이 어구는 이전 개신교 칭의론에 대한 어떤 변화의 신호였는가?

본 글은 16세기 개신교 칭의론의 발전이라는 더 큰 맥락을 고려하면서 웨스트민스터 대요리문답의 언어를 해석한다. 그리고 본 글은 신학자들이 "은혜언약의 유익들"을 말할 때, 웨스트민스터 신학자들은 권위 있는 개신교 신학자들, 예를 들면 마틴 루터(Martin Luther), 필립 멜랑히톤(Philipp Melanchthon), 마틴 부처(Martin Bucer), 존 칼빈(John Calvin)과 이후 그들을 따른 개혁파 정통주의 신학자들을 좇아 개신교의 이중칭의(double justification)를 주장했음을 다룰 것이다.

1. 서론

"합의 교리서"(Book of concord, 1580)와 "개혁파 신앙고백 일치서"(Harmony of the Reformed Confessions, 1581)에 의하면, 칭의 교리의 기초에 있어서 16세기 후반의 고백적 개신교들이 사실상 의견이 일치한다는 점은 분명하다.[2] 반면에, 제2차 오렌지 공의회(the Second Council of Orange, 529) 이후, 칭의란 개념이 의롭게 된 자에서 성화된 자로까지 확장되었지만, 권위 있는 개신교도들은 오직 그리스도 한

---

[2] 예를 들어, Augsburg Confession art. 4, Apology art. 4, Epitome art. 3, and Solid Declaration art. 3, in Robert Kolb and Timothy J. Wengert, eds., *The Book of Concord*, trans. Charles Arand et al. (Minneapolis: Fortress Press, 2000); Jean François Salvard, ed., *Harmonia Confessionum Fidei*… (Geneva, 1581), sec. 9; Jean François Salvard, ed., *An Harmony of the Confessions of the Faith*…, trans. Peter Hall (Cambridge, 1586).

분에 대한 믿음과 그리스도의 전가된 의(imputed righteousness)에 기초하고 정확하고 확정적인 교리를 선호하였고, 점진적 칭의(progressive justification) 교리를 거부했다. R. 시부르그(R. Seeburg), B. B. 워필드(B. B. Warfield) 로 대표되는 이전 세대 학자들(older scholarship)과 T. H. L. 파커(T. H. L. Parker), 번트 햄(Berndt Hamm), 프랑수아 방델(Francois Wendel), 스탠포드 라이드(W. Stanford Reid), 데이비드 스타인메츠(Daivd Steinmetz), 브라이언 게리쉬(Brian Gerrish)와 같은 보다 최근 학자들은 이러한 전가에 의한 칭의라는 범(凡)개신교 칭의론이 루터에 뿌리를 두고 있다고 주장했다.[3]

그러나 최근 학자들은 법정적 칭의 교리(forensic doctrine of justification)에 대한 개신교도들의 동의가 루터나 칼빈으로 거슬러 올라가지 않아야 한다고 주장한다. 더 나아가, 일부 학자들은 칭의에

---

3   R. Seeburg, *Textbook of the History of Doctrines*, trans. Charles E. Hay, 2 vols. (Philadelphia: Lutheran Publication Society), 2:392-93, 402-5; B. B. Warfield, *Calvin and Augustine*, ed. S. G. Craig (Philadelphia: Presbyterian and Reformed, 1956), 489-90; T. H. L. Parker, "Calvin's Doctrine of Justification," *The Evangelical Quarterly* 25(1952): 101-7; Berndt Hamm, "What Was the Reformation Doctrine of Justification?" in C. Scott Dixon, ed., *The German Reformation: The Essential Readings* (Oxford: Blackwell, 1999); François Wendel, *Calvin: The Origins and Development of His Religious Thought*, trans. Philip Mairet (London: Collins, 1963), 255-63; W. Stanford Reid, "Justification by Faith According to John Calvin," *Westminster Theological Journal* 42(1980): 290-307; David Steinmetz, *Calvin in Context* (New York and Oxford: Oxford University Press, 1995), 117-18; B. A. Gerrish, "John Calvin on Martin Luther," in J. Pelikan, ed., *Interpreters of Luther: Essays in Honor of Wilhelm Pauck* (Philadelphia: Fortress Press, 1968), 69; Joseph Wawrykow, "John Calvin and Condign Merit," *Archiv for Reformationsgeschichte* 83(1992): 74-75. Wawrykow는 Calvin과 Luther가 근본적으로 법정적 칭의에 동의했다고 주장한다. 이러한 견해들은 Melanchthon및 기타 Luther의 "추종자들"이 "신인협력설"(synergism)에 동의하여 "'오직 믿음' 교리를 버렸다"고 말하는 Harnack의 주장과 반대된다. 다음을 보라. Adolph von Harnack, *History of Dogma*, trans. Neil Buchanan, 7 vols. (New York: Dover Publications, 1961), 7:256.

대한 범개신교 교리가 있다고 생각하지도 않으며, 또 가령, 루터와 칼빈 사이의 일치점을 말하는 학자들 가운데서도 그들이 전가가 아닌 그리스도와의 연합에 의한 칭의를 가르쳤다고 주장한다.

이러한 수정주의적(revisionist) 설명은 여러 방면에서 나왔다. 투오모 매너마(Tuomo Mannermaa)와 일부 학자들로 구성된 핀란드 학파(Finnish)의 루터에 대한 새로운 해석은 루터가 법정적 구원론(forensic soteriology)을 가르치지 않고 오히려 신화(神化, 테오시스 [theosis]) 또는 신격화(divinization)를 가르쳤다고 주장한다.[4] 매너마는 루터에게 있어서는 칭의와 성화 사이의 실제로는 구분이 없다고 주장한다.[5] 스티븐 스트렐(Stephen Strehle)은 법정적 칭의 개념이 루터에게서 나온 것이 아니라 멜랑히톤의 1532년 로마서 주석에서 시작된 것으로, 그가 유명론(nominalism)을 받아들인 결과라고 주장한다. 이러한 견지에서 보면, 루터와 칼빈이 말하는 칭의의 토대는 외적인 의의 전가가 아니라 그리스도와의 연합이다.[6]

크레이그 카펜터(Craig B. Carpenter)는 트리엔트 공의회의 여섯 번

---

4 Tuomo Mannermaa, "Why Is Luther So Fascinating? Modern Finnish Luther Research," in Carl E. Braaten and Robert W. Jenson, eds., *Union with Christ: The New FinniSh Interpretation of Luther* (Grand Rapids: Eerdmans, 1998),6.

5 Tuomo Mannermaa, "Justification and Theosis in Lutheran-Orthodox Perspective," in *Union with Christ*, 38. 핀란드 학파에 대한 응수로는, Carl R. Trueman, "Is the Finnish Line a New Beginning? A Critical Assessment of the Reading of Luther Offered by the Helsinki Circle," *Westminster Theological Journal* 65(2003): 231-44; R. Scott Clark, "Iustitia Imputata Christi: Alien or Proper to Luther's Doctrine of Justification?" *Concordia Theological Quarterly*(2007).

6 Stephen Strehle, "Imputatio justitiae: Its Origin in Melanchthon, Its Opposition in Osiander," *Theologische Zeitschrift* 50(1994): 201-19; Mark Seifrid, "Paul, Luther, and Justification in Galatians 2:15-21," *Westminster Theological Journal* 65(2003): 215-30.

째 회기에 대한 칼빈의 응답에 기초하여, 칼빈이 전가보다는 그리스도와의 연합으로 선회했다고 주장한다. 칼 모서(Carl Mosser)는 교부 신학에 대한 무지와 아돌프 폰 하르낙(Adolf von Harnack)의 과도한 영향 때문에, 학자들이 칼빈의 그리스도와의 연합을 통한 신화 교리를 간과했다고 주장한다. 이어서, 쥴리 캔리스(Julie Canlis)는 안드레아스 오시안더(Andreas Osiander)에 대한 칼빈의 반응이 칼빈의 해석자들로 하여금 그리스도와의 연합을 통한 성화(deification)에 대한 칼빈의 흥미를 인식하지 못하도록 만들었다고 주장한다.[7]

분명히 여기서 이러한 학자들 사이에 제기되는 모든 사안들을 다 언급할 수는 없다. 하지만 수정주의자들이 제기하는 두 가지 주요 쟁점은 다음과 같다.

첫째, 칭의에 관한 범개신교 교리가 있는지의 여부, 다시 말해 루터, 멜랑히톤, 부처, 칼빈이 칭의에 대해 근본적으로 같은 교리를 가르치고 있는가에 관한 것이다.

둘째, 만약 그렇다면 그 교리가 전가나 성화(예를 들면, 그리스도와의 연합)에 의한 칭의인지 아니면 둘 다인지의 문제이다. 본 글은 수정주의자들의 접근에 반대하고 종교개혁의 입장에서, 루터, 멜랑히톤, 부처, 칼빈, 개혁파 정통주의(웨스트민스터 총회를 포함해서)가 그

---

7 Craig B. Carpenter, "A Question of Union with Christ: Calvin and Trent on Justification," *Westminster Theological Journal* 64(2002): 363-86; Carl Mosser, "The Greatest Possible Blessing: Calvin and Deification," *Scottish Journal of Theology* 55(2002): 36-57; Julie Canlis, "Calvin, Osiander and Participation in God," *International Journal of Systematic Theology* 6(2004): 169-84. 혹자는 Mosser와 Canlis가, Calvin이 그의 논리에 있어서 구원론적으로 선행하는 개념인 하나님과 인간에 대한 교리와는 동떨어져서 Calvin의 연합 교리를 다룬 것은 아닌지 질문할 수 있다.

리스도의 전가된 의에 기초한 칭의론을 가르쳤고 그들 모두 "이중의"(double justice, 두플렉스 이우스티티아[*duplex iustitia*]) 교리를 이용하여 칭의 교리를 성화 교리와 밀접하게 연관시켰다는 것을 주장할 것이다.

이 점은 특별히 흥미로운 시도인데, 왜냐하면 일부 학자들(조나단 레인보우[Johnathan Rainbow]와 피터 릴백[Peter A. Lillback])은 루터로부터의 출발점으로서 칼빈의 이중 칭의 교리를 탐구하고, 다른 이들(데이비드 라이트[David F. Wright]와 빌헬름 폭[Wilhelm Pauck])은 부처의 칭의론을 루터로부터 출발한 것으로, 또 일부(폰 하르낙)는 멜랑히톤이 루터를 버렸다고 주장하며, 또 일부(신 핀란드 학파)[8]는 루터의 이중 의 교리에서 그가 전가에 의한 하나님 앞(코람 데오[*Coram Deo*])에서의 칭의를 실제로는 가르치지 않았다는 증거가 있다고 주장하기 때문이다. 만약 우리가 그들이 실질적으로 전가에 의한 칭의라는 같은 교리를 가르친다는 것을 발견하면, 우리는 아직 칭의에 관한 범개신교적 동의가 이루어지지 않았다는 것 또는 권위있는 개신교도들이 전가보다는 성화에 의한 칭의에 더 치우쳐 있다는 주장이 사실이 아니라고 결론지을 수 있을 것이다.

---

8 Jonathan Rainbow, "Double Grace: John Calvin's View of the Relationship between Justification and Sanctification," *Ex Auditu* 5(1989): 101-2; Peter A. Lillback, *The Binding of God* (Grand Rapids: Baker, 2001), 190-93; D. F. Wright, "Martin Bucer 1491-1551: Ecumenical Theologian," in D. F. Wright, ed., *Common Places of Martin Bucer*(Abingdon, Berkshire: Sutton Courtenay Press, 1971), 21, 43.

2. 레겐스부르그에서의 이중 의

이중 의에 대한 로마 가톨릭의 다양한 유형들에 대한 형식적 유사성과 레겐스부르그(Regensburg, 1541년 4월 27일부터 5월 22일까지)에서의 동의에도 불구하고, 루터, 부처, 칼빈 모두 칭의에 관한 개신교 교의를 표현하기 위해 이중 의(두플렉스 이우스티티아[duplex iustitia]), 이중 칭의(두플렉스 이우스티피카티오[duplex iustificatio]), 이중 유익(두플렉스 베네피키움[duplex beneficium]) 교리를 사용했다.[9]

1581년, 루터는 점진적 칭의(progressive justification)에 대한 중세적인 동의를 거부하고, 이제 칭의와 성화를 어떻게 연관시키느냐의 문제에 직면했다. 점진적 칭의를 부정하면서, 개신교들은 기독교 신학과 성화가 삶에 미치는 긍정적 역할에 대한 일관성 있는 설명을 제공해야 했다. 루터에게는 이중 의, 부처에게는 이중 칭의, 칼빈에게는 이중 은혜이 칭의와 성화를 혼동 없이 신학적으로 잘 연결시키는 것이었다.

16세기에 다수의 로마 가톨릭 신학자들과 개신교 신학자들

---

9 이중 의와 관련된 지속적인 논의에 대해서는 다음을 보라. Walter von Loewenich, *Duplex Justitia: Luthers Stellung zu einer Unionsformel des 16. Jahrhunderts* (Wiesbaden: Franz Steiner Verlag, 1972); James McCue, "Double Justification at the Council of Trent: Piety and Theology in Sixteenth Century Roman Catholicism," in *Piety, Politics, and Ethics*, vol. 3 of Carter Lindberg, ed., *Sixteenth Century Essays and Studies* (Kirksville, MO: Sixteenth Century Studies, 1984), 39; E. Yarnold, "Duplex Justitia: The Sixteenth Century and the Twentieth," in G. R. Evans, ed., *Christian Authority: Essays in Honour of Henry Chadwick* (Oxford: Oxford University Press, 1988), 222-23; Mark Noll, "The History of an Encounter: Roman Catholics and Evangelicals," in Charles Colson and R. J. Neuhaus, eds., *Evangelicals and Catholics Together: Toward a Common Mission* (Dallas:Word, 1995),85, 101; *Union with Christ.*

이 이중 의에 대한 다양한 형태들을 가르쳤다. 그들 가운데 요한네스 그로퍼(Johannes Gropper, 1503-59), 가스파로 콘타리니(Gasparo Constarini, 1483-1542), 알버트 피기우스(Albert Pighius, 약 1490-1542)가 주요한 로마 신학자들이었다.[10] 실제로 이중 의 교리는 칭의 교리에 대한 트리엔트 공의회(1546)에서 주요한 의제로 다루어진 것이다.[11] 개신교도들 중에서, 루터(1483-1546), 멜랑히톤(1497-1560), 부처(1491-1551), 칼빈(1509-64)은 모두 이중 의라는 말을 사용했다. 이중 의에 대한 로마와 개신교 교리의 만남은 잘 알려진 대로 1541

---

10 Gropper는 자신의 *Enchiridion*(1538)에서 사람이 하나님의 정의(divine justice, *iustitia inhaerens*)의 주입(infusion)에 의해 의롭게 되며, 그 의는 성화(*iustitia acquisita*)를 통해 또 다른 의(further justice)의 부가를 가져온다고 가르쳤다. 하지만 그는 Melanchthon의 전가에 대한 정의를 자신의 칭의론에 대한 부연(addition)으로 받아들일 준비가 되어 있었다. Gropper의 이중 의 교리는 약 1538년부터 1544년까지에 걸쳐 발전되면서 전가와 의의 주입을 포함하게 되었다. 다음을 보라. Yarnold, "Duplex Justitia," 208-9. Contarini는 그의 *Epistola de Justificatione*(1541)에서 Gropper의 주장과 Bucer의 주장을 종합하고자 했다. 그는 "*iustificari*"를 "의롭게 될 것이므로 의롭다고 간주되는 것"(to be made just and therefore also to be considered just)으로 정의한다. 다음을 보라. Yarnold, "Duplex Justitia," 211; *G. Contareni Cardinalis Opera* (Paris, 1571), 588.

11 일반적으로 이중 의 교리의 발전에 관한 문제에 대해서는 다음을 보라: Basil Hall, "The Colloquies between Catholics and Protestants, 1539-41," in G. J. Cuming and D. Baker, eds., *Councils and Assemblies* (Cambridge: Cambridge University Press, 1971); A. E. McGrath, *Justitia Dei: A, History of the Christian Doctrine of Justification*, 2 vols. (Cambridge: Cambridge University Press, 1986), 2:54-86; Carl E. Maxcey, "Double Justice, Diego Laynez, and the Council of Trent," *Church History* 48(1979): 269-78; Peter Matheson, *Cardinal Contarini at Regensburg* (Oxford: Oxford University Press, 1972); Anthony N. S. Lane, *Justification by Faith in Catholic-Protestant Dialogue: An Evangelical Assessment* (London, and NewYork:T&T Clark, 2002), 46-60. 트리엔트에서 있었던 이중 의 논의에 대해서는 다음을 보라. Hubert Jedin, *A History of the Council of Trent*, trans. E. Graf, 2 vols. (St. Louis: Herder Book Company, 1957) 2:166-96, 239-316.

년 레겐스부르그에서 이루어졌다.

카를 5세가 독일 제국회의를 소집하고 레겐스부르그에서 신학회의를 열었을 때, 그는 서쪽에서는 프랑스, 그리고 동쪽에서는 무슬림의 위협에 직면한 상태였다. 그는 통일된 제국을 원했고, 이를 위해 적어도 종교개혁의 중요 사안인 칭의 문제에 대한 공식적인 결정이 필요했다.[12]

이 회의에는 16세기의 가장 중요한 신학자들 중 일부가 참석하고 있었다. 개신교 신학자들 중에는 멜랑히톤, 부처, 칼빈이 한쪽에서 지켜보고 있었고, 로마의 대표자들 중에는 피기우스(나중에 칼빈의 확실한 비판자가 된), 교황사절인 콘타리니, 요한 에크(Johann Eck, 1486-1543)가 있었다.[13]

레겐스부르그에서 이루어진 절충안은 그 이전의 하게나우(1540년 6월) 회의와 보름스 회의(1541년 1월) 직후에 가능한 것이었다. 보름스에서, 멜랑히톤과 에크는 원죄에 대해 공식적으로 동의했다. 그러나 큰 문제는 우리가 죄인인가라는 것보다는 죄의 영향에 관한 것이었다. 즉 원죄의 영향이 과연 인간을 칭의에 있어 철저히 수동적인 존재로 만들 만한 것인가? 개신교들은 어거스틴과 유사한 견해

---

12   이런 해석은 Wilhelm Moller, *History of the Christian Church*, trans. J. H. Freese, 3 vols. (New York: Macmillan, 1900) 3:139에서 제안된다. 또한 Martin Greschat, *Martin Bucer: A Reformer and His Times, trans. Stephen E. Buckwalter* (Louisville: Westminster John Knox Press, 2004), 176; Heinz Mackensen, "The Diplomatic Role of Gasparo Cardinal Contarini at the Colloquy of Ratisbon of 1541," *Church History* 27(1958): 319-320을 보라.

13   Albert Pighius, *De Libero Arbitrio et Divina Gratia Libri Decem* (Cologne, 1542). Pighius에 대한 Calvin의 응수는, *Defensio Sanae et Orthodoxae Doctrinae de Servitute de Liberatione Humani Arbitrii Adversus Calumnias Alberti Pighii Campensis* (Geneva, 1543).

를 표방했고 로마 신학자들은 그것을 부정했다. 보름스에서는 이 차이를 좁히지 못했다. 이러한 회의들이 실패한 근본적 이유는 주입된 은혜로 협력을 주장하는 로마 가톨릭의 칭의와 오직 믿음으로 전가된 의에 기초한 개신교의 칭의(*Confessio Augustana* art. 4)가 통합될 수 있는 길이 없었기 때문이다.

카를 5세의 목적에 부합하기 위해, 신학자들은 양편 모두가 그들의 꽤 다른 칭의론을 유지하도록 동의할 수 있는 어구를 찾아야 했다. 그리고 그것은 바로 "이중 의"였다. 레겐스부르그 이전에, 이를 위해 부처와 그로퍼는 대안 문서를 작성했고 이는 후에 『레겐스부르그서』(*Regensburg Book*)로 알려졌다.[14] 이 책은 레겐스부르그에서의 논의의 기초가 되었다.[15] 이러한 기초 작업 위에, 참여자들은 빠르게 원죄와 펠라기우스주의에 관한 첫 네 조항에 동의했고, 5일 후에는 제5조 "인간의 칭의에 대하여"(데 이우스티피카티오네 호미니스[*De iustificatione hominis*])에 대해서도 합의하게 되었다.[16]

처음부터 로마 대표자들은, 하나님과 화해(reconciliation)된 사람들은 도덕적으로 변화되었기 때문에 도덕적이라고 보아 하나님과의 화해를 위해 성화는 논리적으로 그리고 시간적으로 앞서, 그리고 인

---

14 다음을 보라. Yarnold; "Duplex Iustitia"; McGrath, *Iustitia Dei*, 2:57.

15 이 책의 저자들에 대해서는 다음을 보라. Hastings Eells, *Martin Bucer* (1931; repr., New York: Russell and Russell, 1971) 288-301; Hastings Eells, "The Origin of the Regensburg Book," *Princeton Theological Review* 26(1928): 355-72; Greschat, *Martin Bucer*, 178-80.

16 C. G. Bretschneider, ed., *Corpus Reformatorum*, 101 vols. (Halle, 1834-1959), 4:198-201(이하 *CR*). 제5조는 다음에 출판되었다. B. J. Kidd, ed., *Documents fllustrative of the Continental Reformation* (Oxford: Oxford University Press, 1911), 343-44. 별도의 언급이 없는 한 번역은 필자의 것이다.

과적으로 수단적으로 필요하다는 점을 계속해서 주장하고 가르칠 수 있다는 점을 분명히 명시하기 원했다. 그들은 거룩함(sanctity)이 논리적으로나 도덕적으로 칭의의 결과이지 칭의에 대한 인과적, 수단적 필요가 아니라는 개신교의 주장을 받아들이지 않았다. 따라서 제5조는 누구도 하나님과 화해되고 나서 죄의 노예로 남아있다고 주장할 수 없다고 말한다. 게다가 의롭게 하는 믿음은 그것(믿음)을 통해(이크 모투스 에스트 페르 피뎀[*hic motus est per fidem*]) "사람의 마음이 성령에 의해 감동되어 그리스도를 통해 하나님께로 나아간다"고 말한다.[17]

이에 대해 개신교 대표들은 의(justice)의 토대로서의 전가(imputation)와 칭의의 도구로서의 믿음을 주장했다. 그래서 제5조는 믿음(faith, 피두키아[*fiducia*])는 하나님이 우리에게 주신 모든 것에 동의하는 것과 하나님의 약속들이 "가장 확실하고 의심의 여지가 없는 것"(케티시메 에트 시네 두비오[*certissime et sine dubio*])임을 믿는 것을 포함한다고 선언한다. 하나님의 약속들로부터 사람은 "하나님의 약속에 대하여"(프롭테르 프로미시오넴 데이[*propter promissionem Dei*]) "죄의 용서, 칭의의 전가와 다른 무수한 선한 것들"이 모두 값없이 주어졌다는 확신을 갖는다.[18]

이것이 개신교 칭의론의 핵심이었다. 하나님의 정의(divine justice)에 대한 죄인의 책임은 없어지고, 그리스도의 순종이 전가되며, 죄인은 은혜를 통해 의롭다 여김을 받는다(임푸타티온 유스티티아이

---

17 *CR*, 4:198. "A Spirim sancto movetur hominis mens in Deum per Christum, et hic moms est per fidem." Ibid., 4:199.

18 Ibid.

[*imputation iustitae*]). 이 유익은 도덕적 갱생(또는 은혜에 대한 협력) 위에 조건 지워지는 것이 아니라 그리스도에 대한 믿음이라는 조건을 갖는다. 개신교 관점에서, 이러한 종류의 표현들은 칭의의 점진적 (progressive) 특징보다는 결정적(definitive)인 특징을 갖게 하고 사람들로 하여금 이생에서 칭의의 확신을 갖도록 해준다. 로마 가톨릭 대표자들이 "피두키아"라는 표현에 동의했다는 점은 뜻깊은 일이다. 몇 년 후에도 그러했다면 좋았을텐데, 트리엔트 공의회는 그 단어를 "추측"(presumption)과 동의어로 생각하여 믿음에 대한 정의나 칭의의 수단으로 보기를 거절했다.[19] 이러한 용어 문제(어구) 때문에, 앤서니 레인(Anthony Lane)은 레겐스부르그가 "이중 의를 가르치지 않았다"고 주장한 것이다.[20]

그럼에도 불구하고, "믿음"의 정의는 다른 요건들(qualifications)을 포함한다. "피두키아"를 가진 자들은 "이전의 삶에 대해 회개하고 이러한 믿음을 통해 성령에 의해 하나님께 올림을 받은 자"들이다.[21] 이러한 선물들은 "살아있는 믿음"(피뎀 비밤[*fidem vivam*])을 통해 받은 것이고, 이 믿음을 그들은 "그리스도 안에서 자비를 붙잡고, 그리스도 안에 있는 의가 그에게 은혜로 전가되었음을, 그리고 동시

---

19 트리엔트 공의회 12장 6조는 누구든지 다음과 같이 말하는 자들을 정죄한다. "Fidem justificantem nihil aliud esse quam fiduciam divinae misericordiae peccata remittentis propter Christum, vel eam fiduciam solam esse, qua iustificamur." H. Denzinger, ed., *Enchiridion Symbolorum*, 32nd ed. (Barcinone: Herder, 1963), 1562.

20 Lane, *Justification by Faith*, 58.

21 *CR*, 4:199. "Quos prioris vitae poenituerit, et hac fide erigitur in Deum a Spiritu sancto, ideo que accipit Spiritum sanctum, remissionem peccatorum, imputationem iustitiae, et innumera alia dona."

에 성령의 약속과 사랑을 받는다는 것을 믿는 것으로 정의했다. 따라서 의롭게 하는 믿음은 사랑을 통해 유효한 믿음이다."²² 이러한 용어(어구)에 기초하여, 어윈 이절로(Irwin Iserloh), 조셉 글래직(Joseph Glazik), 후베르트 예딘(Hubert Jedin)은 레겐스부르그에서 "이중 의"(twofold righteousness)는 의문의 여지가 없었고, 중보자로서의 그리스도의 하나의 의는 완전한 은혜, 호의, 아버지와의 화해를 만들어 내고 인간을 갱생시키고 성화시키지만 아직 그 효과가 완전하게 이루어지는 것은 아니다"라고 결론지었다.²³

그러나 개신교들을 고려하여, "피데스"(*fides*, 믿음)가 은혜를 통해 만들어지는 내적 성향(intrinsic disposition)이나 신학적인 덕(theological virtue)으로 정의된 것은 아니다. 대신 신뢰 또는 확신, 그리스도의 전가된 의를 이해하는 도구로 정의했다.²⁴ 그럼에도 불구하고 이러한 개신교 용어인 "살아있는 믿음"은 성화를 받는 것으로 여겨졌다.

회의 참여자들은 주의 깊게 전통적인 중세 어구인 "사랑으로 형성되는 믿음"(피데스 포르마타 카리타테[*fides formata caritate*])을 피하고 대신 "사랑을 통해 작용하는"(에피칵스 페르 카리타템[*efficax per*

---

22 Ibid., 4: 199-200. "Fides ergo viva ea est, quae apprehendit misericordiam in Christo, ac credit iustitiam, quae est in Christo, sibi gratia imputari, et quae simul pollicitationem Spiritus sancti et charitatem accipit. Ita quod fides quidem iustificans est illa fides, quae est efficax per charitatem."

23 Irwin Iserloh, Joseph Glazik, and Hubert Jedin, *Reformation and Counter-Reformation*, trans. Anselm Biggs and Peter W. Becker, vol. 5 of *History of the Church*, ed. Hubert Jedin and John Dolan (New York: Seabury, 1980-1982), 278.

24 트리엔트 공의회 6장 7조는 의롭다고 판단된 것만으로는 충분치 않고 실제로 하나님 앞에서 의로워야 한다고 주장한다. "et non modo reputamur, sed vere iusti nominamur et sumus…." *Enchiridion Symbolorum*, 1529.

charitatem])이라는 말을 사용했는데, 이는 로마 대표자들뿐 아니라 개신교들 또한 만족시킬 만큼 충분한 차이가 있었다. 전자는 믿음이 오직 사랑에 의해 만들어지는 정도로 믿음이 존재한다고 말할 수 있었고, 후자는 자신들이 단지 사랑을 통해 작용하는, 의롭게 하는 믿음을 가르치는 갈라디아서 5:6, "사랑으로써 역사하는 믿음"을 따른다고 주장할 수 있었다.[25] 믿음은 그것이 그리스도를 받아들이기 때문에 또는 변화시키기 때문에 유효한 것인가? 레겐스부르그는 신학자들로 하여금 이 문제에 대해 꽤 다른 답을 가지고 동시에 둘 모두에게 통하도록 만들었다.

이러한 교묘하고 정교한 다의적(equivocal) 언어 때문에, 개신교들은 성화를 열매이자 칭의의 증거로 해석할 수 있었고, 로마 대표자들은 칭의의 주요한 토대인 성화를 예비적 전가로 기능한 것으로 해석할 수 있었다.[26]

이러한 배경에서, 우리는 이제 네 명의 개신교 신학자, 루터와 멜랑히톤과 부처와 칼빈이 어떻게 "이중 의" 교리를 개신교의 신학적

---

25 *Biblia sacra iuxta vulgata versionem*, 3rd ed. (Stuttgart: Deutsche Bibelgesellschaft, 1983). Theodore Beza의 라틴어 신약 *Iesu Christi D. N Novum Testamentum Sive Novum Foedus* (Geneva, 1565; repr., London, 1834)은 이 구절을 "사랑을 통해 이끌어지는 믿음"(*fides per charitatem agens*)으로 번역함으로써 개신교들의 견해를 강화하고자 했다. 이는 "efficax"보다 더 분명하고 "formata"의 함의들을 피하지만 "operatur"와 구분되는 것 같지는 않다.

26 Lane은 John Henry Newman으로부터 차용하여 이 조항이 비록 가톨릭 해석에 대한 참을성을 보여주기는 하지만 개신교 해석의 강한 의도를 보여준다고 말한다. *Justijication by Faith*, 59. Iserloh, Glazik, Jedin 모두 레겐스부르그가 양자 사이에 실질적인 통일을 이루어냈다고 이해 하지만 그 조항이 본래 가지고 있는 의(inherent righteousness)를 기초로 한 칭의를 가르친다고 해석한다. 다음을 보라. Iserloh, Glazik, and Jedin, *Reformation and Counter-Reformation*, 277-78.

목적에 부합하도록 사용했는가를 살펴보도록 하겠다.

3. 루터의 이중 의 교리

일부 학자들의 주장과 달리, 이중 의는 레겐스부르그 훨씬 이전부터 개신교의 교리였다.[27] 1513년부터 1521년에 이르는 기간 동안, 루터는 점점 더 그리스도의 외부의 의의 전가에 의한 확정적 칭의 교리를 선호하였고 중세적 구도인 은혜의 주입(infusion)과 내적 의의 생성(creation)에 의한 점진적 칭의(progressive justification)를 거부했다.

법정적 칭의론의 발전의 일부로서, 루터는 부처와 칼빈이 후에 성화와 칭의를 관계시킨 방식의 패턴을 세웠는데, 여기서는 확정적 칭의(definitive justification)와 점진적 성화(progressive sanctification)가 그리스도의 두 가지 은혜 또는 유익으로 간주된다. 그러나 둘 사이에 칭의는 논리적으로 성화보다 선행하는 필요조건이다. 이러한 구원의 서정(오르도 살루티스[ordo salutis])은 부처에게 이어졌고, 후에 칼빈이 더 정교하게 다듬었다.[28]

대략 1518년 후반 또는 1519년 초반 "이중 의에 관한 설교"(세르모 데 두플리키 이우스티티아[Sermo de Duplici Iustitia])에서, 루터는 "인

---

27 Kittleson은 레겐스부르그 결정에 대한 Luther의 비판을 설명하면서, Luther가 결코 이중 의를 가르친 적이 없으며, 그것은 레겐스부르그 자유대담(Regensburg Colloquy)에서 만들어낸 것처럼 말한다. James M. Kittleson, *Luther the Reformer: The Story of the Man and His Career* (Minneapolis: Augsburg, 1986), 278.

28 이러한 유용한 표현을 제안해준 David Bagchi에게 감사를 표한다.

간의 죄가 이중적(두플렉스[*duplex*])"이므로(즉 원죄와 자범죄), "그리스도인의 칭의도 이중적이다"(즉 법정적이면서 점진적)라고 말했다.[29] 그러나 루터에게 있어서 첫 번째 의와 두 번째 의 사이의 구분이 있다. 그로퍼와 콘타리니의 견해와 달리, 루터는 점진적이고, 이차적인(distributive) 두 번째 의에 대해, 외적이고 확정적인 첫 번째 의에 대해 분명한 우선 순위를 두었다. 첫 번째 의는 "우리의 행위 없이 은혜만을 통해" 오며 "믿음을 통해" 받는다.[30] 이러한 "주된"(primary) 의는 우리의 모든 "적절한 또는 실제적인 의"의 "토대"(ground)이자 "원인"(cause)이며 "기원"(origin)이다.[31]

이것은 우리가 루터에게서 발견하기를 기대하는 용어이다. 이 설교는 법정적 견해의 발전 과정에서 비교적 일찍 나왔다. 따라서 첫 의가 "외적"(aline)인 동시에 "주입된"(infused) 것이라는 루터의 말이 완전히 놀랄 만한 것은 아니다.[32] 이 문장은 본 글의 주장, 즉 루터, 부처, 칼빈이 용어의 차이점들에도 불구하고 근본적으로 같은 칭의 교

---

29 "Duplex est iusticia Christianorum, sicut et duplex peccatum est hominum." Martin Luther, Sermo de Duplici Iustitia, in Luther, *Luthers Werke Kritische Gesamtausgabe*, ed. J. K. F. Knaake et al. (Weimar, 1883), 2:145-52(이하 *WA*). 이에 대한 영어 번역은, *Luther's Works*, trans. and ed. J. Pelikan et aI., 55 vols. (Philadelphia and St. Louis: Concordia Publishing House, 1955), 31 :295-306(이하 *LW*).

30 *WA* 2: 145-46. "Arbitramur hominem iustificari per fidem."

31 Ibid., 2:146. "Et haec iusticia est prima, fundamentum, causa, orgio omnis iusticiae propriae seu actualis...." Robert Kolb, "Luther on the Two Kinds of Righteousness," in Timothy J. ewengert, ed., *Harvestzng Martin Luther's Reflections on Theology, Ethics, and the Church* (Grand RapIds: Eerdmans, 2004), 47-54.

32 *WA* 2:145. "Prima est aliena et ab extra infusa." 그리고 그는 다음 장에서 이렇게 말한다. "Haec igitur iusticia aliena et sine actibus nostris per solam gratiam infusa nobis…" Ibid., 2.146.

리를 가지고 있다는 것에 다소 반대된다. 이 문장을 어떻게 해석해야 할까? 루터의 "외적인 것"(aliena)과 "주입된 것"(infusa)의 두 범주의 조합이 그의 설교에서 그가 아우스부르크 신앙고백 4조의 교리를 가르치지 않았다고 결론 내리게 만든다. 설교의 이 단락에서, 루터가 여전히 첫 의의 부분으로 주입에 대해 이야기하고 있기 때문에, 매너마는 루터가 전가보다는 신화를 가르치는 것이라고 결론지었다.[33]

이 문장에 대한 보다 더 중도적인 해석은 루터의 신학적 어휘가 아직 발전 단계에 있는 그의 신학적 범주들에 자리를 잡지 못했기 때문이라고 말한다. 하지만 그의 교리는 이미 존재하고 있었다. 동일한 "이미-아직 아니"(already-not yet) 현상이 성만찬(Holy Supper)에 관한 그의 용어에 분명히 나타난다. 하지만 이 시기에 루터는 공식적으로 화체설(transubstantiation)을 가르쳤지만, 나중에는 그러한 것이 나타나지 않는다.[34]

같은 방식으로, 칭의에 대해, 그가 비록 첫 번째 의를 "알리에나"(*aliena*, 외적)이고 "인푸사"(*infusa*, 주입된)로 보지만, 그는 두 번째 의는 실제적으로 그리고 첫 번째 의는 법정적으로 이해되도록 하기 위해 양자 사이의 질적인 구분을 한다. 이러한 구분은 왜 루터가 설교의 첫 부분을 마무리할 때, 두 번째 의를 "모든 의가 즉각적으로 주입되지 않지만, 그 의는 시작되고, 진행하며, 결국 죽음을 통해 완전

---

33   Mannermaa, *Union with Christ*, 38.

34   *Ein Sermon von dem HochwÜrdigen Sakrament des Heilgen Wahren :ezehanms Christi und von brÜderschaften*, in WA 2:742-758; LW 35:49-73.

해진다"고 말하는지 설명해준다.³⁵ 루터는 첫 의를 확정인 것으로 두 번째를 점진적으로 취급했다.³⁶

첫 의가 "외적인 것"인 반면, 두 번째 의(성화)는 "우리의 것" 그리고 "적절한 것"이다. 왜냐하면 그것은 첫 번째 의, 즉 외적인 의에 대해 "우리가 협력하기 때문"이다.³⁷ 주목할 것은 루터는, 우리가 은혜에 대해 협력하기 때문에 첫 의를 믿는 것이 아니라, 오히려 은혜에 대한 협력은 칭의의 결과라고 말한다는 점이다. 은혜에 협력을 필요로 하는 것은 두 번째 의이다. 하지만 거룩은 그것이 나타나는 만큼 하나님의 은혜의 결과이다. 이것이 정확한 해석이라는 것이 루터의 다소 잘 알려진 설교, "삼중 의"(데 트리플리키 이우스티티아[*De triplici iustitia*], 1518)에서 확인된다. 이 설교는 근본적으로 이중 의에 대한 설교와 다르지 않다. 중요한 차이점은 "삼중 의" 설교가 전가와 성화에 덧붙여 예정(predestination)까지 다루고 있다는 점이다.³⁸

---

35 WA 2:146. "Non enim tota simul infunditur, sed incipit, proficit et perficitur tandem in fine per mortem." 여기에 대한 번역은 다음과 같다. "외부 의는 단번에 주입되는 것이 아니다…." Luther는 법정적이고 분배적 의를 섞었지만, 그것이 여기서는 아니다. 또한 누군가는 Walter von Loewenich에 대해 의문을 제기할 수 있다. 그는 Luther의 이중 의가 종교개혁 이전의 것이라고 주장했다("stark vorreformatisch klingt," *Duplex Iustitia*, 8).

36 출판되지 않았지만, David Bagchi의 글을 보면, 이 당시에 첫 번째 의와 관련해서 루터는 전가에 반대되는 분배를 의미하는 주입을 염두에 두지 않았음을 알 수 있다. *1520 Disputatio de Fide Infusa et Acquisita*를 보라. 거기서 그는 주입(*infusa*)을 거룩(*divina*)과 동의어로 다룬다. 믿음은 하나님의 선물이지 인간의 자질이 아니다. WA 6:89. 따라서 그가 이러한 의미로 외부 의를 다룬 다는 것은 이상한 일이 아니다.

37 Ibid., 2:146. "Secunda iusticia est llostra et propria, non quod nos soli operemur eam, sed quod cooperemur illi primae et alienae."

38 Luther, *De Triplici Iustitia*, WA 2:43-47.

비록 루터가 이중 의라는 표현을 계속해서 사용하지는 않았지만, "라토무스를 반박하며"(Sermon against Latomus, 1521)라는 설교에서 구원의 서정에 있어서 전가된 외적 의(imputed extrinsic righteousness)와 수여된 내적 의(imparted instrinsic righteousness)를 계속해서 구별한다.[39] 1519년 선제후 프레드릭(Frederick)에게 루터가 위안이 주된 것은 "그리스도의 공로"와 이를 통해 그리스도인들이 "마치 그러한 공덕을 자신들이 얻은 것처럼" 자랑할 수 있다는 것이었다.[40]

1521년에, 루터는 재량 공로(condign merit)든, 적정 공로(congruent merit)든지 간에 믿고자 하는 수도사들에게 그리스도의 "공로와 행위"는 오직 그리스도만을 믿음으로 받게 된다고 썼다.[41] 이것은 그의 완숙한 가르침이기도 했다. 1535년 갈라디아서 강의에서, 그는 "재량 공로와 적정 공로"(메리툼 데 콩뤄 에트 콘디그노[*meritum de congruo et condigno*])를 그리스도의 순종 공로(meritorious obedience)와 대비시켰다.[42] 믿음은 그리스도께서 "재량 공로와 적정 공로를 다 이루시고 넘치도록 사역을"을 실행하셨음을, 그리고 이것이 우리에게 전가되었음을 믿는 것이다.[43]

루터는 1536년 『칭의에 대한 논박』(*Disputation concerning Justification*)에서, 우리를 위한 그리스도의 순종에 대해 훨씬 더 의존

---

39 WA 8:43-128.

40 Martin Luther, "The Fourteen of Consolation," in *Works of Martin Luther: The Philadelphia Edition*, 6 vols. (Philadelphia: Muhlenberg Press, 1915), 1:169.

41 LW 44:286-87.

42 Ibid., 26:122-33.

43 Ibid., 2:132.

적임을 뚜렷이 보여준다.⁴⁴ 그리스도의 의는 "우리 밖"에 있으며 "우리의 행함으로" 얻을 수 없다. 그리스도의 의는 하나님의 진노의 열기로부터 우리를 보호하는 우산과 같은 것이다.⁴⁵

멜랑히톤, 부처, 그리고 칼빈은 칭의와 성화를 논리적으로 분리된 두 가지로 나누지 않고 단지 구분하였다. 그러나 그들은 신자들이 오직 은혜(솔라 그라티아[*sola gratia*]), 오직 믿음(솔라 피데[*sola fide*])으로 받게 되는 그리스도의 유익들과 밀접히 관련시킴으로 루터를 따랐다.

4. 멜랑히톤의 칭의론

멜랑히톤의 칭의론 역사는 상당하지만 적절한 관심을 받아 왔다. 그의 칭의론에 기초하여, 폰 하르낙(von Harnack)은 멜랑히톤을 신인협력론자(synergist)로 간주했고,⁴⁶ 다른 학자들은 이제 전가의 교리를 우리에게 제공한 것은 루터가 아니라 멜랑히톤이었다고 주장한다.⁴⁷

---

44 *WA* 39I, 82-126.

45 *LW* 34:153.

46 Von Harnack, *History of Dogma*, 7:256.

47 다음을 보라. "*Imputatio iustitiae*," 201-19; Seifrid, "Paul, Luther, and Justification in Galatians 2:15-21," 215-30; Mark Seifrid, *Christ Our Righteousness: Paul's Theology of Justification* (Leicester and Downers Grove: Apollos and Inter-Varsity Press, 2000), 175; Mark Seifrid, "Luther, Melanchthon and Paul on the Question of Imputation: Recommendations on a Current Debate," in Mark A. Husbands and Daniel J. Trier, eds., *Justification: What's at Stake in the Current Debates* (Downers Grove and Leicester: InterVarsity, 2004), 137-76.

그러나 본 장의 범위는 "이중 의"에 대해 멜랑히톤이 어떻게 말했는가에 대해서만 국한한다. 레겐스부르그에서의 그의 중요한 역할을 감안하면, 멜랑히톤이 개신교도들의 "이중 의"라는 표현을 지지한 것은 틀림이 없다. 하지만 멜랑히톤에게는 어떤 의미였는가? 멜랑히톤은 로마 가톨릭의 점진적 칭의에 대해 결정적으로 동의했는가? 라이프치히 협정(Leipzig Interim, 1548) 동안 그의 중요한 움직임과 마조리 논쟁(Majorist Controversy, 1551) 동안의 모호한 표현들에도 불구하고, 그의 『신학개론』(로키 콤무네[*Loci Communes*])에 나타난 바로는, 그의 칭의론에 1521년부터 1543년판까지에는 근본적인 변화가 없다는 점이다.

1519년에 멜랑히톤은 전가 교리의 기본적인 요소들을 말하고 있다. 그는 그의 학위(B.A.) 논문에서 다음 논제를 제안하고 옹호한다. "우리의 모든 의는 하나님의 은혜로운 전가이다."[48]

2년 뒤에, 공식적인 첫 번째 개신교 신학의 조직적 요약인 『신학개론』에서, 그는 중세의 타고난 의(inherent righteousness)에 의한 점진적 칭의 교리를 정면으로 반박한다. 그리스도의 "의"(이우스티티아[*iustitia*])와 "만족"(사티스팍티오[*satisfactio*])은 우리의 것이며, 그분의 "보속"(엑스피아티오[*expiatio*])과 "부활"(레수렉티오[*resurrectio*])도 우리의 것이다.[49] "우리의 행위는 그것이 아무리 선하다고 할지라도 의

---

48 "Omnis iustitia nostra est gratuita dei imputatio." Philipp Melanchthon *Melanchthons Werke in Auswahl* [*Studienausgabe*], ed. Robert Stupp erich, 7 vols. (G ersloh: G ersloher Verlagshaus Mohn, 1955-1983), 1:24; Lowell Green, "Faith, Righteousness, and JustificatJon: New Light on Their DeVelopment under Luther and Melanchthon" *Sixteenth Century Journal 4*(1973): 81.

49 Philipp Melanchthon, *Loci Communes von 1521*, in *Melanchthons Werke*, 2.88.12-14.

로운 것은 아니다…오직 믿음으로 의롭게 된다." 왜냐하면 믿음은 그리스도의 의를 수용하는 것이기 때문이다.[50] 믿음은 단순한 동의도 아니고 믿음 자체도 정당화할 수 없다. 왜냐하면 믿음은 "사랑으로 형성되기" 때문이다.[51] 칭의의 행위에 있어서, 믿음은 "그리스도 안에서의 하나님의 약속에 대한 진정한 신뢰(trust)" 외에 다름 아니다.[52] 믿음이 붙잡는 의는 죄인에게 내재적이지 않다.[53] 그리스도 안에 있는 것이다. "게다가 하나님은 우리를 위한 중보자이신 그리스도를 희생제물과 만족으로 주셨고, 그리스도께서는 우리를 위해 선한 의지를 공로로 얻으셨다."[54] 칭의에 대해 요약하면서, 멜랑히톤은 믿음으로만 의롭게 되므로 그 의의 토대는 그리스도의 공로라고 선언한다.[55]

그러나 멜랑히톤은 자신의 견해를 마무리 하기 전에 성화의 문제에 대해 언급했다. 그는 먼저 믿음에 대해, 우리의 마음을 "평화롭게 하는" 믿음으로 특징화한 직후, 계속해서 "그 다음으로 믿음은 하나

---

50 Ibid., 2.88.16-19. "Nihil igitur operum nostrorum, quantumvis bona…iustitia sunt, sed sola fides…iustitia est."

51 Ibid., 2.88. 35-89. 1-13.

52 Ibid., 2.92.25-27. "Est itaque fides non aliud nisi fiducia misericordiae divinae promisae in Christo adeoque quocunque signo."

53 Melanchthon은 믿음의 역할을 설명하면서 동사 "프레헨도"(*prehendo*)를 사용했다. 믿음의 힘은 그 자체의 능력(virtue)에 있는 것이 아니라 그 대상(object)에 있다. Ibid., 2.107.25-26.

54 Ibid., 2.106.12-14. "Porro bonam voluntatem meruit Christus, quem pro nobis intercessorem, quem pro nobis victimam et satisfactionem dedit."

55 Ibid., 2.123.1-3.

님의 자비에 대해 감사를 드리도록 우리 마음에 불을 붙여서, 우리로 하여금 자발적이고 기쁘게 율법을 지키게 한다"고 말한다.[56] "칭의에 수반하는 행위"는 "의롭게 된 이들의 마음을 사로잡는 하나님의 영으로부터 온다. 그럼에도 불구하고, 그들의 행위들은 육체 가운데 이루어졌으므로 그 자체로 부정(unclean)하다. 왜냐하면 칭의는 시작된 것이지 완성된 것이 아니기 때문이다."[57]

멜랑히톤의 1543년판 『신학개론』은 적어도 레겐스부르그에서의 논의 후 첫 번째 개정이기 때문에 흥미로운 것은 아니다. 만약 그 논의가 멜랑히톤의 칭의론에서의 근본적인 변화를 주었다면, 여기에 나타났을 것이다. 하지만 여기에는 그의 칭의론의 근본적인 변화에 대한 증거가 없다. 오히려 점진적 칭의에 대해 보다 우호적으로 만들기 위해 그의 교리를 수정했을 법한 모든 점에서 그는 오히려 반대로 행했다. 실제로 1543년 판은 로마에 대한 중심 주장들을 다루는 데 있어서 상당히 더 정교해졌다.

"칭의"라는 말은 우리에게 성령이 주입되었다는 것, 혹은 내적 의(intrinsic righteousness)에 대한 하나님의 인정을 의미하지 않는다. 오히려 그것은 "죄의 용서와 한 사람을 영원한 삶으로 수용 또는 화해시키는 것"이다.[58] 정의하면, 그것은 법정적 행위로 하나님의 선언

---

56 Ibid., 2.92.28-30. "Deinde et accendit velut gratiam actlJros dec pro misericordia, ut legem sponte et hilariterfaciamus."

57 Ibid., 2.108.18-22. "Quae vero opera iustificationem consequuntur, ea tametsi a spiritu dei, qui occupavit corda iustificatorum, proficiscuntur, tamen quia fiunt in carne adhuc impura, sunt et ipsa immunda. Coepta enim iustificatio est, non consummata."

58 *CR* 21:742. "JUSTIFICATIO significat remissionem peccatorum et reconciliationem seu acceptationem personae ad vitam aeternam."

이다. 그럼에도 불구하고, 동시에 하나님은 죄를 용서하고, 우리 안에 성령을 주시어 "새로운 성품이 시작되게 한다"(잉코안템 노와스 위르튀스[*inchoantem novas virtues*]).⁵⁹ 우리는 "우리의 능력을 통해"(프롭테르 노스트룸 디그니타템[*propter nostrum dignitatem*])가 아니라 "하나님의 아들을 통해"(프롭테르 필리움 데이[*propter filium Dei*]) 의롭게 된다.⁶⁰ 이러한 "유익"은 "믿음 또는 신뢰로 받아들여지고 그리스도의 공로는 우리의 죄와 정죄와 대조된다."⁶¹

로마의 비평가들은 "믿음"에 대한 개신교의 정의를 오해했다. 죄인들이 칭의되는 믿음은 단순한 "인식"(노티티아[*notitia*])이 아니다. 믿음은 지식을 필요로 하지만 또한 중보자로서의 그리스도의 공로에 대한 믿음을 포함한다.⁶² 1521년에 그랬듯이, 멜랑히톤은 단호히 중세 교리인 "사랑으로 형성되는 믿음"을 거부했다. 믿음은 행위가 아니라, "도구이다. 이 도구를 통해 우리는 우리를 위한 중보자를 붙든다."⁶³ "은혜"는 어떤 약의 주입이 아니라 "죄의 용서 또는 그리스도와 은혜의 수용을 위해서 약속된 자비이다."⁶⁴

"공로에 대한 논제"(로쿠스 데 보니스 오페리부스[*Locus de bonis*

---

59 Ibid., 21:742.

60 Ibid., 21:750.

61 Ibid. "Et quod hoc credendum sit, seu quod hac fide vel fiducia apprehendendum sit beneficium et opponendum meritum Christi peccato nostro et damnationi nostrae…"

62 Ibid., 21:785.

63 Ibid., 21:786. "Instrumentum…quo apprehendimus Mediatorem pro nobis interpellantem…"

64 Ibid., 21:752. "Gratia est remissio peccatorum, seu misericordia propter Christum promissa, seu acceptatio gratuita…"

operibus])에서, 멜랑히톤은 로마의 반대자들이 제기한 18가지 추론에 대해 세부적으로 응답한다. 그 "수도사들"(monks)은 개신교 칭의론을 이해하지 못했는데, 왜냐하면 그들은 율법과 복음 사이를 "구분"하지 않기 때문이다.[65] 그들은 믿음을, 주입된 힘(인푸세드 위르퉤[*infused virtue*])으로 보고 칭의의 도구로 보지 않는다. 왜냐하면 그들은 바울보다는 플라톤이나 아리스토텔레스처럼 생각하기 때문이다. 그들은 "우리를 의심하게 만든다."[66] 멜랑히톤은 율법과 복음을 개신교와 로마 사이의 불일치의 근본적인 원인이라고 말한다. 그들이 행함으로, 즉 우리의 행함이 아니라 중보자 그리스도의 행함으로 의롭게 된다고 말한 점은 옳다.[67] "믿음은 의 때문에 우리에게 전가된다." 그것은 다만 믿음이 그리스도를 수용하기 때문이다.

1521년과 1543년의 멜랑히톤의 칭의 논의에 대해 두 가지를 분명히 말할 수 있다.

첫째, 『신학개론』 두 판 모두 "이중 의"에 대해서는 명백히 말하지 않는다.[68] 이 교리의 내용은 그의 논의의 구조에서 명백하다. 칭의는 항상 확정적인데, 죄인에게 전가되는 그리스도의 공로에 기초하고 "오직 믿음"을 수용한 것이다. 그러나 이러한 법정적, 확정적 의

---

65 Ibid., 21:783. "Sed quod aliter Monachii scripserunt, et fit, quia non discernebant Legem et Evangelium…"

66 Ibid., 21:784.

67 Ibid.

68 그는 1536년 판에서 Luther에 대해 *Disputatio*이라는 표현을 통해 응수한다. 다음을 보라. Philipp Melanchthon, *Epistolae, Judicia, Consilia, TestimoniaAliorumque ad Eum Epistolae Quae in Corpore Reformatorum Desiderantur*, ed. H. E. Bindseil and R. Stupperich (1874; repr., Hildesheim and New York: Georg Olms Verlag, 1975), 345.

는 항상 거룩함을 가져온다.

둘째, 멜랑히톤이 칭의와 성화를 혼동 없이 연결하는 데 주의를 기울였다는 것이 『신학개론』의 관련 부분에서 명백하다. 구체적으로 말하면, 앞에서 인용했듯이, 칭의가 "시작된 것"이지 "완성된 것"은 아니다. 요약하면, 우리는 이 문장을 중세 또는 로마 신학자들에게 말해 줄 수 있을 것이다. 그들은 모두 현재의 확정적 칭의를 부정하고 미래의 칭의를 기대하는 자들이다. 그러나 분명한 것은 멜랑히톤은 그의 칭의를 대조시키려 했다기보다, 신자들이 이미 법적으로 의롭지만 경험적으로 의롭거나 완전히 성화된 것은 아직 아니라는 사실을 말하려고 했던 것이다. 비록 칭의가 선행을 만들지만, 그러한 행함은 항상 이생에서 결코 완전하지 않다.[69] 1521년 판에서, 멜랑히톤은 칭의와 성화를 혼동 없이 연결하려고 시도한다. 이러한 움직임은 다름 아닌 개신교의 이중 의 교리인 것이다.

5. 부처의 이중 의 교리

마틴 그레셧(Martin Greschat)에 따르면, 부처는 비록 개인적으로는 갈등이 있었지라도 개신교의 대의를 저버리는 것을 원치 않았기에, 실질적으로 레겐스부르크로 이어진 논의들에서 칭의에 관한 그로퍼의 견해에 동의했다.[70] 어떤 이들은 부처의 "이중 의"와 그의 정치

---

69 *Melanchthons Werke*, 2.112-14; 2.114-25.

70 Greschat, *Martin Bucer*, 175-81.

성향과 수사학 때문에 그의 칭의 교리를 루터와 칼빈, 심지어 다른 개신교들과 다르게 여겨야 한다고 주장한다.[71] 그러나 만약 부처 이전의 루터의 이중 의 교리와 부처 이후 칼빈의 "이중 은혜"(두플렉스 그라티아[*duplex gratia*]) 교리 관점에서 부처의 구원론을 해석한다면, 우리는 부처의 견해를 다르게 볼 수 있다. 부처의 칭의 교리는 실질적으로 루터와 같으며, 루터처럼 칭의와 성화를 혼동없이 연합시킨 것이다.[72]

이는 부분적으로는 부처에 대한 루터의 영향이 직접적이고 강하고 지속적이었기 때문이다.[73] 부처는 하이델베르그 논쟁(Heidelberg Disputation, 1518)에서 루터의 주장을 들었는데 이미 루터의 이중 의 교리는 거기서 논제로 제시되었다.[74] 이중 의는 레겐스부르그 훨씬 이전부터 부처의 구원론의 확고한 특징이었다.

부처는 1523년 그의 소책자 『그리스도인들의 사랑에 대한 기초적인 가르침』(*Basic Instruction in Christian Love*)에서, 루터가 1518년과

71　다음의 예를 보라. Peter Stephens가 Eduard von Ellwein을 언급한다. *Vom neuen Leben. De novitate vitae*(Munich: Chr. Kaiser, 1932). 다음을 보라. W. P. Stephens, *The Holy Spirit in the Theology of Martin Bucer* (Cambridge: Cambridge University Press, 1970), 48 n. 2. 또한 다음을 보라. Wilhelm Pauck, *The Heritage of the Reformation* (Oxford: Oxford University Press, 1961), 75; Joel Edward Kok, "The Influence of Martin Bucer on John Calvin's Interpretation of Romans: A Comparative Case Study"(Ph. D. diss., Duke University, 1993).

72　Stephens, *Holy Spirit*, 52-54.

73　Martin Brecht, "Bucer und Luther," in C. Krieger, ed., *Martin Bucer and Sixteenth Century Europe* (Leiden, Netherlands: Brill, 1993).

74　*WA* 1 :364. "XXV. Non ille iustus est, qui multum operatur, sed qui sine opere multum redit in Christum." 그리고 그는 계속해서 이를 설명한다. "Sine enim opere nostro gratia et fides infunditur, qua infusa iam sequuntur opera."

1519년 사이에 확립한 것과 같은 범주들로 작업하고 있었다.[75] 여기에서, 믿음은 "그리스도께서 그분의 피로" 하나님의 자녀가 되게 하시고 아버지 하나님의 은혜로 회복시키신 것에 대한 "신뢰"를 의미한다.[76] 루터의 1522년 설교, "소명"(이뉘카위트[*Invocavit*])에서와 같이, 부처도 믿음이 "자기부정, 자신을 다른 사람들을 돕는 일에 헌신하는 것, 하나님의 영광과 타인을 위해 자기 자신을 망각하고 온전히 그들을 위해 사는 것"으로 가르친다.[77] 심지어 이 유명한 글에서도, 부처의 주요 관심사가 그리스도를 믿는 사람이 실제로 하나님 앞에 있다는 것에 대한 확신과 신뢰를 갖게 하고, 그들을 은혜 안에서 선행을 하도록 고무시키는 것에 있었다는 것은 분명하다.

같은 기본적 구조가 그의 보다 완성적인 작품들, 예를 들어 『기독교 신앙 개요』(*Brief Summary of the Christian Faith*, 1548)와 그의 방대한 1536년 로마서 주석에도 분명히 나타난다.[78] 이 주석에 대해서, T. H. L. 파커(T. H. L. Parker)는 이 책이 "중요한 주석들 가운데 둘이나 셋에 들 정도로 탁월하며, 몇 년 동안 이 책의 영향력은 강력했다"고 말했다.[79]

---

75 *Das ym Selbs Niemant Sonder Anderen Leben*…(Strasbourg, 1523); Martin Bucer, *Basic Istruction in Christian Love*, trans. P. T. Fuhrmann (Richmond: John Knox Press, 1952).

76 Bucer, *Basic Instruction*, 42.

77 Ibid., 48.

78 Martin Bucer, *Common Places of the Christian Religion*, trans. and ed. D. F. Wright (Apeford, Berkshire: Sutton Courtenay Press, 1971),76-94; *Bucer, Metaphrases et Enarrationes rpetuae…in Epistolam ad Romanos* (Strasbourg, 1536).

79 T. H. L. Parker, *Commentaries on the Epistle to the Romans* (Edinburgh: T&T Clark, 86), 35. Bernard Roussel, "Martin Bucer: Lecteur de l'Epitre Aux Romains"(Ph. D. thesis,

칭의에 대한 부처의 가장 직접적인 설명에서, 그는 항상 표면적으로 이중 의에 호소하지는 않지만, 전체적으로 그리고 암시적으로 그렇다고 할 수 있다. 로마서 3장 해설에서, 부처는 바울의 주요 관심이 하나님에 대한 유일한 칭의가 실제로 존재하고 기대되어야 하는데, "믿음을 통해 그리스도만으로" 이루어지는 것임을 보여주는 것이었다.[80] 루터가 부른 "첫 번째 의"를 고려하면서, 부처는 율법과 복음이 "대조적"이라고 말한다.[81] 부처에게는, 그 누구도 "율법의 행함을 통해" 의롭게 될 수 없음이 명백했다. 동시에 오직 은혜, 오직 믿음의 칭의가 부도덕을 허용해 주도록 하는 것이 아니라는 것도 명백했다. 왜냐하면, "하나님은 불의한 사람이나 악한 사람 누구도 의롭다고 하지 않기 때문이다. 다시 말해 그들에게 영생을 주시지 않기" 때문이다. 부처에 따르면, 죄인들이 선하게 되기 때문에 그들을 의롭게 하는 것이 아니라, 의롭게 된 사람들은 계속해서 회개하는 삶을 산다는 것이다. 두 번째 의는 하나님이 의롭게 하는 그러한 사람들이 그 이전의 상태에 머물지 않는다는 점에서 점진적이다.[82]

University of Strasbourg, 1970); Kok, "The Influence of Martin Bucer."

80 Bucer, Metaphrases in Romanos, 170-71. "Iam dictum aliquoties est, Paulum hoc ubique praecipue aut in hac epistola, et prima ista epistolae huius parti agere, ut ostendat a solo Christo per fidem omnem salutem, hoc est iustificationem apud Deum expectandam, eoque nulla re alia, quaecunque ilia sit."

81 Ibid., 180. "Antitheton est Evangelii et legIS namque dlX1t sme lege mamfestatam iustitiam Dei."

82 Ibid., 176. "Hinc iam manifesto id sequebatur, ex operibus legis iustifican nemmem. Obtinente enim tanta apud omnes impietate et iniustitia, idque apud ipsos quoque Iudaeos operiubus legis nitentes, quis non videat, ex hisce operibus iustificari apud Deum neminem posset neque enim iustificat Deus, hoe est, vita aeterna donat: tam iniustos et

로마서 4장 주석에서, 부처는 하나님 앞에서의 우리의 의에 대한 법정적 토대에 대해 훨씬 더 분명히 한다. 아브라함은 "행함으로"(엑스 오페리부스[*ex operibus*]), 즉 성화로 의롭게 된 것이 아니다. 왜냐하면 그것은 이 세상에서는 불가능한 것이기 때문이다.[83] 성경은 이러한 불가능에 대해 믿음이 의로 인해 아브라함에게 전가된 것이라고 증거한다. 그러므로 의와 구원은 공로없이 값없이 주어진다.[84]

칭의의 토대인 전가된 의를 가르치는 데 있어서 부처가 루터를 따른 것은 잘 한 것이다. 하지만 부처는 그의 "믿음"의 정의에서 교묘하게 성화를 칭의에 스며들도록 했을 수 있다. 그러나 부처의 로마서 주석에서 이렇게 했는지는 분명하지 않다. 주석 서문에서, 그는 바울의 주장을 요약하는데, "믿음"을 "하나님의 사랑과 아버지의 온유함으로서의 성령을 통한, 죽음으로 우리의 죄를 사하신 주 예수 그리스도께 의지하는 것 그리고 이제 우리를 통치하시고 그분의 의에 동참하도록 하는 그리스도의 삶을 통한 설득과 같은 것"으로 정의한다.[85]

그는 에베소서 2장에 대한 캠브리지 강의들(1550-51)에서 똑같이 가르쳤다. 그는 "진정한 믿음"을 하나님이 사람을 구원하고 사람

---

sceleratos."

83 Ibid., 214. "Probatio est huius, Abraham non est iustificatum ex operibus, idque ratione ducente ad impossibile in hunc mundum."

84 Ibid. "Huius vero impossibilitatem ex eo probat cumque Scnptura testat Ill! fidem imputatam ad iustitiam. Quod ut dictum, idem est, atque gratis, absque ullo merito, iustitiam et salutem ei divinitus donatam esse." 이와 유사한 표현이, 롬 4:3에 대한 그의 주석에서 발견된다. "et imputatum est ei ad iustitiam." Ibid., 415.

85 Ibid., 6; Bucer, *Common Places*, 172.

들로 하여금 영성과 복에 참여자가 되도록 하신 "하나님의 선물이자 구체적인 설득"으로 정의했다.[86]

진정한 칭의 믿음은 반드시 선행을 만들어낸다. 실제로 부처는 "우리가 하나님과 이 유익을 영화롭게 한다"고 말한다. 즉 칭의 믿음이라는 선물은 하나님의 말씀으로 명령되고 성령을 통해 우리 안에 이루어지는 "가장 거룩한 행함"을 함께 가진 것이다. 하지만 부처는 믿음을 행함과 동일하게 규정하지 않는다.[87] 그는 야고보서 2장이 바울과 반대되는 것도 아니며 행함을 통한 칭의를 가르치는 것도 아니라, 오히려 "이중 칭의"를 가르친다고 주장한다. 여기서 선행은 "진정한 그리고 살아있는 믿음"에서 "흘러 나온다"(마난트[manant]).[88] 믿음을 온전케 하거나 믿음을 의롭게 하는 것은 행함이 아니라, 칭의 믿음이 있다는 것이 선언되고(데클라라웨리트[declaraverit]), 명확해지며(페스피쾀[pespicuam]), 행함에 의해 "보여지는"(오스텐숨[ostensum]) 것이다.[89] 행함은 믿음이 아니고 칭의 믿음의 열매이자 증거이다. 이것이 분명히 실질적인 믿음과 행함에 대

---

86 Martin Bucer, *Praelectiones docuss. in Epistolam d. P. ad Ephesios* (Basel: Petrus Perna 1562), 60. "Est enisn vera fides donum Dei et certa persuasio, quod Deus velit hominen: servatum et participem. vitae, et aeternae felicitatis, cohaeredemque Christi propter meram bonitatem suam in Christo."

87 Ibid., 60-61. "Deum, et hoc beneficium Christi celebremus sanctissimis operibus, quae illo verbo nobis à Deo mandantur, quatenus vis illius spiritus nos regit, et cohercet in nobis rebellem carnem."

88 Ibid., 63-64. "Duplex est iustificatio, non una, fidei et operum. Sed haec, id est, iustificatio operum à iustificatione fidei pendet, & constat illis bonis operibus, quae ex vera & viva fide manant."

89 Ibid., 63.

한 루터의 교리이다.

부처가 루터나 칼빈과 다른 칭의론을 가졌다고 주장하는 이들은 부처의 말보다는 정황적인 증거에 더 의존하는 것 같다. 예를 들면, 빌헬름 폭은 부처의 "칭의" 또는 "믿음"에 대한 정의에 기초하지 않고, 부처의 『그리스도의 통치에 대하여』(데 레그노 크리스티[De Regno Christi], 1550)에 기초하여 루터와 부처가 칭의에 대해 서로 다른 교리를 가졌다고 결론 내린다. 그는 부처가 시민법(civil order)에 대해 루터와 다른 견해를 가졌기 때문에 칭의 교리에 대해서도 다를 수밖에 없다고 주장하는 것으로 보인다.[90]

보다 최근에는, 조엘 콕(Joel Kok)이 부처가 칼빈의 칭의론에 동의하지 않았다고 주장한다. 그는 부처가 야고보 사돌레토(Jacopo Sadoleto)를 다루는 데 있어서 다른 수사법을 사용했다는 점을 들어, 부처가 로마서 2:6, 13을 칼빈과는 다소 다르게 해석했다고 주장한다.[91] 그러나 이러한 사실들 중 어느 것도 칼빈과 부처가 칭의에 대해 다른 의견을 가졌음을 의미하지 않으며, 콕도 이러한 사소한 차이점들에도 불구하고 부처가 "신자가 도덕법에 의해서나 믿음을 제외한 다른 어떤 것에 의해 의롭게 된다"는 것을 부정한다 데 동의한다.[92]

따라서 우리는 부처가 "의"에 관한 성경의 다양한 표현들을 설명하려 시도했고 "그의 방법은 그것들 중에 어느 하나를 선택하기보다는 그것들을 조화시키려 했다"고 말한 피터 스티븐스(Peter Stephens)

---

90 "Bucer and Luther," in *The Heritage of the Reformation; Wilhelm Pauck*, ed., *Melanchthon and Bucer* (London: SCM Press, 1959), 156.

91 Kok, "The Influence of Martin Bucer," 63-74.

92 Ibid., 63.

에 동의할 수밖에 없다.[93] 부처는, 전가는 불의한 자들을 칭의하는 것으로, 두 번째 의는 경건한 자들의 증거로 가르치려 했다. 왜냐하면, 칼빈과 그를 따르는 많은 사람처럼, 부처에게도 "칭의는 그 자체로 끝이 아니기" 때문이다.[94]

6. 칼빈의 이중 유익 교리

루터는 레겐스부르그 회의가 실패할 것을 예상했다. 그리고 거기서 이루어진 합의문을 읽었을 때, 루터는 이를 조화될 수 없는 견해들로 이루어진 누더기로 평가했다.[95] 그러나 칼빈은 이 회의 중간에 다소 다른 반응을 보였다. 1541년 5월 11일과 12일 편지에서, 칼빈은 윌리엄 파렐(William Farel)에게 계속되는 레겐스부르그 회의에 대해 다음과 같이 묘사했다:[96]

---

93 Stephens, *Holy Spirit*, 52.

94 Ibid., 53.

95 *WAB* 9:459, no. 3627; F. Lau and E. Bizer, *A History of the Reformation in Germany* to 1555, trans. B. A. Hardy (London: Adam and Charles Black, 1969), 169. 또한 다음을 보라. Moller, *History of the Christian Church*, 3:139-43; M. Brecht, *Martin Luther: The Preservation of the Church* 1532-1546, trans. J. L. Schaaf (Minneapolis: Fortress, 1993),215-28; McGrath, *Iustitia Dei*, 2:61. Sisno Peura는 L가 제5항을 거절한 이유는 그것이 실제로 신화(*theosis*)를 옹호하기 때문이 아니라 그의 법정적 칭의에 위협이 되기 때문이었다. "Christ as Favor and Gift: The Challenge of Luther's Understanding of Justification," in *Union with Christ*, 64-66.

96 Bucer와 Calvin의 관계에 대해서는 꽤 많은 2차 문헌들이 있다. Pauck은 Bucer를 가리켜 "칼빈주의의 아버지"라 불렀다. *The Heritage of the Reformation*, 99. 또한 다음을 보라. W. van't Spijker, "Bucer's Influence on Calvin: Church and Community," in D. F.

칭의 교리에 대한 더 심한 논쟁이 있었습니다. 일정한 주장이 제기되면, 계속 수정이 가해졌고, 양쪽에게 수용되었습니다. 확신컨대, 당신은 우리의 적들이 상당히 양보했다는 데 놀랄 것입니다. 만약 당신이 그중 일부의 마지막 수정이 가해진 상태로 된 동봉한 사본을 보시면 그럴 것입니다. 그래서 우리 측에서도 참 교리의 핵심을 지킬 수 있었고, 그래서 우리의 글(교리)에서 이해되지 않는 것은 없을 것입니다. 당신이 교리에 관한 더 분명한 설명과 주장을 원하실 것이라는 것을 압니다. 그리고 그 점에서 저도 당신에게 완전히 동의한다는 것을 알게 되실 것입니다. 그러나 당신이 이 교리와 관련해서 우리가 동의해야 하는 사람들을 고려하신다면, 당신은 상당히 많은 부분이 성취되었음을 인정하게 될 것입니다.[97]

어떤 학자들은 레겐스부르그 제5항에 대한 보다 긍정적인 칼빈의 평가를 칼빈이 루터와 다른 칭의론을 가졌다는 증거로 받아들였다.[98] 그러나 이 결론은 레겐스부르그에서의 증거들과 다르다.

당시에, 레겐스부르그의 합의는 여러 방식으로 해석되었고 여러 이유들로 인해 거부되었다. 예를 들어, 레겐스부르그의 합의를 거부

Wright, ed., *Martin Bucer: Reforming Church and Community* (Cambridge: Cambridge University Press, 1994); Kok, "The Influence of Martin Bucer," 1-19.

97 *CR*, 38:215. 번역은 다음을 수정한 것이다. John Calvin, *Selected Works of John Calvin*, trans. Henry Beveridge, 7 vols. (1844-1858; repr., Grand Rapids: Baker, 1983), 4:260.

98 다음을 보라. Lillback, *The Binding of God*, 190-93; Armand J. Boehme, "Justification by Grace through Faith: Do Wittenberg and Geneva See Eye to Eye?" *Logia: A Journal of Lutheran Theology 11*(2002):17-27.

한 사람은 루터만이 아니었다. 로마의 추기경 회의(consistory, 1541년 5월 27일) 또한 같은 이유로 제5항을 거부했고, 나중에 "이중 의"도 트리엔트 공의회에서 거부되었는데, 그 이유는 그것이 개신교의 전가된 의로 인한 칭의 교리에 대한 발판을 제공하기 쉬운 불안정한 합의로 보였기 때문이다.

한편, 칼빈이 파렐에게 보낸 편지에 의하면 그는 제5항을 개신교 진영의 승리로 여겼다는 것이 명백한데, 그 이유는 로마 대표자들이 믿음을 "피두키아"로 정의 내리고 전가 교리에 동의했기 때문이지, 칼빈이 성화를 칭의의 토대와 도구로 다루어 개신교 교리에 편입시킬 수 있었기 때문이 아니다. 그럼에도 불구하고, 그가 제5항을 지지한 것은 확실치 않다. 그는 그 회의에서의 진행 중인 서로 이기려는 게임에 대해서는 단순하게 생각하지 않았는데, 양 진영 모두 나중에 자신들의 견해를 유지하도록 해 줄 방법으로 해석될 수 있는 진술을 만들고 있었기 때문이다. 따라서 칼빈은 제5항이 개신교 진영의 완전한 승리가 아니라는 것을 알았다. 참 교리의 "종합"이 이루어졌다는 말은 그리스도의 의가 은혜롭게 죄인들에게 전가되고 수동적인 믿음으로만 수여된다는 의미였다. 하지만 이 조항은 더 분명하게 만들어질 수도 있었다.

부처와 멜랑히톤처럼, 칼빈도 그가 『기독교 강요』(*Institutes*)와 로마서 2:13에 대한 1539년 주석에서 쓴 것과 일치되는 방식으로 해석하려 했고, 또 할 수 있었다.[99] 레겐스부르그가 루터의 칭의론에서 칼

---

99 Ioannis Calvini, *Commentarius in Epistolam Pauli ad Romanos*, ed. T. H. L. Parker, in *Opera Omnia*, series 2, *Opera Exegetica* (Geneva: Droz, 1999), 44-46.

빈의 칭의론으로의 변화를 의미한다고 하더라도, 이 점은 칼빈의 갈라디아서 5:6에 대한 1548년 주석에서 명백히 나타나지 않는다. 여기서 칼빈은 "그러므로 우리가 칭의 주제로 옮겨 갈 때, 선행 또는 행함에 대한 언급에 주의를 기울여야 하지만 확고하게 분명한 부분을 고수해야 한다."[100] 칼빈은 레인(Lane)이 주장하듯이, 칭의와 성화를 "균형 있게" 고수하려 했지만, 그렇게 하는 데 있어서, 칭의에 대한 로마 가톨릭의 주요 주장을 인정할 준비는 되어 있지 않았다.[101]

레겐스부르그에 대한 반응과 루터의 반응의 차이에 대한 가장 유력한 해석은 그들이 그들의 정치 영역 만큼이나 칭의에 관해 차이가 없다는 것이다. 칼빈은 치열한 전쟁에서 개신교 입장의 발전을 그들이 강조할 수 있었다는 점에서 양보를 얻었다고 믿었다.

이중 은혜 또는 그리스도의 유익들로서의 칭의와 성화의 관계에 대한 칼빈의 관심은 레겐스부르그에서 시작된 것도, 끝난 것도 아니었다. 그는 1536년 판 『기독교 강요』에서 "이중 유익"(두플렉스 베네피키움[duplex beneficium])을 가르쳤고, 1559년의 최종 라틴어 판의 주요 주제도 그것이었다.[102] 이전의 "이중 의" 교리가 "이중 유익" 또는 "이중 은혜" 교리로 발전했다. 1536년과 1559년 판의 차이는 칭의

---

100 "Ergo quum versaris in causa iustificationis, cave ullam charitatis vel operum mentionemadmittas, sed mordicus retine particulam exclusivam." Ioannis Calvini, *Commentarii in Pauli Epistolas*, ed. H. Feld, in *Opera Omnia*, series 2, vol. 16, *Opera Exegetica* (Geneva: Droz, 1992), 120.

101 Lane, *Justification by Faith*, 57.

102 Calvin은 욥기서 주석에서 이중 의에 대한 꽤 다른 형태의 개념을 사용했다. 다음을 보라. Susan E. Schreiner, *Where Shall Wisdom Be Found? Calvin's Exegisis of Job from Medieval and Modern Perspectives* (Chicago: University of Chicago Press, 1994), 105-20.

교리의 내용에 있지 않았다. 칭의에 있어서 칼빈은 루터와 부처의 의견, 즉 우리가 그리스도의 외적인 의의 전가에 의해 확정적으로 의롭게 된다는 것에 동의했다.[103] 루터와 부처처럼, 칼빈도 중세의 이중적 구도는 거절했는데, 이중 유익이라는 순수한 개신교 교리에 대한 그의 관심 때문에, 그는 피터 롬바르드(Peter Lombard)의 "두 가지 근본적 유익들", 즉 "하나님의 은혜와 공로"(데이 그라티암 에트 오페룸 메리툼[*Dei gratiam et operum meritum*, 3.2.43])를 비판하기도 했다.[104]

그러므로 조나단 레인보우가 이 점에 대해 칼빈은 "루터만큼 단호하고 논쟁적인 루터파"들과 같다고 말한 것은 상당히 옳다. 그러나 레인보우는 칼빈에게 있어서 "성화는 원래 칭의에서 오지 않고" 칭의와 엄격히 병행하는 십자가로부터 직접 온다는 그의 주장에 대한 증거를 제시하지 않는다.[105]

레겐스부르그 후에, 칼빈이 "이중 의" 구도에 대해 수정한 것은 부수적인 것이지 중요한 것이 아니다. 이중 의와 이중 칭의에 대해, 칼빈은 이중 유익 때로는 이중 은혜를 가르쳤다. 따라서 『기독교 강요』 2권에서, 그는 그리스도의 죽음과 장사지냄이 "이중 유익"을 보여 주는데, 첫째는 우리가 죽음으로부터 해방되었음을, 둘째

103　Calvin의 이중 은혜 교리에 대한 훌륭한 설명은 다음을 보라. Cornelis P. Venema, "The Twofold Nature of the Gospel in Calvin's Theology: The Duplex Gratia Dei and the Interpretation of Calvin's Theology"(Ph. D. disss., Princeton Theological Seminary, 1985).

104　P. Barth and W. Niesel, eds., *Joannis Calvini Opera Selecta* (Munich: Chr. Kaiser, 1926-1954), 4.54.15-17(이하 *OS*). Calvin은 다음을 언급한다. *Sententiae* III, dist. 26.1. 다음을 보라. Peter Lombard, *Sententiae in IV Libris Distinctae*, 2 vols. (Rome, 1971).

105　Rainbow, "Double Grace," 101-2.

는 그 해방 때문에 우리가 육체를 철저히 죽일 수 있다고 가르쳤다 (2.16.7).[106] 물론, "이중 유익"이라는 주제는 책 제3권에서 잘 나타나는데, 그 제목, "그리스도의 은혜를 알게 하는 방법들과 그에 따르는 효과와 우리에게 가져다 주는 열매들에 대하여"(On the Means of Learning the Grace of Christ and Thence What Fruit Comes to Us and What Effect Follows)[107]는 그러한 생각을 보여준다.

그러나 아마도 이중 유익들에 대한 가장 분명한 논의는 『기독교강요』 3.11.1이며, 여기서 칼빈은 그리스도께서 "하나님의 자비"(the kindness of God)에 의해 우리에게 주어졌고 "믿음에 의해 수용되고 소유되며," 거기서 우리는 "이중 은혜"를 얻게 되는데, 첫째는 그리스도의 의를 통한 하나님과의 화해이며, 둘째는 그리스도의 영에 의한 성화로 "우리는 삶의 순결함과 순수함을 고려할 수 있다."[108]

이 점에서 우리는 오시안더의 이중 의 교리에 반대한 칼빈의 주장을 알아야 한다.[109] 칼빈은 모든 "이중적" 구도 자체에 반대한 것

---

106 OS 3.491.38-492.2. "Proinde duplex in morte sepulturaque Christi beneficium nobis fruendum proponitur, liberatio a morte cui mancipati eramus, et carnis nostrae mortificatio", *Tractatus de libertate Christiana* (1520). 다음을 보라. WA 7:49-73; *Disputatio de iustificatione* thesis 31, "Sed sic dicendum: Ego credo in Christum; Et post facio opera bona in Christo vere." WA 391.83

107 OS 4.1. "De modo percipiendae Christi gratiae et qui inde fructus nobis proveniant, et qui effectus consequantur."

108 Ibid., 4.182 .3-10. "Summa autem haec fuit, Christum nobis Dei benignitate datum, fide a nobis apprehendi ac possideri, cuius participatione duplicem potissimum gratiam recipiamus: nempe ut eius innocentia Deo reconciliati, pro iudice iam propitium habeamus in caelis Patrem: Deinde ut eius Spiritus sanctificati, innocentiam puritamque, vitae meditemur."

109 다음을 보라. W. Niesel, *The Theology of Calvin* (Philadelphia: Westminster, 1956), 133-

이 아니라 오시안더의 교리에 반대한 것인데, 왜냐하면 그가 "본질적 의"(essential righteousness)라는 "괴물"을 그 구도 아래에 숨기고 있기 때문이다(3.11.5).[110] 오시안더에게 있어, 동사 "의롭게 하다"는 "하나님과 화해되도록 함"으로써 그리스도의 의가 은혜로이 죄인에게 전가됨 뿐 아니라 우리 안에 거하는 하나님의 현존으로 말미암아 감동된 "성결함과 온전함"(sanctity and integrity)을 의미한다.[111] 이중 의에 대해 오시안더는 칭의와 도덕적 갱신 사이의 구별을 "혼동"한다.[112]

그러므로 『기독교 강요』 3.11.11에서, 칼빈은 오시안더가 "이중"을 곡해한 것으로 간주하여 거부한 것이지, 그 구도 자체를 거부한 것이 아니다.[113] 이는 루터로부터 계승한 "이중" 구도 때문이 아니라, 칼빈이 반대한 "이중 의"라는 위장으로 성화에 의한 칭의를 가르치려는 "참을 수 없는 불손함" 때문이었다.[114]

39; James Weis, "Calvin Versus Osiander on Justification," The Springfielder 30(1965): 31-47.

110 OS 4.185.19-22. "Verum quia Osiander monstrum nescio quod essentialis iustitiae invexit, quo etsi noluit abolere gratuitam iustitiam, ea tamen caligine involvit quae pias mentes obtenebratas serio gl'atiae Christi sensu privet."

111 Ibid., 4.187.9-14. "Nam in hac tota disputatione nomen iustitiae et verbum iustificandi ad duas partes extendit, ut iustificari sit non solum reconciliari Deo gratuita venia, sed etiam iustos effici: ut iustitia sit nOll gratuita imputatio, sed sanctitas et integritas quam Dei essentia ill nobis residells inspirat"

112 Ibid., 4.194.11-13. "Hoc discrimen iustificandi et regenerandi (quae duo confundens Osiander, duplicem iustitiam nominat)…"

113 Ibid., 4.192.33-193.2. "Verum haec minime tolerabilis est impietas, praetextu duplicis iustitiae labefactare salutis fiduciam, et nos raptare supra nubes, ne gratiam expiationis fide amplexi, Deum quietis animis invocemus."

114 또한 다음의 롬 3:21에 대한 Calvin의 주석을 보라. 여기에서 그는 칭의에 대한 두 가지

7. 결론

개신교의 "이중 의" 교리는, 때로 주장되는 것처럼 개신교 칭의론의 실질적 수정이나 일탈이 아니었다. 오히려 범개신교(pan-Protestant) 교리의 역할에 있어서의 교리적 발전이었다. 루터, 멜랑히톤, 부처, 칼빈 모두 그들의 의제가 혼란 없이 일치하도록 이중 의 또는 그 파생어인 이중 유익 또는 이중 은혜를, 그리고 확정적 칭의와 점진적 성화를 사용했다. 그래서 이 교리가 개혁파 정통주의 신학과 개신교 신앙고백들로 표현되었다.

그러므로 이중 의 또는 이중 은혜는 칼빈에게서 끝난 것이 아니다. 독일 칼빈주의 신학자인 카스파르 올레비아누스(Caspar Olevianus, 1536-87)도 자신의 언약 신학의 구성 원리 중 하나로 사용했다. 그에게 있어서, "그리스도께서는 우리의 의뿐 아니라, 우리의 성화도 만들어 내셨다." 그리스도께서는 그분의 백성을 의롭게 하실 뿐만 아니라 내적으로 새롭게 하기 위해 죽으셨다.[115] 올레비아누스의 소논문 『거룩한 공교회를 믿나이다』(크레도 상탐 에클레시암 카톨리캄 [*credo sanctam Ecclesiam catholicam*])의 설명에서 그는 다음과 같이 묻고 대답한다.

토대를 다루면서 이를 거부한다. Calvini, *Commentarius in Epistolam Pauli ad Romanos*, 68-69.

115 "Christus non solum factus est nobis iustitia, sed etiam sanctification." Caspar Olevianus, *In Epistolam d.. PauliApostoli ad Romanos Notae*, ed. Theodore Beza (Geneva, 1579), 207; R. Scott Clark, *The Substance of the Covenant: Caspar Olevian on the Double Benefit of Christ* (Edinburgh: Rutherford House, 2005).

"왜 교회를 '거룩'하다고 부르는가?"
"교회는 두 가지 이유, 즉 갱생(renewal)과 전가(imputation)로 인하여 거룩하다"(요 13장).

똑같은 거룩함이 오직 갱생(renewal) 자체에서 시작되지만(롬 7장), 전가 때문에 그 거룩이 그리스도 안에서 가장 완벽한 것이다.[116]

우리는 16세기 잉글랜드 칼빈주의자들 중 가장 훌륭한 윌리엄 퍼킨스(William Perkins, 1558-1608)에게서도 이중 유익을 발견할 수 있다. 1590년에 그는 다음과 같이 말했다.

인간이 그리스도 안에서 믿음으로 어떤 유익을 얻는가? 바로 하나님 안에서 믿음으로 칭의되고 성화되는 것이다.[117]

도르트 시대의 개혁파 신학에 있어서 살펴보면, 요한네스 볼레비우스(Johannes Wollebius, 1586-1629)도 계속해서 그리스도의 유익을 말한다.

---

116 "Dupliciter autem Ecclesia sancta est: Renovatione & imputatione, 10han.13. Renovatione in semet ipsa sanctitas illa tantum est inchoata, ad Rom.7. Imputatione vero sanctitas eius est perfectissma in Christo." Caspar Olevian, *Expositio symboli apostolici, sive articulorum fidei, desumpta ex concionibus catecheticis G. Oleviani* (Frankfurt, 1576), 178.

117 William Perkins, *The Foundation of the Christian Religion Gathered into Six Principles* (1558), repr., Perkins, *The Works of William Perkins* (Appleford, Berkshire: Sutton Courtenay Press, 1970), 159.

> [설교는] 부분적으로 구속의 유익을 제공한다.[118]

은혜언약의 내용 또는 외적이고 우유적인 것과 구별된 "내적 물질"(인테르나 마테리아[*interna materia*])은 "하늘에서 온 것"이다. 성례가 "중요한 이유"는 "확실히 그리스도와 그분의 모든 유익" 때문이다.[119]

볼레비우스는 칭의를 다루며 그리스도의 유익으로서의 그리스도의 능동적 순종의 전가를 옹호했다.[120] 개혁파 신학에 따르면, 확정적 칭의는 성화를 낳는다. 그는 칭의를 다루는 마지막 부분에서, 성화로 나아가며 다음과 같이 말한다.

> 하나님 앞에서의 칭의는 사람 앞에서의 칭의와 구별되며 전자는 믿음에 의해, 후자는 행함에 의한 것이다.[121]

또한 "성례"에 대해서 그는 다음과 같이 말한다.

> 성례는 사효적으로 칭의와 성화를 발생시키지 않고 바로 그 두

---

118 Johannes Wollebius, *Compendium christianae theologiae*, ed. Ernst Bizer (Munich: Kreis Moers, 1935), 1.20.4.

119 Ibid., 1.22.12. "Materia interna et coelestis est res significata, Christus nimirum cum omnibus beneficiis."

120 Ibid., 1.30.14, 17.

121 Ibid., 1.30.23. "Justificatio coram Deo alia est quam justificatio coram hominibus; illa ex fide est, haec ex operibus."

유익의 확증과 인침이다.¹²²

17세기 초기에 개혁파 정통주의는 계속해서 칼빈처럼 이중 유익 교리를, 루터처럼 이중 의 교리를 실질적으로 보여주었다.

웨스트민스터 신학자들이 그들의 칭의 교리를 명확히 했을 때, 그들은 칭의 교리에 대한 1세기가 넘는 개신교 신학적 숙고의 상속자들이었다. 그 시기 동안 같은 교리가 다양한 정식들(formulations)로 지속되었으며, 그 다양성에도 불구하고 본질적으로 동일했다. 신학자들이 웨스트민스터 신앙고백(WCF 7.6; 19.3; 27.1, 3; 29.1, 7)과 웨스트민스터 대요리문답(LC 57, 58, 65, 153, 154, 162, 167, 170, 175, 176)에서 그리스도의 "유익들"을 말했을 때, 그들은 확립된 개신교 교리를 요약한 것이었다. 16세기 개신교와 개혁파 정통주의에서와 마찬가지로 웨스트민스터 표준문서들에서 "유익들"은 구분되지만 밀접히 관련된, 확정적 칭의와 점진적 성화에 대한 제유적 표현이었다.

---

122 Ibid., 1.22.21. "Effecta sacramentorum non sunt iustificatio aut sanctificatio tanquam ex opere operato, sed utriusque beneficii confirmatio et obsignatio."

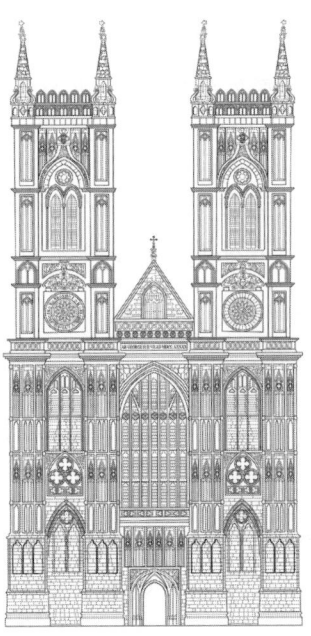

The Faith Once Delivered

제5장

교황제에서 원칙으로

언약도들과 그리스도의 왕권

데이비드 맥케이(David McKay)

언약도들(Covenanters), 즉 17세기에 자신들을 국가 언약(national covenants)에 예속되게 한 스코틀랜드 장로교도들만이, 그들의 영적인 자손들과 더불어 그리스도의 왕권에 대한 믿음에 있어서 배타적이지 않았다. 그들은 교회의 역사 속에서 성경을 믿는 그리스도인들 다수와 이 믿음을 공유했다. 그럼에도 불구하고, 언약도들은 하나님의 섭리 가운데 그리스도께서 통치하신다는 사실을 특별히 강조했다. 알렉산더 레슬리(Alexander Leslie) 장군 휘하의 언약도 군대는 1639년의 둔스 법(Dunse Law)으로 인해 찰스 1세의 군대와 부딪히게 되었는데, 이는 제1차 주교전쟁(First Bishop's War)으로 알려졌고, 언약도 군대는 승리의 깃발을 펄럭였다. 언약도들은 교회적, 정치적으로 스튜어트 가문과의 전쟁 중에 그들이 "예수님의 왕권"을 주장하고 옹호한다고 강하게 믿었다.

그리스도의 왕권 교리에 대한 언약도들의 사고가 그들의 역사 가운데 어떻게 발전했는지 반드시 잘 이해해야 한다. 이 과정에서 그들은 "개혁 교회는 항상 개혁되어야 한다"라는 그들의 오랜 경구를 주창했다. 국가에 대한 그리스도의 중보적인 왕권 교리도 마찬가지이다. 1990년의 『아일랜드 개혁장로교의 선언』(*Testimony of the Reformed Presbyterian Church of Ireland*)에 따르면, "국가들은 성부 하나님의 불변의 작정에 의해 예수 그리스도께 주어졌으므로, 그리스도께서 최고의 주(supreme Lord)로서 국가들을 통치하신다. 따라서 그들은 예수 그리스도를 모든 면에서 인정하고 섬겨야 하며, 그들에게 계시된 만큼의 중재의 권위를 그리스도께 돌려야 한다."[1]

1646년, 사무엘 러더포드(Samuel Rutherford)의 글에는 다소 다른 의견이 나타나 있다. 교회와 국가의 관계를 고려하면서, 러더포드는 기독교 정치가들은 교회의 안녕을 증진시킬 의무를 가진다고 주장한다. 그는 단순히 정치가이기만 한 정치가는 그리스도인의 대리자가 아니며, 그가 "교황제의 핵심"(the heart and soule of Popery)이라고 부른 견해를 가르쳤다.[2] 분명히 그 사이 수세기 동안 언약도들의 사고에 주요한 변화가 있었던 것이다.

본 장에서는 17세기부터 현재에 이르기까지의 그리스도의 왕권에 대한 언약도들의 견해들을 추적할 것이다. 많은 점에서 그러한 견해들 사이에 시간을 초월하는 놀랄 만한 일관성을 보게 될 것이지만, 가끔 특별히 국가들에 대한 그리스도의 중보적 왕권(mediatorial

---

[1] *Testimony of the Reformed Presbyterian Church of Ireland* (1990), 24.

[2] Samuel Rutherford, *The Divine Right of Church-Government and Excommunication* (London, 1646), 601.

kingship)에 대해서는 상당한 변화들이 언급될 것이다. 결국 한때 "교황제"로 조롱을 받던 것이 이제는 언약도들의 확고하고 특징적인 원리가 되어 버렸다.

1. 웨스트민스터 총회 위원들

몇몇 스코틀랜드 목회자들이 "엄숙 동맹과 언약"(Solemn League and Covenant, 1643)의 조항에 따라, 웨스트민스터 총회의 잉글랜드 목회자들과 의논하기 위해 파송된 위원들에 포함되어 있었다. 그들 중에서는 조지 길레스피(George Gillespie)와 사무엘 러더포드와 같은 뛰어난 신학자들이 있었고, 그 둘 모두 총회의 논쟁들에서 뛰어난 역할을 했다.

1638년 국가 언약에서 스코틀랜드인들은 이미 찰스 1세가 교회에 대한 전권을 절대적으로 요구함에 대해 확고히 반대하는 입장을 취했다. 언약도들은 그리스도만이 교회의 머리이고, 어떠한 사람도 그 지위를 강탈 할 수 없음을 주장했다. 그 과정에서, 그들은 단순히 앤드류 멜빌(Andrew Melville)의 견해를 되풀이하였는데, 이는 1596년의 제임스 6세에게 행한 멜빌의 유명한 연설에서 왕에게 상기시킨 내용이다.

> 스코틀랜드에는 두 명의 왕과 두 개의 왕국이 존재한다. 예수 그리스도라는 왕과, 그의 왕국, 즉 교회(the Kirk)가 있다.[3]

---

3 다음에서 인용함. J. D. Douglas, *Light in the North* (Exeter: Paternoster Press, 1964), 19.

웨스트민스터 총회에서, 다양한 반대자들과의 논쟁과 팜플렛 교환을 통해, 스코틀랜드 위원들은 같은 견해를 고수했다.

1) 조지 길레스피(George Gillespie, 1613-48)[4]

비록 러더포드보다 덜 알려졌지만, 러더포드보다 나이도 더 많고, 더 다양한 사역에 몸담았던 길레스피는 그리스도의 왕권에 대한 고견을 가진 옹호자이자 논쟁자로서의 유능함을 보여주었다.

길레스피가 그리스도를 교회의 유일한 수장으로 보는 견해를 충심으로 견지했다는 것은 놀라운 일이 아니다. 예를 들어, 1647년 스코틀랜드 장로교 총회의 명령에 의해 인쇄된 그의 『111 신조들』(One Hundred and Eleven Propositions)에 잘 나타난다. 100번째 조항에서 길레스피는 "참된 주님이시며 만왕의 왕이신 예수 그리스도께서 교회의 유일한 통치자이심"에 대해 말한다.[5]

상당수의 이러한 간결한 언급들이 신조 전체에서 나타나는데, 길레스피는 그리스도의 왕권은 교회에 대한 것임을 밝힌다. 예를 들어, 첫 조항에서 길레스피는 주 예수 그리스도께서 "그분의 교회를 성령을 통해서 보이지 않게 가르치고 통치하신다"고 진술한다.[6] 그리스

---

4 그리스도의 왕권에 대한 Gillespie의 견해들에 대한 보다 충분한 설명을 위해서는 다음을 보라. W. D. J. McKay, *An Ecclesiastical Republic: Church Government in the Writings of George Gillespie* (Carlislel/Edinburgh: Paternoster, 1997), 2장.

5 George Gillespie, *One Hundred and Eleven Propositions concerning the Ministry and Government of the Church* (Edinburgh, 1647). 이 작품은 다음에서 볼 수 있다. The Presbyterian's Armoury, vol. 1 (Edinburgh, 1846). 21에서 인용.

6 Gillespie, *Propositions*, prop. 1, p. 5.

도께서는 또한 교회를 모으시고 지키시고 세우시고 가르치시며 구원하신다. 따라서 모든 면에서 교회는 그 존재를 왕이자 머리이신 그리스도께 의존하는 것이다. 교회 내의 모든 유효한 권위 또한 그리스도로부터 나오는데, 이는 교회의 권위에 대한 찰스 왕의 주장들을 반대하는 가장 중요한 원리였다. 길레스피는 그리스도께서 그의 도구로 성직자들을 사용하시고 그분의 교회의 특정한 규례, 즉 가르치는 목사와 배우는 무리가 있는 것과 같은 규례를 세우셨다고 주장한다.

권위는 교회에 대한 그리스도의 통치를 이해하는 데 있어서 길레스피에게는 가장 중요한 요소이다. 제5항에서, 그는 그리스도를 "우리의 유일한 입법자(lawgiver)이자 아버지의 뜻을 해석하는 자"로 언급했으며,[7] 그리스도께서 예배와 자신의 집 치리를 위한 규율을 성경에 계시된 법으로 규정하셨다고 믿었다. 또한 그러한 믿음은 왕인 그리스도께서 교회가 반드시 따라야 하는 것으로 스코틀랜드인에게 "하나님의 법에 따라"(유레 디위노[jure divino]) 고수한 장로제도(Presbyterianism)를 성경, 즉 하나님의 법전에 계시하셨다고 주장했다. 그들은 확고히 웨스트민스터 총회의 논쟁에서 교회 정치(church government)의 이러한 입장을 옹호했다. 길레스피와 같은 사람에게는, 그리스도의 왕의 법이 교리뿐 아니라 교회 권위에 대해서도 구속력이 있다고 보았다.

길레스피는 또한 제5항에서 주장하기를, 이러한 그리스도의 통치를 그로부터 떼어 내어 사람들의 계획이나 결의, 법들에 적용하는

---

7 Ibid., prop. 5, p. 5.

것은 불경하다고 주장한다. 오히려 "믿음의 법은 사람의 계획과 목적들을 이러한 규칙에 따르고 순종하도록 하는 것이다."[8] 그리스도의 법은 항상 그분의 교회보다 우선해야 하고, 어떠한 사람의 법도 그것을 대신할 수 없다.

교회와 국가의 관계에 있어 그리스도의 왕권에 대한 길레스피의 견해는 웨스트민스터 총회 회원이자 런던의 콘힐(Cornhill)에 있는 성 베드로 교회의 교구목사(rector)인 토마스 콜맨(Thomas Coleman)의 출판물에 대한 답변으로 쓴 팜플렛에 자세하게 나타난다. 콜맨은 에라스투스파의 견해를 주장했는데, 이는 교회는 국가의 권위에 복종해야 한다고 믿는 것으로, 스코틀랜드 장로교도들에게는 저주와 같은 것이었다. 세 개의 팜플렛, 『한 형제의 조사』(*A Brotherly Examination*), 『허무한 반응들』(*Nihil Respondes*), 『남자 아우디스』(*Male Audis*)[9]에서, 길레스피는 다른 입장을 개진했다.

논쟁의 핵심은 기독교 정치가들이 그들의 직위를 "그리스도 휘하에서, 그리고 그리스도를 위해" 유지해야 한다는 콜맨의 주장인데, 이는 길레스피도 충분히 동의할 수 있는 원리이다. 그러나 콜맨은 모든 정부가 중보자이신 그리스도에 의해 주어진 것이라는 견해에 입각하는데, 그 근거로 에베소서 1:21-23을 제시한다. 길레스피는 그러한 견해는 이교도 정치가는 중보자인 그리스도로부터 권위를 도출할 방법이 없기 때문에, 이교도 또는 불신자인 정치가들의 직위를 박탈하는 것이라고 반박한다. 이는 길레스피와 콜맨 사이의

---

8 Ibid.

9 이 세 팜플렛은 *The Presbyterian's Armoury*, 1:10에 있다.

중대한 차이를 드러낸다. 한편으로는 둘 다 중보자 그리스도께서 교회의 머리이자 국가보다 우위에 있음을 믿지만, 그리스도께서 영원한 아들 또는 성육신한 중보자이신가에 대해서는 일치하지 않는다. 길레스피는 다음과 같이 주장했다.

> 하나님과 자연이 정치가들을 만들었고 위대한 권위를 주었지만 그들이 중보자 그리스도로부터 권위를 받은 것은 아니다.[10]

그리스도의 통치 – 특별히 국가들에 대한 – 그리고 정부들에 대한 관계에 대한 길레스피의 주장 전체를 알려주는 중요한 특징은 콜맨과의 논쟁에서 드러난다. 길레스피는 하나님의 아들이 만물에 대해 절대적인 권위를 가진다는 그의 반대자들의 주장에 동의한다. 그래서 길레스피는 말하기를, "나는 그리스도 역시, 하나님의 영원한 아들로서 아버지 하나님과 성령과 더불어 모든 사람의 나라들을 통치하고 다스리신다는 것을 알고 있다."[11] 하나님처럼 그리스도께서도 마태복음 28:18의 암시와 같이 하늘과 땅의 모든 권세를 가지고 계신다. 길레스피는 또한, 그것은 "영원한 세대에 의해 권세를 가지신 하나님의 아들이라는 선언을 통해, 로마서 1:2에서와 같이 그분이 죽음에서 부활하실 때" 주어진 것이라고 말한다.[12]

---

10 George Gillespie, *A Brotherly Examination of Some Passages of Mr. Coleman's Late Sermonupon Job xi. 20 as It Is Now Printed* (London, 1645), in *The Presbyterian's Armoury*, 1:10.

11 Ibid., 11.

12 Ibid.

길레스피는 중보자 그리스도께서 하나님과 같이 그분의 교회의 적들을 정복할 권세를 가지셨지만, "중보자로서 그분은 오직 교회의 왕, 머리, 그리고 통치자이시며 다른 왕국을 갖지 않으신다"는 데 동의한다.[13]

길레스피와 비교하여, 콜맨의 경우 기본적인 약점은 그리스도께서 그분의 영적인 몸인 교회의 구성원들이 아닌 사람들, 특히 믿지 않는 정치가에 대해서도 머리이심을 주장하는 것이다. 그리스도의 중보 사역(Christ's mediatorial work)을 이해하는 데 있어서, 우리는 그분이 선지자이자 제사장으로서 그분의 백성이 아닌 백성에게 대해 왕이심을 생각할 수 없다는 것이다. 이 원리는 그리스도의 왕권과 관련된 성경구절들에 대한 길레스피의 해석이 보여준다. 예를 들면, 에베소서 1:22을 다루면서, 길레스피는 이 구절들이 "만물 위에 계신 그분을 하나님이 교회에 대해 머리가 되도록 하셨다"고 번역해야 한다고 주장한다. 이는 길레스피로 하여금 하나님처럼 만물 위에 계신 그리스도께서 **중보자로서** 교회 위의 머리가 되었다는 주장을 가능하게 했다.

길레스피는 만물에 대한 그리스도의 우위를 부정하려는 것이 절대로 아니다. 오히려 그의 관심은 성경적 토대 위에서 교회에 대한 그리스도의 통치와 교회 밖에 있는 자들에 대한 통치 방식들을 구별하려는 것이다. 그의 입장은 그의 유명한 다음 논문의 제2권 5장의 제목에 잘 요약되었다고 할 수 있다. 『아론의 싹 난 지팡이』(*Aaron's Rod Blossoming*): "예수 그리스도의 두 왕국에 대하여: 하나님의 영원

---

[13] Ibid.

한 아들로서, 모든 권세와 열국의 머리로서, 모든 피조물을 다스리는 일반적 왕국과 중보자로서 교회만을 다스리는 특별한 왕국."[14]

2) 사무엘 러더포드(Samuel Rutherford, 1600-61)

그리스도의 통치에 대한 길레스피의 견해는 더 유명한 고국 동료이자 총회 참석자인 러더포드와 공유되었다. 러더포드의 논쟁적인 저작들의 상당부분이 교회 정치의 문제, 특히 하나님의 법에 따른 장로제도의 옹호를 다루며, 그 근본 원리는 교회에 대한 그리스도의 유일하고 절대적인 머리됨이다. 이에 대한 단적인 예는, 그의 책 『교회 정치와 출교에 대한 하나님의 권리』(*The Divine Right of Church-Government and Excommunication*, 1646)의 서론에서의 주장이다.

> 그리스도께서는 교회의 머리, 유일한 머리이시다. 이 직위에 따라 그리스도를 만물보다 먼저 있고, 그분 안에 만물이 구성되며, 시작으로서, 죽은 자들 중 먼저 나신 분이고, 만물에 대해 우월함을 가지신다. 그분은 유일하게 절대적으로 그러하시다. 그래서 그분은 교회라는 몸의 유일한 머리이시다(골 1:17, 18).[15]

이러한 머리됨은 교회의 가시적 측면과 비가시적 측면 모두와 관

---

14 George Gillespie, *Aaron's Rod Blossoming; or the Divine Ordinance of Church Government Vindicated* (London, 1646), repr., in *The Presbyterian's Armoury*, vol. 1, and by Sprinkle Publications(1985).

15 Rutherford, *Divine Right of Church-Government*, 13-14.

계된다. "그분은 정치 기구(politic body)의 머리이시다. 따라서 그분은 신비적이고 불가시적인 몸뿐 아니라 모든 외적인 것에 있어서도 머리이시다."[16]

불가피하게 역사적으로 러더포드는 길레스피처럼 교회와 정부 간의 골치 아픈 문제와 씨름해야 했다. 러더포드는 기독교 정치가들이 교회의 안녕을 증진시킬 의무를 가지고 있다는 점에 대해 확고했지만, "단순히 정치가로서의 정치가들은 중보자 그리스도의 대리자도 사절도 아니다"[17]라고 주장한다. 이 교리는 우리가 도입 부분에서 언급한 것처럼, 러더포드가 "교황제의 핵심"으로 묘사한 것이다.[18] 콜맨과 논쟁한 길레스피처럼, 러더포드 역시 그리스도께서 모든 국가의 중보적 왕이시라는 다른 사람들의 견해로부터 도출된 에라스투스파의 결론에 대해 반대했고, 그리스도를 인정하지 않는 불신 정치가들도 진정한 정치가들이란 점을 보여주려는 데 관심이 있었다.

러더포드는, 그리스도께서 자신에 대한 믿음을 보이지 않는 사람들에 대해 중보적 왕이 될 수 없다는 길레스피의 신념을 공유한다. 그래서 러더포드는, "그리스도께서는 불신 정치가들과 같은 자들에게는 중보자적 왕이 아니다"[19]라고 말한다. 그러한 주장은 그리스도의 복속들이 중보적 왕이신 그리스도께 하나님의 영원한 선택의 작정과 그분의 그리스도의 구속 사역에서의 실행에 의해 주어졌다는

---

16 Ibid., 14.

17 Ibid., 601.

18 Ibid.

19 Ibid., 610.

확신에 기초한다. 우리는 길레스피를 다룬 부분에서, 전통적으로 그리스도의 중보자로서의 "직위"를 구성하는 것으로 여겨진 세 요소들을 함께 묶는 문제에 관심을 두어야 한다. 그리스도께서는 그분이 선지자와 제사장의 역할을 하지 않는 사람들에 대해 왕으로서 묘사되지 않아야 한다. "그리스도께서는 중보자 왕과 머리 또는 자신에게 복속된 백성의 중보적 왕이자 머리이시며 그들은 이 왕의 승리로 구속된 자들이며 머리인 그분의 몸(즉 교회)의 지체이다."[20] 러더포드의 생각에, 만약 그리스도께서 모든 사람(모든 민족)에 대한 중보적 왕이시면, 자연과 은혜에 대해서도 동일하실 것이다.

그러므로 길레스피가 그리스도의 지배를 받는 두 왕국을 구별한 것이 러더포드의 저작들에서도 정확히 반복된다. 러더포드는 그리스도의 중보적 능력에 대한 언급을 마태복음 28:18에서 찾고 그것이 "모두 영적이며 교회의 능력"이라고 주장한다.[21] 이는 그리스도께서 민족들에 대해 권능을 가지신다는 의미를 부정하는 것이 아니다. "이제 하나님이자 세상의 창조자이신 그리스도께서 세상의 왕국을 가지고 계심을 부정할 수 없고 그분이 모든 주의 주(Lord of Hosts)로서 보편적 권능의 왕국(레그눔 포텐티아이[*regnum potentiae*])을 가지고 계시다는 것을 부정할 수 없다."[22] 이러한 이유로, 그리스도께서는 그분이 원하시는 대로 모든 세상에서의 영역들을 배치하실 수 있다.

이와 같은 생각이 러더포드가 1630년대에 커크컷브라이트

---

20 Ibid., 612-13.

21 Ibid., 611.

22 Ibid.

(Kirkcudbright)에서 추수감사절 성찬예배에서 행한 요한계시록 19:11-14에 대한 설교에서도 발견된다.

> 이 세상의 모든 왕국이 그분의 것이고, 세상의 모든 왕좌도 그분의 것입니다(영국, 프랑스, 스페인, 이스라엘, 유다 등 아침까지도 그 목록을 나열할 수 있다). 그 모든 세상의 왕국과 왕좌는 다 창조자 하나님이신 그리스도의 소유입니다.[23]

그러한 견해를 고수하는 데 있어서, 길레스피와 러더포드는 그 시대의 스코틀랜드뿐 아니라 유럽 전역의 개혁파 신학자들 사이의 공통된 견해를 보여준다.[24] 예를 들어, LC 45에 있는, 구속자이신 그리스도께서 왕의 직분을 어떻게 수행하시는가에 대한 진술이 순전히 교회의 측면에서 이루어진다는 것은 중요하다. 스코틀랜드 위원들은 당대 개혁파 신학의 주류에 서 있었다.

2. 투쟁과 박해의 시기

1647년의 2차 내전의 종식에 이어, 슬프게도 언약도들 사이에 점

---

23 Samuel Rutherford, *Fourteen Communion Sennons* (1877; repr., Edinburgh: Blue Banner Productions, 1986), 15-16.

24 대표적인 예는 다음에서 볼 수 있다. Heinrich Heppe, *Reformed Dogmatics Set Out and Illustratedjrom the Sources*, rev. and ed. Ernst Bizer, trans. G. T. Thompson (1950; repr., Grand Rapids: Baker, 1978).

점 더 분열이 증대되었는데, 일부는 그들의 희망을 스튜어트 왕조의 회복에 둔 반면, 다른 이들은 1643년의 엄숙 동맹과 언약의 정신과 문서를 엄격히 고수하는 데 두었다. 찰스 1세의 처형 이후 잉글랜드 정부의 불안정함과 공화정(Commonwealth)의 제도화는 1660년 찰스 2세에 의해 군주제의 복귀를 가져왔다. 언약에 충실하게 머물렀던 사람들은 왕이 교회에 대한 왕의 권위를 재차 주장하려는 것에 대해 분노를 느꼈다. 이어 많은 언약도가 탄압을 받고 자신들의 확신에 대한 대가를 치루게 되면서 대륙으로 도피했다.

이러한 상황에서 언약도들의 관심은 불가피하게 교회에 대한 그리스도의 왕적 권위에 집중되었으며, 이는 직접적으로 찰스 2세에 의해 도전을 받았다. 국가에 대한 그리스도의 왕권의 속성은 언약도들의 저작에서 사라지지 않았지만, 길레스피와 러더포드 경우에서 분명히 드러나는 그 정확성은 다소 흐려졌다.

1) 변증적 관계(An Apologetical Relation, 1665)

웜프리의 존 브라운(John Brown of Wamphray, 1610-79)은 언약도로서의 확신 때문에 네덜란드에서 망명하는 동안, 찰스 2세의 주장에 대한 언약도들의 반대를 철저히 옹호하는 글을 썼다. 그는 1655년에 출판된『변증적 관계』(*An Apologetical Relation*)에서, 언약도들이 왕의 명령에 의해 스코틀랜드 장로교가 세워졌을 때 여기에 가입하지 않은 행동은 옳고 필요한 것임을 증명하는 풍부한 성경적, 역사적 증거들을 제공했다.

제임스 거쓰리(James Guthrie, 1616-61)와 같은 경건한 사람들은 이미 그들의 확신을 위해 그들의 삶을 포기했었다.

브라운의 관심은 교회에서의 지고의 권위를 행사하려는 왕의 주장이 교회의 진정한 왕(그리스도)의 정당한 특권을 강탈했다는 사실에 집중되었다. 교회에 대한 그리스도의 중보적 왕권은 찰스가 그의 거짓 주장들을 내려놓는 것을 요구한다.

브라운이 고려한 사안은 충성의 맹세를 서약하는 것인데, 이는 언약도들이 일관성 있게 거부하는 행위였다. 그들은 왕에 대한 적절하고 성경적으로 합당한 충성을 거부한 것이 아니었다. 그 이유는 "왕이 모든 사람과 모든 대의에 대한 유일한 통치차"라는 진술이 부가적 설명 없이는 모호했기 때문이었다. 이 어구에 대해 언약도들이 제대로 인식한 위험은, 브라운의 말에 따르면, "교회의 머리이자 왕인 주 예수 그리스도를 잘못 이해하는 것"이었다.[25] 언약도들의 눈에는 많은 경우, 왕이 보여준 말과 행동은 왕인 예수님께만 속하는 교회에 대해 그가 무엇을 요구하는 지를 보여주었다.

브라운이 고려한 또 다른 사안은 교회, 특히 스코틀랜드 장로교에서의 성직자들의 권위이다. 긴 역사적 논증을 통해, 그는 시민 통치자(civil rulers)로부터 성직 기능을 수행하도록 위임받은 성직자들이 하나님의 백성으로부터는 인정을 받지 못했다고 서술한다. 이 맥락에서, 브라운은 총회에서 쓰인, 당시 왕의 허가를 위해 보내진 몇몇 진술들을 인용한다.

예를 들어, 1582년, 총회는 제임스 6세에 대한 언급과 함께, "왕

---

25 John Brown, *An Apologetical Relation of the Particular Sufferings of the Faithful Ministers and Professors of the Church of Scotland since August 1660* (Edinburgh, 1845), 69.

이, 일부 고문들의 조언에 의해 영적인 힘과 권위를 자신이 취하려 했다. 그러나 이는 마땅히 교회의 왕이자 머리이신 그리스도께 속한 것이다"[26]라고 불평했다. 브라운은 당연히 총회가 이런 식으로 하나님이 분리시킨 두 개의 관할권(jurisdictions)을 혼동시켜 "진정한 종교의 모든 것을 파선시키는 결과"를 가져올까 두려워했다.[27] 다음 총회에서 그는 초안된 한 조항은 "교회의 지배권이 성부 하나님에 의해 중보자 그리스도를 통해 수여된다"[28]는 사실을 언급하는데, 이는 그분이 선택하시고 부르신 교회 직원들에게만 수여된 것이다. 언약도들은 분명히 스튜어트 왕가의 주장이 예수님의 왕되심에 관한 주장과 공존될 수 없다고 보았다.

후반부에서 브라운은 에드워드 스틸링플릿 주교(Bishop Edward Stillingfleet, 1635-99)의 견해와 연관시키는데, 에드워드는 잉글랜드 국교회 교도들과 장로교도들 사이의 연합을 주장하고 교회 정치의 형태를 핵심적인 것이 아닌 것으로 취급했다. 브라운은 이 주교를 "하나님이 시온의 왕으로 삼으시고 그분의 적들이 그분의 발등상이 되기까지 통치하실 그리스도의 왕위의 특권에 반하는 자"라고 비난했다.[29]

스코틀랜드 회복교회(Restoration Church of Scotland)에 대한 언약도들의 거부를 옹호하는 맥락에서 브라운이 그리스도의 위치에 대

26　Ibid., 97.

27　Ibid.

28　Ibid.

29　Ibid. 108.

해 "그분의 교회와 왕국의 왕이자 유일한 왕"[30]인 점에 집중한 것은 자연스럽다.

2) 리차드 카메론(Richard Cameron, 1680년 사망)

1680년 7월 20일에 에어스모스(Airsmoss)에서 전사한 카메론은 "살육의 시대"(Killing Times) 동안 언약도들 가운데 주도적인 설교가 중 하나였다. 비록 그가 출판을 위해서는 글을 쓰지 않았지만, 그의 설교 중 다수가 출판되었다.[31]

1680년 5월 20일, 카메론은 호세아 13:9-10을 설교했는데, 그는 "내가 너의 왕이 될 것이다"[32]라는 이스라엘을 향한 주의 말씀에 특별히 집중했다. 언약도 설교가들이 종종 그랬듯이, 카메론은 이 본문을 스코틀랜드, 즉 스코틀랜드 장로교와 그 성직자들 그리고 스코틀랜드의 백성에게 적용했다. 교회와 국가 사이가 모호해졌는데, 아마도 그 이유는 부분적으로는 유일한 하나의 교회만 있고, 어떤 의미에서는 거의 모든 백성이 이 한 교회에 연결되었기 때문이었다. 카메론은 스코틀랜드의 비천한 영적 상태와 그의 교회에서 그리스도의 통치를 강탈하려는 세속 당국자들의 시도들에 대해 슬퍼했다.

카메론은 "너를 도와주는 나"라는 어구를 고찰하면서 그의 청중에게 큰 기독교적 열정을 촉구했다. 그는 어떤 의미에서 그들이 그

---

30 Ibid.

31 *Sermons Delivered in Times of Persecution in Scotland, by Sufferers for for the Royal Prerogatives of Jesus Christ* (1779; repr., Edinburgh, 1880).

32 성경 인용은 KJV이다(본 역서에서는 개역개정을 인용한다-역주).

리스도의 도움을 얻을 수 있는지를 그리스도께서 말씀하고 계시다고 생각한다.

> 만약 여러분이 그리스도로부터 도움을 얻고자 한다면, 여러분은 반드시 그리스도를 당신의 왕으로 삼아야 하고, 그리스도를 교회의 머리로 삼아야 합니다.[33]
> 우리의 주 예수님은 그분의 거룩한 산 시온의 왕이고시 또 그래야만 합니다. 교회에는 그 외에 어떤 왕도 없습니다. 주님은 그분 자신을 당신들 안과 당신들 위에 당신들을 다스릴 왕으로 주셨습니다. 이에 대해 여러분은 어떻게 생각하십니까? 우리 주께서 이제는 왕위를 빼앗기시고, 폭군이 그분의 자리를 차지했습니다…이제 여러분은 영광의 왕, 만군의 주께서 여러분의 마음과 영혼에 들어오시도록 하시겠습니까?…여러분은 기름부음 받으신 그리스도를 당신과 교회의 왕으로 받아들이십니까? 주 예수 그리스도 외에는 하나님의 기업 위에 어떠한 주도 없음을 인정하십니까?[34]

이어서 카메론은 "내가 너희의 왕의 될 것이다"라는 말씀으로 방향을 돌려, 비록 많은 스코틀랜드인이 찰스를 그들의 왕으로 원하지만 "우리는 우리에게 그리스도 외에는 다른 어떤 왕도 없다고 외쳐

---

33   *Sermons Delivered*, 413.

34   Ibid.

야 합니다"³⁵라고 주장한다. 그에 따르면, 이것은 언약도들이 시민 권력의 폐지를 주장하는 것이 아니라 "하나님의 대의와 관심에 맞게 권력을 사용할"³⁶ 통치자를 원한다는 의미이다. 그는 스코틀랜드가 현재의 불신 통치자들이 대체될 때까지, 그리고 하나님이 그러한 급진적 변화를 가져오실 때까지 결코 좋은 날을 볼 수 없을 것이라고 주장한다. 그는 예레미야 30:21("그 영도자는 그들 중에서 나올 것이요 그 통치자도 그들 중에서 나오리라")을 인용하면서, "실제로 우리는 통치자를 통해 주로 우리 주 예수 그리스도를 알게 됩니다. 그러나 그리스도께서 그분의 교회와 백성의 유수로부터 돌이키실 때, 어떠한 통치자도 적어도 그 직위에 있어서 그리스도와 같은 통치자가 될 수 없습니다"³⁷라고 말한다.

카메론은 그의 조국에 대한 자신의 희망을 이렇게 표현한다.

> 이 세대가 이러한 통치자들을 무시함으로써 존경받게 될는지 저는 모릅니다. 그러나 주님이 그리스도를 다시 원래의 자리에 세우시기 위해, 그리고 시민이나 교회 회원으로서의 우리의 자유를 회복시키기 위해 도구로 만드신 사람들인 주님의 백성들은 이 세상 왕을 거절할 것이고, 그 왕의 통치 아래 있는 자들에 대해 주께서 노여워하실 것입니다.³⁸

35　Ibid.

36　Ibid., 414.

37　Ibid.

38　Ibid., 415.

정치적, 종교적 사안들이 1648년의 국가 언약에서처럼 카메론의 사고에서도 결합되어 있는 것으로 보인다. 길레스피와 러더포드에 의한 차이점들은 카메론의 수사적 배경에 깔리는 경향이 있다. 세속적이든 교회적이든 그리스도께서는 스코틀랜드와 그분의 모든 백성의 왕이시다.

그의 다른 언약도 형제들처럼, 카메론도 종말론으로 후천년설을 고수했다. 이는 그의 죽음 바로 이틀 전의 설교에서 가장 흥미로운 방식으로 나타난다. 본문은 시편 46:10("너희는 가만히 있어 내가 하나님 됨을 알지어다 내가 뭇 나라 중에서 높임을 받으리라 내가 세계 중에서 높임을 받으리라 하시도다")이었다. 한 부분에서, 카메론은 스코틀랜드에서의 보다 좋은 시절을 회상한다. "정말로, 스코틀랜드 장로교는 고귀했습니다…그 시기에 시온은 스코틀랜드에 당당하게 존재했습니다."[39] 이어 그의 종말론적 시각이 전면에 드러난다.

> 우리는 교회가 요한계시록에 나타난 것보다 더 고귀하고 영광스럽게 될 것이고, 교회가 이전보다 더 큰 권세를 가지게 될 것이라는 견해를 가지고 있습니다…우리 주가 세계 위에 높아지실 것이고, 우리는 주께서 스코틀랜드에서도 높아지실 것이라는 데 이견이 없습니다.[40]

카메론에 따르면, 그리스도의 촛대가 바로 로마의 문까지 옮겨질

---

39 Ibid., 457.

40 Ibid., 457-58.

것이고 로마는 불과 함께 타버릴 것이다. 만약 복을 잃고 싶지 않다면 스코틀랜드인은 왕인 예수를 받아들여야 한다. 종말에 여러 국가들의 시민들은 그리스도의 왕으로서의 권위 아래 교회가 될 것이다.

3) 놓인 암사슴(A Hind Let Loose, 1687)

박해 시기 동안의 언약도들의 원리들에 대한 가장 광범위한 옹호가이자, 이전에 존 오웬(John Owen)의 속기사였던 알렉산더 쉴즈(Alexander Shields, 1660-1700)에 의해 1687년 처음으로 출판된『놓인 암사슴』(*A Hind Let Loose*)에서 이루어졌다. 쉴즈는 당시 스코틀랜드 장로교에 대한 관계에 있어서 언약도들의 엄격한 위치를 옹호하고자 하여 고대부터 시작하여 스코틀랜드의 영성의 역사에 관해 쓰고자 했다.

우리의 연구 목적에 특별히 중요한 것들이 쉴즈의 글 3부의 초반부에 언급되어 있는데, 여기서 그는 언약도들의 증언에 대한 언급과 변호로 시작해 언약도들의 증언의 핵심을 다음과 같이 요약한다.

> 왕 중의 왕이라는 영광과 놀라운 특권들 그리고 하나님 나라의 왕권을 위해, 그의 가시적인 왕국과 관련하여, 그 왕국의 통치는 때론 강탈당하고, 침략당하는 하늘 권세와 관련해, 중재자이자 왕이시며, 교회의 머리로서뿐 아니라 세계의 보편적 왕이신 그리스도의 어깨에 놓여 있다.[41]

---

41   Alexander Shields, *A Hind Let Loose; or, An Historical Representation of the Testimonies*

여기서 쉴즈의 언어는 앞에서 살펴본 길레스피와 러더포드의 그리스도의 왕권에 대한 견해를 그대로 보여준다. 이 점은 계속되는 쉴즈의 설명에서 확인된다.

우선 그는 중보자로서의 그리스도께서 행사하시는 지배를 다음과 같이 정의한다.

> 그리스도께서는 중보자이시기 때문에, 그분의 왕국에 대한 최고의 우위권 및 유일한 통치권을 갖는 것, 그분의 정부를 세우고 법을 제정하는 것, 그분의 직원들을 세우는 것, 그분의 법령들(ordinances)을 만드는 것은 그분의 특권이다. 이것들은 그분이 어떠한 변경이나 부가나 축소 없이 그분의 재림 때까지 유지될 것이다. 이러한 그분의 특권은 에라스투스파의 고위성직제도, 불경한 우위권, 적그리스도적인 교황제에 의해 침해되었으며, 이것들은 그리스도의 정부를 뒤집고, 그분의 법을 전복시키고, 그분의 관리들을 부패시키며, 그분의 법령들을 오용한다. [42]

쉴즈는 분명히 그리스도께서 교회에 대한 중보적 왕이심을 믿고, 교회에 대해 그분이 절대적 권위를 행사하심을 믿는다. 앞에서 살펴본 대로, 이러한 그리스도의 특권은 스튜어트 왕가의 주장들에 의해 도전을 받았고, "적그리스도적 교황제"에 대한 이 언급은 1687년의 군주제에 대해, 2년 뒤 "개신교 윌리엄 3세와 메리(메리 또한 스튜어트

---

of the Church of Scotland, for the Interest of Christ. With the True State thereof in All Its Periods (1687;repr., Glasgow, 1797), 248.

42　Ibid.

왕가에 속한다)의 명예 혁명"에 의해 대체된 로마 가톨릭 제임스 2세를 명백히 가리키는 것이다.

쉴즈는 이어서 그리스도의 통치를 시민 정부(civil government)와 관련하여 고려한다. 다른 종류의 통치는 이 점에서 행사된다.

> 그분은 하나님이시며 보편적 왕이시기 때문에, 절대적이고 제한되지 않는 권력을 행사하실 뿐만 아니라 그분의 권위와 통치 법령으로 그분을 대리하는 성직자들에게 정의를 행사하는 것, 그분께 복종하도록 하는 것, 그분의 법에 의해 제한받도록 하는 것, 그리고 그분의 영광과, 인류의 행복을 증진시키도록 하는 것도 그분의 공유될 수 없는 특권이다.[43]

쉴즈에 따르면, 시민 정부와 국가의 일들은 중보자가 아닌 하나님으로서 통치하시는 그리스도의 왕국에 속한다. 이러한 그리스도의 특권들은 또 다시 제임스 2세와 그 복속자들에 의해 강탈되었다.

이런 식으로 시민 정부를 이해하는 것은 나중에 쉴즈가 통치자의 직위에 대한 그 권위를 하나님의 법령으로, 하나님으로부터 그 권위를 도출함으로써 강화되었다. 쉴즈는, "그것은 하나님의 위대한 법령으로, 통치자를 임명하신 지극히 높으신 이의 영광이라는 가장 거룩하고 가장 뚜렷한 특징에 의해 가장 잘 보여지는 것이다"라고 한다.[44] 그는 하나님에 의한 권한들의 임명에 대해 로마서 13장을 언급

---

43 Ibid.

44 Ibid., 316.

하며, 시민 통치가 하나님의 기관에 의해 존재한다는 점을 재확인시킨다. 그것은 단지 자연법의 결과가 아니라, 오히려 "제도와 율령으로 하나님이 특별히 수여하신 것이다."⁴⁵ 이 경우 통치자의 고귀한 임무는 이렇게 설명될 수 있다.

> 그들은 하나님의 대리인(ministers)으로 하나님의 왕좌에 앉아 그리스도로의 기름부음을 받으며 인간이 아니라 주를 위해 성경을 따라 판단한다.⁴⁶

또한 쉴즈는 시민 통치자들이 보다 더 고귀한 임무를 가지고 있다고 주장한다.

> 정부에게 주어진 주요한 일은, 말하자면, 복음과 그리스도의 왕국의 도래이다.⁴⁷

시민 통치자는 그리스도의 중보적 왕국인 교회의 일을 그 자신이 아니라 중보자의 권위 아래 있는 통치자로서의 능력 안에서 진행한다. 이러한 연결에서, 쉴즈는 언약도들이 자주 인용한, 이사야 49:23을 인용하는데, 이 구절은 왕들을 교회의 "양육하는 아버지들"이 되도록 가르치는 것으로 간주된다. 통치자들은 이런 식으로 중보자와

---

45 Ibid.
46 Ibid., 317.
47 Ibid., 355.

관련된다. "그들은 그분의 절대적인 주권에 대한 경외와 존경으로 그분의 법을 받들고, 감히 절충하려는 것 없이, 그들의 지혜로 생각하여 하나님의 집에 적용할 것이다."[48]

중요한 것은 이것이 정부의 언약적 이해의 맥락에서 쓰여졌고, 그 안에 있는 두 언약이 다루어지는데, 이는 1644년 러더포드의 논문 『왕의 법』(렉스 렉스[Lex Rex])에 설명된 견해라는 점이다. 이에 대해 쉴즈는 열왕기하 11:17의 여호야다에 대한 언급에서 다음과 같이 말했다.

> 여기 구별된 두 언약이 있는데, 하나는 하나님과 맺은 언약으로, 왕과 그 백성이 주를 섬기는 데 있어서 영원히 순종해야 하는 것들에 관한 것이고…다른 하나의 언약은 시민의, 즉 정부와 그 복종(subjection)의 조항들과 관련된, 바뀔 수 있는 것들에 관한 것이다.[49]

전체적으로 사용된 언어는 중보자 그리스도가 아닌 하나님과 맺은 언약에 충실하는 것과 관련 된 것이다.

길레스피와 러더포드의 입장은 아직 "살육의 시대"의 언약도들 사이에서 여전히 발견되지만, 다소 명확성이 부족한 부분들이 있는 것으로 미루어볼 때 앞으로 있을 더 큰 변화를 예측할 수 있다.

48　Ibid.

49　Ibid., 354.

3. 18세기: 언약 갱신 및 논쟁

1) 오켄소(Auchensaugh)에서의 언약 갱신(1712)

첫 언약도들의 영적 자손들 사이에 발전된 독특한 특징 중 하나는 언약이 갱신(renewal 또는 renovation)으로 자주 언급되는 것이다. 근본적으로 이것은 1638년의 국가 언약의 갱신, 그리고 1643년의 엄숙 동맹과 언약과 관련되어 있는데, 종종 언약도들의 원칙들을 당시의 사안들에 대해 적용시키는 부가적인 언급들과 함께 이루어졌고, 거기에는 변화된 역사적 환경들을 고려하는 것이 필요했다. 스코틀랜드에서 시작한 언약도의 언약 갱신의 실행이, 예를 들어 아일랜드와 북아메리카 등에 뿌리를 내렸다.

특별히 중요한 "갱신"이 1712년 스코틀랜드의 더글라스(Douglas) 근처의 오켄소(Auchensaugh)에서 일어났다. 이 사건은 "현재 상황과의 타협"이 함께 일어난 갱신으로 설명된다.[50] 오켄소에서 서명된 문서는 성경과 역사로부터 언약도들이 막 취하려는 행동을 정당화하기 위해 긴 역사적 서문과 함께 시작한다. 하나님의 구원의 은혜로운 시작에 대한 언급과 "중보자를 통해 하나님과 약정을 하는(그 언약은 일반적으로 은혜언약이라고 부른다)" 신자들에 대해 언급한다.[51] 거기에다 언약을 맺는 국가적 행위는 다음과 같은 용어로 설명된다.

---

50 *The Auchensaugh Renovation of the National Covenant and Solemn League and Covenant; with the Acknowledgment of Sins and Engagement to Duties, as They Were Renewed at Auchensaugh, Near Douglas, July 24, 1712* (Philadelphia, 1880), 9.

51 Ibid., 10.

그래서 스코틀랜드, 잉글랜드, 아일랜드 이 세 왕국이 함께, 그리고 스코틀랜드 스스로, 하나의 독립국가로서, 하나의 명백한 방법으로, 세계의 모든 나라 위에 주께 헌신하고 복종하는 영예를, 그리고 가장 자발적이고 자유로운 선택을 통해, 가장 엄숙한 맹세 아래, 가장 종교적인 방식으로, 약정에 들어가는 영예를 갖는다. 또한 그들은 그들의 모든 것, 즉 관심과 명예와 왕국의 번성, 복음의 확장과 교회의 개혁, 그리고 종종 주님께 그분의 이름에 합당한 존경을 공개적으로 말하며, 적들을 혼란스럽게 만든다.[52]

문서를 작성한 이들은 역사적인 언약들이 은혜언약과 동일한 것으로 간주되어서는 안 된다는 점을 강조하지만 이 언약들은 "존엄하게 추가된 새 의무들, 즉 우리를 모든 의무에 묶으며, 특별한 기독교적 대화뿐 아니라 종교에서의 공공성, 그리고 국가적인 개혁의 증진과 같은 의무에 매이는 것"으로 간주한다.[53]

본 연구에서 중요한 것은 위에 인용한 대로, 그리스도에 대한 세 왕국의 헌신에 대한 설명과 그러한 언약 체결의 결과에 대한 설명이다. "그리스도께서는 국가들 안에 거하시기를 기뻐하신다."[54] 그러한 주님의 거하심에 대한 증거들은 교회에 한정되는 것이 아니라 국가 전체의 삶을 포함한다. 예를 들어, 주님은 "우리 영토가 수많은 일을

---

52 Ibid.

53 Ibid.

54 Ibid., 11.

할 수 있도록" 성령의 은혜를 부으셨다.⁵⁵ 교회들은 압제자들, 고위 성직자들, 에라스투스파로부터 해방되었을 뿐 아니라, 백성 전체가 그리스도의 대의를 위해 행동하도록 고무되었다.

> 이러한 언약들을 통해 이 국가들에 돌아가는 이점과 특권은 셀 수 없이 많다. 그들은 이 언약의 사랑스런 참여자이고 언약의 달콤한 결과들을 통해 하나님이 승인 인장(seal of approbation)을 주시고 하나님과 맺은 언약의 의무에서 하나님의 백성의 기쁘고 적극적인 모험들을 수용하신다는 것에 대한 분명한 증거와 논증을 제공받았다.⁵⁶

동일하게 국가들이 주님에 대한 언약 의무들을 버릴 때 그 결과는 광범위하다. 그 문서는 "많은 사람이 슬퍼하고 두려운 역병과 소동과 혼란과 비극들"⁵⁷에 대해 언급하는데, 이것들은 국가 언약 파기의 결과이다. 그는 계속해서 다음과 같이 말한다.

> 하나님과 그분의 언약에 대한 어떤 거절과 비통한 변절의 과정들이 세 왕국 모두와 특별히 이 나라에서, 그리고 그러한 일을 할 수 있는 모든 개인이 하나님 앞에 애통하고 고백하도록 부르심을 받았고, 빠른 재판을 통해, 그리고 임박한 진노와 위협적

---

55 Ibid.
56 Ibid.
57 Ibid.

인 타격을 피하도록 부름 받았다.[58]

비록 오켄소에서의 언약 갱신에 관련된 사람들의 관심이 주로 교회에 대한 것이었고, 따라서 교회에 대한 그리스도의 통치였지만, 1638년과 1643년 언약에서 국가적으로 인식된 그리스도의 권위에 대한 상당한 관심이 있었다. 제목의 "주"(Lord)가 하나님을 지시하는지 또는 특별히 그리스도를 지시하는지의 문제가 항상 분명하지 않지만, 이 기간에 교회는 물론 국가에 대해 그리스도의 우위에 대한 보다 분명한 설명이 있었다. 그러나 그분(하나님 또는 중보자로서의)이 우위를 행사하는 다른 방법들에 대해서는 언급하지 않았다는 것은 분명하다. 비록 언약자들이 의식적으로 길레스피와 러더포드의 견해를 거절했는지에 대해 증거가 없지만, 언약자들이 길레스피와 러더포드에 의해 명확해진 구별을 인식하지 못하고 있는 것이다.

2) 탈퇴자들(Seceders)과의 논쟁

1688-90년의 "명예 혁명"으로 개신교도 윌리엄과 메리가 로마 가톨릭의 제임스 2세를 대체했고, 이는 처음에 언약도들에게 보다 나은 미래를 가져다 줄 것처럼 보였다. 그러나 언약도들은 곧 새로운 통치자들이 역사적인 언약들에 관해서 전혀 호의가 없음을 깨닫게 되었다. 찰스 2세의 복위 때 언약들을 일소시켰던 1661년의 "폐지령"(Act Rescissory)이 폐기되지 않았고, 언약들은 계속해서 무시되었

---

58 Ibid., 12.

다. 언약에 충실한 언약도들은 이제 "카메론주의자들"(Cameronians)로 알려졌고, 스코틀랜드 혁명교회(Revolution Church of Scotland)로부터 떨어져 왔다고 여겨지는 "연합신도회"(United Societies)로 모였다.

스코틀랜드 장로교로부터의 첫 분열은 에버네저 어스킨(Ebenezer Erskine)과 랄프 어스킨(Ralph Erskine)의 지도 아래, 교회 문제에 대한 시민 권력의 영향력을 포함한 다양한 사안들에 대한 긴 논쟁 후, 1733년에 일어났다. 이 "탈퇴자들"은 자신들을 조직화하여 "연합장로회"(Associate Presbytery)라고 불렀고, 신학에 있어서는 대부분이 언약도들과 공통적이었다. 그럼에도 불구하고 두 조직체는 함께 일하기보다는 그들을 분열시킨 이슈, 특히 시민 정부의 본질과 역할에 대해 열띤 논쟁을 벌였다. 그리고 이러한 논쟁들에 얽혀 있던 것이 그리스도의 왕권에 대한 개념의 차이였다. 1743년 토마스 네이언(Thomas Nairn)이 이 "연합장로회"를 떠나 언약도들의 견해를 수용하고, 후에 "개혁장로교"(Reformed Presbyterian Church, RPC)에 합류했을 때 훨씬 더 심한 논쟁이 일어났다.

탈퇴자와 언약도들이 고수한 국가와 그리스도의 관계를 이해하는 방식의 차이는 역사적 언약들에 대한 세속적 적용과 1688년 이후 대영제국 정부에 대한 정치적 이견의 필요성에 관한 논쟁에서 첨예하게 나타났다.

언약도들의 입장은 1761년의 플로우랜드헤드(Ploughlandhead)에서의 언약 갱신과 연관되어 이끌어 낸 "법적 증언"(Judical Testimony)에서 길게 설명된다. 『법령, 선포와 증언』(*Act, Declaration and Testimony*)이라는 제목을 가진 이 문서는 혁명의 결과에 동의하지 않는 언약도들을 옹호하기 위한 것으로 1638년(국가 언약)부터 그 이후의 시기에 대해 역사적으로 평가하는 방식으로, 18가지 조항들의 교리적 요약과 함께 이루어졌다. 따라서 그 목적은 이렇게 진술된다.

> 그러므로 이러한 일의 의도는 큰 중요성을 갖는데, 이 땅에서 그리스도에 대한 언약도들의 관심에 대한 증언을 올바르게 진술하는 것과, 이후 그러한 오래 되고 보편적인 배교 후에, 모든 지도자의 법적 변호가 가장 시급하다.[59]

언약도들이 동의하지 않는 핵심적인 이유는 혁명 결과가, 특히 교회 문제들과 관련해서 본질적으로 언약을 깨뜨리는 것이라는 그들의 확신에 있다. 그들의 일차 목적이자 그 혁명 결과에 대한 근본적인 반대의 이유는 다음과 같다.

> 그러한 세속 제도로 인하여, 왕과 백성이 완벽히 하나의 종교를 가지며 그 신성불가침성을 유지하고 보호하기 위해, 엄숙 맹세를 통해 수위권에 충성을 한다는 점에서, 이전의 신적 토대 위에 세워진 것을 무시한 채 문서적이고 언약적인 통일성을 이룬 이 국가들은 오렌지의 왕과 왕비인 윌리엄과 메리를 불러 초청하여 그 영토에 대한 왕적 권력을 소유케 했다. 이는 하나님의 말씀에 반하는 것이다.[60]

59　*Act, Declaration and Testimony, for the Whole of Our Covenanted Reformation] as Attained to, and Established in, Britain and Ireland; Particularly betwixt the Years 1638 and 1649, Inclusive* (Philadelphia, 1876), 서론.

60　Ibid., pt.2.

이후 언약도들은 그들의 관심을 탈퇴자들과의 차이점에 돌렸다. 많은 사안들에 있어서 탈퇴자들이 취한 진리에 대한 입장을 인정하면서도, 언약도들은 탈퇴자들을 "그들의 교리, 언약의 배신, 권징과 정치의 편파성과 폭력성의 문제들 때문에"[61] 계속해서 공격했다. 언약도들과 탈퇴자들이, 많은 다른 부분에서는 연합했지만, 근본적으로 나뉘어진 것은 특별히 혁명의 결과로 세워진 시민 정부의 합법성에 관한 이견 때문이었다.

탈퇴자들의 견해는 수년 후 그들의 주 대변인들 중의 하나인 아담 깁(Adam Gib)의 『탈퇴 증거에 대한 설명』(*Display of Secession-Testimony*)에 그 상세한 내용이 밝혀졌다. 통치자들의 도덕적 자질들은 한 국가의 안녕에 바람직한 것임에도 불구하고, 그것들은 시민 정부의 존립에 있어서는 그만큼 핵심적이지는 않다는 것이다. 깁의 언급대로, 바람직한 상황은 다음과 같다.

> [시민 정부]가 그 구조와 집행의 모든 사안에서, 하나님의 말씀에 대한 접합성에 일치하여 통치하고, 예수 그리스도의 영적 왕국과 교회의 진정한 신앙과 개혁을 위한 관심에 복종하는 것이다. 그렇지 않으면 그들은 그들의 시민적 관심에서 진정으로 번영할 수 없고, 복음의 복됨을 통해 부요해질 수도 없다.[62]

통치자에 대한 이러한 면이 없어도, 사람들은 여전히 통치자들,

---

61 Ibid., pt3.

62 Adam Gib, *Display of Secession-Testimony*, 2 vols. (Edinburgh, 1774), 1:280.

즉 국가의 합법적 권위로 인정될 수 있는 통치자들을 선택할 수 있을 것이다. 탈퇴자의 견해에 따르면, 하나님의 섭리에 의해 존재하는 모든 정부는 피지배자들의 동의에 따라 하나님의 정부이다. 따라서 하나님의 명령이기에 순종해야 한다(롬 13:1-17). 따라서 탈퇴자들은 윌리엄과 메리 통치의 합법성이 그리스도인들에 의해 인정될 수 있다고 주장했다.

이러한 견해를 언약도들이 어떻게 완전히 거부했는지는 플로우랜드헤드 선언(Ploughlandhead Testimony)에 세부적으로 나타나 있다. 정부는 하나님의 섭리이며 하나님이 그의 말씀을 통해 통치자들을 인도하시는 불변의 법들을 알려주셨기 때문에, 정부의 합법성은, 언약도들의 관점에서, 이러한 신적인 요건들, 특히 하나님에 대한 언약의 의무에 대한 충성에 달려있다. 그들이 주장하듯이, "그러므로 한 국가가 하나님의 법칙에 따라 행할 때, 즉 정치 구조를 형성한다던가 사람들을 그 법에 맞출 때, 정부와 지도자들은 하나님의 임명을 받은 자들이 할 수 있다."[63] 이런 주장과 일치하지 않는 정부는 하나님이 세우신 정부로 인정될 수 없었다. 이런 기반에서 언약도들은 윌리엄과 메리 및 그들의 계승의 합법성을 거절했고, 그리스도에게서 그분의 왕권을 빼앗는, 즉 국가 언약을 망가뜨리는 것으로부터 자신들을 멀리했다. 언약도들에 따르면, "하나님의 섭리에 의해" 정부가 존립한다는 주장이 합법적으로 이루어질 가망이 없었기 때문이다.

언약도들과 탈퇴자들의 논쟁으로부터, 이러한 간극에서 분명하

---

63 *Act, Declaration and Testimony*, pt.3.

게 보이지 않는 방법들을 통해, 언약도들의 측면에서 국가에 대한 중보적 왕권이라는 측면에 보다 분명히 헌신하는 이들이 나타났다. 그들은 교회에 대한 그리스도의 유일한 머리됨을 주장한다는 점에서는 탈퇴자들과 같았지만, 국가에 대한 그리스도와의 관계에 있어서 탈퇴자들의 견해는 훨씬 더 길레스피나 러더포드와 가까웠다. 예를 들어, 깁은 언약도들의 입장이 자연과 은혜 사이의 필연적 구별을 약화시킨다고 보는데, 왜냐하면 깁이 볼 때, 언약도들은 중보자 그리스도를 그의 죽음으로 만물을 통치할 권한을 얻었다고 말하기 때문이었다. 깁의 주장처럼, "그 권한은 자연스러운 것으로 만물에 대한 것이며, 신자든 불신자든, 짐승이든 사람이든, 그의 피로 말미암아 중보자인 그리스도로부터 기인한다고 함이 옳다."[64]

물론 언약도들은 그러한 평가를 받아들이려 하지 않았을 것이고, 『법령, 선포와 증언』에서의 중보자 그리스도에 관한 언급에는 자연과 은혜 사이에 어떠한 혼동도 없다.[65] 그럼에도 불구하고, 국가에 대한 그리스도의 왕권 교리는 이 시기 어떠한 대단한 신학적 또는 주해적 정확성을 가지고 이루어졌다고 보기 어렵다. 다른 많은 사안에 관한 언약도들의 철저함의 측면에서 보면, 참으로 아이러니하다. 다음 세기 동안에, 이 교리는 "개혁장로교 선언"(Reformed Presbyterian Testimony)에서 중요한 요소로 받아들여져 많은 성경 본문들과 함께 완성되었지만, 그것이 초기 언약도들의 교리가 아니라는 명백한 인식이 거의 없다.

---

64 Gib, *Display of Secession–Testimony*, 2:299.

65 *Act, Declaration and Testimony*, pt. 4, art. 7.

4. 19세기: 새로운 정통주의

우리는 19세기 초 언약도들이 북아메리카, 스코틀랜드, 아일랜드에서 국가에 대한 그리스도의 중보적 왕권 교리를 상당히 상세하게 설명하고 옹호했음을 발견한다. 이때까지 이 교리는 RPC의 여러 분파들 사이에 광범위하게 수용되었고 그 독특한 특징으로 간주된 것으로 보인다. 이것은 언약도들이 반드시 믿어야 하는, 감히 도전될 수도 없는 영역이다.

1) 북아메리카

(1) 알렉산더 맥레오드(Alexander McLeod, 174-1833)

그리스도의 왕권에 대한 언약도들의 세밀하고 영향력 있는 옹호 중 하나는, 1801년 뉴욕 개혁장로교를 섬기도록 안수 받은 스코틀랜드인 알렉산더 맥레오드에 의해 이루어졌다. 그의 생애에, 그는 성경적 정통주의의 옹호자로서 널리 읽히고 존경을 받았다. 우리의 관심의 초점은 1803년에 출판된 맥레오드의 짧은 글, 『메시아, 세상 모든 나라의 통치자』(*Messiah, Governor of the Nations of the Earth*)이다.

맥레오드는 요한계시록 1:5을 논의의 시작으로 삼는데, 여기서 그리스도는 "땅의 임금들의 머리"로 언급된다. 그가 지적하듯이, 이 구절에서 사용된 헬라어 "아르콘"(*archōn*)은 "통치자"에 해당하는 일반적인 단어이며, 따라서 그는 그리스도께서 통치자이시고 신하들이 "그 직위적인 특징들에 있어서"⁶⁶ 땅의 임금들이라고 주장한다. 이러한 주장은 국가에 대한 그리스도의 관계를 보는 맥레오드의 시각에 기초한다. 즉 왕들은 그들 사적인 능력으로 왕이 된 것이 아니며, 그리스도의 통치에 따라 왕이 되었다는 것이다.

맥레오드의 관심에는 두 가지 사안이 있다. 첫째는 세상 나라들을 그리스도께서 중보자로서 다스린다는 그의 시각을 옹호하는 것이고, 둘째는 그리스도의 정부의 법령들의 일부에 대한 설명이다.

① 세상의 모든 나라를 다스리는 중보자 그리스도. 맥레오드는 그리스도의 은혜로운 중보적 사역에 관한 위대한 진리들이 하나님의 계시를 통해서만 알려진다고 주장한다. 나라들에 대한 그리스도의 중보적 통치라는 사실을 확립하기 위해서는 성경의 명백한 가르침, 또한 그로부터 도출된 타당한 추론들, 둘 모두에 호소해야 한다. 이러한 기초 위에 맥레오드는 여섯 가지를 주장했다.

첫째, 예수 그리스도의 성품(the character)이 있는데, 맥레오드에게 이는 곧 "나라들을 통치하는 자가 되기에 필요한 중보자의 인격에 있는 도덕성"을 뜻한다.⁶⁷ 나라들에 대한 통치를 행사하기 위한 그리스도의 자질로 그리스도께서 소유하시는 것은 특별히 도덕적 특성(moral character)이라는 것이다. 하나님으로서, 그분은 최고의 도덕적 탁월함에 의해 특징 지워진다.

둘째, 그리스도의 통치의 필연성이 있다. 맥레오드가 주장하기

---

66 Alexander McLeod, *Messiah, Governor of the Nations of the Earth* (1803; repr., Elmwood Park, NJ: Reformed Presbyterian Press, 1992),3.

67 Ibid., 5.

를, "필연적으로 메시아가 나라들을 통치하시지 않으면 중보적 직분이 부적절하고 불완전한 것이 되기 때문이다."[68] 여기서 십자가의 그리스도에 의해 주어지는 속죄(atonement)와 죄인들의 구원에서 주어지는 그 속죄의 적용 사이의 연결이 만들어진다. 대위임령의 성취가 나라들에 대한 그리스도의 우위성을 수반한다. "만약 그리스도의 권위가 현존하는 정부들의 권위보다 우월하지 않다면, 그분의 사절들을 지상의 사람들과 협상하기 위해 보내는 것은 완전하신 하나님께 대항하는 왕위찬탈이 될 것이다."[69] 통치자들과 사람들의 반대에도 불구하고 복음의 효율적인 전파를 보장하는 것과, 적들 사이에 있는 그리스도의 교회를 보존하는 것도 그리스도의 이러한 최고의 권위이다.

셋째, 성자를 향한 성부의 약속이 있다. 맥레오드는 시편 2:8과 시편 89:19, 23, 25, 27과 같은 구약의 본문들로 시작하는데, 그는 이 본문들을 왕이신 그리스도의 통치가 성취되는 것으로 본다. 맥레오드는 여기서 구속언약의 개념에 대해 설명하는데, 이 구속언약은 일부 다양한 언약 가운데에서, 하나님의 선택에 대한 구속을 수여하도록 삼위일체 내에서 수립된 시간 이전의 언약이다. 맥레오드의 표현에 따르면, "성경은 일관적으로 가르치기를 성부는 중보자를 나라들 위의 보좌에 세우는 데 관여하는데 그분이 죄인들을 대신해서 그들의 속죄를 행해야 한다는 조건에서 그렇다."[70] 사도행전, 히브리서,

---

68 Ibid., 7.
69 Ibid., 8.
70 Ibid., 11.

요한계시록과 같은 신약성경에서 반복되는 시편 2편의 인용은 특별히 그리스도의 중보적 통치를 이해하는 데 중요한 것으로 간주된다.

넷째, 지상의 왕국들을 다스릴 그리스도의 권한이 있다. 그리스도께서 온 세상의 나라들을 다스릴 권한을 받은 것에 대한 증거로 두 개의 본문이 언급된다. 첫째 본문은 다니엘 7:13-24로, 환상에서 "인자 같은 이"가 "옛적부터 계신 이"에게 나아와 그분으로부터 "권세와 영광과 나라"를 받고, "모든 백성과 나라들과 다른 언어를 말하는 모든 자들"의 섬김을 받게 된다. 맥레오드에 따르면, 인자 같은 이는 중보자이고, 그에게 나라들에 대한 권위가 주어진다. 둘째 본문은 요한계시록 5:1-2, 5-7로, 여기서 오직 "유대 지파의 사자 다윗의 뿌리"만이 하나님의 목적들의 봉인된 책을 열 자격이 있다. 그 책을 취하고 봉인을 여는 데 있어서 만물에 대한 메시아의 통치, 지상의 왕들을 포함한 통치가 묘사된다고 맥레오드는 말한다.

다섯째, 그리스도 자신의 증언이 있다. 맥레오드는 요한복음 17:2과 같은 본문을 인용하는데, 여기서 예수님은 아버지 하나님께 "아버지께서…만민을 다스리는 권세를 아들에게 주셨음이로소이다"라고 기도하신 부분과 것과 누가복음 10:22에서 예수님이 그분의 백성에게 말씀하신 "아버지께서 내게 모든 것을 주셨으니"라고 말한 부분이다. 성육신은 영원한 아들이 소유한 본질적 속성들의 어떤 것을 포기하는 것을 수반하지 않는다. 그분은 항상 나라들을 통치할 능력을 소유하셨지만, 중보자로서의 직분적 능력 안에서 다스릴 권위를 구하셨고, 아버지 하나님은 이를 그에게 수여하셨다고 맥레오드는 주장한다. 마태복음 28:18에서와 같이, 그리스도께서는 이러한 기초 위에 보편적 권위를 주장하실 수 있는 것이다.

여섯째, 다른 증인들의 확인이 있다. 예를 들어, 맥레오드는 성령이 영감을 주신 성경의 다양한 부분들을, 특히 시편 8:6을, 히브리서 2:8에서 설명된바와 같이 그리스도께 적용했다. 또 다른 증언은 요한계시록 5:8-9에 있는 나라들에 대한 그리스도의 머리됨을 증언하는 네 생물인데, 그들의 노래를 함께 부르는 24장로들과 더불어서. 맥레오드는 이 생물들을 그리스도의 충실한 사역자들로 해석하고 장로들은 신구약의 성인들로 해석한다.

② 그리스도의 통치 행위. 보다 간략하게, 우리는 맥레오드가 제언한 그리스도의 왕으로서의 사역의 몇몇 측면들을 언급할 수 있다. 그는 그리스도께서는 나라들의 통치자이시기에 그분의 능력으로 행하시는 모든 통치 행위들을 목록화 하는 것은 불가능할 것이며, 실제로 그리스도께서 제공하신 그 일부도 그 범위는 광대하다고 본다

첫째, 그리스도께서는 나라들을 향한 하나님의 목적들을 수행하신다. 맥레오드는 에베소서 1:11의 바울의 언급, 즉 "모든 일을 그의 뜻의 결정대로 일하시는 이"를 그리스도께 적용한다. 나라들의 흥망성쇠가 그분의 손에 달려있다.

둘째, 그리스도께서는 복음의 문을 여신다. 그분은 복음이 통치자들과 나라들을 통해 퍼져나가서 택함 받은 자들을 구원을 받는 방식으로 통치자들과 나라들의 행동들을 지도하신다.

셋째, 그리스도께서는 그들의 백성을 그분의 왕국으로 부르신다. 그분은 그분의 성령이 복음의 선포에 동행하시고 긍정적인 반응을 얻으시는 때 세상 모든 나라의 백성을 그분의 왕국으로 취하시는 권위를 가지신다.

넷째, 그리스도께서는 지상의 통치자들이 어떻게 교회를 존중하면서 그들의 역할을 수행해야 할지를 가르치신다. 당연히 맥레오드는 통치자들이 진정한 신앙을 증진시키고 진정한 교회를 보호해야 한다고 주장한다. 시편 2:12이 말하듯이, 그들은 "아들에게 입맞추어"야 한다. 이를 위해 그들은 교회의 진보를 가로막는 장애물들을 제거하고 교회의 특별한 환경들에 적합한 방식들로 교회를 지지함으로써 그 역할을 수행한다.

다섯째, 그리스도께서는 통치자들의 불순종을 다스리시고 모든 나라가 그분의 영광과 교회의 선(good)에 복종하도록 하신다. 통치자들이 그리스도를 섬기기를 원하든 원하지 않든 그들은 실제로 그렇게 한다. 이것은 단지 하나님을 찬양하는 사람들의 분노의 한 예일 뿐이다. 시온을 대적하려는 어떠한 세력도 흥하지 못할 것이다.

여섯째, 그리스도께서는 자신들의 의무를 게을리 하는 세상의 권력을 벌하신다. 비록 그리스도께서 자신의 뜻에 봉사하는 통치자들의 행동들을 지배하시지만 그것이 그들의 반역의 죄를 줄이지는 않고, 현재 또는 마지막 날에 그들을 벌하실 것이다.

(2) 북아메리카에서의 다른 주장들

우리는 지금까지 그리스도의 중보적 왕직에 대한 맥레오드의 설명을 살펴보았다. 왜냐하면 그 설명이 여러 측면에서 맥레오드를 따르는 사람들을 위한 의제를 만들어 주었기 때문이다. 19세기 동안 출판된 다양한 개혁장로교의 출판물들에서 같은 주제들이 고찰되었고, 같은 입장들이 설명, 발전, 옹호되었다. 여기서 우리는 그 주제를 다룬 다른 중요한 언약도 저술가들을 볼 수 있다.

1832년 알바니(Albany)의 개혁장로교 목사인 제임스 윌슨(James R. Willson)은 『왕이신 메시아의 모든 나라에 대한 지배의 요구』 (*Prince Messiah's Claims to Dominion over All Governments*)를 출판했다. 이 짧은 논문의 핵심 중 하나는 "정치 법령(ordinance of magistracy)이 왕이신 메시아께 속한다"는 것이다.[71] 이러한 주장의 근거로 인용된 본문들 중에는 시편 89:27, 다니엘 7:4, 요한계시록 1:5을 들 수 있고, 이것들은 모두 맥레오드가 사용한 본문들이다. 윌슨은 "그분이 왕들 위에 그들의 주로서 권위를 행사하신다"[72]라고 말한다. 이를 위해 그는 수많은 구약 본문을 끌어오는데, 그리스도께서는 출애굽기에서 파라오의 군대를 물리치는 구름 기둥과 불 기둥의 천사였다는 것이다. 게다가 그는 그리스도께서 모든 사람을 심판하실 것이기 때문에 그들은 지금 그리스도께 복종해야 한다고 주장한다.

또한 윌슨은 "나라들은 그들의 왕인 중보자의 권위를 공식적으로 인정하기 위해서는 그 권위를 그들의 지배의 법들 안에 한정하여야 한다"[73]라고 주장한다. 모든 사람에게 그리스도께서 요구하는 순종은 나라들의 통치자들, 즉 상당한 정도로 그들의 백성에게 (좋은 또는 나쁜) 예가 되는 그들의 순종도 포함한다. 이러한 통치자들은 주님의 법에 적합한 입법을 함에 있어서, 그리고 직무에서 그리스도의 원수를 배제시킴으로써, 교회에 대한 "양육하는 보호자"(nursing fathers)가 되는 것에서(언약도들이 좋아하는 본문인 사 49:23을 인용하면

---

71 James R. Willson, *Prince Messiah's Claims to Dominion over All Governments* (Albany, 1832), 13.

72 Ibid.

73 Ibid., 14.

서), 그리고 "엄숙 맹세, 서약과 언약을 통해" 이러한 모든 것을 지키기로 함으로써, 그 순종을 명백히 해야 한다고 윌슨은 말한다.[74] 윌슨의 글의 주요한 부분은 이어서 이러한 원리들에 비추어 미국의 헌법을 엄격하게 고찰한다.

그리스도의 중보적 왕권의 두 측면, 교회와 국가는 필라델피아의 사무엘 와일리(Samuel B. Wylie)에 의해 1850년 출판된 『기름부름 받은 두 아들』(The Two Sons of Oil)에서 고찰되었는데, 그 부제는 "성경적 기초 위에 있는 정치와 교회에 대한 충실한 증언"(The Faithful Witness for Magistracy and Ministry upon a Scriptural Basis)이다. 제목은 요한계시록 11:3-4의 두 감람나무에 대한 환상에서 도출한 것으로, 와일리는 이것을 그리스도의 교회, 즉 성직자들과 정치가들에 대한 두 가지 영향의 자원을 상징한다고 해석한다.

책의 대부분을 성직자와 정치가들 각각의 책임들과 그의 입장에 대한 반대에 대답하는 것에 할애하면서, 와일리는 그 둘 모두에 대한 그리스도의 우위권이라는 근본적인 가정을 그 토대로 삼는다. "그들은 비록 다른 입장에 있지만 둘 다 모두 중보자께 종속된다는 점에 동의한다. 마태복음 27:18, 요한복음 5:22, 27, 에베소서 1:21, 23은 다른 많은 성경의 부문과 함께, 그러한 종속의 보편성을 의심하려는 거리낌 없는 사고에 대한 여지를 두지 않는다."[75] 흥미롭게도, 와일리는 통치자들이 하나님으로부터 직접적으로 위임을 받지만, 특히 "새 언약의 경륜" 아래에서는, 그들은 중보자께 충성해야 한다

---

74 Ibid.

75 Samuel B. Wylie, *The Two Sons of Oil* (Philadelphia, 1850), 19.

고 주장한다.[76]

마지막 북아메리카의 목소리는 윌리엄 L. 로버츠(William L. Roberts)로, 그는 뉴욕 스털링(Sterling)의 개혁장로교의 목사였다. 1853년 저서 『개혁장로교 요리문답』(The Reformed Presbyterian Catechism)은 전적으로 교회와 정부, 정치적 불일치, 언약관계를 다루는 데 집중한다. 비록 여기에서 상당한 세부적인 것들을 설명하지만 같은 주제가 인용된 다른 저자들에게서와 마찬가지로 다루어진다. 따라서 그의 기본적인 원리는 다음과 같이 진술된다.

> 문) 우리는 주 예수 그리스도께서 시민 또는 사람들의 정치적 연합체 위에 도덕적 우위를 가지신다고 믿어야 하는가?
> 답) 그렇다. 그들의 세속적 또는 정치적 측면에서 직접적으로, 그리스도께서는 그들 위에 군림하시고 그분의 권위의 공공의 인정을 요구한다.[77]

지금까지 그러한 원리는, 로버츠가 그의 서문에서 썼듯이, "개혁장로교의 특징적인 원리들" 중 일부로 여겨져야 한다.

---

76 Ibid.

77 William L. Roberts, *The Reformed Presbyterian Catechism* (New York, 1853), 63

2) 스코틀랜드

(1) 윌리엄 사이밍턴(William Symington, 1795-1862)

그리스도의 중보적 왕권 교리의 모든 측면을 철저히 고찰한 것은 의심의 여지없이 스코틀랜드 개혁장로교(Scottish Reformed Presbyterian) 목사 윌리엄 사이밍턴의 『왕이신 메시아』(*Missiah the Prince*)로, 이는 그가 글래스고(Glasgow)에서의 목양 사역 초기인 1838년에 출판(2판은 1840년)한 것이다.[78]

교회 및 국가에 대한 그리스도의 관계를 다루기 전에, 사이밍턴은 먼저 필요한 전제, 즉 그리스도의 중보적 주권의 보편성을 고려한다. 그는 "성경의 교리들 가운데 그리스도의 중보적 우위의 보편성보다 더 분명하고 풍부한 증거로 지지되는 교리는 없다"[79]고 주장한다. 그는 그리스도께서 본래 소유하시는 본질적 권위를 그분께 주어진 중보적 권위와 구별하는데, 후자의 영역이 전자와 다를 필요는 없다고 강조한다. 차이는 "그분은 하나님의 아들로서, 왕국을 고유의 본래적 권리로 다스리시는데, 중보자로서 새로운 목적인 사람의 구원과 교회의 최고의 유익을 위해 관리하시고 지도하시는 권한이 있으시다라는 것이다."[80]

---

78 William Symington의 생애와 저작에 관해서는 Roy Blackwood의 논문을 참조하라. "William Symington: Churchman and Theologian"(Ph. D. thesis, University of Edinburgh, 1963).

79 William Symington, *Messiah the Prince* (1884; repr., Edmonton: Still Waters Revival Books, 1990), 73.

80 Ibid., 73-74.

이어서 사이밍턴은 그의 입장에 대한 다수의 근거가 되는 본문들을 제시하면서, 각각을 간략하게 논의한다. 그는 마태복음 11:27부터 시작하는데, 여기서 제자들을 향하신 예수님의 "내 아버지께서 모든 것을 내게 주셨으니"라는 말씀이 그분이 본래 소유하시지 않았던 지배 영역이 있음을 암시한다고 한다. 그와 같은 맥락에서 더 분명한 본문은 마태복음 28:18, "하늘과 땅의 모든 권세를 주셨으니"이다. 사도행전 10:26, 고린도전서 15:27, 에베소서 1:22, 골로새서 2:10 등의 몇몇 다른 본문들이 같은 목적으로 인용된다. 사이밍턴은 히브리서 2:6-8의 시편 8:6("만물을 그의 발 아래 두셨으니")을 언급하면서 그 본문이 메시아에 해당한다는 결론을 내린다.

다음 장에서, 사이밍턴은 특별히 국가에 대한 그리스도의 중보적 주권으로 관심을 돌린다. 그는 이것은 실제로 그리스도의 통치의 보편성에 관해 이미 입증된 것의 논리적 결과라는 점을 다음과 같이 언급하면서 논의를 시작한다. "만약 아버지 하나님의 모든 것, 하늘과 땅의 모든 권세가 그리스도께 주어졌다면, 만약 만물이 그 발 아래 있다면, 어떤 원리에 근거하여, 인간의 정치적 기관과 같이 광범위하고 중요한 어떤 것이 기대될 수 있는 것인가를 파악하는 것은 쉽지 않다."[81] 그리고 그는 그리스도께서는 그러한 통치 없이 단지 교회의 머리로서만 그분의 사역을 할 수는 없으셨다고 단언한다.

그리스도께서 중보자로서 국가를 다스리신다는 증거는 이어 여러 다른 자료에서 도출된다. 사이밍턴은 시편 2:10-12의 내용, 곧 중보자에게 복종하는 시민 통치자에 대한 명령으로 주장을 개진한다.

---

81 Ibid., 193.

통치자들이 직분적 능력을 하나님의 기름부은 받은 자에게 대항할 수 있는 만큼, 그들은 반드시 그 직분적 능력으로 그에게 복종해야 한다. 다음 사이밍턴은 여러 본문들을 끌어오는데, 그에 따르면 그 본문들은 메시아에 의해 시행되는 그러한 통치를 예견한다. 인용된 본문들은 시편 47:2-9, 72:10-11, 이사야 49:22-23, 60:10, 12, 16, 에스겔 145:17, 다니엘 7:13-14, 요한계시록 11:15, 21:24, 26이다. 비록 다른 이들은 이러한 본문들에 대한 사이밍턴의 주해에 동의하지 않을 수 있지만, 그는 자신의 결론에 대해 확고한 신념을 갖고 있다.

> 그러므로 하나님의 말씀을 경외하는 사람들 가운데 그리스도께서 지상의 나라들에 대해 중보적 주권을 소유하신다는 것을 인정하는 데 주저하는 사람은 없을 것이다.[82]

또한 사이밍턴은 성경의 메시아에게 주어진 명칭들과 더불어 위의 주장을 따른다. 이를 뒷받침하는 구절들로는 "모든 나라의 주재"(시 22:28), "세상 왕들에게 지존자"(시 89:27), "이방 사람들의 왕"(렘 10:6-7), "땅의 임금들의 머리"(계 1:5), "만주의 주시요 만왕의 왕"(계 17:14; 19:16)이 있다.

다음으로, 사이밍턴은 나라들에 대한 그리스도의 실제 통치 수행의 본질을 고려하는 데로 주의를 돌린다. 그의 목록은 앞에서 고찰한 맥레오드의 목록과 일부 유사함을 보여준다. 따라서 그리스도께서는 나라들에게 그들의 존재 가치를 부여하고, 그들을 돌보시며,

---

82 Ibid., 205.

그들로부터 순종을 요구하시고, 그들에 대해 심판을 행하시고, 복음을 위한 길을 여시며, 그들의 교회를 해(害)로부터 보호하신다. 다른 언약도 저술가들의 경우에서 보았듯이, 나라들에 대한 그리스도의 주권은 복음의 확산을 통한 택함 받은 자들의 부르심을 보장한다. 사이밍턴은 자신의 후천년설 입장을 반영하면서, 마침내 "중보자가 궁극적으로 세계의 모든 나라의 특징과 구성에 이어서 전체적인 변화를 가져올 것이다"라고 주장한다.[83] 주님의 권세와 은혜를 통해 나라들이 기독교화될 것이라고 그는 믿는다.

나라들은 중보자에 대한 의무들을 갖는다. 사이밍턴은 그 의무들을 다음과 같이 목록화한다. 그분의 영광에 대한 존경, 그분의 법을 그들의 통치법으로 삼는 것, 그들의 통치자들의 자격들을 존중하는 것, 그분께 충성을 맹세하는 것 등이 있다. 통치자들은 진정한 신앙을 보호하고 증진시켜야 할 의무를 가진다는 사이밍턴의 믿음처럼, 이 목록은 북아메리카 언약도들에서도 발견되는 것과 동일하다.

(2) 스코틀랜드의 다른 목소리들

윌리엄 사이밍턴의 『왕이신 메시아』가 열방에 대한 그리스도의 중보적 주권(mediatorial dominion)에 대한 가장 광범위한 고찰들 중 하나라면, 그는 스코틀랜드 개혁장로교도들 가운데 가장 잘 확립된 입장을 설명한 것이다.

가장 흥미로운 예는 윌리엄 사이밍턴의 형제 앤드류 사이밍턴(Andrew Symington)의 강좌가 『열방에 대한 그리스도의 머리되심』

---

83 Ibid., 228.

(*The Headship of Christ over the Nations*)이라는 제목으로 1841년에 출판되었다. 이 강의는 개혁장로교 성직자들에 의한 일련의 강의 중 하나이고 본래 윌리엄이 나중에 옹호하려 했던 같은 입장을 개진했다. 앤드류 사이밍턴의 강의는 다소 아이러니한데, 그것은 그가 이 원리를 스코틀랜드 제2 종교개혁에서 오는 것으로 설명하기 때문이다. 사실 그 시기에, 우리가 살펴본 러더포드나 길레스피와 같은 주도적인 신학자들은 다른 견해를 가지고 있었다. 사이밍턴은 길레스피를 존경스럽게 언급하지만 그것은 에라스투스파에 대한 그의 논쟁과 관련해서만 그렇다.[84] 그의 입장은 "본질적 왕국과 중보적 왕국 사이의 구별은 오직 이론적이다"라는 것이다.[85]

1842년, "선언"(Testimony)에서 RPCS에 의해 이 교리에 신앙고백적 지위가 부여되었다. 거기에는 다음과 같이 적혀있다.

> 열방은 주 예수 그리스도, 즉 세상 왕들의 왕에 대한 도덕적 복속 상태에 놓여있다. 그들은 그리스도의 중보적 권위를 인정해야 할 의무가 있으며, 그의 인장에 엎드려 복음의 도덕적 원리들에 동의하고 그리스도의 왕국의 유익에 복종함으로 그들의 법을 만들고 통치자들을 임명하며 그들의 순종을 규제한다.[86]

인용된 증거본문은 시편 2:10, 12; 72:11, 이사야 49:23, 다니엘

---

84 Andrew Symington, *The Headship of Christ over the Nations* (Glasgow, 1841), 29 n.

85 Ibid., 16.

86 *Testimony of the Reformed Presbyterian Church of Scotland* (Glasgow, 1842), 331.

7:14, 27, 히브리서 2:8, 요한계시록 1:5; 21:24이었다.

3) 아일랜드

(1) 1583년의 언약 갱신

우리가 북미와 스코틀랜드에서 고찰한 그리스도의 중보적 주권에 관한 같은 입장을 아일랜드 개혁장로교도 고수했다는 것은 1853년 앤트림(Antrim) 카운티의 더복(Dervock)에서 열린 언약 갱신에서 분명히 나타난다.[87]

그러한 언약 문서들의 한 가지 표준적인 요소인 "죄의 고백"(Confession of Sins) 이후, "언약 갱신 법령"(Act of Covenant-Renovation)이 있는데, 이는 1638년과 1645년 언약 갱신이 "현실과의 타협"으로 묘사된다.[88] 교회에 대한 그리스도의 유일한 머리되심은 당시의 도전에 대한 반응에서 다시 주장되었다. 언약도들은 국가와 개혁파 신앙의 안녕은 성경적 특징들이 있는 통치자들과 성경적 패턴의 정부 수립에 달려있다는 그들의 믿음을 고수했다. 이러한 믿음의 관점에서, "우리는 모든 정직과 절개를 가지고, 우리의 몇몇 주장들에 있어서, 우리의 기도, 노력과 삶, 교회뿐 아니라 정부에 대해서도 메시아의 머리되심 교리를 주장할 것을 약속한다."[89]

---

[87] 1833년의 언약 갱신에 관한 본문은, Thomas Houston, *A Memorial of Covenantzng*, repr., in *Works Doctrinal and Practical of the Rev Thomas Houston, DD* (Edinburgh, 1876), 3:357-89에 있다.

[88] Ibid., 3:366.

[89] Ibid., 3:370.

이러한 약속의 실천적 함의는 사람들을 가르치고 기도하는 노력이나 다른 이들을 예수 그리스도를 주로 고백하도록 인도하는 것과 같은 예와 더불어 "그리스도에 대한 우리의 충성이 우리의 모든 시정(civil) 관계와, 부속물(attachments), 고백과 품행을 규제할 것"이라는 약속을 포함한다."[90] 언약도들이 세상에 대한 왕권을 복음적 강령으로 간주하는 것은 중요하다. 그들은, "우리가 우리 자신들을, 우리 각자의 장소에서, 그분의 빛과 구원을 열방에 알리는 위대한 일에 헌신하기를 바란다"라고 말한다.[91]

언약도들은 국가에 대한 그리스도의 권위에 대해 다음과 같은 특별한 언급으로 이러한 측면에서의 그들의 열망을 표현한다.

> 그리고 우리는 모든 성경적 방법들을 가지고 우리의 힘이 닿는 데까지 이 국가들을 모든 주권과 통치의 머리이신 중보자 자신에게 가져오도록, 국가 정치를 그리스도의 권위에 복종하도록, 오직 주 그리스도께 복종하는 통치자들만을 세우도록, 성경이 말하는 자질을 소유한 자들만 세우도록 끊임없이 노력하게 될 것이다.[92]

(2) 토마스 휴스턴(Thomas Houston, 1803-82)

19세기 아일랜드 개혁장로교(Reformed Presbyterian Church of

---

90 Ibid.

91 Ibid., 3:371-72.

92 Ibid., 3:370.

Ireland, RPCI)의 뛰어난 신학자들 가운데 위에서 언급한 『언약의 기억』(A memorial of Covenanting)의 저자인, 다운(Down) 카운티, 녹브라켄(Knockbracken)의 토마스 휴스턴이 있다. 그는 『구속자의 통치와 영광』(The Dominion and Glory of the Redeemer, 1880)에 실린 "구속자의 빛나는 왕관"(The Redeemer's Crown Flourishing)이란 글에서 그리스도의 중보적 왕권에 대해 상세히 다룬다.

시편 132:18("그에게는 왕관이 빛나게 하리라")에 기초하여 휴스턴은 그리스도의 통치의 몇몇 측면들을 고찰한다. 영원한 아들로서의 그리스도에 의해 행사되는 보편적 통치를 지적한 후에, 그는 중보자, 즉 "중재의 목적들을 위해"[93] 행사되는 그리스도의 통치를 언급한다. 물론 이것은 교회에 대한 중보자의 독점적 머리되심을 포함한다. 교회는 오로지 그분께만 속하여 존재한다. 그리스도께서 하시는 모든 것은 교회의 안녕과 발전에 기여한다. 게다가 휴스턴은 이제는 친숙한 시편 22:28과 요한계시록 19:6을 포함한 다수의 본문들을 인용하면서, "그리스도께서 세상 열방의 왕관을 쓰시고, 우주에 대한 최고의 주권을 가지신다"고 말한다.[94]

이 주장의 함의들은 우리가 다른 언약도들의 글에서 발견한 것만큼 풍성하다. 열방에 대한 그리스도 통치의 핵심은 "그분이 타당한 권리로 모든 세속 통치자의 복종을 요구하시고, 국가적인 존경이 그분께 돌려져야 한다"는 사실이다.[95] 국가에 대한 그리스도의 역할

93　Thomas Houston, *The Dominion and Glory of the Redeemer, the Support and Confidence of the Church and the Joy of the Saints* (Edinburgh, 1880), 281.

94　Ibid., 283.

95　Ibid.

은 휴스턴에 따르면 포괄적이다. "그분은 나라들을 만드시고 한 나라에 그 존재를 부여하신다. 그분은 나라들의 통치 기간과 한계를 정하신다. 그분은 나라들의 구성과 법이 그분의 계시된 의지에 부합해야 한다"[96]고 주장한다. 나라들은 그리스도의 법에 대한 그들의 반응들로 인해 보상을 받거나 벌을 받는다. 그리고 통치자들은 성경적 자격요건들을 소유해야 하고 교회의 안녕을 증진시켜야 한다.

휴스턴의 종말론은 분명히 후천년설이다. "모든 나라의 변화와 혁명들의 끝은 그리스도의 통치의 보편적이고 가시적 완성이다."[97] 그의 글 결말부에서 그는, "이는 교회와 세상의 미래 운명에 관한 모든 확신들을 불러일으키기에 알맞다"고 말한다.[98] 그리고 그는 다음과 같이 결론을 맺는다.

> 신자들은 인도를 받아 구속자와 함께 그분의 보좌에 앉아 서 그리스도 위에서 빛나는 그분의 면류관을 황홀한 놀라움과 기쁨으로 보게 될 것이고, 반짝거리는 보석들처럼, 그리스도의 영광의 찬란함과 아름다움을 영원히 나타낼 것이다.[99]

96　Ibid., 284.
97　Ibid.
98　Ibid., 293.
99　Ibid., 294.

5. 20세기: 확립된 원리

20세기에 국가에 대한 그리스도의 중보적 왕권 교리는 자신들을 스코틀랜드의 제2 종교개혁의 계승자로 간주하는 다양한 개혁파 장로교 분파들 사이에서 확립되었고 논쟁의 여지가 없는 원리이다. 19세기에 이 주제에 대한 많은 책과 소논문이 특히 북아메리카에서 출판되었고, 20세기에는 이 사안만을 다룬 것은 드물었다. 보다 넓은 복음주의적인 개혁파 공동체에서는 개혁장로교의 입장에 대한 이해가 제한적이었다. 그러나 이 원리는 계속해서 북아메리카와 아일랜드의 교파들 사이에서 "선언"(testimonies)의 형태로 반복되었다. 소(小) 스코틀랜드 개혁장로교(The small Scottish Reformed Presbyterian Church)는 20세기에 선언문을 만들지는 않았다. 그럼에도 우리는 다음을 공식적인 진술로 볼 수 있다.

> 절대주권은 전능하신 하나님께만 속한다. 하나님은 그분의 모든 권위를 그분의 아들이자, 우리의 구주, 주 예수 그리스도께 주셨다. 그러므로 그 정부를 세우는 데 있어서 그리스도의 권위를 인정하고 왕이신 구주와 더불어 언약을 맺는 것은 모든 국가의 의무이다(RPCNA, 1928).[100]

하나님은 주 예수 그리스도께 모든 권위를 행사하실 수 있는 권

---

[100] *The Declaration and Testimony of the Reformed Presbyterian Church of North America*, 1806년에 채택되고, 1823-1928에 수정됨. *The Constitution of the Reformed Presbyterian Church of North America* (Pittsburgh, 1949), 205.

한을 주셨다. 그리스도는 하나님의 입법자, 통치자, 재판관이시다…모든 나라는 하나님의 기관인 시민 정부, 예수 그리스도를 통해 행사되는 하나님의 주권 그리고 하나님의 뜻에 따르는 통치를 인정해야 한다(RPCNA, 1980).[101]

그러한 나라들은 성부 하나님의 불변하는 작정에 의해 예수 그리스도께 주어졌으므로, 그리스도께서는 그들의 최고의 주로서 그들을 다스리실 것이다. 그러므로 그들은 그분을 그들의 머리로 인정하고, 그분의 중보적 권위에 복종하며, 그분의 계시를 따라 그들의 통치자들을 임명하고, 법을 만들며, 그리스도의 왕국의 유익에 맞게 모든 것을 집행해야 한다(RPCI, 1901).[102]

그러한 나라들은 성부 하나님의 불변하는 작정에 의해 예수 그리스도께 주어졌으므로, 그리스도께서는 그들의 최고의 주로서 그들을 다스리실 것이다. 그러므로 그들은 그리스도를 모든 방식으로 인정하고 섬겨야 하며 그들에게 계시된 대로 그리스도의 중보적 권위에 복종해야 한다(RPCI, 1966).[103]

---

101 *The Testimony of the Reformed Presbyterian Church of North America*, 1980년 8월에 채택. in *The Constztutzon of the Reformed Presbyterian Church of North America* (Pittsburgh, 1989), A-70.

102 *Reformed Presbyterian Testimony, Part 1, Doctrinal and Practical* (Belfast, 1901), 107.

103 *Testimony of the Reformed Presbyterian Church of Ireland, Doctrinal and Practical* (Belfast, 1966), 18-19. 동일한 언급이 다음에도 사용되었다. *Testimony of the Reformed Presbyterian Church of Ireland*, 24.

변화는 완료되었다. 누군가가 러더포드와 길레스피의 입장으로부터 출발한 여정을 지켜본다면, 이제 더는 그에 대한 언급을 발견하지 못할 것이다. 적어도 최근에 광범위한 신학적 분석과 여러 다른 견해들에 대한 비교가 이루어진 것으로 보이지는 않는다. 러더포드가 말했던 "교황제의 핵심"은 그와 그를 추종하는 언약도들의 확고한 신념으로 교회들의 근본적 원리들이 되었다.

제6장

웨스트민스터 신앙고백에서의 타당하고 필연적인 결론

C. J. 윌리엄스(C. J. Williams)

하나님 자신의 영광과 인간의 구원, 믿음과 삶에 있어서 필연적인 모든 것에 대한 하나님의 전체 뜻은 성경에 분명히 기록되어 있거나, 타당하고 필연적인 결론으로 성경으로부터 추론될 수 있다. 성경에 대해서는 어느 시대를 막론하고 성령의 새로운 계시든 사람의 전통이든 어떤 것도 추가될 수 없다. 그럼에도 불구하고, 우리는 말씀에 계시하신 것들을 구원론적으로 이해하는 데 성령의 내적 조명이 필요하다는 것을 인정한다. 그리고 하나님께 드리는 예배, 교회의 정치, 인간의 행동과 사회에 관련된 사안들에 대해서는 항상 지켜야 하는 말씀의 일반적인 법칙에 따라, 즉 이성의 빛과 기독교적 분별에 의해 지켜져야 하는 것들이 있음을 인정한다(WCF 1.6).

웨스트민스터 신앙고백 첫 장은 다른 신앙고백과 비교해 볼 때 가장 탁월한 성경의 완전성과 완결성(perfection and completeness)에 대한 확정적 선언을 개혁파 교회에 남겼다. B. B. 워필드(B. B. Warfield)는 이 첫 장에 대해 "웨스트민스터 신학자들이 교리 체계의 토대로 '성경에 대한' 이 장을 고백문 서두에 위치시켰는데 신앙고백 전체를 볼 때 이보다 더 고상하게 혹은 유려하게 기록된 교리 서술은 없을 정도로 훌륭하다"[1]라고 말한다. 이것이 다소 대담한 주장일지라도, 워필드의 견해에 동의하지 않기는 어렵다. 웨스트민스터 신앙고백에 의해 주창된 성경론은 건전하고 정확한 성경에 관한 성경적인 교리의 고백으로 시간이라는 시험을 통과해 왔다.

성경의 명료성(comprehensiveness)은 "모든 것에 대한 하나님의 전체 뜻은"에서 먼저 강조된다. 이러한 강조는 성경의 주된 목적에 대한 진술로 이어진다. 하나님의 영광과 인간의 구원, 믿음, 삶. 이러한 고귀한 문제들에 대한 하나님의 뜻은 "성경에 기록된 것"이라는 제한적인 고백으로 끝나지 않는다. 이 점에서 중요한 구분이 또 다른 메커니즘을 확인시키는데, 이 메커니즘에 의해 성경적 진리를 이해할 수 있다. 그 고백은 "'타당하고 필연적인 결론'(good and necessary consequence)으로 성경으로부터 추론될 수 있는" 하나님의 전체 뜻을 포함한다. 본 글은 이 중요한 조항의 배경과 구성과 적용에 대해 고찰할 것이다.

웨스트민스터 총회 시기에는, 사람이 성경의 사실(scriptural verity)

---

1 B. B. Warfield, *The Westminster Assembly and Its Work* (Cherry Hill, NJ: Mack Publishing, 1972), 155.

을 추론할 수 있고 명백하게 진술되지 않은 것에 대해 어느 정도 성경적 진리(biblical truth)에 도달할 수 있다는 믿음이 열띤 논쟁 주제였다. 이 방법에 대한 주요 비판은, 리차드 후커(Richard Hooker)의 저작에서 볼 수 있듯이, 잉글랜드 국교회(Anglican Church)로부터 제기되었다. 후커는 잉글랜드 국교회의 확고한 옹호자로서 청교도들의 맹렬한 비판으로부터 잉글랜드 국교회를 옹호했다. 그의 주요 저작인 『교회 정치법』(The Laws of Ecclesiastical Polity)이 1593년에 출판되었다. 이 작품에서의 후커의 주된 목적은 청교도들에 의해 제기된 개혁들에 반대하여 감독 정치(Episcopal polity)와 예배를 옹호하는 것이었다. 그는 성경이 가장 중요한 교리 문제를 제외하고는 모든 부분에 있어서 상세하게 말하고 있지 않으며, 교회의 삶과 실천의 상당부분이 일반적인 원리들로 이해되거나 인간의 판단에 맡겨진다고 주장했다. "어떻게 교회 정치가 인간의 조언으로 만들어질 수 있는가"라는 장에서 그는 다음과 같이 썼다.

> 성경이 어떤 법으로 제시하지 않고 교회의 신중한 결정에 맡겨둔 것이 많다. 이러한 경우에 있어서 우리는 어떻게 교회가 가장 적절하고 적합한 법 조항을 만들도록 지도할 수 있는지를 살펴야 한다. 그리고 무엇이 이러한 경우에 그러한지, 부분적으로는 성경이, 부분적으로는 이성이 그것들을 분별하도록 가르쳐야 한다.[2]

---

[2] Richard Hooker, *The Laws of Ecclesiastical Polity*, 2 vols. (Londond: J.M. Dent and Sons, Ltd., 1958), 1:325.

성경의 충분성(sufficiency)에 대한 이러한 제한된 시각을 가지고, 후커는 교회 정치에 있어서 하나의 구별된 형태가 성경에서 도출될 수 있다는 생각에 대해 경계했다. 그는 청교도 저자들의 연역적 성경 해석을 비판하고 이러한 도전을 억눌렀다.

> 우리는 오늘날 개혁파 교회의 권징이라는 이름 아래 교회에 강요된 모든 것을 부정할 수 있다. 그것들은 마치 지금까지 성경에 포함되는 것인양 존재했다. 만약 그들이 우리와는 공유되지 않는 것 중 단 한 가지라도 당당하게 주장한다면, 마땅히 당연히 그래야 할 것이지만, 그것이 성경으로부터 추론한 것인지를 보여주게 하라.[3]

후커와 잉글랜드 국교회 외에도, 소시니우스파(Socinians)들 역시 성경적 권위가 반드시 문자적 언급을 넘지 않아야 하고, 권위 있는 성경적 추론들에 대한 여지를 주지 않아야 한다고 믿었다.

재세례파(Anabaptists)는 유아 세례에 대한 명백한 성경의 언급들이 없다는 점을 지적했다.

로마 가톨릭은 특별히 트리엔트 공의회(1545-63)의 맥락 안에서, 개혁파 교회 신학의 특정 부분들과 더불어 그것들에 이르는 방법들을 강화하고 설명할 더 큰 필요성을 남겼다.

웨스트민스터 총회의 신학자들은 이러한 분위기 가운데 만나게 되었다. 그러나 역사적 맥락에서 비추어 볼 때 "타당하고 필연적인

---

3 Ibid., 1:216.

결론"이 단순히 본질적으로 논쟁적이라고 가정하는 것은 잘못된 것이다. 웨스트민스터 총회는 믿음과 삶에 필요한 모든 것이 성경의 포괄적 가르침으로부터 도출될 수 있다는 원리에 충실했고, 그것을 간략한 고백으로 진술했다. 그 신학자들은 하나님이 단순히 교회를 특정 문제에 있어서 표류하거나 방향을 잃도록 내버려 두셨다거나 인간의 판단(human judgment)이 성경에 결여된 것의 나머지를 보충해야 한다는 것을 인정하려 하지 않았다.

그러므로 웨스트민스터 신앙고백의 성경관은 추론에 의해 이해되는 성경의 암시들을 하나님의 전체 뜻의 일부분으로 고려한다. 웨스트민스터 신앙고백이 말하는 진정한 교리란 성경 전체의 의미로도 이해되고 성경에서 추론된 의미로도 이해된다. 이러한 중요한 규정은 총회의 가장 유명한 일원 중 하나였던 조지 길레스피(George Gillespie)가 사용한 체계적 표현이었다.

웨스트민스터 총회의 스코틀랜드 위원 중 하나였던 길레스피는 이 문제를 그의 작품 『질문모음집』(*Treaties of Miscellany Questions*)의 제20장에서 다루었다. 이 장의 제목 자체가 그의 주장을 보여준다. "하나님의 기록된 말씀으로부터 도출되는 필연적 추론은 충분히 그리고 강력하게 그 결과 또는 결론을 증명하고, 그것은 이론적으로 믿어야만 하는 특정한 하나님의 진리이자, 실제로 행해야만 하는 필연적 의무, 즉 하나님의 법(유레 디위노[*jure divino*])임을 보여준다." 이 글에서 길레스피는 직접적으로 후커에게 대답한다.

> 비록 후커가 『교회 정치법』과 다른 고위성직에 관한 글들에서 신약과 구약 사이의 이러한 차이에 대해 모세가 유대인들에게

그랬던 것처럼, 그리스도와 그의 제자들이 모든 세부적인 것에 대해 우리에게 자세히 말하지 않는다고 주장하지만 구약 교회(Jewich Church)의 법령들이 구약에서 나타나 있는 것만큼이나 신약 교회(Christian Church)의 모든 법령과 거룩한 것이 결코 덜 결정되고 신약에 덜 포함된 것이 아니라는 것이 드러날 것이다. 또한 모세 율법뿐 아니라 이제는 신약에서 필연적인 결론들에 의해 알 수 있도록 남아있는 몇몇 필연적인 것들이 있었다는 것도 알려질 것이다.[4]

길레스피는 어떻게 타당하고 필연적인 결론들에 대한 추론이 성경 자체에 의해 사용된 유효한 해석방법이고, 어떻게 이 방법이 하나님의 진리에 대한 우리의 이해에 있어서 핵심적인지를 주장한다. 그는 어떻게 추론이 부활 교리나 그리스도의 신성 교리와 같은 위대한 진리들을 확인하기 위해 성경적 논증에서 사용되었는가를 보여준다. 예를 들어, 그리스도께서는 부활을 믿지 않는 사두개인들에게 출애굽기 3:6, "나는…아브라함의 하나님, 이삭의 하나님, 야곱의 하나님이니라"를 인용하심으로 부활을 증명하셨다.[5] 하나님은 족장들이 죽은 뒤 오랜 후에 모세에게 말씀하실 때, 자기 계시(self-identification)의 과정에서 현재와 미래에 지속되는 족장들의 존재에 대해 암시하신다. "하나님은 죽은 자의 하나님이 아니요 살아 있는 자의 하나님이시니라"(마 22:32). 길레스피 또한 어떻게 그리스도의

---

4 George Gillespie, *Treatise of Miscellany Questions* (Edinburgh: Robert Ogle, and Oliver & Boyd, 1844), 102.

5 성경 인용은 NKJV이다(본 번역서에서는 개역개정을 인용한다-역주).

신성이 히브리서 1:6에서의 필연적인 결론을 통해 증명될 수 있는지 보여주었는데, 이는 어느 정도 인용할 가치가 있다.

> 이러한 주장은 어느 사람이나 교리가 강력하고 필연적인 것으로 이해하고 믿는, 성경으로부터 온 잘못된 추론과 결론까지 수용하는 것으로 확대되어서는 안 된다(내가 거부하는 것은 필연적인 결론으로 생각되어야 하는 것이 아니다). 또한 아직 성경으로부터의 어떤 증거도 인정하지 않으려는 아르미니우스주의가 그렇듯이, 그것이 축소되거나 좁혀져서도 안 된다. 하지만 평범하고 명백한 본문들이거나 아니면 그러한 귀결이 명백한 것이든, 둘 다 논리적인 어떤 사람에 의해 바뀔 수 있는 것이 아니다.
> 만약 그것이 수용되면, 그 원리에 의해 우리는 아리우스주의, 반삼위일체론자들, 소시니우스파들, 교황주의자들에 대항해서 개혁파 교회들이 가지고 있는 많은 필연적인 진리들을 포기해야 한다. 왜냐하면 증명을 위해 사용한 성경으로부터의 귀결들 또는 주장들이 그 반대자들에게 인정되지 않기 때문이다.
> 또한 그 주장의 의미가 인간의 이성, 즉 성경으로부터의 결론을 도출하는 것이 우리의 믿음 또는 양심에 기초할 수 있다는 것이 아님을 전제해야 한다. 왜냐하면 비록 결론 또는 논증은 인간의 이성에 의하지만, 논리적 필연 자체, 또는 결론은 이성에 힘 때문이 아니라 그것이 진리이자 하나님의 의지이기 때문에 믿어지고 수용되기 때문이다…게르하르트의 경우를 보면, 그는 타락한 이성과 갱신되고 회복된 이성, 또는 자연과 육체적 원리들, 감각, 경험, 그리고 그 비슷한 것들로부터 오는 자연 이성과,

> 인간의 규칙이 아닌 하나님의 규칙들에 의해 거룩한 것들을 판
> 단할 뿐 아니라 그리스도께 순종하는 것에 사로잡혀 육체의 지
> 혜와 반대되는, 즉 성경적 원리에 복속되는 이성 사이를 구별한
> 다. 성경, 즉 하나님의 영광과 영적 또는 거룩한 문제들과 관련
> 되는 것들로부터 이끌어 낸 귀결과 결론들을 받아들이고 만족
> 하는 것은 전자가 아닌 후자의 이성이다.[6]

길레스피는 타당하고 필연적인 결론에 대한 웨스트민스터 신앙고백의 교리에 대한 가치 있는 통찰력을 제공하는데, 이는 그의 영향력의 단면을 보여준다.

첫째, 성경으로부터 추론한 진리의 실행은 온건하고 신중한 것인데, 만약 단순히 가능하거나 또는 있음직한 것이라면 그것은 교리로서 확증되거나 추론될 수 없기 때문이다. 오직 "객관적으로 필연적인 추론"만이 성경적 진리라고 주장할 수 있다.

둘째, 그러한 필연적 추론들은 항상 만장일치 또는 보편적 수용을 얻는 것이 아니다. 많은 정통 진리는 타당하고 필연적인 결론으로 주장되지만, 아리우스파나 반삼위일체론자 등은 이를 인식하지 못했다.

셋째, 길레스피는 권위의 좌소(locus)가 항상 사람의 이성보다는 성경에 있다는 점을 지지한다. 비록 그가 성화된 이성의 추론 능력을 신뢰한다고 주장하지만 그가 제시한 의미의 전체 범위에서, 그의 의도는 확신을 인간의 이성이 아닌 성경 자체에 두는 것이었다.

---

6 Gillespie, *Treatise of Miscellany Questions*, 100-101.

넷째, 길레스피는 영적 진리들이 영적으로 관련된 것으로, 오직 중생된 이성만이 영적이고 거룩한 문제들에 대해 성경의 타당하고 필연적인 결론을 추론하고 수용할 수 있다고 확신한다.

길레스피는 주목할 만한 또 다른 점을 제시한다. 하나님은 완전히 그 자신과 일치하시기에, 그분의 말씀으로부터 도출된 적절한 추론들은 하나님의 의지와 조화를 이룰 것이다. 인간 자신이 의도하지 않은 인간의 말로부터 결론이 나올 수 있는 반면, 하나님은 완전히 그분의 말씀으로부터 도출될 결론을 이해하고 계획하신다. 따라서 길레스피는 "만약 성경으로부터의 필연적인 결론들이 하나님의 법임을 보여주지 않는다면, 우리는 그것이 하나님의 무한한 지혜와 상충된다고 말할 수 있다"[7]라고 주장한다.

길레스피의 주장은 우리가 얼마나 자주 성경의 타당하고 필연적인 결론들에 의존하는지를 지적하는 것으로 결론지을 수 있다.

> 만약 이 진리가 인정되지 않는다면 다양한 다른 큰 모순들이 뒤따라야 한다. 만약 우리가 성경으로부터 필연적인 결론이 아닌 방법으로, 어떻게 여성들이 성만찬에 참여할 수도 있다는 것을 증명할 수 있겠는가? 어떻게 어느 교회가 진실한 교회이고, 그 목회가 진실한 목회인지, 그리고 시행된 세례가 진실한 세례인지 증명할 수 있는가? 성경에는 그것을 확실히 증명할 본문이 없다. 하지만 필연적인 결론(necessary consequence)은 증명할 수 있다. 어떻게 이 또는 저 개인 신자가 성경으로부터 은혜언약과

---

7 Ibid., 102-3.

약속들이 그에게 속한지를 알 수 있게 될까?[8]

또 다른 스코틀랜드 위원인 로버트 베일리(Robert Baillie) 또한 웨스트민스터 총회의 타당하고 필연적인 결론을 지지한 전형적 인물이었다. 성경적 추론의 권위에 대한 그의 주장은 재세례파와의 논쟁에서 기인한다. 그는 재세례파의 적절하고 필연적인 결론들을 거부하는 재세례파에 대해 다음과 같이 언급한다.

> 유아 세례에 대한 논쟁에서 재세례파들은 유아들의 할례로부터 추론한 결론들에 대해 편협하게 반박하고, 아브라함과 그의 자손들과 맺은 언약들에 대해서도 마찬가지이다. 그들은 예수회 베론(Jesuit Veron)과 함께 이런 주장을 하는데, 모든 추론에 대한 주장들을 그렇게 필연적이거나 분명하지 않다는 이유로 거절하면서, 오로지 성경에서 말한 것만 인정한다고 주장한다.[9]

그의 작품 『교회 정치에 대한 하나님의 권리』(*The Divine Right of Church Government*)에서, 베일리는 성경적 추론들을 광범위하고, 정당하게 사용하는데, 예를 들면, 그는 치리 장로(ruling elder)의 직위가 성경적이라는 것을 증명하기 위해 성경적 추론을 사용한다.[10]

---

8 Ibid., 103.

9 Robert Baillie, *Anabaptism, the True Fountain of Independency*(London: Samuel Gellibrand, 1646), 37.

10 Scott Thomas Murphy, "The Doctrine of Scripture in the Westminster Assembly"(Ph. D. diss., Drew University, 1984), 155.

스코틀랜드 위원회의 또 다른 중요한 인물, 사무엘 러더포드(Samuel Rutherford) 또한 필연적인 결론으로 성경을 해설하면서 성경 자체에서 이러한 방법이 사용되고 있음을 주장했다. 예를 들면, 그의 작품 『죄인들을 위해 죽고 그들을 자신에게로 인도한 그리스도』(*Christ Dying and Drawing Sinners to Himself*)에서, 그는 마태복음 22:31-32과 누가복음 20:37-38에서 그리스도께서 어떻게 필연적인 결론에 의해 부활을 확신할 수 있는지 보여주었다.[11]

많은 사람은 길레스피와 베일리, 그리고 스코틀랜드 위원들이 전체적으로 웨스트민스터 문헌들에 큰 영향을 끼쳤음을 인정하는데, 『캠브리지 근대사』(*The Cambridge Modern History*)는 "그 기원에 있어서 웨스트민스터 문헌들이 그 총회의 신학자들에게 또는 스코틀랜드 위원들로부터 기인하는지 아닌지는 불확실하다"고 언급한다.[12] 분명히, 이 "불확실"은 다소 과장된 것이지만, 요점은 스코틀랜드 위원들이 영향력이 있었다는 점이다. 그 영향은 틀림없이 타당하고 필연적인 결론의 원리가 총회에서 생겨났다는 점이다. 이제 이 점에 대해 살펴보자.

웨스트민스터 총회는 이 교리를 분명히 조심스럽게 구성했다. 왜냐하면 이 교리가 오해와 남용으로 이어질 수 있기 때문이다. WCF 1.6에서, 첫 번째로 주목해야 할 것은 성경의 타당하고 필연적 결론들이 성경의 진술들과 동등한 근거 위에서 주장되었고, 그것들이 하나님의 전체 뜻을 함께 구성한다는 점이다. 우리가 성경의 특정한

---

11 Ibid.

12 A. W Ward, G. W Prothro, and Stanley Leaths, eds., *The Cambridge Modern History*, 13 vols. (New York: Macmillan, 1906), 4:363.

진리를 이해하는 데 사용하는 방법 중에 타당하고 필연적인 결론들은 율법의 "명령들"(thou shalts, "너는 ~을 하라") 만큼의 같은 권위를 갖는다.

왜냐하면 하나님은 성경의 저자이시기 때문이며, 또한 성경의 암시들(implicatons)의 저자이시기도 하기 때문이다. 워필드도 말하기를, "신앙고백에 반영된 개혁파 신학은, 성경에 대한 의미도 성경이며, 사람들은 그것이 함축하는 모든 의미에 복속된다는 것이다."[13]

성경적 추론에 반드시 "타당하고 필연적인"이라는 중요한 두 조건이 요구된다.

첫째, "타당한"이라는 조건은 어떠한 성경적 추론도 다른 성경과 조화를 이루어야만 한다는 것을 의미한다. WCF 1.9에서, 신앙고백은 공정한 원리를 세웠다. "오류가 없는 성경 해석의 규칙은 성경 자체이다." 물론 이는 성경적 추론들에 적용되고 어떠한 추론을 "타당한 것"으로 보아야 하는지를 판단하는 수단이 될 것이다. 그것은 성경이 가르치는 알려진 진리 전체와 조화를 이루어야만 하고, "보다 분명히 말하는 다른 부분"과 반드시 조화를 이루어야 한다.

둘째, 추론은 반드시 "필연적인" 것이어야 한다는 조건이다. 즉 그것들은 반드시 명백히 확실하고 논리적으로 부정할 수 없는 것이어야 한다. 또는 익숙한 법정적 용어를 빌리면, 그것들은 반드시 "합리적인 의심을 극복한"(beyond a reasonable doubt) 것이어야 한다. 이러한 조건은 약간의 성경적 증거에 기초한 창작적인 신학적 추론에 대해 더 많은 것을 요구하는 안전장치이다. 단순히 가능성 있거나 생

---

13 Warfield, *Westminster Assembly*, 226.

각할 수 있는 정도의 성경적 추론들은 교리나 교회의 실천을 세우기 위한 재료가 아니다. 성경적 추론이 필연적이 되기 위해서는, 성경적 진리 구조 안에서 필요한 위치에 있어야만 하고 그것이 다른 진리들이 다루는 것과 조화를 이루어야만 한다.

"타당하고", "필연적인"은 건전한 논리적 연역의 두 가지 표준적인 척도에 대한 용어적인 동의어로 볼 수 있다. 어떤 주장이 건전하기 위해서는 두 가지 척도에 맞아야 한다.

(1) 전제들이 반드시 참이어야 한다.

(2) 결론이 필연적으로 그 전제들("추론적 타당성")을 따라야 한다.

참인 전제들은 "타당한" 주장을 하고, 추론적 타당성은 그 결론을 "필연적인" 것으로 만든다. 그러므로 "타당하고 필연적인 결론"은 증명 가능한 참인 전제들과 추론적인 타당성을 필요로 한다.

WCF 1.6에서 성경적 진리를 추론할 특별한 필요성과 성경이 "성령의 새로운 계시든 사람의 전통이든" 보충이 필요하다는 견해 사이를 구별하는데 신중하다. 성경 교리의 추론이 필요하다는 것은 결코 성경이 부적절하거나 불분명하다는 것을 암시하는 것이 아니다. "타당하고 필연적인 결론"이 성경적 진리에 도달하는 방법으로 인정되거나 실행되지 않는 전통들 또한 어떤 형태든 성경 밖의(extrabiblical) 권위를 가질 수밖에 없다. 이는 웨스트민스터 총회 시기의 로마 가톨릭교회나 잉글랜드 국교회의 경우에도 사실인데, 그들은 전통의 권위에 호소했고, 종파주의자들(Sectarians)은 종종 새로운 계시를 주장했다. 그 외에도 근현대에는 성경 외적 권위를 인정하는 데 상응하는 것으로 타당하고 필연적인 결론을 부정하는 예들이 있다.

웨스트민스터 신앙고백은 성경에서 추론한 교리 또는 의무들에 있어서 인간의 이성(human reason)이 권위의 토대라는 인상을 피하기 위해 그 점에 대해 주의를 기울인다. "그럼에도 불구하고, 우리는 말씀에 계시하신 것들을 구원론적으로 이해하는 데 성령의 내적 조명이 필요하다는 것을 인정한다." 어떠한 구원의 진리가 이해되고 수용된다 하더라도, 그 진리가 평범한 진술의 형태로 오든, 타당하고 필연적인 결론의 형태로 오든, 인간의 정신은 성령에 의해 교화되어야 하고 성경에 굴복되어야 한다. 웨스트민스터 신앙고백은 결코 이성이 그 고유한 권위를 갖고 있음을 말하지 않으며, 인간의 이성을 성령의 적절하신 인도 아래 하나님의 말씀을 이해하는 도구 이상의 것으로 과도하게 높이지도 않는다. 필연적인 결론이 성경으로부터 이성의 사용에 의해 연역될 수 있지만, 권위의 토대는 여전히 성경이다.

LC 105에서, 신학자들은 제1계명에서 금지된 죄들 가운데 하나로 "하나님의 비밀들을 찾는 데 대담하고 호기심을 갖는 것"을 명시했고, 그 근거 본문으로 신명기 29:29을 제시한다. "감추어진 일은 우리 하나님 여호와께 속하였거니와 나타난 일은 영원히 우리와 우리 자손에게 속하였나니 이는 우리에게 이 율법의 모든 말씀을 행하게 하심이니라." 이 점에 대한 웨스트민스터의 교리는 인간 이성의 과장, 성경에 대한 신중하지 못한 취급, 과도한 신학적 상상력, 지나친 철학적 호기심을 피하기 위해 주의를 기울인다. 성경적 추론들은 반드시 타당하고 필연적이어야 하는 것이지, "대담하고 호기심을 갖는 것"이 아니다.

이러한 주의에도 불구하고, 웨스트민스터 신앙고백은 성경적 진리를 발견하는 필수적인 방법으로서의 이성의 거룩한 사용을 인정한다. 이성의 바른 사용과 추론의 능력은 웨스트민스터 신학자들에게 중요해서 "논리와 철학의 기술"이 그들이 "장로교 정치 형태"(The Form of Presbyterial Church Govenment)에서 명시한 안수 요건들 중에 속했다. 이점에서 그 신학자들은 어거스틴의 전통 안에 있었다. 어거스틴은 다음과 같이 말한다.

> 사고의 학문(the science of reasoning)은 성경에서 마주치는 모든 종류의 질문을 살피고 해결하는 데 아주 큰 역할을 한다…논리적인 추론들(sequences)의 유효성은 사람에 의해 만들어지는 것이 아니라, 그들에 의해 발견되고 알려지는데, 사람들이 그 유효성을 배우고 가르칠 수 있기 때문이다. 곧 그것은 사물의 이성 안에 영원히 존재하고 그 기원이 하나님께 있기 때문이다.[14]

같은 생각으로, 웨스트민스터 신앙고백은 성경이 우리의 정신과 관련되고 우리로 하여금 사고하고 추리하고 연역하도록 도전한다는 것을 인정한다. 타당하고 필연적인 결론 교리는 이러한 성경의 특징을 드러낸다.

웨스트민스터 신앙고백은 추론의 과정에서 인간의 주관성(subjectivity) 문제에 대해 서술하지 않았다는 점 때문에 비판을 받아 왔다.[15] 웨스트민스터 신학자들이 성화된 이성에 대해 분명한 정도

---

14 Elihu Carranza, *Logic Workbook for Logic by Gordon H. Clark* (Jefferson, MD: The Trinity Foundation, 1992), 97, 99에 인용됨.

15 Jack Bartlett Rogers, *Scripture in the Westminster Confession* (Grand Rapids: Eerdmans, 1967), 336, 346-47.

의 신뢰를 보였다고 해서, 결론들에 대한 추론에서의 오류 및 남용의 가능성에 완전히 눈을 감은 것은 아니다. 존 델리북(John Delivuk)이 지적하듯이, "성경 해석의 방법들처럼, 함의를 도출하는 것은 남용될 수 있다. 이러한 남용을 막기 위한 신앙고백 작성자들이 사용한 한 가지 방법은 그들의 결론을 다른 신학자들과 비교하는 것이다."[16] 예를 들어, 코넬리우스 버지스(Cornelius Burges)는 유아 세례와 관련된 성경적 연역들의 사용을 다른 신학자들의 연구와 비교하는 신중함을 보였다. 그에 따르면, "나 자신만의 판단이나 나의 머리에서만 나온 것이 아니라, 가장 박식하고 현명하며, 존경받고 뛰어난 이 마지막 시대의 뛰어난 신학자들뿐 아니라 덜 알려진 신학자들의 설명에서도 함께 나온 것이다…."[17]

웨스트민스터 신학자들은 추론이 아주 간단한 과정이거나 인간의 이성이 오류를 범하지 않는다는 것과 같은 인상을 절대 주지 않았다. 인간의 오류에 대한 안전장치로서, 그들은 교리의 문제에 있어서, 그들의 총회에서 처럼 회의와 동의(counsel and consensus)에 높은 가치를 두었다. 잭 로저스(Jack Rogers)는 "그들은…개인으로나 회의로서도 각 신학자들의 의견을 무시하지 않았다. 그러나 그들은 모든 사람의 의견들이 성경과 부합하는 만큼만 유효하다고 주장했다"[18]라고 요약한다.

---

16 John Allen Delivuk, "Biblical Authority in the Westminster Confession and Its Twentieth Century Contextualization in the Reformed Presbyterian Testimony of 1980" (Th. D. diss., Concordia Seminary, 1987), 151.

17 Ibid.

18 Rogers, *Scripture in the Westminster Confession*, 430.

오류성(fallibility)과 주관성(subjectivity)의 문제들은 추론의 과정에만 있는 것이 아니라는 점을 알아야 한다. 이 문제들은 성경 본문의 문자를 해석하는 단계에서뿐 아니라 타당하고 필연적인 결론을 추론하는 단계에서의 인간의 판단의 요소에도 반드시 존재한다. 둘 모두 성령과 성경의 나머지 부분의 인도 아래 이성을 사용하는 주해자(exegete)를 요구한다. 성경에 나타난 보다 확실한 진술들을 해석하는 과정에 대해 의문을 제기하지 않고서는 해석의 방법으로서 추론에 대해 의문을 제기할 방법이 없다. 어느 쪽이든, 해석은 반드시 주해자의 생각을 성령과 말씀의 인도에 맡겨야 하지만 그는 그 자신의 정신을 사용해야만 한다. 우리는 본문에 대한 해석의 필요성을 피할 수 없고, 추론은 해석의 한 요소이다.

웨스트민스터 총회는 타당하고 필연적인 결론이라는 원리에 또 다른 신중한 제한들을 두었다. 예를 들어, WCF 1.6에서 "하나님께 드리는 예배, 교회의 정치, 인간의 행동과 사회에 관련된 사안들에 대해서는 항상 지켜야 하는 말씀의 일반적인 법칙에 따라, 즉 이성의 빛과 기독교적 분별에 의해 지켜져야 하는 것들이 있음을 인정한다"라고 기술한다. 다시 말하면, 모든 것이 추론될 수 있다는 것이 아니라, 그 자체에 주어지지 않을 때는 어떠한 연역을 강요해서는 안 된다는 것이다. 이성의 빛, 기독교적 분별, "말씀의 일반적인 법칙"은 특정한 부수적인 문제들에 있어서 우리의 길을 조명하는 데 있어 충분하다. 타당하고 필연적인 결론에 의한 추론 방법은 우리가 제기할 수 있는 모든 질문에 대한 가능한 대답을 가지고 있지 않으며, 그 범위를 벗어나는 것을 강요할 수도 없다.

앞서 우리는 리차드 후커가 예배와 교회 정치에서 인간의 판단을 보다 광범위하게 사용하는 것에 대해 어떻게 주장했는지를 살펴보았다. 웨스트민스터 신앙고백은 교회 생활에서의 특정한 상황에 대해 기독교적 분별 또는 성화된 판단(sanctified judgment)의 사용을 부정하지 않는다. 이 신앙고백은 단순히 성경에 대한 추론들이 적절하게 이루어질 때 그것들을 따라야 할 필요성을 강조한다. 그렇게 함에 있어서, 우리는 이성의 빛 또는 기독교적 분별보다 더 권위 있는 방향을 찾을 수 있다. 우리는 아무것도 없는 데서 추론해서는 안 되며, 그것들이 바르게 도출된 것이라면 부정해서도 안 된다.

우리는 WCF 1.7에서 또 다른 경고를 볼 수 있다.

> 성경의 모든 진술은 그 자체로도 단순히 서로 같지 않고, 모든 사람에게도 분명히 같지 않다. 그러나 구원을 위해 알려지고, 믿어지고, 지켜져야만 하는 것들은 성경 일부 또는 다른 곳에서 너무나 분명히 제시되고 드러나기 때문에, 학식이 있는 사람이나 없는 사람이나, 평범한 추론 방법들을 정당하게 사용하는 데 있어서는 충분한 이해에 도달할 수 있다.

이것의 요점은 타당하고 필연적인 결론 교리에 대한 분명한 적용이 있다는 것이다. 성경의 가장 위대한 복음의 진리들이 이해되기 위해서는 추론의 힘을 필요로 하지 않는다. 복음의 구원 진리는, 그 힘과 단순성에 있어서 모든 사람에게 접근 가능한 것이다. 논리적 추론을 사용해야 할 특별한 필요는 성경을 모든, 그러나 가장 학식 있는 사람들을 위해 너무 복잡한 것으로 만들지 않는다. 타당하고 필연적인 결론 교리는 인간의 구원, 믿음, 삶을 포함하는 성경의 목적에 대한 장애물이 결코 아니다. WCF 1.8은 모든 하나님의 사람은 "성경에 대한 권리와 지분"을 가진다. 성경적 진리들을 추론하는 특별한 필요는 하나님의 사람들, 즉 "성경에 대한 인내와 위로를 통해 희망을 가질 수 있는" 사람들의 권리와 관심을 방해하는 복잡함이 아니다. 성경은 지적인 도전들을 포함할 수 있지만, 그리스도 안의 구원의 복음은 분명하고 찬란한 것이다.

게다가 궁극적으로 성경적 진리를 우리에게 전달하는 것은 논리법칙이 아니다. 성경적 추론은 타당해야 하지만 우리에게 믿을 만한 것으로 주어지는 것은 논증의 정확한 논리적 구조가 아니다. WCF 1.5는 우리를 "성경에 대한 고귀한 경외심"을 갖게 할 수 있는 몇 가지를 열거한다. 올바르게 추론된 교리의 타당한 논리는 성경에 대한 경외를 갖게 하는 것들 중 하나이지만, 타락한 사람들로 하여금 진리를 받아들이도록 하는 것은 아니다. 그것은 오직 성령의 사역이다.

WCF 1.5는 "성경이 무오한 진리요 신적 권위를 가지고 있다는 것을 우리가 충분하게 납득하고 확신하게 되는 것은 우리의 심령 속에서 말씀에 의하여 말씀을 가지고 증거하시는 성령의 내적 사역에 의해서이다"라고 말한다. 그 자체로 중요한 타당한 논리는 구원의 은혜를 대체할 수 없다. "개혁장로교 선언"(Reformed Presbyterian Testimony)에 언급되어 있듯이, "하나님의 진실성은 어떤 교리의 합리성과 달리 우리 믿음의 토대이다."[19] 타당한 성경적 추론들은 그것들이 논리적이기 때문이 아니라, 하나님으로부터 오는 것이기 때문

---

19 *The Constitution of the Reformed Presbyterian Church of North America* (Pittsburgh: Crown and Covenant Publications, 2004), A-8.

에 믿을 만한 것이다.

그러므로 성경으로부터 도출되는 타당하고 필연적인 결과는 완전히 믿음에 기초하여 수용해야 하는 진리의 한 조항으로 이끈다. 결국 하나의 타당하고 필연적인 결론은 인간의 이성과 경험에 대해 반직관적인(counterintuitive)것일 수도 있다. 적절한 성경적 추론은 전제와 연역적 유효성과 더불어 타당한 논리적 구조를 가져야만 하지만 결론은 인간의 이성의 한계를 뛰어 넘는 것일 수 있다. 이에 대한 최상의 예는 삼위일체 교리로, 타당한 성경에 대한 이성적 추론은 이러한 진리에 대한 지식으로 우리를 인도할 수 있지만, 이 진리 자체는 믿음에 의해 수용되어야만 한다. 그래서 우리는 최종적인 판단의 기준이 없이 어떻게 이성이 올바로 사용될 수 있는가를 볼 수 있다.

웨스트민스터 신학자들은 이 사실, 즉 비록 성경적 추론들이 타당하다고 하더라도, 성경적 진리들은 인간의 이성에 의해 판단되지 않는다는 것을 알고 있었다. 예를 들어, 일부 설명에 의하면 앤서니 터크니(Anthony Tuckney)는 소요리문답에 가장 영향을 끼친 학자로,[20] 그에 따르면, "논리적 규칙이나 우리의 이성이 하나님을 제한할 수 없다."[21]

조지 길레스피는 그의 『질문모음집』에서 큰 관심과 확신을 가지고 타당하고 필연적인 결론 교리를 만들었고, 또한 삼위일체를 예로

---

20 Samuel William Carruthers, *Three Centuries of the westminster Shorter Catechism* (Fredericton, NB: University of New Brunswick, 1957), 5.

21 John H. Leith, *Assembly at Westminster: Reformed Theology in the Making* (Richmond: John Knox Press, 1973), 47.

사용하면서 분명히 신자가 이성의 한계를 넘어설 때 성경적 진리에 복종할 필요성을 말했다. 그 책에서 그는 이렇게 언급한다.

> 이성으로 하여금 그리스도의 순종에 사로잡히도록 하라. 반삼위일체론자들과 소시니우스파들이 신성의 세 위격에 대한 믿음과 그리스도의 인격 내에서 신성과 인성, 두 본성의 연합에 대한 믿음으로부터 떨어져 나오게 만든 것은 그들의 이성이 이러한 조항들을 이해할 수 없기 때문인데, 이는 사실 그들 스스로의 견해에 기초해서 그렇다는 것이다. 내가 사로잡히는 이성에 대해 말할 때, 나는 내적인 믿음을 의미하는 것이 아니다. 나의 이해의 눈은 반드시 상당한 정도로 성령에 의해 열리는 것이기에, 나는 그러한 조항이 성경에서 주장된 것인지 알 수 있다. 따라서 비록 나의 이성이 어떻게 그것이 그런가를 이해할 수 없을지 몰라도 나는 믿는다.[22]

마지막으로 우리가 관찰할 수 있는 것은 웨스트민스터 신학자들에게 있어서, 하나의 해석 방법으로서의 타당하고 필연적인 결론을 사용하는 것이 본문을 다양한 의미로 해석 가능한 문단의 행렬로 놔두는 것이 아니라는 것을 알 수 있다. WCF 1.9에서 성경의 의미는 "다중적이 아니라 하나"라고 분명히 밝힌다. 웨스트민스터 신앙고백이 분명히 이 구절에서 중세의 알레고리 해석방법을 거절하지만 그 방법을 적절하게 적용하기도 한다. 성경적 추론들은 해석 가능성

---

22   Gillespie, *Miscellany Questions*, 59.

에 대해 끝없는 세계로 열리는 것이 아니다. 우리는 모든 구절에서 영적 함의들을 요구할 필요가 없고, 모든 성경 구절 뒤에 있는 더 깊이 보이지 않는 의미를 찾을 필요가 없다. 타당하고 필연적인 결론은 성경의 신비스러운 의미의 층들을 드러내는 것이 아닌, 특정한 진실을 제시할 것이다.

우리는 웨스트민스터 신앙고백이 타당하고 필연적인 결론 교리를 많은 신중한 주의점들의 맥락 내에서 구성하고 있다고 결론지을 수 있다. 성경적 추론 방법은 언제나 "타당하고 필연적인"이라는 기준에 의해 통제되고 시험을 거쳐야 하며, 항상 말씀의 권위와 그 말씀의 저자이신 성령님의 적절한 인도하심에 굴복해야 한다. 인간의 이성은 높아지지 않고 성경적 진리를 연역할 특별한 필요에 의해 너무 복잡하게 되지도 않지만, 성경적 진리가 올바르게 추론되기 위해 하나님의 말씀이 반드시 뒤따라 나와야 한다. 일부 진리들은 성화된 추론을 필요로 하지만 성경 자체는 분명하고 충분하며 완전하다. 웨스트민스터 총회의 역사적 맥락에서, 로마 가톨릭교회와 잉글랜드 국교회는 그들의 교리를 공의회와 교부들의 권위에 둔 반면, 종파주의자들은 성경을 넘어서는 성령의 새로운 계시가 필요하다고 주장했다. 웨스트민스터 신앙고백은 이러한 극단적 주장들에 대한 균형 잡힌 성경의 대답으로 돌아갔다.

이제 웨스트민스터 총회가 그 과정에서 이 원리를 어떻게 적용했는지를 고찰하는 것이 남았다. 교회 정치의 특정한 규칙에 대해 신학적 근거를 찾을 수 있는가의 문제에 대해서, 총회 의사록(minutes)은 필연적인 결론이 성경 그 자체의 방식이라는 점에 착안하여 이와 관련된 결론에 도달하게 하는 유용한 방법으로 사용될 수 있음을 보여주었다. 1646년 5월 15일 제640차 회기에 따르면 그리스도께서 필연적인 결론을 사용하셨고 의도하셨다는 증거들은 다음과 같다.

> 마태복음 22:31-32에서 "죽은 자의 부활을 논할진대 하나님이 너희에게 말씀하신 바 나는 아브라함의 하나님이요 이삭의 하나님이요 야곱의 하나님이로라 하신 것을 읽어보지 못하였느냐 하나님은 죽은 자의 하나님이 아니요 살아 있는 자의 하나님이시니라 하시니"라고 말씀하시는데, 여기서 그리스도께서는 결론적으로 부활을 입증하신 것이다.

> 요한복음 10장에서 그리스도께서 자신과 아버지가 하나라고 말씀하신 것에 대한 유대인의 비난을 논박하기 위해서 군주를 신으로 부른 성경 본문으로부터 추론된 결론을 사용하신다.

> 사도행전 13:34, "또 하나님이 죽은 자 가운데서 그를 일으키사 다시 썩음을 당하지 않게 하실 것을 가르쳐 이르시되 내가 다윗의 거룩하고 미쁜 은사를 너희에게 주리라 했으며"에서도 보면, 결론적으로 그리스도의 부활이 증거된다.

> 히브리서 1:6, "또 그가 맏아들을 이끌어 세상에 다시 들어오게 하실 때에 하나님의 모든 천사들은 그에게 경배할지어다 말씀하며"에서도 그리스도께서 하나님의 아들이라는 것이 결론적

으로 증명되었다.[23]

1646년 5월 18일의 제641차 회기에서 타당하고 필연적인 결론의 사용은 "다른 많은 예들, 즉 결론적으로 구약으로부터 기인한 것들, 그리스도에 의해서 기인한 것들, 사도에 의해서 기인한 것들, 등 증명된 많은 믿음의 조항에 의해서 더욱 분명하게 될 것이다"[24]라고 정리되었다.

타당하고 필연적인 결론들에 대한 성경의 사용에 기초하여, 웨스트민스터 총회는 성경적 예들이 영구적인 명령들을 추론하는 데 사용할 수 있는가의 문제에 대해 논쟁했다.

> 문제에 대한 해결: "몇몇 예들은 하나님의 법과 의지 그리고 하나님의 약속을 보여준다. 구약에서처럼 아담으로부터 아브라함에 이르기까지 선조들이 여호와께 제단을 쌓고 제사를 드리는 것은 믿음과 용납으로 이루어졌다. 왜냐하면 성경에 그에 선행하는 명령이 기록되지 않았기 때문이다."

> 문제에 대한 해결: "살아 있는 형제들이 죽은 그의 형제의 아내와 결혼하는 의무에 대해서도 이의 없이 똑같이 말할 수 있다. 이에 대해 우리는 모세를 통해 주어진 율법 앞에 그것이 하나님의

23　Alexander Mitchell and John Struthers, eds., *Minutes of the Sessions of the Westminster Assembly of Divines* (Edinburgh and London:William Blackwood and Sons, 1874), 231-32.

24　Ibid., 232.

의지이자 약속이라는 증거가 없지만, 창세기 38장의 유다의 아들의 예에서 그렇게 말할 수 있다."

문제에 대한 해결: "신약에서 기독교의 안식일을 주의 첫째 날에 지키는 것도 같은 예이다."[25]

앞의 예들은 다음 결론들로 귀결되었다.

문제에 대한 해결: "그러한 모든 예에서, 우리가 지금 많은 세대 동안에 걸친 후대의 관습들의 토대가 되는 그들의 예들에 대해 선조들이 처음에 하나님의 명령을 가지고 있었듯이, 마찬가지로 비록 우리가 그리스도께서 제자들과 대화하시던 때에 부활 전후 하나님의 나라에 대한 모든 것을 가르치셨을 것이라고 믿지만, 예로 든 것들에 대한 그리스도의 의지와 약속을 보여주는 기록이 없다. 하지만 사도들과 당시 교회들에서의 예와 실천이 남아 있다."

문제에 대한 해결: "사도들이나 전도자들, 또는 그들에 의해 세워지고 위임받은 교회로서, 신약에 기록되고 그 안에 허락되지 않은 것이 없으며 여전히 지켜지는 특별한 이유가 있는 그러한 예들은, 하나님의 법과 뜻 그리고 그리스도의 약속이 유지된다는

---

25   Ibid., 237-38.

것을 보여준다.[26]

이러한 결론들은 교회 정치에 대한 웨스트민스터 총회의 논쟁 맥락에서 이루어졌고, 이는 아마도 웨스트민스터에서의 가장 위대한 주장의 정점이었을 것이다. 몇몇 감독 정치를 믿는 이들이 초청되었지만, 오직 한 사람 다니엘 휘틀리(Daniel Featley)만 실제로 웨스트민스터 총회에 참석했다. 토마스 구드윈(Thomas Goodwin), 제레미아 버로우즈(Jeremiah Burroughs), 필립 나이예(Philip Nye)와 같은 독립파의 변수가 있었지만, 분명히 장로교도들이 다수였다. 그들 중에, 장로제가 인간의 법(유스 후마눔[*jus humanum*])인지 하나님의 법(*jus divinum*)인지, 즉 인간의 권리(human right)인지 하나님의 권리(divine right)인지에 대한 논쟁이 있었다. 일부는 장로제도가 성경을 따르는 것이지만 분명하게 명령된 것은 아니라고 주장했지만, 타당하고 필연적인 결론이란 원리에 기초하는 것은 총회로 하여금 『장로교 정치의 형태』(*The Form of Presbyterial Church Government*)라는 문서에서 결국 장로제도를 하나님의 법이라고 결론짓게 만들었다. 이것은 타당하고 필연적인 결론의 면밀한 사용이 웨스트민스터 총회의 진행 과정의 부분이었다는 것을 보여주는 한 예이다.

성경으로부터 도출된 타당하고 필연적인 결론들의 추론은 웨스트민스터의 역사적인 호기심 훨씬 이상이다. 그것은 모든 세대에 있어서 하나님의 백성들의 믿음과 삶의 중요한 국면이다. 성경적 진리의 특징적인 진술들에 도달하기 위한 일관된 추론과 논리적 사고는

---

26 Ibid., 238-39.

신학, 설교에 대한 질서 있고 일관된 접근과 그리스도인의 삶의 다양한 상황에 대한 성경의 적용을 위해 절대적으로 중요하다.

B. B. 워필드는 성경으로부터의 타당하고 필연적인 결론들을 부정하는 것은 다른 모든 교리를 부정하는 것을 수반할 것이라고까지 말한다. "왜냐하면 그 어떤 단순한 교리도 이해의 과정을 사용하지 않고서는 성경으로부터 확인될 수 있는 것은 하나도 없기 때문이다."[27] 단순한 교리들뿐 아니라, 삼위일체 교리와 같은 중심적(central) 교리들도 타당하고 필연적인 결론들에 의존한다. 이 교리는 단순한 증거본문의 산물이 아니라, 오히려 많은 전제에 근거한 권위 있는 추론이자 명백히 기독교 믿음의 중심적인 진리이다. 어떻게 타당하고 필연적인 결론의 원리가 기독교 신앙의 다른 많은 교리와 서로 얽혀 있는지 정말 놀랍다. 웨스트민스터 신학자들은 단순히 이 원리에 대한 고백적인 인정을 하면서 대단한 조심과 주의를 가지고 접근했다.

어떻게 성경 자체가, 특히 그리스도께서 타당하고 필연적인 결론의 방법을 자주 사용하셨는지 역시 놀랄 만하다. 몇몇 주목할 만한 예들이 이미 웨스트민스터 총회 신학자들의 글과 총회 문서들에 인용되었는데, 마태복음 12:9-14과 같은 보다 많은 예가 존재한다.

> 거기에서 떠나 그들의 회당에 들어가시니 한쪽 손 마른 사람이 있는지라 사람들이 예수를 고발하려 하여 물어 이르되 안식일에 병 고치는 것이 옳으니이까 예수께서 이르시되 너희 중에 어

---

27 Warfield, *Westminster Assembly*, 227.

> 떤 사람이 양 한 마리가 있어 안식일에 구덩이에 빠졌으면 끌어내지 않겠느냐 사람이 양보다 얼마나 더 귀하냐 그러므로 안식일에 선을 행하는 것이 옳으니라 하고 이에 그 사람에게 이르시되 손을 내밀라 하시니 그가 내밀매 다른 손과 같이 회복되어 성하더라 바리새인들이 나가서 어떻게 하여 예수를 죽일까 의논하거늘(마 12:9-14).

이 본문에서, 그리스도께서는 자비를 행하는 것이 안식일에도 합법적이라는 것을 가르치시기 위해 타당하고 필연적인 결론을 사용하신다. 그리스도의 이 주장은 범주적 삼단논법(categorical syllogism)의 형태를 취한다. 안식일에 동물에게 선을 행하는 것이 합법적이라는 첫 번째 전제와 사람들은 동물보다 더 귀하다는 두 번째 전제에 근거하여, 그리스도께서는 안식일에 사람에게 자비의 행동을 하는 것이 합법적이라고 결론내리신다. 이 예에서 바리새인들은 타당하고 필연적인 결론들의 사용을 거부했다는 것을 지적하는 것은 흥미로운 점이다. 그들은 어떻게 안식일을 지킬 것인가의 문제에 대해 "율법의 문자"(또는 그들 자신들의 전통)를 고집했고, 그들은 아마도 증거가 되는 본문을 그리스도께 기대했을 것이다. 그리스도께서 제시하신 것과 같은 타당하고 필연적인 성경적 추론들은 그들의 사고의 한 부분이 아니었다. 그들은 단지 그리스도의 교리와 그것을 제시하는 추론적인 방법에 화를 냈을 뿐이다.

성경으로부터 도출한 타당하고 필연적인 결과들은 또한 오늘날 시대에도 세상에 대한 증언에 있어서 계속해서 교회를 돕는다. 현대 문화의 복잡한 문제에 직면한 성경적 진리의 관련성은 타당하고 필연적인 결론의 추론을 통해 연결된다. 예를 들어, 낙태에 대해 교회가 뭐라고 말할 수 있는가? 그 많은 성경 말씀들 가운데 그 어떤 부분도 "낙태는 잘못이다"라고 하지 않는다. 모세와 바울 시대에 그것은 단순히 관심을 가질 사안이 아니었다. 그러나 이 타당하고 필연적인 결론 원리를 적용함으로써, 우리는 이 문제에 대해 하나님의 뜻에 이를 수 있다.

> 전제 1: 다른 인간을 살해하는 것은 죄이다(출 20:13).
> 전제 2: 태아는 인간이다(시 139:13-16).
> 결론: 태아를 죽이는 것은 죄이다.

이런 저런 방식으로 성경으로부터 타당하고 필연적인 결론들을 추론하는 것은 삶과 믿음과 교회의 증거의 중요한 측면으로 남는다.

이 원리는, 웨스트민스터 신앙고백에서 언급하듯이, 성경에 분명하게 표현되어 있든지 또는 성경으로부터 정당하게 추론했든지, 모든 세대에 적용하는 하나님의 전체 뜻에 대해 진실하고자 하는 소원에 기초한다. 이것은 반드시 오늘날 교회의 우선 순위가 되어야 한다.

조지 길레스피는 자신이 타당하고 필연적인 결론의 사용 없이 "어떻게 이런 저런 개인 신자들이 성경으로부터 그에게, 그에게까지 속한 은혜언약과 그 전제들을 수집할 것인가?"라고 물었을 때, 이 원칙의 실천적인 함의를 지적했다.[28] 타당하고 필연적인 결과를 통해, 보편적으로 모든 사람에게 주어지는 그리스도의 복음의 약속

---

28 Gillespie, *Miscellany Questions*, 103.

은 개인적인 용어로 전용될 수 있고, 개인 신자는 특별한 위로와 확신을 찾을 수 있다. "타당하고 필연적인 결론"은 과거 고백의 세기에 아주 짧게 제시된 문구 이상이었다. 그것은 각 신자들의 믿음과 삶에 큰 중요성을 가진 원리이다. 그것을 통해 당신은 당신에게 속한 복음의 약속들을 알 수 있다.

제7장

주의 날과 웨스트민스터 신앙고백

로우랜드 S. 워드(Rowland S. Ward)

역사적으로 개혁파 교회들의 신앙고백들에 주의 날에 대한 진술은 상대적으로 거의 두드러지지 않는다. 사실 웨스트민스터 총회 이전엔 오직 두 개의 신앙고백만이 주의 날을 다루었을 뿐이다. 1563년 하이델베르그 요리문답 103은 다음과 같이 말한다.

문〉 제4계명에서 우리를 향하신 하나님의 뜻은 무엇인가?
답〉 첫째, 복음전파와 복음에 관한 교육을 받아야 하며, 특히 주일(안식일)에 하나님의 말씀을 배우며 성례에 참여하고 공적인 기도를 드리며 가난한 자들을 위한 헌금을 바치기 위하여 하나님의 백성의 모임에 정규적으로 참석해야 한다.
둘째, 매일의 생활에서 주님이 내 속에서 성령을 통하여 역사하심으로써 나는 힘겨운 일상생활의 악으로부터 벗어나서

> 이생에서 이미 영원한 안식을 누리는 것이다.

괄호 안의 "안식일"은 1566년 화란 역본 때 첨부된 것이지, 독일어 원본에는 포함되어 있지 않다.

웨스트민스터 신앙고백의 기본 자료가 된 1615년 아일랜드 신조 제56조는 다음과 같이 말한다.

> 한 주의 첫날은 주의 날로써 주의 일을 위해 온전히 받쳐야 한다. 따라서 성도들은 마땅히 자신의 일상적인 일을 쉬어야 하고, 그 시간을 공적이든 사적이든 거룩한 일에 드려야 한다.

이 조문은 다음에 소개되는 훨씬 더 정교하게 만들어진 WCF 21. 7, 8의 초안이라고 말할 수 있다.

> 일반적으로 하나님께 예배하기 위하여 일정한 시간을 정하는 것은 자연법에 합당한 것이다. 그래서 하나님은 그분의 말씀을 통하여 적극적이고 도덕적이며 영구적인 명령으로써, 모든 시대의 모든 사람에게, 특별히 이레 중 하루를 안식일로 택정하여 하나님께 거룩하게 지키도록 명하셨다. 이날은 창세로부터 그리스도의 부활까지는 한 주간의 마지막 날이었으나, 그리스도의 부활 이후로는 한 주간의 첫째 날로 바뀌었다. 성경은 이날을 주의 날이라고 부른다. 이날은 세상 끝날까지 기독교의 안식일로 지켜야 한다(WCF 21.7).

그러므로 안식일은 주님께 거룩하게 지켜야 한다. 이를 위해서 사람들은 그들의 마음을 합당하게 준비하고, 일상적인 일들을 미리 정돈한 연후에, 그날에 하루 종일 그들 자신의 일과, 세상적인 일에 대한 말이나 생각, 오락을 중단하고 거룩하게 안식할 뿐만 아니라, 모든 시간을 바쳐서 공적으로 개인적으로 하나님께 예배하는 일과 부득이 해야 할 필요가 있는 일과 자비를 베푸는 일을 해야 한다(WCF 21.8).

각 조항들은 웨스트민스터 신앙고백이 제정될 때 합의된 것으로, 공적 예배를 드리는 날을 가리키는 안식일을 표현하는 동시에, 오직 웨스트민스터 신앙고백만 제4계명이 도덕적 특성을 가지고, 모든 사람이 지켜야만 하는 계명이라고 주장하고 있다. 또한 웨스트민스터 신앙고백은 주의 날은 그 계명과 함께 안식일의 특성을 가진다고 강조하면서, 이레의 마지막 날에서 첫날로 안식일이 옮겨진 사실에 대해 자세하게 설명하고 있다.

하지만 이 주제에 대한 웨스트민스터 신앙고백도 비판을 피할 수는 없었다. 특히 웨스트민스터 신앙고백에 나타난 모세 율법(WCF 19. 2-4)을 도덕법, 의식법, 시민법으로 나누는 것은 옳지 않다고 지적되어왔다. 모세 율법은 나눌 수 없는 통으로 짠 망토와 같다는 이야기이다. 모세 언약이 새 언약으로 대체되었다는 사실을 고려할 때, 그 논쟁은 모세보다 더 큰 이로부터 "사랑의 법"을 받았다는 사실로 이어지게 되는데, 그 더 큰이는 우리에게 특별한 날들을 지정하여 지키라는 어떤 명령도 하시지 않는다. 다만 우리에게 매일을 그 자신과 함께할 것을 요구하신다. 보다 더 타당한 비판으로는 종말론적 강조가 웨스트민스터 신앙고백에는 결여되어 있다는 것이다. 하이델베르그 요리문답은 종말론과 관련하여 약간의 언급이 있지만 불충분하다. 이 종말론적 문제는 웨스트민스터 신앙고백이 제공하고 있지 못하는 부분이다.

이런 배경을 염두에 두었을 때, 주의 날과 창조 안식과의 연결, 그리고 그 창조 목적에 강조점을 두는 성경으로부터 웨스트민스터 신앙고백의 가르침이 제공되었다는 주장은 웨스트민스터 신앙고백의 가르침을 고수하기를 추구한 한 사람, 웨인 스피어(Wayne Spear) 박사에게 헌정하는 이 책에 적합하다 하겠다. 역사적인 진행 상황에 관한 간략한 언급들은 본 연구 결론 뒤에 있는 부록에서 다루도록 하겠다.

1. 창조 안식

하나님은 창조 때에 안식일, 즉 쉬는 날을 제정하셨다(창 2:2-3). 이것은 인간을 위하여 처음부터 계획된 진행과정 중 일부분이었다. 예수님은 "안식일은 사람을 위하여 있는 것이요"(막 2:27)라고 말씀하셨다.[1] 이 설명은 다음과 같은 주장을 의미한다고 볼 수 있다.

1. 안식일은 인류에게로 죄가 들어온 때와 무관하다는 보편 타당성을 가지고 있다.

---

1 성경 인용은 NIV이다(본 역서에서는 개역개정을 인용한다-역주).

2. 여기서 안식일은 의미심장한데, 왜냐하면 죄가 인류에게 들어왔다는 사실과 차후의 구원 과정이 안식일의 기본적인 성격을 변경시킬 수 없기 때문이다.

3. 모세 이전의 안식일에 관한 언급이 거의 없다는 사실은 창조 때 안식일이 제정되었다는 데 대한 논쟁을 전혀 불러일으키지 않는다. 왜냐하면 단순히 언급이 없다는 사실에서 시작된 논쟁은 위험하기 때문이다. 예를 들어, 주전 1,400년경 모세 시대와 주전 840년 엘리야 시대 사이의 안식일에 관한 언급은 전혀 없지만(왕하 4:23), 안식일이 있었다는 사실은 의심의 여지가 없다. 그리고 안식일 수호를 왜곡하여 지키거나 아예 지키지 않는 인간의 태도는 그들에게 들어온 죄로 충분히 설명된다.

창세기 2장에서는 "안식일"(사바스[Sabbath])이라는 명사를 사용하지 않는다. 하지만 비슷한 형태인 "사바트"(shabat, "일을 멈추다")라는 말을 사용한다. 또한 이후의 구절들은 매주 안식일을 안식일의 근거로서 창조 패턴과 연관시킨다(예를 들어, 출 20:8을 보라).

하나님은 그분의 일을 "마치시고", "쉬시고", "축복하시고", 일곱 번째 날을 "거룩하게" 하셨다.

2. 의미

안식일이 창조로부터 시작되었다는 간단한 진술이 안식일 자체의 성격을 설명하지는 못한다. 그 문제에 관해서 몇 가지 의견들이 있다. 그렇지만 비록 창조 때의 하루가 지금의 하루와 같은 길이(24시간)의 개념으로 이해되지 않다 하더라도, 하나님의 창조 이야기의 목적은 인간의 삶을 위해 어떤 패턴을 제공하는 것임에 대해선 의견을 같이 한다. 따라서 인간의 삶은 멈추지 않는 활동의 성격이 아니다. 인간의 삶은 칠 일로 구성된 한 주에 기반을 두고 일(work)과 쉼(rest)의 리듬을 가진 것이며, 그 쉼은 창조주를 예배하기 위한 기회를 제공하기 위한 것이다.

안식일은 이처럼 분명히 창조주와 그의 피조물에 초점을 맞추고 있으면서, 하나님을 향한 인간의 의존성을 강조하는 반면에, 일부 학자들 사이에서는 안식일을 "창조의 기념일"이라는 다소 애매한 이야기를 한다. 창조 이야기의 절정은 인간의 창조가 아니라 하나님의 안식이라는 것이 중요하다. 창세기 2:1-3은 창세기 1장과 함께 하나의 문학적 단위를 형성하는데, 즉 안식일은 단순히 과거의 창조 행위를 매주 기억하거나 더 중요한 무엇이라는 것처럼 부록 덧붙여진 것이 아니다. 창조의 의도와 목적을 가리키는 것이다.

첫째 날부터 여섯 번째 날은 하나님의 창조적인 행동들에 대해 기록하고 있는데, 도대체 하나님은 어떤 의도로 창조하시는 것일까? 이 질문의 대답은 일곱 번째 날이 우리에게 말해준다. 하나님은 언약의 파트너로 사람과 관계를 맺으신다. 하나님은 안식하시고 인간과 매주 돌아오는 일곱 번째 날의 안식을 나누시는 것이다. 매주의

이 안식은 인간에게 주어진 일이 완전히 성취될 때 하나님의 안식에 참여함으로 마침내 절정에 이를 것이다.

다음에 이어질 것은 무엇인가? 안식일을 가장 우선적으로 가장 중요한 기념비적인 창조의 날로 생각하는 사람들은 본래의 창조 세계를 마치 발전의 여지가 없는 궁극적인 상태로 생각하는 경향이 있다. 그래서 그들은 본래의 에덴 동산이 종말의 때에 다시 나타나게 될 것이라고 기대한다. 또한 그들은 일곱 번째 날의 안식일을 주장하고 다른 날로 바꾸기를 거부하는 경향이 있다. 반면에 안식일이 창조의 목적을 표현한다고 생각하는 사람들은 더 높은 예정이 창조 의도에 있다고 생각하고, 창조의 처음 단계도 "매우 좋음"(즉 정확히 하나님이 의도하신 것처럼)의 수준이었지만 가장 최고로 완벽한 수준의 것은 아니라고 말한다. "창조의 목적"에 초점을 맞추는 견해가 성경에 가장 적합하다.

1. 하나님의 안식은 무한한 축복을 담고 있다. 창조 이야기에서 일곱 번째 날은 저녁과 아침에 관한 이야기로 끝나지 않는다. 그렇게 정교한 이야기에서 이것은 결코 실수일 수 없다. 독일 팔츠(Palatinate) 출신 평화 개혁파 신학자 데이비드 파레우스(David Pareus, 1548-1622,)는 이미 그의 라틴어 버전의 『창세기 주석』(*Commentary on Genesis*, 1609)에서 이 점을 주목하고 있다.

2. 인간이 만지기 전에 있었던 동산 중앙의 생명 나무는 인간을 위해 예비된 더 높고 영생을 위한 증거로 볼 수 있다(창 3:22).

3. 창세기 1장의 축복들은 하나님의 아들(눅 3:37)을 위한 언약의 축복이었고, 아들은 유산을 기대했을 것이다.² 이것은 죄가 이 세상에 들어오기 전에 이미 종말론이 존재했다는 것을 보여준다. 이것은 바로 더 큰 축복의 예비인 것이다.

4. 구약에서 선택된 백성의 역사는 속박으로부터 시작하여 하나님의 안식의 땅, 약속의 땅으로 들어가는 구원의 패턴을 보여준다. 이는 궁극적으로 하나님의 도성으로서의 새 예루살렘을 기대하게 한다.

5. 그리스도 안에서 성경의 성취는 현실화된 바로 그 패턴을 보여준다. 즉 성경은 그리스도께서 단순히 에덴 동산을 창조의 상태로 회복하시는 것이 아니라 피조물을 더 높은 차원에서 하나님과 더불어 더없이 행복하고 영원히 지속될 수 있도록 인도하신다고 말한다.

이 "창조의 목적"을 지지하는 견해의 정당성은 다음 단락에서 증명될 것이다. 그전에 우리는 이 땅에서 매주의 안식일이 굳은 약속

---

2 인간의 첫 부모에게 주어진 본래의 축복은 노아(창 9장)에게서 반복되며 이것을 언약이라고 부른다. 그러므로 아담과의 본래 관계는 언약적인 것이다. 창세기 6:18은 이어져 내려온 이미 존재하는 관계에 대해 말하는 것이지 새로운 관계에 대한 시작을 말하고 있는 것이 아니다. 창세기 1장의 그런 축복들은 언약적인 축복들이다. 이와 같은 효과가 낮과 밤에 대한 하나님의 언약을 나타낸 예레미야의 글에 있다(창 33:20 이하). 이 구절들은 창세기 9:8 이하부터 창세기 1장으로 역으로 올라가며 설명하고 또한 하나님의 그의 선한 창조에 대한 축복을 언급한다. 그러므로 창조의 맨 처음 때에 하나님이 언약을 맺었음을 알 수 있다.

이었고, 더 높은 차원의 예정의 맛보기였다는 사실을 기억할 필요가 있다. 인간의 가치는 단순히 경제적 결과물로 판명되지 않는다는 사실을 안식일의 쉼의 의미가 우리에게 상기시켜 준다. 이 점은 주목할 필요가 있다. 인간의 생산적인 활동이 없는 어떤 날은 버려진 것처럼 보일 수 있지만 그렇지 않다는 것이다. 인간은 그 대신 더 높은 차원의 일을 위해 창조되었음을 의미한다. 바로 하나님을 향하기 위해 창조되었다. 이것이 바로 하나님의 피조물에게 그 자체의 진정한 의미를 부여하는 목적이자 운명인 것이다.

3. 죄인을 위한 안식일

인간들의 삶에 들어온 죄의 영향은 안식일 준수에 미칠 수밖에 없고, 이는 인간의 마음에 다른 법들이 쓰인 때부터 시작했다. 하나님과 함께하는 더 높은 차원의 운명의 표지인 안식일은 결코 그 운명에 이를 수 없는 죄인들에게는 다소 의미 없는 말이 된다. 사람들이 그들의 종교적인 성향을 채우기 위해서 특정한 거룩한 날을 고안해 낸다면 안식일의 의미는 곧 무너진다는 것은 의심의 여지가 없다. 비록 고대의 자료가 많지는 않지만, 이스라엘 외에 매주 안식일을 지킨 민족이 있다는 분명한 역사적 증거는 없다.

4. 이스라엘을 위한 안식일

타 민족이야 어찌되었든 이스라엘의 역사가 안식일로 특별히 특징지어지는 것에 모두가 동의한다. 시내 산에서 십계명이 주어지기 전에 하나님이 만나를 내려주셨던 때를 살펴보면, 안식일에 관한 증거를 발견할 수 있다(출 16:26). 안식일이 경시되었다가 시내 산에서 율법을 위한 이스라엘의 준비 과정에서 다시 회복되었다는 견해가 받아들일 만한 해석이라고 논의되어왔다(계산법에 근거하여, 주전 약 1,450년). 하지만 만약 그렇다면 이것은 창조 때에서부터 안식일이 시작되었다는 사실을 지지하게 되는 셈이다.

제4계명, "안식일을 기억하여 거룩히 지키라"(출 20:8-11)가 주어질 때, 그 계명의 원래 첫 단어는 "기억하라"이다. 이 어구는 출애굽기 16장 및 창세기 1-2장 이야기를 가리키고 있고, 또한 마치 "이 시간 이후부터는 안식일을 마음에 간직해라"라고 말하는 것처럼 미래를 위한 약속을 포함하고 있다. 하지만 노동에 대한 관점으로만 살펴보면, 안식일을 지키는 이유는 죄가 인간의 삶에 들어오기 전, 즉 창조에서의 하나님의 패턴 때문이다. 사람의 안식은 하나님의 안식과 연결되어 있으며, 또 하나님과 동행하는 안식이라는 작정을 향하고 있는데, 그것은 하나님의 일이 완성될 때에 사람에게 주어지게 된다.

십계명이 한 세대 이후 다시 이스라엘 백성에게 주어질 때 이를 지키려는 더욱 강화된 이유는 창조가 아니라 이집트의 속박으로부터 이스라엘 백성이 받은 구원에 있다(레 5:12-15). 이 구속에서의 해방은 다른 창조의 여섯 날과 특별한 관련성이 전혀 없지만, 창조의 목적과 관련이 깊다. 그래서 구속적 이유는 덧붙여진 것이 아니라 이차적인 강조이며 안식일의 근본적인 의미와 긴밀하게 연결되어 있는 것이다. 어떻게 타락한 인류가 구원을 배제한 채 하나님과의 영원한 유대 관계에 닿을 수 있겠는가? 하나님은 이스라엘 백성을 죄악으로부터 구원하시고 그들의 길에 함께하시며 안식일을 지킬 수 있게 하셨다.

1) 기간

고대 이집트 때의 시간 체계는 하루가 아침에서 그 다음 날 아침을 가리켰고, 한 주가 10일 주기로 이뤄져 있다고 생각했다. 그러나 메소포타미아 시대에는 하루가 저녁에서 그 다음날 저녁으로 이뤄진다고 생각하였는데, 이 메소포타미아의 시간제를 이스라엘이 채택한 시간제였고(레 23:32), 칠 일 주기의 한 주가 창조 이야기에서 나타난다. 이스라엘에서 날짜는 첫째 날, 둘째 날, 등의 서수로 표기된다.

2) 사건

어떤 이는 제4계명에서 많이 강조되고 있는 것은 각각의 하루 안에서 일어나는 연속적 사건들이 아니라, 마치 한 주간의 마지막 날에 도덕적 내용이 들어 있는 것처럼 안식일 그 자체의 의미에 강조를 둔다고 말한다. 구약성경 어느 곳도 "그 주의" 일곱 번째 날을 안식일로 지키라고 명령하지 않는다. 다만 일곱 번째 날을 지키라고 말할 뿐이다. 안식일이 다른 여섯 날의 처음에 오든 끝에 오든, 일곱 번째 날은 다른 날들과 관련이 있다. 실제로 아담의 첫째 날은 그의 창조 직후에 찾아온 안식일이었다. 그는 처음 여섯 날 없이 곧바로 쉬었다. 그의 첫째 날은 일이 아니라 하나님과의 안식을 누린 것이었다. 아담은 하나님과 첫째 날에 안식을 취하고 그의 일을 시작하기 전에 하나님의 창조 가운데 기뻐했다. 더욱이 안식일 준수를 강조하는 출애굽기 20장과 신명기 5장에 제시된 근거들은 안식일의 의미를 이해하는 데 도움을 주지만, 보통 그런 경우에 그 말씀들은 결코 바뀌거나 제거될 수 없는 그런 내용들이 아니다. 대신 그 말씀은 그 당시 그 말씀을 받는 사람들의 상황에 맞춰진 말씀이다.

제4계명에서 변하지 않는 혹은 강력하게 지켜야 하는 내용은 창조나 구원과 같은 다른 요소들에 의해 결정되는 실제적인 안식일로 칠 일 가운데 하루라는 원칙이다. 창조와 구원은 안식일의 근본적인 구성요소들이다. 가장 타당한 가정은 출애굽기 16장에 기록된 것처럼 안식일로 지켜지기 적당한 어떤 날이 이스라엘 때에 회복되었고, 이스라엘의 원년이 그때서부터 시작하기 때문에 이집트에서 해방된 날로부터 그날이 안식일로 여겨졌을 것이라는 가정이다(출 12:2).

3) 안식일 준수

안식일 준수 문제에 대해서는 놀랍게도 구약성경 안에서 자세한 설명이 거의 없다. 기본적인 주안점은 일상적인 활동들을 멈추고 종교적인 행사를 위해 그날을 사용한다는 정도이다. 안식일을 위한 시편인 시편 92편에서는 하나님을 찬양하고, 그분을 위한 노래를 만들고, 하나님의 사역에 기쁨으로 노래하고, 그분의 의를 신뢰하고, 그분의 변함없는 사랑과 능력을 찬양하는 것이 안식일에 해야 하는 일이라고 적혀 있다. 안식일은 아무 일도 하지 않는 날이 아니고 또한 단순히 겉으로 종교적 의무를 이행하는 날도 아니다. 그날은 특별한 종교적 활동을 위한 날이었다.

특히 경작할 시기와 추수할 시기의 일이 안식일에 금지되었는데(출 34:21), 아마 추측하건데 이것은 사람들이 경작과 추수를 마칠 시간이 제한되었기에, 그런 일을 할 수 있는 기간에는 안식일을 지키지 않아도 된다고 당연시 여겼기 때문이었을 것이다. 느헤미야(느 13:15-22)와 예레미야(렘 17:21-27)는 안식일에 짐을 드는 것을 금지하였지만 그 내용은 상업적인 활동이 포함된 것을 가리키는 것이다.

두 가지 다른 금지조항이 있는데, 출애굽기 35:3에서는 집에 불을 피우는 것을 금지하고 있다. 이것은 성막 건축과 관련된 가르침을 배경으로 하는데, 분명히 안식일에 성막 건축과 관련된 일을 하는 것을 정당화하려는 경향들을 상쇄시키려는 의도로 보여진다. 즉 예배를 드리기 위한 장소를 건축하는 것도 하나님의 날에 할 적절한 행동이 아니라는 것이다. 다른 조항으로 나무를 모으는 일에 대해서는 사형이라는 언급이 있다(민 15:32-36). 사실 이 내용은 율법을 거역한 종교적인 죄인에 관한 것이다. 문제가 되는 경우는 하나님의 날에 상업을 하는 기름 상인에 관한 것이다. 다른 본문(출 16:23)을 통해 안식일 전날에 음식을 준비하는 것을 제한하는데, 이것 역시 이 본문에 대한 지나친 해석이다.

인용된 본문에 이런 관점을 가지고 접근하는 방식은 토마스 셰퍼드(Thomas Shepard, 1604-49) 같은 학자들 사이에서 기본적으로 발견할 수 있다. 그가 죽은 해에 안식일에 관한 책을 출판하였는데, 그 책은 청교도들이 필연적으로 엄격주의자(rigorists)가 아니었음을 상기시켜주었다.

이런 몇 개의 일반적인 진술들은 예수님 당시에 바리새인들에 의해 세워진 천 개 이상의 율법과 비교해서 눈에 띠게 적다. 그리고 심지어 이런 안식일의 율법들은 다른 유대 종파들의 것만큼 항상 엄격하고 자세한 것은 아니었다.

4) 진정한 안식처가 아닌 가나안

하나님의 백성이 출애굽과 그 이후의 험난한 여정을 마치고 약속된 땅에 정착했을 때에 그들은 하나님이 백성을 위해 준비해 놓으신 땅에 들어간 것이다. 하지만 그들은 궁극적인 안식에 이른 것은 아니었다(히 4:8-9). 아브라함과 같은 믿음의 백성이 가지고 있던 "하늘 나라" 또는 "장차 도래할 도성"과 관련된 안식일의 의미는 상징이었고 일종의 맹세였다. 여호수아보다 더 위대한 이가 그들을 진정한 안식으로 인도할 것이다. 가나안은 단지 그 하늘 나라의 모형이나 이미지에 불과했다.

5. 예수님의 사역

예수님은 사역 중에 정기적으로 안식일에 회당에 들어가셨고(눅 4:16), 그날에 많은 사람을 고쳐주셨다. 여기서는 안식일에 관련된 두 가지 중요한 말씀과 히브리서에 나타난 중요한 구절을 살펴보도록 하겠다.

1) 요한복음 5:18

예수님이 베데스다 연못에서 한 사람을 고쳐주신 사건이 바리새인들의 비판을 받게 된 이유이다. 그 때문에 예수님은 "내 아버지께서 이제까지 일하시니 나도 일한다"(요 5:17)라고 답변하셨다. 유대 지도자는 더 이상 예수님을 안식일을 거역할 뿐 아니라 신성 모독을 행하는 사람으로 생각하여 더욱 예수님을 죽이려고 했다. "하나님을 자기의 친 아버지라 하여 자기를 하나님과 동등으로 삼으심이러라"(요 5:18). 하지만 예수님은 아버지 하나님이 무엇을 하시든지 그 아들 역시 그 일을 한다고 대답하셨다. 즉 예수님은 (지상의) 안식일에 치료하시는 일을 아버지 하나님이 (하늘의) 안식일에 매 순간 자신의 피조물을 유지하기 위해서 하시는 일에 비유하시며 그 일을 정당화하신 것이다.

현재 우리가 가지고 있는 목적과 연관하여 여기서 두 가지를 지적할 수 있다.

1. 창조 사건(창 2장) 이후에 등장하는 하나님의 안식은 일반적인 공식인 "저녁이 되고 아침이 되니"를 따르지 않는다. 왜냐하면 그것은 모든 미래의 역사를 포함하고 있으며, 그 시간 동안 하나님은 아무 일도 하지 않으시는 것이 아니라, 계속해서 하나님의 창조를 유지하고 창조의 목적을 위해 일하시기 때문이다.

2. 예수님의 치료는 아버지 하나님이 하늘의 안식일에 일하심과 같이 지상의 안식일 준수와 전적으로 어울린다. 그러므로 오히려 안식일에 선을 행하지 않는 것은 신성모독적인 행위이다 (참조. 마 12:12).

2) 마가복음 2:27-28

가장 중요한 예수님의 말씀 중 하나는 마가복음 2:27-28이다.

> 안식일이 사람을 위하여 있는 것이요 사람이 안식일을 위하여 있는 것이 아니니 이러므로 인자는 안식일에도 주인이니라 (막 2:27-28).

이 본문은 제자들이 안식일에 들판을 가로질러 가면서 곡식을 주워 먹은 것에 대한 바리새인들의 비판을 담고 있다. 구약성경에 나타난 안식일 법에 따르면 그 비판은 타당하지 않다. 하지만 이후에 생겨난 랍비의 세세한 규정에 의하면 곡식을 으깨는 것은 "일"로 취급되었다. 예수님은 율법에 대한 바리새인들의 엄격한 해석방법이 구약성경에 의해 뒷받침되지 못한다는 사실을 보여주시기 위해서 구약성경을 예로 들어 설명하셨고, 그리고 난 후에 본 구절을 말씀하셨다.

그 말씀은 단지 예수님은 바리새인의 오용으로부터 안식일을 놓아줄 권리를 가지셨음을 의미하는 것이 아니다. 예수님이 그 권리를 가지셨다는 것에 의심을 품을 자가 있겠는가? 그러나 본문은 안식일과 예수님의 관계, 곧 예수님이 안식일과 관련된 모든 것을 결정하실 수 있는 완전한 권위를 가지신 분임을 보여준다. 결국 안식일은 사람의 행복을 위해서 마련된 것이지, 사람을 엄격한 법률의 노예로 만들려고 제정된 것이 아니라는 것이다. "인자"라는 용어는 다니엘 7장에 근거를 두고 있는데, 그 용어는 메시아로서 우주적인 권한을 의미함과 동시에 "안식일까지" 이어지는 예수님의 권능의 위대함을 강조하고 있다. 즉 이는 메시아적 선포인 것이다.

안식일은 유일한 그 길(요 14:6)을 통해서만 도래할 영원한 하나님과의 관계를 가리키기 때문에 이 본문은 예수님이 안식일의 주인이라는 사실을 말해주면서, 안식일이 나타내는 진정한 의미를 예수님이 깨닫게 해 주신다는 것을 말해준다. 마태복음에서(마 12:1-8), 예수님은 율법에 따르면 제사장들이 성전 안에서 안식을 범해도 죄가 없다고 지적하신다. 예수님은 이어서, "성전보다 더 큰 이가 여기 있느니라"(마 12:6)라고 말씀하신다. 그 제사장들은 하나님의 일인 희생제사를 드리는 일을 하고 있었다. 하지만 주의 종이신 예수님은 지금 오셔서, 낡은 가죽부대는 찢어져서 담을 수 없는 새 술을 위한 시대를 선포하셨다(막 2:21-22). 그리스도께서 새 창조를 선포하셨기 때문에 모세 이전의 시대와 에덴 동산 때의 타락한 안식일의 갱신은 완벽하게 적법한 것이 되었다. 우리를 위해 모든 의를 이루시는 그리스도 안에서 평안을 누리는 우리는 우리의 날마다의 일을 시작할 수 있게 되었고, 우리는 그리스도께서 우리를 위해 예비하신 하늘나라에 들어갈 때 이뤄지는 완성을 기대할 수 있게 되었다.

3) 그리스도의 율법의 성취

그리스도께서는 율법을 폐하러 오신 것이 아니라 율법을 완전하게 하러 오셨다(마 5:17). 모세 언약은 대체되었다. 모세 율법의 그림자는 그리스도의 구원 사역의 실재를 준비할 뿐이다. 율법은 모세를 통해 주어졌고 은혜와 진리는 예수 그리스도를 통해 실현되었다(요 1:17). 하지만 여전히 십계명은 하나님의 손가락으로 돌판 앞, 뒷면에 쓰인 것으로(출 32:15) 하나님이 주신 계명들 가운데 특별하다. 그리스도인들이 이미 대체된 언약의 매개자인 모세로부터 삶을 위한 율법들을 받는 것이 아니다. 그리스도인들은 창조로부터 시작된 하나님과 인간을 위한 도덕적인 사랑의 법에서 그것을 받는 것이다. 그렇기 때문에 그리스도인들은 새롭고 더 나은 율법의 매개자인 예수님으로부터 율법을 받게 된다. 새 언약의 진가는 확실한 설명인 그리스도의 순종을 통해서 더욱 깊어지고, 또한 그분의 가르침과 예들을 통해 분명해진다(마 5:17 이하). 그러므로 율법의 의는 육체를 따라가는 자가 아닌, 성령을 따라가는 믿는 자들 가운데 성취된다(롬 8:4-5).

도덕법의 독특한 특성은 다음의 사실에서 찾을 수 있다.

1. 오직 십계명만 하나님의 목소리로 선포되었다.
2. 십계명만이 시내 산에서의 지진을 동반하고 있었다.
3. 십계명만이 하나님의 손가락으로 쓰였다.
4. 십계명만이 단지 책에 쓰인 것이 아니라 변치 않는 돌판에 쓰였다(출 24:4; 신 4:10-14).

5. 다양한 율법에서 오직 십계명만이 언약궤 안에 놓여진다 (신 10:5).
6. 십계명은 모세 언약의 도입부를 형성하는데, 사실 모세 언약은 그 당시의 백성에게 적절한 방식으로 십계명을 자세하게 설명하고 있다(신 6-26장).
7. 십계명은 돌판 앞뒤에 완벽하게 꽉 차게 쓰인 것으로, 같은 부류의 다른 계명에 대해 공간을 제공하지 않으며, 사실 전혀 그런 계명들이 없다(출 32:15).
8. 십계명은 의식법에 있어서 가장 우수한 것으로 여겨진다 (시 51:16-19; 렘 7장; 암 5장).
9. 다른 모든 계명이 종속되어 있는 가장 위대한 계명은 주님에 대한 전적인 사랑이고(마 22:37, 신 6장의 첫째 계명의 설명을 인용한 부분) 이웃에 대한 사랑이다. 다른 성격의 율법에서도 분명하지만 만약 사람이 하나님의 형상을 가진다고 할 때, 이 계명은 다른 계명에 필연적인 결과이다(레 19:18; 참조. 마 7:12).
10. 그러므로 이런 사항들은 십계명이 이스라엘의 역사적 상황에 들어맞는 형태로 도덕법, 창조 때에 아담의 마음에 기록된 사랑의 법이라는 일반적 관점을 나타낸다.

우리는 이미 십계명의 단어 선택이 그것을 받는 사람들의 상황에 적합하다는 것을 살펴보았다. 신약성경에 이를 대입해 보면, 십계명은 변할 수 없는 핵심은 지키면서 형태상으로는 수정이 있었다는 것을 발견할 수 있다. 바울은 다섯 번째 계명을 에베소서 6:3에 인용하면서 "땅"(land)을 "땅"(earth)으로 변화시켰으나 근본적인 문제는 아니다. 이와 유사하게, 어떤 믿는 자들은 다른 동료들을 합당하게 배려하지 않았기 때문에 너무 일찍 죽었다(고전 11:30). 구약에 나타난 하나님의 예는 안식일을 특별하게 지키는 날로 나타났는데, 신약에 나타난 예수님의 예도 동일하게 그러하다.

4) 예수 그리스도와 안식의 성취

예수(히브리어로는 여호수아), 그분은 진정한 구원자이시다. 인류는 예수님을 통하여 그 운명이 결정되고 결국 영원한 안식에 들어가게 된다. 예수님은 친히 "수고하고 무거운 짐 진 자들아 다 내게로 오라 내가 너희를 쉬게 하리라"(마 11:28)라고 말씀하셨다.

그리스도 안에서 성취된 구원의 관점에서 안식의 현재적 중요성에 관한 중요한 진술은 히브리서 3:7-4:11에 나타난다. 히브리서 저자는 항상 오직 하나의 구속언약이 존재하였기 때문에 광야에서의 이스라엘과 이 시대 이 땅의 교회가 비슷한 위치에 있다고 생각한다(히 3:5-6). 둘 다 안식의 약속을 받았다(히 3:11; 4:1). 그리고 둘 다 모두 안식으로 들어가는 것을 방해하는 위험과 유혹을 받는다(히 3:12, 19). 그래서 둘 다 믿음으로 순종하라는 권고를 받았다. 여기서 안식은 하나님의 일곱 번째 날의 안식으로 정의되고(히 4:4), 미래에 믿는 자가 들어가게 되는 안식의 장소로 묘사된다. 비록 진정한 안식은 아닐지라도 가나안으로 묘사되기도 했다(히 4:8).

이 단어는 믿는 자가 현재 하고 있는 주관적인 경험을 의미하는 것이 아니다. 믿는 자들이 들어가게 될 진정한 안식은 "하늘에 있는"(히 11:16), "터가 있는 성"(히 11:10), "장차 올 도성"(히 13:14)이다. 창조의 목적은 그러므로 구속의 완성을 통해서 이뤄진다. 구속받은 자들이 창조 때의 바로 그 하나님의 안식에, 영원한 나라에, 약속된 상속에 들어가게 된다.

성경의 관점이 이렇기 때문에 이 땅에서의 안식의 선물은 오늘날 죄가 들어오기 이전의 안식과 더욱 관련이 깊다. 히브리서 4:9은 다음과 같이 설명한다.

> 그런즉 안식할 때(사타티스모스[sabbatismos])가 하나님의 백성에게 남아 있도다(히 4:9).

이렇게 매주 영원한 희망의 표지는 계속된다. 믿는 자는 마지막 아담을 통해서 그들에게 축복의 삶이 예정되어 있음을 확신하면서, 주 안에서 안식하고 그의 사역 가운데 기뻐하며 그의 영광을 위하여 열심히 나아간다.

일반적으로 초기 종교개혁자들의 관점인, 믿는 자가 자신의 행위에 대한 신뢰를 포기하고 그리스도 안에서 안식할 때 하나님의 안식으로 들어갈 수 있다는 입장은 자주 논쟁의 대상이 되어 왔다. 하지만 이 논쟁은 히브리서 4장의 내용과 맞지 않다. 10절은 한 사람이 하나님의 안식에 들어갔을 때 그가 마치 하나님이 자신의 일로부터 쉬신 것처럼, 그 "자신의 일"에서 떠나 평안을 얻는다고 말한다. 하나님의 (선하신) 일을 쉬시는 것과 병렬 구조에 있는 것은 믿는 자에게 "자신의 일"이 그가 믿을 때에 돌아서야 하는 불신앙의 악한 행실이 아니라, 순례의 여정 가운데 행해진 믿음의 행위가 되기를 요구한다. 우리는 우리의 노동과 일로부터 안식을 취한다. 그리고 그 일들은 비록 그리스도를 믿는 믿음 위에 우리가 서 있을지라도 순례의 여정끝에 도달할 때까지 계속 따라온다(계 14:13).

우리는 다음과 같이 결론지을 수 있다. 히브리서의 구절은 하나님의 일곱째 날의 안식이 피조물이 부름 받은 목적을 이야기하고 있다고 단언하고 있고, 또한 그것은 장래에도 여전히 그럴 것이라고 가르친다. 그것은 심지어 죄가 인간의 삶 가운데 들어오기 전에 주어졌었던 안식일의 중단에 대한 어떤 기초도 제공하지 않는다. 지금부터 그리스도 재림 때까지 안식일이 중단된다는 내용의 구절은 하나도 없다. 모든 구절이, 안식일은 그 풍요로운 의미를 가지고 그것이 의미하는 것이 이 세상에 실현될 때까지 계속 되어야 함을 보여주고 있다.

6. 한 주간의 첫 번째 날로의 변화–주의 날

신약성경 가운데 글자 그대로 십계명 중 제4계명의 원리가 폐하여졌다거나 새 시대의 도래를 알리기 위해서 지키는 날이 변경되었다는 내용을 가진 구절은 전혀 없다. 자연스럽게 하나님의 율법 가운데 변하지 않는 것은 폐지될 수 없다. 왜냐하면 그것은 하나님의 성품을 나타내기 때문이다. 하지만 안식일의 날짜를 바꾸는 것에 관해서는 관련된 성경 본문이 있다. 우리는 성경 구절에 관한 타당하고 필연적인 결론은 분명하게 계시된 말씀만큼 구속력이 있다는 사실을 기억해야 한다(눅 20:37-38; 참조. WCF 1.6.). 안식일의 기원과 특성을 바탕으로 더 연구를 진행해 보도록 하자.

그리스도께 속한 자들에 대한 영생을 보장하는 그리스도의 부활은 지금까지 지켜져 왔던 날인 안식일이 아니라, 한 주간의 첫 번째 날, 그것도 이른 시간에 일어났다는 사실을 신약성경은 보여준다. 그리스도께서는 잠자는 자들의 "첫 열매"(고전 15:20)이신데, 이 사실은 유월절 마지막 때, 안식일(토요일) 다음날에 바쳐진 첫 이삭 한 단을 떠올리게 한다(레 23:9-14).

그리스도께서는 부활하신 날에 제자들에게 자신을 보이시고 똑같이 한 주 후에(요 20:19, 26), 즉 그 다음 주 첫 번째 날에 또 나타나셨다. 그리스도께서 승천하시고 제자들을 떠나신 후에 성령을 부어주셨다. 이 사건은 오순절 날에 일어났다. 그날은 유월절 이후 50일이 경과한 날이며, 또한 신약 시대의 한 주간의 첫 번째 날이다. 오순절은 첫 추수를 기념하는 날로 알려져 있다(출 34:22; 레23:15 이하). 그날의 성령의 임재는 추수의 시작을 특징짓는 것이다. 이것은 첫 열매인 그리스도께서 약속한 것이다. 한 주간의 첫 번째 날에 이런 사건이 일어난 것은 중요한 의미를 담고 있는 것이다.

그리스도, 바로 그분을 통하여 모든 것이 창조되었을 뿐만 아니라, 그분은 또한 "죽은 자들 가운데서 먼저 나신 이시다"(골 1:18). 그리스도께서는 구원 사역을 통하여 존재의 새로운 순서를 제정하셨고 새 창조를 시작하셨다. 그리스도께서 이루신 구원은 이전의 첫 번째 창조를 폐하지 않으시고 오히려 그것을 회복시키시고 완전하게 하신다. 그리스도 안에서 믿는 자들은 모든 것을 이미 소유했지만 그들의 유산인 하늘 나라에 아직 들어가지 못했다. 그들은 여전히 믿는 자의 희망이 지속되는 표지로 안식일을 선물로 갖고 있지만, 안식일은 그리스도의 구원 성취로 더욱 풍요롭게 되었다. 이 안식일이 첫째 날로 바뀐 것은 한편으로는 도래할 실재, 즉 창조의 목적이 주님을 통해 이루어질 것을 반영함과 동시에 다른 한편으로 계속되는 안식일의 차원에서 완성에 이를 것을 가리킨다. "이미-아직 아니"의 관계에 있는 것이다.

그런 원칙에 입각해서, 한 주간의 첫 번째 날을 강조하는 신약성경의 진정한 의미가 발견된다. 한 주간의 첫 번째 날에 그리스도를 높이는 것의 중요성은 창세기 2장에서 나타난 하나님의 안식만큼 위대한 것이다.

유대교의 안식일에 예배드리는 그리스도인에 대한 모든 신약의 언급은 선교와 복음전도의 노력 때문에 그 중복을 예상할 수 있는 상황에서 나타난다. 의심의 여지없이 이 문제에 관한 근본주의 신학의 부적절한 이해는 다른 주제의 부적절한 이해와 마찬가지로 교회를 꽤 일찍 잘못된 관점으로 이끌었다. 한 주간의 첫 번째 날에 쉼을 갖는다는 것은 안식일의 의미나 거기에 대한 순종을 요구했던 유대교의 율법적인 개념 때문에 반발 작용으로 거부될 수도 있었다. 하지만 주의 위대하심과 선하심을 즐겁게 기념한다는 본질적인 생각은 여전히 남아 있었다.

주후 2세기에 인정받았던 어떤 기독교 저자도 제4계명, 즉 유대교 랍비들의 유대교적인 안식일을 거부하지 않는다. 2세기 기독교 문헌은 요한계시록 1:10에서도 발견되는 "주의 날"이라는 용어 사용의 증거가 된다. 그날이 "주의 날"이라고 불리는 가장 자연스러운 이유는 그분이 새시대를 여셨고 한 주간의 첫 번째 날에 새 창조를 시작하셨기 때문이다.

1) 사도행전 20:6-12: 드로아(Troas)에서의 모임

이 구절에서 언급된 모임은 모임 이전 한 주간 동안 바울이 참석했음에도 불구하고, 안식일이 아니라 한 주간의 첫 번째 날 저녁에 열렸다. 먼저 주목해야 할 것은 유대인들의 표현인 "그 주간의 첫날"이 사용되었다는 것이다. 이것은 고린도전서 16:2에서도 쓰였는데, 여기서 바울은 헌금을 그날에 모아 둘 것을 권고하고 있다.

신약 시대까지 로마는 한 주간을 칠 일로 된 시간제를 사용했고, 그 각 날들은 하늘에 있는 알려진 일곱 천체의 이름을 따라 불려졌다. 첫 번째 날의 이름은 토성(Saturn)의 이름을 따라 붙여졌고, 종종 일이 금지되는 축제의 날이었다. 2세기 초에 태양 숭배(sun cults)의 중요성이 높아지면서 두 번째 날의 이름이 첫 번째 날의 이름으로 변경되었고 다른 날들의 이름도 각각 조정되었다. 이것이 토성의 이름이 붙은 날이 마지막 날이 된 이유이며, 현재까지 여전히 그렇게 불리고 있다. 또한 유대인들이 일몰과 일몰 사이를 측정한 반면 로마는 자정과 자정 사이를 측정했다. 그러므로 우리가 어느 날의 저녁이라고 부르는 것이 유대인들에게는 다음 날이 되었다.

이런 배경으로 본 구절을 살펴보면, 사도행전 20:7의 헬라어 본문은 문자 그대로 "그리고 안식일의 첫 번째 날에"로 읽을 수 있는데, 매주의 순환주기에서 안식일의 기능 때문에 "한 주간"(weeks)과 "안식일"은 히브리어와 헬라어 사이의 교체 가능한 용어이다. 그래서 그 구절은 "그 주간의 첫날"(서수의 의미로써 사용된 기수)라는 의미를 가진다. 그것은 유대인들의 표현이기 때문에 사도행전의 저자 누가는 일몰과 일몰 사이를 세는 유대인의 방법을 사용한다고 주장할 수도 있다. 이 해석은 뉴 잉글리쉬 바이블(New English Bible)과 굿 뉴스 바이블(Good News Bible)에서 따르고 있는 방식이다. 그 성경 번역본들은 이에 맞춰서 "토요일 밤에" 또는 "토요일 저녁에"라고 번역한다. 그러나 그 문제는 이 두 번역본에 의해 해결되지 않는다. 요한복음 20:19에서 일요일 저녁을 의미하는 문맥에서 "한 주간의 첫 번째 날"(first day of the week)의 저녁을 언급하고 있다는 것을 잊지 말아야 한다. 그렇기 때문에 서수들에 의해 표시된 날들을 나타내는 유대인의 순환주기는 자정과 자정 사이를 측정하는 로마식 계산법을 따르고 있음을 알 수 있다.

이제 사도행전 20:6-12를 자세히 살펴보자. 모임이 저녁에 있었다는 것은 모두가 인정한다. 그리고 8절의 "등불을 많이"라는 표현은 거기에 참석했던 사람들이 어두운 길을 지나 거기에 도착했음을 의미한다. 만약 모임이 해가 진 후 토요일이었다면 "날이 새기까지"(11절)가 이후의 같은 날이 아니라 어떻게 "이튿날"(7절)이 될 수 있는지 설명해야 한다. 그러므로 로마 시간 계산법(자정부터 자정사이를 측정하는)을 의미하는 해석이 가장 자연스러운 해석 방법이다.

요한복음 20:19의 비슷한 용법에 의해 뒷받침되고 또 전체 이야기가 자연스럽게 읽혀지는 까닭에 본문에서 나타난 "첫날 저녁"(Sunday-evening, "일요일 저녁")에 대한 해석은 자정부터 자정까지를 하루로 정의하는 로마 시간제가 사용되었음을 의미한다. 정규 모임은 설교자인 바울과 함께 일요일 저녁에 열렸다. 아마 주님의 만찬을 포함하는 동료들과의 식사 시간이 마련되었고, 본격적인 강론이 끝난 후에 보다 더 자유로운 토론 시간이 있었다. 그리고 월요일 동틀 무렵 바울은 떠났다.

이런 관점은 다음의 몇 가지 함의를 가진다.

1. 이방 교회와 연관되어 유대인의 표현인 "한 주간의 첫 번째 날"과 "떡을 떼다"라는 어구가 사용된 것은 이 어구들이 주 예수와의 관계 때문에 일반적인 기독교적 용법이 되었다는 것을 보여준다. "(와서) 모였더니"도 같은 맥락이다(행 20:7; 참조. 고전 11:20; 14:23).

2. 기독교의 안식일 또는 영적 기념일은 자정부터 자정까지 인지 일몰부터 일몰까지인지에 대한 논쟁은 상관이 없는 문제이다. 왜냐하면 일반적인 시간 계산법이 채택될 수 있기 때문이다.

이방 지역에서 기독교가 한 주간의 첫 번째 날에 만날 수 있는 합당한 자유를 가졌다는 것은 틀림없다. 그 이유는 그 당시에 지켜졌던 토성 숭배와 제의 때문에 이방인들이 일을 쉬는 것은 일반적인 경우였기 때문이다. 특별히 드로아 지방을 예로 들면, 아마도 믿는 자들 가운데, 특히 노예들은 그날 동안 그들의 주인들로부터 자유로울 수 없었기 때문에 보통 모임 시간은 우리가 일반적으로 일요일 저녁이라고 부르는 때였을 것이다.

7. 신약성경은 특별한 날을 거부하는가?

일반적으로 우리는 신약성경의 다음 세 가지 본문은 기독교 예배를 위한 특별한 날은 없다는 것을 보여준다고 생각한다.

1) 갈라디아서 4:9-11

갈라디아 교회는 유대주의자(Judiazer)로 인해 난처한 상황에 놓이게 되었다. 그들은 구원을 위해서 모세 법을 지킬 필요가 있다고 주장했다(갈 4:21). 특히 종교적인 유대인들의 거룩한 날을 지키는 것을 강조했는데 바울은 이것을 "특별한 날과 달과 절기와 해"(갈 4:10)라고 불렀다. 가장 자연스러운 해석은 바울이 매주 안식일 또는 다른 날들, 즉 더 이상 의무가 아닌 날들인 월삭(New Moon)이나 정월 초하루, 종교적인 축제로 확장된 날들, 그리고 안식년(sabbatical)이나 희년(Jubilee)을 언급한다는 것이다. 다만 주목해야 할 것은 바울은 여기서 행위에 의한 구원을 말하는 율법주의(legalism)를 다루고 있다는 것이다. 이 율법주의는 유대주의자의 가르침이다. 바울은 모세 이전의 창조 안식 문제를 다루는 것이 아니며, 비율법적 근거에 따른 모세 안식일의 준수를 다루는 것도 아니다. 이 사실은 우리를 로마서 14:5-6로 안내한다.

2) 로마서 14:5-6

이 구절에서 몇몇 믿음이 약한 유대 그리스도인들은 아직 충분히 복음의 은혜를 받지 못했다. 그러므로 그들은 칭의의 방법으로 여겨지는 유대인의 특별한 날들을 준수하지 않으면서 이런 날들을 귀하게 여겨야 하지 않느냐라는 양심의 가책을 가지고 있었다. 반면에 교회 안의 다른 믿음이 강한 사람들은 전혀 그런 것이 없었다. 복음은 이런 식으로 타협될 수 있는 것이 아니다. 바울은 믿음이 강한 사람들에게 믿음이 약한 사람들을 위해 음식법에 관한 것뿐만 아니라 이 문제에서도 관용을 베풀 것을 권고했다.

만약 로마 시대에서의 종교적인 날들과 음식에 대한 이런 바울의 무차별을 절대적인 것으로 여긴다면 갈라디아서와 모순관계에 놓일 것이다. 하지만 두 가지는 분명하다.

1. 바울이 할례문제에 관해 그랬던 것처럼 특별한 상황에서 그렇게 행한 이유를 발견할 수 있다. 예를 들어 할례에 관해 어떤 경우에는 바울은 디모데에게 할례를 주었지만(행 16:3) 다른 경우에는 완전히 그것을 거부했다(갈 5:2-3). 사랑의 법을 요약해 놓은 다른 아홉 개의 계명을 지키는 것이 칭의의 수단이 아닌 것처럼 주의 날을 지키는 것은 칭의의 수단으로 여겨지지 않는다.

2. 그 문제는 그리스도께서 성취하신 하나님의 언약에 대한 모세의 실행과 연관된다. 이 사안의 요점은 그리스도의 부활과 새로운 시대의 개시에서부터 지금까지, 매주 첫날을 표현하기 위한 적당한 용어로 간주되는 창조 안식과 관련되어 있지 않다. 하나님의 날은 선물로 받아들여지는 날이며 경축되는 날이다. 그날은 분명히 무시될 수 없는 날이다(히 10:25).

3) 골로새서 2:16-17

바울서신에서 바울은 유대 의식법의 관점에 따라 장차 올 것의 그림자로 안식일을 분류하고 있다. 이 그림자는 그리스도에 의해 성취되었다. 이 사실은 창조 때에 하나님과 사람 사이의 관계에서 그 기원을 갖는 안식일이 이스라엘의 오래된 언약 체계와 깊은 관계를 가졌고 또한 그것은 이스라엘에게 특별하였음을 말해준다. 사실 안식일은 모세와 맺은 언약과 동등한 관계에 있다(출 31:12-17). 또한 안식일의 원리는 매주의 주기를 넘어서 다른 시간 때, 예를 들어 매 일곱 번째 해마다 돌아오는 안식년까지 이를 만큼 정교하다.

옛 언약은 그리스도에 의해 성취되었지만, 그 사실이 창조 안식의 원리가 폐기되는 결과를 초래하지 않는다. 히브리서의 저자는 분명히 이 주장을 거부한다. 그러나 동시에 그리스도에 의해서 완성되었으나 아직 완전히 현실화되지 않은 창조 "안식"이 미래에 도래할 것도 분명히 말하고 있다. 비록 그리스도에 의해 완성되었지만 아직 현실화되지 않았을지라도 말이다. 만약 골로새서에 나타난 거룩한 때와 거룩한 음식에 대한 바울의 거부가 절대적이었다면, 하나님의 백성이 지켜야 하는 주의 만찬에 대한 그의 가르침은 모순적인 것이 되며(고전 11:23), 유대 안식일이 아닌 매주의 첫째 날을 지켰던 그의 관행과도 상반되는 일일 것이다(행 20:7).

그러므로 그리스도께서 매주의 안식일을 사람들이 더 이상 지키지 않도록 하시기 위해서 성취하셨다고 결론짓는 것은 위험하다. 신약성경은 기독교의 기념하는 날에 "안식일"이라는 이름을 쓰지 않는다. 왜냐하면 그리스도에 의해 시작된 새 시대가 안식일에 대한 우리의 이해를 심화시키며, 구약성경이 약속한 한정적이고 일시적인 비전을 훨씬 초월하기 때문이다(창세기 2장에도 "안식일"이라는 명사도 역시 없다는 것을 주목하라). 더욱이 그 안식일이라는 명칭을 사용하지 않는 것은 안식일 준수에 대한 랍비들의 왜곡으로 인해 그 명칭에 잘못된 함의가 녹아 있는 것과도 관련되어 있다.

우리가 주의 날을 기독교의 안식일로 부를 수 없다는 것이 아니다. 하지만 우리는 반드시 은혜의 복음이 그날을 지키는 우리의 태도에 영향을 미쳤음을 분명히 해야 한다. 그리스도께서는 구원의 하나님 안에서 안식일의 진정한 의미를 기쁘고 즐거운 날로 밝히시면서 정말로 더 심오한 의의를 안식일에 부여하셨다(참조. 시 92편). 이것이 진정한 주의 날로 회복되고 완벽해진 창조 안식이며, 모든 믿는 자에게 보장된 축복의 예비하심이다.

8. 결론

제4계명은 인간의 안녕을 위해 창조의 원리를 확립한 것이며, 이 계명에 대한 하나님의 뜻은 그리스도를 통해서 우리를 위한 것임과 동시에 주의 날은 우리 주님을 위한 것임을 알았다. 덜 중요한 것들에 의해서 주의 날에 대해 너무 쉽게 만들어 질 수 있는 불필요한 것들을 조심할 필요가 있다. 안식일의 중요한 원리를 붙잡고 그것을 기꺼이 전심으로 우리의 영적 유익을 위해 사용하도록 하자.

주의 날! 우리는 그날을 예배와 성도들과의 교제, 영적 충만함을 위해 사용할 수 있다. 얼마나 우리에게 필요한 것들인가! 또한 우리는 주중의 일상적인 활동을 옆으로 제쳐놓고 안식일의 목적에 더 적합한 활동들로 영적, 육적, 정서적 회복을 즐길 수 있다. 일과 쇼핑 그리고 좋아하는 것들을 피하고 선을 행함에 더욱 집중해야 한다. 어떤 직장에서는 주의 날에 할 일이 주어질지도 모른다. 당연히 그럴 것이다(농장에서는 우유를 짜야 하고, 병원은 닫을 수 없으며, 경찰도 역시 일해야 한다). 안식일은 사람을 위해 만들어진 것이지 그 반대가 아니다. 산업화된 사회에서 어떤 직업 가운데는 특별한 어려움들이 있을 것이나, 그리스도인은 분명히 주일의 연장근무 때문에 예배의 기회를 잃어버리고 싶지는 않을 것이다.

튼튼한 교회, 번영된 국가는 반드시 그리스도인의 가치를 높여야 한다. 현 교회의 빈곤과 국가적인 발전의 궁핍함은 우리를 위한 하나님의 공급을 무시하는 데서 기인한다. 우리는 육체적인 근육을 키우는 데에 많은 관심을 가지고 이를 위해 많은 시간과 돈을 사용한다. 하지만 우리의 영적 근육에 관해서는 어떠한가? 하나님의 안식이 무시되었기 때문에 인간의 삶에 안식이 없어졌다는 것을 기억해야 한다. 우리의 눈을 하늘로 향하게 하는 것이 얼마나 중요한가. 만약 매주 첫 번째 날에, 우리에 대한 그리스도의 사랑 때문에 그리스도 안에서 우리가 가지는 운명을 상기시키는 이날에 우리가 우리를 풍요롭게 하는 주님의 날을 제쳐두면, 교회는 복음의 전파를 위한 충분한 공급을 찾을 수 없게 될 것이다(고전 16:2).

9. 부록: 간략한 역사

새 술은 낡은 부대에 담지 않는다. 초대 교회는 어떤 논쟁도 없이 매주 첫 번째 날을 예배를 위한 날로 삼았다. 그러나 유대 지역에서는 유대적인 안식일을 단숨에 버릴 수 없었을 것이다. 주후 약 60년 예루살렘에서 주된 유대 개종자는 율법과 관습에 열심이었다(행 21:20-21). 주후 약 85년 유대인 회당은 그곳에 그리스도인들을 들어오지 못하게 할 목적으로 그들을 향해 저주했다.

그러나 이것이 그리스도인을 위한 특별한 모임이 없었다는 것을 의미하지는 않는다. 매주 첫 번째 날이 지켜졌다는 증거는 꽤 많다. 한편 바울이 약 주후 61년에 로마에 도착하였을 때 그리스도인과 유대인들은 확실하게 구별되었다(행 28:17, 28-29). 네로는 유대교 개종자와 결혼하였는데, 그는 주후 64년 도시에 발생한 화재사건에 대해 유대인이 아니라 그리스도인을 핍박했다. 예배가 다른 날에 있거나, 예배를 위해 더 많이 모이는 날은 유대인과 그리스도인을 더욱 쉽게 구별하는 표지와 관련된다. 주후 70년 예루살렘의 파괴와 함께 유대인과 그리스도인은 팔레스타인에서 더욱 구별되었고, 하나님의 백성으로서 그리스도인들의 독특한 정체성은 더욱 깊어져 갔다.

초기 속사도 교회는 교회들이 대체로 가지고 있던 관행과 관련된 개념들을 항상 붙들지는 않았다. 어떤 그리스도인들은 여전히 토요일을 안식일로 지키고 일요일을 부활절로 지켰다. 하지만 주후 135년 하드리아누스 황제에 의해 반유대교 법령이 통과됨에 따라 로마에 있는 교회는 주일을 지키는 것에 적극적이었던 것으로 보인다. 태양 숭배는 이교도들에 의해 첫 번째 날로 전환되었고, 그래서 공의로운 해이신 예수님이 그날에 경배받으셔야 한다는 것을 권고하는 것은 그리스도인들에게는 쉬운 일이었다. 유대교에 대한 편견은 토요일을 지키는 것에 대한 궁극적인 거부에 큰 역할을 했다. 대신 일요일이 안식을 취하고 예배드리는 날로 지켜졌다. 성경 본문에 대한 신중한 해석보다 교회 권위에 더 기초하려는 경향이 있었는데, 주의 날에 안식일적 성격을 부여하려는 것에 대한 속사도 시대 교회의 망설임은 유대교의 율법주의와 그날의 왜곡된 의미를 경계하려는 것이었기에 이해될 만하다. 그러나 중세 시대에 교회의 관습은 일요일을 일과 관계없는 날, 예배를 위한 날로 여기게 되었다.

후기 중세 신학에서, 특별히 토마스 아퀴나스(Thomas Aquinas, 약 1225-1274)에 의해 신학이 조직화될 때에, 주의 날과 제4계명 사이의 긴밀한 관계는 하나님 예배를 위한 의식법적 측면(예를 들어, 엄격한 일의 제한, 특별한 시간)과 도덕법적 측면(꼭 한 주간 중 하루를 드려야 하는 것은 아니다)을 구분함으로 유지되었다.

1) 개신교 종교개혁자들

마틴 루터(Martin Luther, 1483-1545)는 십계명을 모세 율법에 포함되기 때문이 아니라 오직 십계명이 우리의 마음에 쓰인 자연법을 분명하게 나타내 준다는 이유 때문에 지켜야 한다고 가르친다. 여기까지는 타당하다. 루터는 이 시대에 예배드리는 어떤 특별한 날에 대한 종교적 필연성을 거부한다. 왜냐하면 그는 그것을 중단된 의식법 차원으로 간주하기 때문이다. 그는 구약 시대의 외적 율법 준수를 신자들이 매일 죄로부터 벗어나 안식을 누릴 때와 같은 내부적 안식 가운데 성취된 것으로 본다. 하지만 여전히 그는 실제적인 이유로 특정 날이 필요하다고 생각한다. 사실 일요일은 루터파에서 종교적인 이유로 지켜졌다.

존 칼빈(John Calvin, 1509-64)도 이와 비슷하게 안식일에 의해 예시된 제4계명에 대한 도덕적 의무를 매일 우리 삶 안에서 죄로부터 벗어나 안식을 누리는 것으로 생각했다. 그 영적인 안식을 믿는 자들은 그리스도의 죽음과 부활을 통해서 즐거워한다. 그래서 그날을 주의 날로 지키는 것은 중지되었다고 그는 주장한다. 하지만 옛 유대인과 오늘날의 그리스도인들 사이에는 유사점이 있다. 예배를 위한 어떤 날이 모두를 위해 그리고 일하는 사람들의 안식을 위해 실제적으로 필요하다는 것은 여전히 유효하기 때문에 선한 목적으로 교회가 특정한 날을 정하여 그런 종교적인 예배와 쉼을 제공하는 것은 정당하다. 칼빈은 주의 날이 그런 날이 되기를 선호했지만 다른 날을 주의 날로 정한 어떤 교회들을 비난하지 않았다.

계속해서 칼빈의 저서에 나타나는 이 관점은 타락 전에 있었던 창조 규례(creation ordinance)로서의 안식일에 대한 믿음의 배경에서 생겨난다(창 2:3에 대한 칼빈 주석에서 이 관점이 가장 잘 나타나 있다). 루터와 다른 점이 있다면 하나님의 지극히 선한 창조 때로부터 시작된 것은 단지 죄의 관점에서만 의미가 있는 것은 아니라는 점이다. 죄를 짓지 못하게 하는 것과 죄는 태초부터 인간 안에 존재하고 죄를 죽이는 것이 필수적이라고 말하는 것과는 별개의 문제이다(누가 날마다 완전히 죄로부터 안식할 수 있을까?).

루터의 관점과 칼빈의 관점이 모든 종교개혁자에게 수용된 것이 아니라는 점은 이상한 일이 아니다. 윌리엄 틴데일(William Tyndale,

1494-1536)은 루터를 따른 반면, 잉글랜드의 주교인 존 후퍼(John Hooper, 약 1495-1555)와 칼빈의 계승자인 테오도르 베자(Theodore Beza, 1519-1605)는 주의 날과 제4계명과의 관계를 더 긴밀하게 묶는 관점을 따랐다. 베자는 한 주간 가운데 하루를 쉬는 것이 하나님의 계명에 의해 요청된다는 것을 명확히 한다.

초기 몇몇 종교개혁자들에 의해 제시된 해석이 율법주의를 피하려는 경향에 영향 받았다거나, 구약의 몇몇 조항들을 너무 엄격하게 가정했다고 너무 쉽게 결론 내릴 수 있다. 동시에 주의 날을 종교적으로 지키는 것이 개혁파 신학자들의 주된 생각이었다는 것은 명백하다. 다양한 논쟁이 제기되었지만 주의 날을 실제로 지키는 것은 비슷했다. 주어진 이런 일치로 인해 이 문제, 즉 주의 날의 실제적 준수를 상세히 연구하는 것은 별로 유익이 없다.

2) 영국에서의 주의 날

영국에서 안식일과 주의 날의 관계는 1590년대부터 니콜라스 바운드(Nicholas Bownde)의 『안식일의 교리』(Doctrine of the Sabbath, 1595년, 증보판 1606년)와 같은 책들에서 철저히 연구되었다. 하지만 도덕적 구속력을 가지는 안식일이 청교도의 산물이라고 말하는 것은 옳지 않다. 잉글랜드의 종교개혁 전과 그 이후 초기 몇십 년이 다르다는 것을 보여줄 충분한 증거가 있다. 안식일에 대한 청교도의 관점은 확실히 우세하게 되었고 웨스트민스터 신앙고백(1647)과 요리문답서인 회중 교회의 사보이 선언(the Savoy Declaration, 1658), 1677/1689년 침례교의 신앙고백(the Baptist Confession)에 명시되었다. 뒤의 두 고백서는 분명하게 한 주간의 마지막 날을 지키는 것을 폐한다고 명시하고 있다.

이런 고백서들에서 다음의 가르침을 이성의 빛을 통해 발견할 수 있다. 이성의 빛은 하나님을 예배하기 위한 시간은 확실하게 구별해야 함을 가르치고, 하나님이 그분의 말씀으로 칠 일 중에 하루를 거룩하게 지키도록 하시는 것은 "모든 시대의 모든 인간을 구속하는 긍정적이고 도덕적이고 영속적인 명령"이라고 주장한다. 그리스도의 부활부터 매주 첫 번째 날은 그리스도인들의 안식일이다. 이런 고백들에서 드러난 도달할 수 없는 높은 기준들에 대해 오해하지 않아야 한다. 하나님의 법의 모든 부분은 현재 지금 우리의 상태에서는 도달하기 어렵다(참조. 산상수훈). 그렇다고 하나님의 법이 우리의 능력에 맞추어 조정되지도 않는다.

이러한 안식에 대한 입장은 영어권 기독교 문화에 강한 영향을 주었다. 그 자체는 작건 크건 율법주의로부터 자유롭지 않지만 말로 다할 수 없을 만큼 선한 성경적인 방법으로도 지켜져 왔다. 살아있는 그리스도인의 믿음은 안식과 영적 묵상, 예배, 복음전도, 자선행위를 위한 날과 연관되어 있다. 만약 우리가 그날을 그런 목적으로 사용하지 않는다면 우리는 단지 하나님을 욕되게 할 뿐 아니라 우리 자신을 궁핍하게 한다. 이런 일들은 우리의 유익을 위한 것임에 분명하다. 우리는 이러한 태도를 받아들이고 그런 식으로 바르게 사용해야 한다.

3) 제7일 안식일 예수재림교(Seventh-day Sabbath-Keepers)에 관한 언급

17세기 잉글랜드에 일곱 번째 날을 안식일로 지키는 사람들이 몇몇 있었다. 제칠일침례교(Seventh Day Baptist Church)는 1617년 런던에서 형성되었고 북아메리카에서는 1671년에 처음 형성되었다. 이 단체는 결코 크지는 않았지만 그 단체의 안식일에 대한 관점은 날짜를 정해 그리스도의 재림을 기다렸었지만 실망한 소수의 그리스도 재림론자(Advantists, 1843-44)에게 영향을 주었다. 그 다음에 그들 중의 몇몇은 "예언의 영"이 엘렌 화이트(Ellen White) 부인에게서 남겨진 교회를 위해 회복되었다고 믿었다.

작은 모임에서 출발하여, 1860년 제7일 안식일 예수재림교(Seventh-day Adventist Church)로 알려지게 된 교단은 번창하였고 오늘날 수백만의 신자를 보유하고 있다. 이 교단은 곧 도래할 시련의 때 강제 법률로 일요일을 안식일로 지키라는 압박이 있을 것이며, 이 법을 따르는 사람들은 짐승의 표를 받을 것(계 14:6-12)이라고 생각한다. 왜냐하면 그리스도 재림론자의 입장에서는 그런 안식일을 지키는 일은 인간적인 권위에 달려 있기 때문이다. 하지만 이것은 믿을 만한 주장이 아니며, 그들은 창조 안식과 안식일의 주인인 그분을 통해서 말씀하시는 창조 목적의 실현의 중요성을 놓치고 있다.

10. 참고 문헌

Acts of the Reformed Ecumenical Synod, Sydney, 1972. Grand Rapids: Reformed Ecumenical Synod, 1972, 144-66(안식일 관련된 다수와 소수의 보고서들).

Bacchiocchi, Samuele. *Divine Rest for Human Restlessness*. Berrien Springs, MI: Biblical Perspectives, 1988(Seventh-day Adventist).

Carson, D. A., ed. *From Sabbath to Lord's Day*. Grand Rapids: Zondervan, 1972(nonsabbatic evangelical).

Dennison, C. G., and R. C. Gamble, eds. *Pressing toward the Mark: Essays Commemorating Fifty Years of the Orthodox Presbyterian Church*. Philadelphia: Committee for the Historian of the Orthodox Presbyterian Church, 1986(R. B. Gaffin Jr.이 Carson과 그 진영들에게 히브리서 3:7-4:13까지 반박한 것을 포함한다, pp. 33-51).

Gaffin, R. B., Jr. *Calvin and the Sabbath*. Tain, Ross-shire: Christian Focus, 1998.

Macdonald, Fergus A. J. "The Lord's Day." In *Hold Fast Your Confession*, edited by Donald Macleod, 129-55. Edinburgh: Knox Press, 1978.

Parker, Kenneth L. *The English Sabbath: A Study of Doctrine and Discipline from the Reformation to the Civil War*. Cambridge: Cambridge University Press, 1988.

Pipa, Joseph A. *The Lord's Day*. Tain, Ross-shire: Christian Focus, 1997.

Strand, K. A., ed. *The Sabbath in Scripture and History*. Washington, DC: Review and Herald, 1982(Seventh-day Adventist).

Wilson, Daniel. *The Lord's Day*. Reprint, London, 1956(Lord's Day Observance Society).

제8장

언약 신학의 일치 혹은 불일치?

칼빈에서 웨스트민스터까지

안토니 T. 셀바지오(Anthony T. Selvaggio)

종교개혁은 거의 태생적으로 신앙고백적 성향을 가졌다. 마틴 루터(Martin Luter)는 1517년에 비텐베르그 성문에 95개조 반박문을 못박았으며, 존 칼빈(John Calvin)은 1536년에 『기독교 강요』(*Institutes*)의 첫판을 썼고, 칼빈과 윌리엄 파렐(William Farel)은 1537년에 제네바 교회를 위해 요리문답서를 발간했다. 유럽 대륙의 개혁가들은 벨기에 신앙고백(1561년), 하이델베르그 요리문답(1564년), 도르트 신조(1619년), 소위 "세 일치 신조"(Three Forms of Unity)를 발간함으로써 루터와 칼빈의 길을 따랐다. 잉글랜드 종교개혁도 스코틀랜드 고백서(1560년), 39개 신조(1563년), 아일랜드 신조(1615년)와 같은 특유의 신앙고백 시리즈를 발간했다.

이 모든 신앙고백이 하나님의 영광을 널리 알리며, 개혁파 신앙의 정수를 명료하게 드러냈을지라도, 이런 고백들의 합주에서 최고의 정점은 1643년 7월 1일 런던의 웨스트민스터 사원에 목회자, 의회파, 스코틀랜드 위원들이 잉글랜드 국교회의 정치 형태, 교리, 예배를 개혁하기 위해 모였을 때이다. 이 위대한 모임은 교회를 지도하기 위해 웨스트민스터 신앙고백 및 대소요리문답과 같은 문서들을 발간했다.

그렇다면 무엇이 웨스트민스터 표준문서를 다른 것들과 구별되도록 하는가? 우선 웨스트민스터 표준문서는 하나님과 인간의 언약 관계에 대해 명백하게 드러낸 첫 번째 문서들이다. 탁월한 프린스턴 신학자, B. B. 워필드(B. B. Warfield)는 웨스트민스터 신앙고백에서 언약 신학(covenant theology 혹은 federal theology)의 중요성을 인정했다.

> 웨스트민스터 신앙고백의 설계적 원칙은 대륙에서 가장 유용하고 두드러진 언약 신학을 통하여 개혁파 교리의 총체를 제시했던 것과 같이 영국에서도 그때까지 누적된 언약 신학을 조직적으로 체계화시켜서 개혁파 교리를 집대성하는 것이다.[1]

개혁파 성경신학의 아버지인 게할더스 보스(Geehardus Vos) 역시 워필드와 유사한 결론을 내렸다.

> 웨스트민스터는 언약 교리를 신학의 주변부에서 중심으로 놓았을 뿐만 아니라 거의 모든 교리에 스며들 수 있게 한 첫 번째

---

[1] B. B. Warfield, The Works of Benjamin B. Warfield, 10 vols. (Grand Rapids: Baker, 2000), 6:56.

개혁파 고백서이다.²

웨스트민스터와 그 이전의 모든 다른 개혁파 고백서들을 구분 짓는 것은 웨스트민스터의 언약 신학에 대한 상세하고도 원숙한 표기에 있다.

웨스트민스터 신앙고백이 처음으로 드러나게 개혁파 신학을 언약 개념으로 구성했기 때문에, 많은 학자는 웨스트민스터가 칼빈을 포함한 초기 종교개혁자들의 신학과 불일치하는 새로운 신학을 대표한다고 주장했다. 이런 학자들은 칼빈과 웨스트민스터 사이에 너무 큰 간극이 있다고 주장한다. R. T. 켄달(Kendall)의 주장은 이런 학풍의 정서를 대변하는 데 충분하다.

> 웨스트민스터 신학은 존 칼빈의 신학과 근본적 차이를 대변한다…만일 칼빈주의 신학이 칼빈 그 자신의 신학을 함축했다고 한다면, 웨스트민스터 신학은 거의 칼빈주의라 부르기 어렵다.³

더 최근에 바울에 관한 새 관점과 칭의 관련 논쟁에서 전적으로 새로운 그룹이 칼빈과 웨스트민스터 간에 신학적 차이를 제안한다. 이 새로운 그룹은 소위 언약적 비전 신학(Federal Vision, Auburn Avenue

---

2 Geerhardus Vos, "Doctrine of the Covenant in Reformed Theology," in Richard B. Gaffin Jr., ed., Redemtive History and Biblical Interpretation: The Shorter Writings of Geerhardus Vos (Phillipsburg, NJ: Presbyterian and Reformed, 1980), 239.

3 R. T. Kendall, Calvin and English Calvinism to 1649 (New York: Oxford University Press, 1979), 212.

Theology)에 대한 지지자들로서 웨스트민스터의 언약 신학에 대한 강조, 특히 행위언약에 대한 표기는 칼빈과 웨스트민스터 이전의 개혁파 신앙고백과 일치하지 않는다고 주장한다. 예를 들어, 리치 러스크(Rich Lusk)는 다음과 같이 말한다.

> 철저한 조사를 통해 대표자적 언약설(federalism)의 정확한 기원은 성경신학에 대한 목회적이고, 유기적 칼빈의 접근에서 크게 벗어난 영국 청교도주의의 협소한 경향에서 찾게 된다.[4]

이 글의 목적은 칼빈과 웨스트민스터 가운데 발전적이며 유기적인 신학의 일치를 입증하기 위해 칼빈으로부터 웨스트민스터까지 언약 신학의 역사적 발달에 대한 간략한 조사를 제공하는 것이다.

1. 방법론

우리가 칼빈의 신학이 웨스트민스터에 나타난 언약 신학의 개념을 포함하는지 조사하기 위해, 먼저 언약 신학의 특징을 정의해야 한다. 언약 신학의 핵심은 성경 계시를 통해 하나님이 인간과 맺으시는 언약적 관계를 드러낸다. 수세기 동안, 개혁파 언약 신학자들은 하나님과 인간의 언약적 관계를 묘사하고 표현하기 위해 신학적 용

---

[4] Rich Lusk, "A Response to 'The Biblical Plan of Salvation,'" in E. Calvin Beisner, ed., The Auburn Avenue Theology: Pros and Cons (Fort Lauderdale: Knox Theological Seminary, 2004), 119.

어들을 세련되게 계발시켜 왔다. 이처럼 정교한 용어의 발달은 많은 신학자로 하여금, 그 개념보다는 용어 그 자체가 칼빈에 의해 드러나게 되어 그것이 그를 언약 신학자로서의 성격을 규정지어 주는지 아닌지, 그러한 잘못된 생각을 하게 만들었다.[5] 우리가 이 연구를 시작할 때, 언약 신학자들에 의해 계발된 그 용어들을 부화한 성경 계시에 종속시켜야 한다는 점을 이해하는 것이 필수적이다. 요약하자면, 언약 신학의 핵심은 그 용어가 아니라 하나님의 말씀에서 나온 교리적 개념이다. 그런 이유로, 적절한 질문은 칼빈이 웨스트민스터와 같은 용어를 사용했는지의 여부가 아니라, 칼빈이 웨스트민스터 총회에 의해 표현된 언약 신학의 본질인 신학적 교리와 개념과 일치하는지의 여부이다.

그러므로 이 질문에서 나아가기 위해, 먼저 언약 신학 관련 필수 신학용어들을 간략히 정의해야 한다. 폴 헬름(Paul Helm)은 언약 신학에 대한 간략한 핵심 용어들을 제공함으로 유익을 준다. 그는 언

---

5 Paul Helm은 이 요점을 그의 소논문 "Calvin and the Covenant: Unity and Continuity," Evangelical Quarterly 55, no. 2(1983): 67에서 지적한다. Calvin이 언약 신학에 관련된 웨스트민스터의 용어를 사용하지 않았지만, 그는 Institutes에서 "언약"이라는 용어를 사용한다. 예를 들어, Peter Lillback은 그의 소논문 "Ursinus' Development of the Covenant of Creation: A Debt to Melancthon or Calvin?" Westminster Theological Journal 43(1981): 270에서 Calvin은 "포이두스"(foedus)와 "팍툼"(pactum)과 같은 단어들(둘 다 언약을 가리킴)을 Institutes의 Corpus Reformation 버전에서 총 150번 이상을 사용했다. Lillback은 Institutes의 각 버전에서 나타난 이 언약 용어의 횟수를 보여주는 차트를 그의 소논문 270페이지에서 제공한다. 물론 Calvin이 언약이라는 용어를 엄청나게 사용했을지라도, 그는 웨스트민스터와 같은 구조(예를 들어, "행위언약"/"은혜언약")로 언약을 사용하지는 않았다는 것을 인정해야 한다. 그러므로 Helm이 올바르게 경고했듯이, 우리는 Calvin의 Institutes가 William Perkins, Herman Witsius, Francis Turretin의 작품처럼 언약 신학에 관한 세련되고 성숙한 논문이라고 과장해서는 안 된다.

약 신학의 삼중적 필수 개념, 즉 (1) 구속언약, (2) 대표자적 언약설, (3) 은혜언약을 제시한다.[6] 이 세 개념의 간략한 정의가 우리의 질문을 유용하게 이끌 것이다.

"구속언약"(팍툼 살루티스[*pactum salutis*] 혹은 "평화협약"[counsel of peace]으로 언급된다)은 영원 전부터 성부 하나님이 구원경륜을 작정하시고 성자 하나님이 그것을 실행하시기로 협정한 언약을 말한다.

"대표자적 언약설"은 주로 아담과 그리스도의 대표적 역할을 언급한다. 아담은 "행위언약"(covenant of works, 또는 "창조언약"[covenant of creation], "자연언약"[covenant of nature], "생명언약"[covenant of life]으로 언급된다) 안에서 인류를 위한 대표적 혹은 언약적 역할로 봉사한다.[7] 이 언약에서 아담은 시험에서 실패하고, 그 실패는 모든 아담의 육체적 후손들에게 원죄의 전가를 가져왔다. 둘째 아담인 그리스도는 행위언약의 조건들을 다 이루었고, 그리스도의 의는 그리스도께서 언약적으로 대표하시는 신자들에게 전가된다.

이것이 우리로 하여금 언약 신학의 세 번째 필수요소인 "은혜언약"(covenant of grace)을 보게 한다. 은혜언약은 역사 가운데 영원한 구속언약이 실현된 것이다. 은혜언약은 타락 후 우리가 여자의 후손(그리스도)이 사탄을 정복할 것이라고 배우는 창세기 3:15에서 처음으로 계시된다. 은혜언약은 신구약성경을 통해 드러난 일치된 구원

---

6   Helm, "Calvin and the Covenant," 67-80. Helm의 작품은 통찰력이 있어서, 나는 Helm의 작품에 빚지고 의존하고 있음을 솔직히 인정하고자 한다.

7   이 언약은 WCF 7.2에 충실히 묘사되어 있다. "인간과 맺어진 처음 언약은 행위언약이다. 그 행위언약에서 완벽하고 인격적 순종에 따라 생명이 아담에게, 또한 그 아담 안에서 그의 후손들에게 약속되었다."

계획을 언급한다.

이런 언약 신학의 필수용어들을 정의했으므로, 우리는 지금 이런 언약 신학 개념들이 칼빈의 신학 가운데 있었는지를 조사하기 위해 본론으로 나아갈 수 있다.

2. 존 칼빈(1509-1564년)

학자들이 칼빈의 신학을 연구할 때 자주 오류를 범하는 것들 중의 하나가 그들이 오직 『기독교 강요』만 연구하는 것으로 자족하는 것이다. 물론 『기독교 강요』가 칼빈의 신학적 사고에 대해 탁월하게 잘 드러내는 작품일지라도, 그것은 결코 그의 사고의 전부를 드러내지는 않는다는 것이다. 무엇보다도 칼빈은 본질적으로 설교자이며, 그의 주석들은 그의 신학에 유익한 통찰력을 제공한다. 칼빈의 주석에서 우리는 언약 신학의 핵심개념들의 존재에 대해 가장 명백한 증거들을 발견한다.

칼빈이 구속언약의 본질을 가르친 증거는 그의 요한복음 주석에서 찾을 수 있다. 언약 신학자들은 오랫동안 요한복음 17장이 그들이 구속언약이라고 지시하는 성부 하나님과 성자 하나님 간의 영원한 언약의 핵심을 계시한다고 인정해왔다. 칼빈은 이 본문에 대해, 특히 요한복음 17:4에 대한 그의 주석에서 유사한 이해를 보여준다.

> 예수님이 "내게 하라고 주신 일을 내가 이루어"라고 말씀하셨을 때, 예수님은 그분의 소명 전체 과정을 다 완성하셨다는 의

미이다. 왜냐하면 예수님이 하늘의 영광이 되어야만 하는 때가 완전히 찼기 때문이다. 예수님은 가르침의 직무뿐만 아니라, 그분의 사역의 다른 부분들까지도 다 이루셨다고 말씀하신다. 비록 우리 모든 죄를 씻어내기 위한 희생의 죽음이라는 여전히 성취 되어야 할 큰 과업이 남아 있지만, 예수님의 죽음의 시간이 가까이 왔기에, 예수님은 이미 다 이룬 것처럼 말씀하신다.

예수님의 복종의 결과 아버지 하나님은 예수님이 아버지의 나라를 소유하시도록 하실 것이다. 왜냐하면 예수님이 그분의 아버지의 명령에 따라 성령의 능력으로 이 땅에서 행하셨던 모든 열매와 그 효력을 드러내시기보다 바울이 말한바, "오히려 자기를 비워 종의 형체를 가지사 사람들과 같이 되었고 사람의 모양으로 나타나사 자기를 낮추시고 죽기까지 복종했으니 곧 십자가에 죽으심이라 이러므로 하나님이 그를 지극히 높여 모든 이름 위에 뛰어난 이름을 주사"(빌 2:7-9)에 따라 그분은 자신에게 하라고 주신 일을 남김없이 다 이루셨기 때문이다.[8]

이 절에 대한 칼빈의 주석은 구속언약의 두 가지 중요한 원칙에 대한 이해를 드러낸다.

첫째, 칼빈은 그리스도의 행위와 사역을 완성된 경륜의 틀 안에서 발생한 것으로 묘사한다. 칼빈은 예수님이 "그분의 아버지의 명령에 따라", "그분의 소명 전체 과정을 다 완성하셨다"고 쓴다. 칼빈

---

8 John Calvin, *Calvin's Bible Commentaries*, trans. William Pringle, 22 vols. (Edinburgh: Calvin Transaltion Society, 1843; repr., Grand Rapids: Baker, 1979), 특히 요한복음 17:4에 대한 주석.

이 그리스도의 행위가 영원한 언약에 대한 그분의 복종을 포함한다는 더 나은 증거는 바로 칼빈이 요한복음 17:4을 빌립보서 2:7과 연결한 것이다.

둘째, 칼빈은 "아버지 하나님은 예수님이 아버지의 나라를 소유하시도록 하실 것이다"라고 진술함으로, 그리스도께서 성부 하나님의 영원한 작정을 성취하셔서 택함 받은 자들이 보상받도록 하신다고 추론한다. 칼빈이 구속언약의 본질을 가르쳤다는 논거는 요한복음 17:6에 대한 그의 주석에 의해 확증된다.

> "그들은 아버지의 것이었는데 내게 주셨으며"(요 17:6). 예수님은 이 말씀을 더하심으로 첫째로는 선택의 영원성을, 둘째로는 우리가 선택의 방법에 대해 고려해야만 한다는 것을 지적하신다. 그리스도께서는 택함 받은 자는 항상 하나님께 속했음을 선언하신다. 그러므로 하나님은 믿음이나 어떤 행위가 아닌 오직 순수한 은혜에 의해 택함 받은 자들을 택함 받지 않은 자들과 구분한다. 왜냐하면 택함 받은 자들이 그리스도를 멀리해도, 여전히 그리스도께서는 신비한 목적 안에서 그들의 죄악을 그 자신의 것으로 여기신다. 값없이 주시는 은혜에 의한 선택의 확실성은, 아버지 하나님은 선택하신 모든 사람을 그분의 아들을 통해 보호하시므로 그들이 멸망하지 않는다는 점에 있다.
> 그래서 우리는 이 점으로 우리의 눈을 돌려야 한다. 우리는 우리가 하나님의 아들이라는 지위에 있음을 완전히 확신한다. 왜냐하면 하나님의 예정이 그 자체로는 숨겨져 있으나, 오직 그리

스도 안에서 우리에게 드러나기 때문이다.[9]

요한복음 17:6에 대한 주석에서, 칼빈은 "선택의 영원성"에 대해 말하고 선택의 영원성을 그리스도의 신실한 구속 행위에 대한 보상으로 하나님이 그리스도께 택함 받은 자들을 주시는 것("내게 주셨으며")을 구체적으로 연결함으로 구속언약의 영속적 본성을 언급한다. 칼빈은 택함 받은 자는 원래 아버지의 소유("그들은 아버지의 것이었는데")였으나 그들이 아버지에 의해 그리스도의 돌봄 안으로 옮겨진 것("내게 주신 아버지의 이름으로 그들을 보전하고 지키었나이다"[요 17:12])을 언급하시는 말씀을 통해 구속언약의 성취에 대한 직접적 결과로 그리스도께서 아버지로부터 택함 받은 자를 보상으로 받으신다는 사실에 더 많은 관심을 갖는다. 칼빈의 요한복음 주석에서 우리는 칼빈이 구속언약에 대한 신학적 개념을 포착했음을 확신할 수 있다.

칼빈은 구속언약의 개념뿐만 아니라 언약 신학의 두 번째 필수요소인 대표자적 언약설도 가르쳤다. 칼빈은 『기독교 강요』에서 대표자적 언약설을 명백히 진술했다.

> 우리는 부모의 부정함이 자녀들에게 전가되어 모든 사람이 예외 없이 그들의 후손을 오염시킨다는 것을 안다. 그러나 만일 우리가 오염의 시작에 대해서 모든 사람의 최초의 부모에게로 가지 않는다면, 우리는 이 시작을 발견하지 못할 것이다. 우리

---

9 Ibid., 요 17:6.

는 아담이 모든 이의 조상일 뿐만 아니라 이를테면 인간 본성의 뿌리이므로 아담의 부패 안에서 인류는 부패되었다는 것을 확실히 견지해야 한다…따라서 "우리는 아담 안에서 죽었다"는 문장을 해석하는 방식은 아담이 원죄를 통해 그 자신을 불행과 파멸에 처하게 했을 뿐 아니라 우리의 본성까지도 거의 파멸로 치닫게 했다는 것이다. 이는 결코 우리와는 상관없는 아담의 죄책이 아니다. 왜냐하면 아담은 자신의 타락 후의 부패로 그의 모든 후손을 오염시켰기 때문이다.[10]

『기독교 강요』의 이 인용으로부터, 칼빈은 아담을 "모든 이의 조상"으로 언급함으로 아담의 대표자 역할을 표현했다. 칼빈은 "아담은 자신의 타락 후의 부패로 그의 모든 후손을 오염시켰다"고 주장함으로 전가 교리 역시 진술했다. 아담의 대표자 역할을 인정하는 것 이외에도, 칼빈은 아담과 그리스도 간 대표자 역할의 유사성이 내포하는 신학적 함축을 또한 충분히 인정했다. 이 유사성에 대한 칼빈의 이해는 『기독교 강요』의 다음 인용으로부터 증거될 수 있다.

이것은 사도가 아담과 그리스도의 비교를 통해 명백하게 한 것이다. "그러므로 한 사람으로 말미암아 죄가 세상에 들어오고 죄로 말미암아 사망이 들어왔나니 이와 같이 모든 사람이 죄를 지었으므로 사망이 모든 사람에게 이르렀느니라"(롬 5:12). 이처

---

10 John Calvin, *Institutes of the Christian Religion*, ed. John T. McNeill, trans. Ford Lewis Battles, Library of Christian Classics (Philadelphia: Westminster, 1960), 2.1.6.

럼 그리스도의 은혜를 통하여 의와 생명이 우리에게서 회복된다(롬 5:17)…그러나 만일 그리스도의 의와 생명이 영적 연합을 통해 그렇게 우리의 소유가 되는 것이 당연하다면, 의와 생명이 아담 안에서 잃어버려졌으나 오직 그리스도 안에서 회복된다는 것과 아담을 통해 주어진 죽음이 오직 그리스도를 통하여 폐지된다는 것이 즉각적으로 자명해진다.[11]

『기독교 강요』의 이 본문에서 칼빈이 그의 발자취를 따르는 언약 신학자들에 의해 더 충분히 계발된 대표자적 언약설의 근본적인 핵심을 인지하고 표현했다는 것이 명백하다.

대표자적 언약설에 대한 칼빈의 이해는 그의 행위언약에 대한 신학적 설명에서 또한 살펴볼 수 있다. 많은 학자가 칼빈이 행위언약을 가르쳤다는 것을 부정한다. 그러나 우리는 오로지 용어가 아니라, 용어 이면에 놓인 신학을 찾아야만 한다. 이전에 언급했듯이, 행위언약은 법 혹은 행위에 기초한 언약인데, 그 언약은 오로지 완벽한 순종을 통해서 성취된다. 그러므로 사안은 칼빈이 "행위언약"이라는 단어를 사용했는지의 여부가 아니라, 그가 타락 전 상태에서 하나님과 아담의 관계를 율법적인 것으로 인식했는지의 여부이다.

칼빈이 하나님과 아담의 관계를 은혜보다 율법적인 것으로 인식했다는 것은 『기독교 강요』에서 아담의 죄의 본성과 함축을 토론한 인용구로부터 증명될 것 같다.

---

11 Ibid.

하나님이 그렇게 심하게 처벌하시는 이유는 가벼운 죄가 아니라 가증스러운 죄이기 때문이다. 인류 전체를 향하신 하나님의 무시무시한 진노를 타오르게 했던 아담의 범죄 안에 무슨 종류의 죄가 있었는지 우리는 고려해야 한다…아담은 그의 순종을 시험하고 기꺼이 하나님의 명령을 지키는지 입증할 선악과 시험에서 실패했다…그러나 그는 하나님과의 약속에 의거해 생명 나무를 먹는 한, 영생에 대한 소망을 갖게 되고, 거꾸로 그의 믿음을 입증하거나 떨어뜨릴 선악과를 한 번 먹는다면 죽음에 대한 끔찍한 위협을 받게 된다.

따라서 아담이 하나님의 진노를 유발시키는 것이 무엇을 의미하는지 추론하는 것은 어렵지 않다…만일 아담이 하나님의 말씀에 불순종하지 않았다면, 그는 절대로 하나님의 권위에 대항할 엄두를 내지 못했을 터이다. 참으로 여기 모든 죄악을 통제할 가장 탁월한 굴레가 있다. 그것은 바로 하나님의 명령을 순종하는 것을 통해 의를 훈련하는 것이 최선이며 행복한 삶의 궁극적 목적은 하나님의 사랑을 받는 것이라는 생각이다.[12]

이 표현은 칼빈이 하나님과 아담의 관계를 주로 율법적인 것으로 이해했음을 드러낸다. 예를 들어, "처벌", "가증스러운 죄", "순종", "명령들"과 같은 율법적인 용어들의 두드러짐을 보라. 더욱이, 칼빈은 명확하게 타락 전 상태를 아담의 "순종"에 대한 "시험"이라고 설명했다. 칼빈은 분명히 타락 전 관계를 하나님이 아담에게 삶 혹은

---

12 Ibid., 2.1.4.

죽음을 승인하실 수 있는 법적 판결과 연관된 시험적이고 율법적인 용어들로 이해했다.¹³ 헬름은 "칼빈이 하나님과 아담 사이의 관계를 율법적으로 바라보지 않았다고 주장하는 자들은 명확히 잘못 판단한 것이다"라고 올바르게 지적했다.¹⁴

피터 릴백(Peter Lillback) 역시 칼빈이 행위언약을 가르쳤다고 주장한다. 릴백은 자카리아스 우르시누스(Zacharias Ursinus)의 행위언약의 기원을 칼빈에게 돌린다. "창조언약"(포이두스 크레아티오니스 [foedus creationis])이라는 명칭은 우르시누스의 것일지라도, 그 개념의 본질은 우르시누스가 칼빈에게 빚지고 있다는 것이 확실하다."¹⁵

릴백이 칼빈에게 행위언약의 개념이 있었다고 주장하는 가장 흥미로운 논거는 성례와 언약 간의 관계에 대한 칼빈의 이해이다. 릴백은 칼빈의 신학에서 성례와 언약은 동전의 양면이라고 주장한다. 즉 한 측면이 있다면, 다른 측면 또한 필연적으로 있어야만 한다. 릴백은 마치 칼빈이 성찬을 고린도전서 11장의 새 언약의 성례로 언급한 것(본 글의 마지막 부분을 보라)처럼 창세기 주석에서 생명 나무를 성례로 언급한다고 주장한다.¹⁶ 릴백은 이런 언급으로부터 칼빈의 신학이 타락 전 율법언약(prelapsarian legal covenant)으로 논리적으로

---

13 이 시험적인 개념은 Calvin이 나무 관련 명령을 "그러므로 한 나무에 대한 금지는 순종에 대한 시험이었다"라고 묘사한 창세기 주석 안에서도 나타난다. *Calvin, Commentaries*, 창세기 2:16에 대한 주석(강조는 필자의 것).

14 Helm, "Calvin and the Covenant," 74.

15 Lillback, "Ursinus' Development of the Covenant of Creation," 288. "포이두스 크레아티오니스"(*foedus creationis*)는 "창조언약"이라는 라틴어로 행위언약을 언급하는 또 다른 방식이다.

16 Ibid., 284-85.

진행한다는 것을 추정한다.

> 만일 성례와 언약의 관계에 대한 칼빈 스스로의 주장에 일관성이 있으려면, 이런 기초로 타락 전 언약이 있어야만 한다. 이 언약이 율법에 대한 순종을 근거로 맺어졌기에 칼빈의 타락 전 언약을 행위언약이라고 부르는 것이 전적으로 정당해 보인다.[17]

릴백은 칼빈의 신학에 행위언약이 있다는 결론을 이 주제에 대해 더 잘 다듬은 작품, 『칼빈의 언약 사상』(The Binding of God)에서 주장한다.[18] 여기서 릴백은 이 논거를 입증할 다른 증거를 덧붙인다.

첫째, 릴백은 어거스틴의 작품이 "타락 전 언약 개념"을 포함한다고 언급하며 어거스틴을 엄청나게 활용한 칼빈의 신학에는 당연히 이 언약 개념이 있다고 추정한다.[19]

둘째, 릴백은 『기독교 강요』의 구조에 근거해서 칼빈의 행위언약을 주장한다. 릴백은 칼빈이 창조주 하나님에 대한 지식을 논하면서 『기독교 강요』를 시작했고, 2권까지는 은혜언약에 대한 그의 논의를 "미루었다"고 주장한다. 릴백에 따르면, 이것은 "타락 후 언약과 타락 전 언약 간 구별을 위한 구조를 제공하는 것이다."[20]

셋째, 릴백은 칼빈에게 언약과 하나님 나라 개념은 언약과 성례

---

17 Ibid., 285.

18 Peter A. Lillback, *The Binding of God: Calvin's Role in the Development of Covenant Theology*(Grand Rapids: Baker, 2001).

19 Ibid., 287.

20 Ibid.

개념만큼이나 관련되었다고 말한다. 릴백은, 칼빈이 타락 전 아담이 하나님 나라에 있었으므로 아담은 또한 타락 전 상태에서 하나님과 언약관계에 있었다는 것을 제안했다고 주장한다.[21]

이 요인들과 그 섹션에서 논의된 다른 것들에 근거해서, 릴백은 칼빈이 참으로 행위언약의 신학을 표현했다고 결론짓는다. "그러므로 칼빈은 아담의 타락 전 경험을 시험, 금지, 율법, 순종, 거룩한 자유와 무죄, 궁극적 완벽과 생명을 향한 목표와 같이 행위언약과 일치하는 언어로 표현한다."[22] "그러므로 개혁파 신학에 행위언약의 존재를 위한 근본적 기초는 위대한 제네바 개혁자에 의해 세워진다."[23]

우리가 살펴보았듯이, 칼빈은 구속언약, 대표자적 언약설, 행위언약의 본질을 가르쳤다. 이런 언약 신학의 요소들 이외에도, 칼빈은 또한 은혜언약의 본질을 가르쳤다. 무엇보다 칼빈의 작품은 그가 신구약성경에 걸쳐 일치된 구원 계획, 즉 은혜언약의 핵심원칙을 가르쳤다는 것을 반영한다. 『기독교 강요』에서 다음 인용구들은 이런 일치된 계획에 대한 칼빈의 개념을 증명한다.

> 모든 족장과 맺어진 언약은 우리의 것과 유사하다. 본질과 실체에 있어서 이 둘은 하나이고 실제로는 같은 것이다. 그러나 그 언약들은 시혜의 방식 면에서 다르다…그들[유대인들]은 그리스도를 그들을 하나님과 연결시켜주고 그분의 약속을 공유하

---

21 Ibid., 288.

22 Ibid., 289.

23 Ibid., 304.

게 해 주는 중보자로 인식하고 모셨다.[24]

같은 이유로 옛 언약은 하나님의 값없이 주시는 자비에 근거하여 세워졌고, 그리스도의 중보에 의해 확증되었다. 복음 설교 역시 오직 죄인들이 그들 자신의 행위가 아닌 성부 하나님의 사랑에 의해 의롭게 된다는 것과 이것의 전부가 그리스도 안에서 나타난다고 선언한다. 그래서 은혜언약의 유일한 근간인 그리스도와 유대인들이 은혜언약을 맺었다면 누가 감히 그리스도에게서 유대인들을 분리하겠는가?[25]

더욱이, 칼빈 역시 언약의 또 다른 핵심 개념을 인정했다. 언약신학자들은 은혜언약에 대한 첫 번째 계시는 "원시복음"(프로토이왕겔리움[protoevangelium])으로 언급된 창세기 3:15에 나타난다고 주장한다. 칼빈도 이렇게 주장한다는 것은 『기독교 강요』에서 다음 인용구에서 입증된다.

> 태초에, 즉 구원의 첫 번째 약속이 아담에게 주어졌을 때(창 3:15), 그 약속은 희미한 불빛같이 빛났다. 그런데 그 약속은 불빛이 모여 충만해듯이 그 빛을 점점 더 강렬하고 넓게 비추었다. 마침내 모든 구름이 흩어졌을 때, 공의로운 해이신 그리스도

---

24 Calvin, *Institutes*, 2.10.2.

25 Ibid., 2.10.4.

는 전체 세상을 완전히 비추신다(말 4장).[26]

분명히 칼빈의 신학은 하나님이 창세기 3:15에 처음 계시된 택함 받은 자들과 은혜언약을 맺으실 뿐 아니라 그 개념을 구약에서 점진적으로 드러내고 결국은 그리스도와 새 언약에서 그것의 정점에 도달하게 한다는 개념을 포함했다.

요약하면, 모든 칼빈 작품에 대한 자세한 연구는 비록 초기형태일지라도, 고전적으로 개혁파 언약 신학의 필수적 요소들을 주장했다는 것을 드러낸다. 칼빈의 신학은 구속언약, 대표자적 머리설, 행위언약, 은혜언약의 본질들을 포함한다. 그러므로 충분한 근거를 가지고 우리는 칼빈이 언약 신학자였다고 확고하게 주장할 수 있다.

칼빈의 사고 안에 언약 신학의 중대한 요소들이 현존한다고 입증한 후, 우리는 이제 이 언약 신학을 웨스트민스터 언약 신학과 연결할 것이다. 그 후에는 언약 신학이 유럽 대륙에서 자라나 결국 영국에까지 퍼져나갔기 때문에 언약 신학의 역사적, 신학적 발달을 서술함으로 칼빈과 웨스트민스터 간의 필수적 연결을 입증할 것이다.

3. 취리히의 영향

언약 신학의 발달을 조사하기 위해 우리는 제네바(Geneva)를 떠나 취리히로 이동해야 한다. 대부분의 학자들은 언약 신학이 첫 번

---

26 Ibid., 2.10.20.

째로 취리히의 개혁자들에 의해 조직화되었다는 것에 동의한다. 언약 신학은 취리히에서 더욱 빠르게 발달되었는데, 그 도시의 개혁자들이 재세례파(Anabaptists)와 처절한 신학적 갈등의 현장에 있었기 때문이다.[27] 이 갈등이 취리히 개혁자들로 하여금 성례(특히 유아 세례), 신구약의 일치, 신구약에서 하나님 백성의 일치, 구원 경륜의 일치와 관련된 칼빈의 신학적 원칙들을 더욱 날카롭게 했다.[28]

취리히 종교개혁자들은 칼빈이 직면하지 않았던 현실들에 직면했고, 이것이 그들로 하여금 언약 신학의 중요한 부분들을 더욱 명확하게 설명하도록 이끌었다. 이단과 직면했을 때 정통 교리가 더욱더 명확해지는 것은 교회사에서 계속해서 반복되는 공통현상이다. 이런 때의 정통 교리가 교회적인 신조가 되는 현상을 생각할 필요가 있다. 취리히 종교개혁자들은 초대 교부들과 유사한 영적 싸움에 몰두해 있었다. 취리히에는 몇몇 탁월한 개혁자들, 그 중에서도 가장 유명한 울리히 츠빙글리(Ulrich Zwingli, 1484-1531년)가 있었지만[29] 우리는 이 연구를 언약 신학에 가장 큰 영향을 끼쳤던 개혁자인 하인리히 불링거(Heinrich Bullinger, 1504-1575년)에 집중하는 것으로 제한한다.

---

27 Vos, "Doctrine of the Covenant," 236.

28 Ibid.

29 Lillback이 지적한 것처럼, Bullinger가 Zwingli의 작품에 큰 영향을 받았음을 언급하는 것이 중요하다. Lillback은 다음과 같이 적는다. "이 언약적 사고에 대한 Zwingli의 첫 번째 출판된 표현은 1525년 11월 5일이었다…그러므로 Zwingli의 작품은 언약적 사고와 관련하여 Bullinger의 *De Testamento seu Foedere Dei Unico et Eterno*보다 9년이 앞선다. 왜냐하면 Bullinger의 작품은 1534년에 출판되었기 때문이다. 사실 Bullinger는 그 자신이 Zwingli에 의존한다는 것을 자연스레 인정했다." Lillback, "Ursinus's Development of the Covenant of Creation," 247.

불링거는 1531년에서 1575년까지 취리히 개혁파 교회의 리더였으며, 그의 생애 동안 119권을 출판한 다작가였다.[30] 그는 16세기에 가장 의미심장한 개혁파 신앙고백이 된, 제2 스위스 신앙고백(Second Helvetic Confession, 1566)의 저자였다.[31] 불링거의 많은 작품들 가운데, 『하나님의 유일하며 영원한 계약 혹은 언약』(*The One and Eternal Testament or Covenant of God*, 1534)이 있는데, 찰스 S. 맥코이(Charles S. McCoy)와 J. 웨인(J. Wayne)은 그것을 "언약 신학의 근원"으로 서술한다.[32] 불링거의 이 논문은 중요한데, 그것이 종교개혁자가 특별히 언약 신학과 관련된 주제로 쓴 첫 번째 논문이기 때문이다. 그러므로 불링거에 의해 언약 신학이 하나의 분리된 주제로 조직화되기 시작했다고 주장하는 것이 적절하다.

불링거는 그의 탁월한 논문을 재세례파와의 논쟁이 한창일 때 준비했다. 불링거 본인이 친구 요아킴 바디안(Joachim Vadian)에게 쓴 편지에서 이 사실을 전하고 있으며, 그는 『하나님의 유일하며 영원한 계약 혹은 언약』을 "오늘날 일어나고 있는 많은 이단들에 반대하기 위해" 직접적으로 썼음을 인정한다.[33] 불링거가 몰두한 논쟁의 특별한 상황 때문에, 불링거의 논문은 두 개의 언약 구조(행위언약/은혜언약)를 제시하지 않고, 주로 신구약에 걸쳐 있는 은혜언약의 일관성

---

30 Charles S. McCoy and J. Wayne Baker, *Foundational of Federalism: Heinrich Bullinger and the Covenantal Tradition* (Louisville: Westminster/John Knox Press, 1991), 17.

31 Ibid.

32 Ibid., 12. 재미있게도, 이 논문에서 Bullinger가 언약 개념에 대해 첫 번째로 사용한 것이 아니다. 사실 McCoy와 Baker가 지적하듯이, Bullinger는 1525년 이래로, 재침례교도들과의 논쟁에서 언약 개념을 계속해서 사용해왔다. Ibid., 19.

33 Ibid.

에 집중한다. 소위 타락 전 언약에 대한 설명의 부재는 이해할 만한데, 재세례파와의 논쟁의 핵심이 주로 구약과 신약이 일치하는지에 달려 있었기 때문이다. 재세례파의 오류에 반응할 때 불링거의 주요 관심은 신구약에서 구원에 대한 언약계획의 일치와 하나님 백성의 일치를 증명하는 것이다.

불링거는 『하나님의 유일하며 영원한 계약 혹은 언약』 이후에, 1549년에서 1551년에 『세월』(*Decades*)이라는 제목으로 열 가지 설교를 모은 설교집을 출간했다. 이 설교들에서, 불링거는 하나님과 그의 백성 간의 언약적 관계를 설명한다. 불링거의 특별한 역사적 상황들은 그 개혁자로 하여금 칼빈의 언약 신학을 넘어서도록 요구했다. 불링거는 칼빈과 웨스트민스터를 하나로 묶는 사슬에서 중요한 연결고리이다. 피터 골딩(Peter Golding)은 다음과 같이 언급한바 있다.

> 1648년 웨스트민스터 신앙고백의 완전하게 발달한 언약 사상을 거슬러 추적해보면, 누구나 그 언약 사상이 불링거로부터 나왔다는 것을 의심없이 받아들일 것이다.[34]

언약 신학의 발달에서 다음 단계의 중요한 진전은 불링거와 연결 고리를 갖는다. 불링거의 제자들 중 하나인, 우르시누스(Ursinus, 1534-1583년)는 칼빈의 사고에서 독창적으로 세워진 언약 신학을 더욱더 발전시켰다. 독일인으로 태어났을지라도, 우르시누스는 취리히의 신학으로부터 큰 영향을 받았는데, 이는 그의 생애에서 학문연

---

34 Peter Golding, *Covenant Theology* (Tain, Ross-shire: Christian Focus, 2004), 22-23.

구를 위해 취리히에서 주로 살았기 때문이다.[35] 우르시누스는 자연스럽게 독일을 저버렸다. 그의 신학적 동맹은 취리히였다. 예를 들어, 그는 독일에 대해 다음과 같이 한번 진술했다. "나는 조국이 내가 선한 양심을 가지고 포기할 수 없는 진리의 고백을 허용하지 않았기에 내 조국을 포기한 것에 꽤 만족한다."[36] 대조적으로, 우르시누스의 취리히에 대한 친밀함은 다음 언급에서 입증된다. "내 지성은 취리히 사람처럼 바뀌었다…취리히 사람들의 명성은 다른 교회들과 함께 높이 서 있어서 우리 설교자들이 명백히 받아들일 수 있다. 취리히 사람들은 경건하고 학식이 있는 위대한 사람들이다. 그런 사람들의 사회에서 내가 내 생애를 보내기로 결심했다."[37] 우르시누스는 독일 태생이지만, 그의 신학은 명백히 스위스에서 태동했다.

우르시누스는 하이델베르그 요리문답(Heidelberg Catechism)의 공동 저자이자 하이델베르그 요리문답 해설서의 저자로 가장 유명하다. 하이델베르그 요리문답 해설서에서, 그는 일치된 은혜언약을 설득력 있게 정의하고 방어한다.[38] 그러나 언약 신학의 발달에 있어서 우르시누스의 가장 의미심장한 기여는 소위 타락 전 언약에 대한 그의 명백한 표현에 있다.

우르시누스는 1561년에 출판한 『신학대전』(숨마 테올로기아이

---

35 Vos, "Doctrine of the Covenant," 236.

36 Zacharias Ursinus, *The Commentary of Dr. Zacharias Ursinus on the Heidelberg Catechism*, 2nd American ed., trans. G. W. Willard (1852; repr., Philipsburg, NJ; Presbyterian and Reformed, 1985), xii.

37 Ibid.

38 Ibid. 97-101.

[*Summa Theologiae*])의 일부인 대요리문답에서 타락 전 언약에 대해 명백히 가르친다. 거기서 그는 "하나님의 율법이 당신에게 무엇을 가르치는가"와 같은 질문을 하며 구체적으로 타락 전 법적 언약에 대해 언급한다. 그 질문에 우르시누스는 "하나님이 천지를 창조하실 때 인간과 어떤 언약을 체결하셨고, 어떻게 인간이 그 언약을 지키려고 행동했는지"에 대해 대답한다.[39]

릴백은 우르시누스가 『신학대전』에서 타락 전 상태를 언급하기 위해서 "창조언약"(혹은 "자연언약")이라는 용어를 구체적으로 사용했다고 언급한다.[40] 그러므로 우르시누스의 중요성은, 그가 웨스트민스터 신앙고백의 체계로 나중에 사용될 두 언약 구조(two-covenant structure)로 언약 신학을 조직화한 최초의 대표적인 신학자 중 한 명이라는 것이다. 릴백은 언약 신학의 성숙에 대한 우르시누스의 명백한 기여를 다음과 같이 요약한다. "

> 우르시누스가 은혜언약에 대칭하여 창조언약 혹은 자연언약을 언급하고, 언약의 목적을 완벽한 순종을 통한 삶으로 서술한 것에서 알 수 있듯이, 그는 이 언약 개념에 대한 후기 언약 신학자들의 토론을 위한 토대를 마련했다.[41]

39　Vos, "Doctrine of the Covenant," 237. Vos는 236페이지와 237페이지의 각주에서 Ursinus의 요리문답과 관련해서 탁월한 정보들을 제공한다. Vos는 Ursinus가 대/소요리문답을 작성하면서, 이 대요리문답에 이렇게 강력한 언약적 진술을 포함한다. 그러나 236페이지의 각주 3에서 Vos는 소요리문답은 "하이델베르그 요리문답의 구성에 더 큰 영향을 끼쳤다"고 지적한다.

40　Lillback, "Ursinus' Development of the Covenant of Creation," 247.

41　Ibid., 248.

불링거와 우르시누스로 대표되는 취리히 신학은 언약 신학의 의미심장한 발달을 드러낸다. 칼빈에게서 발견되는 언약 신학이 취리히에서 더 잘 정리되었다. 이 발달의 주요한 공헌은 재세례파의 오류에 대항하여 명백한 비판을 제공해야 할 취리히 개혁자들의 필요성 때문이었다고 말할 수 있다. 언약 신학의 발달의 다음 단계와 연결 고리로 우르시누스는 영국 제도에 언약 신학을 제공함으로 이 발달을 도왔다.

스캇 클락(R. Scott Clark)과 조엘 비키(Joel Beeke)는 우르시누스의 칼빈주의와 언약 신학은 "16세기 말, 대륙 개혁과 신학이 잉글랜드로 유입되는 거대한 흐름의 중요한 부분이며, 웨스트민스터 총회에서 각각의 자리를 차지할 젊은 칼빈주의자들을 키우는"것으로 사용되었다고 언급한다.[42] 우르시누스를 통하여 언약 신학이 영국해협을 건너갔으며, 그는 웨스트민스터 신학에 직접적으로 기여할 신학자들의 사고와 토론에 영향을 끼쳤다.

4. 영국 제도에서의 성숙

영국에서 일찍 시작된 언약 개념은 유럽 대륙의 작품과 거의 비

---

42 R. Scott Clark and Joel Beeke, "Ursinus, Oxford and the Westminster Divines," in J. Ligon Duncan, ed., *The Westminster Confession into the 21st Century: Essays in Remembrance of the 350th Anniversary of the Westmionster Confession of Faith*, 2 vols. (Tian, Ross-shire: Christian Focus, 2004), 2:54. Clark과 Beeke는 Ursinus와 영국 칼빈주의자들간의 연결을 옥스퍼드대학에서 훈련된 칼빈주의자들에게서 특별히 강하다고 언급한다.

숫하게 발전되었다. 언약 개념을 토론한 초기 영국 신학자의 일례는 유럽 대륙을 여행하여 루터와 관계를 맺은 윌리엄 틴데일(William Tyndale, 1494-1536년)이다.[43] 많은 학자가 틴데일을 언약 개념을 표현한 첫 번째 영국의 신학자로 간주한다. 실제로 틴데일은 1534년에 일찍이 언약에 대해 쓴 바 있다.[44] 웨스트민스터 총회 이전에 영국 제도에 많은 언약 신학자들이 있었지만, 가장 중요한 3명을 뽑자면, 잉글랜드의 윌리엄 퍼킨스(William Perkins of England), 스코틀랜드의 로버트 롤락(Robert Rollock of Scotland), 아일랜드의 제임스 어셔(James Ussher of Ireland)가 있었다.

윌리엄 퍼킨스(1558-1602년)는 잉글랜드 청교도들 사이에서 언약 신학을 논할 때 두드러지는 인물이다. 퍼킨스는 그의 작품들에서 언약 신학에 대한 상세하면서도 조직화된 논의를 제공하여 청교도들 사이에서 널리 읽혀지고 존경받았다.[45] 퍼킨스가 행위언약에 대해 명백히 진술한 사실은 다음 인용에서 명확하다.

> 행위언약은 완벽한 순종을 조건으로 맺어진 하나님의 언약이며 도덕법에서 표현된다…그 법은 두 부분, 순종을 명하는 명령과 순종과 연결된 조건을 가진다. 율법을 지키는 경우에 영생을

---

43 David N. J. Poole, *Stages of Religious Faith in the Classical Reformed Tradition: The Covenant Appoach to the Ordo Salutis* (Ceredigion, Wales: Edwin Mellen Press, 1995), 153-55. Robert Cavendish는 1571년에 *The Image of Nature and Grace, Containing the Whole Law and Condition of Man's Estate*을 출판한 또 다른 초기 영국 언약 신학자였다.

44 Golding, *Covenant Theology*, 30.

45 Stephen Strehle, *Calvinism, Federalism and Scholasticism: A Study of the Reformed Doctrine of Covenant* (Bern: Peter Lang, 1988), 329.

주고, 율법을 어기는 자에게는 영원한 죽음을 준다는 것이다. 십계명은 율법 전체와 행위언약의 요약이다.⁴⁶

그러나 퍼킨스가 행위언약을 진술했을지라도, 그가 이 개념을 아담의 타락 전 언약에 직접적으로 적용하지 않았다는 것을 인정해야 한다.⁴⁷ 이런 면에서, 퍼킨스의 작품들은 후대의 롤락이나 어셔 그리고 웨스트민스터 신앙고백과 비교했을 때, 발달의 초기상태로 여겨져야 한다.

행위언약을 주장할 뿐 아니라 거기에 덧붙여 퍼킨스는 은혜언약과의 통일성도 가르쳤다. 그러나 그는 은혜언약을 약속에 지배되는 것으로 보았고, 또 행위언약의 법률적 성격과는 대조된다고 묘사했다.⁴⁸ 더욱이 퍼킨스는 언약 신학의 핵심을 짚어냈는데, 그 핵심은 바로 아담과 그리스도를 언약적 용어로 언급한 부분이다. 예를 들어, 퍼킨스는 아담에 대한 진술에서, 아담은 "한 개인이 아니라, 모든 인류를 대표한다"고 했다.⁴⁹ 퍼킨스는 또한 그리스도의 언약적 역할에 대해서, 그리스도는 그가 대표하는 자들(즉 택함 받은 자들)을 위하여

---

46 William Perkins, *The Works of William Perkins*, ed. Ian Breward (Appleford, Berkshire: Sutton Courtenay Press, 1970), 211.

47 이 사실은 Paul Helm의 소논문 "Was Calvin a Federalist?" Reformed Theological Journal 10(November 1994): 49에 언급되었다. Helm은 Perkins가 "행위언약"이라는 용어를 "모세 율법의 구원경륜을, 더 정확히는 모세 율법의 구원경륜의 한 측면을 묘사하기 위해서" 사용한다고 언급한다. 핵심으로 Perkins는 이스라엘 역사에서 행위언약과 은혜언약은 아주 유사하게 존재한다고 믿었다. Perkins에게 모세 율법의 구원경륜은 "행위언약"과 "은혜언약" 둘 다 존재한다.

48 *Works of William Perkins*, 213.

49 Ibid., 191.

행위언약을 이루셨다고 진술했다.

> 복음의 목적과 사용은 무엇보다도 율법 전체의 요구를 온전히 만족시키고 구원을 이루신 그리스도의 의를 드러내는 것이다.[50]

로버트 롤락(1555-1599)은 탁월한 스코틀랜드 신학자로, 그의 작품이 웨스트민스터 총회의 신학에 결정적으로 영향을 끼쳤다. 롤락은 언약 신학의 발달된 형태를 지지한다. 롤락의 언약 신학은 독일 개혁자, 카스파르 올레비아누스(Caspar Olevianus, 1536-1587년)의 제자였던 그의 친구 로버트 호위(Robert Howie)에게서 영향을 받은 것 같다.[51] 1597년에, 롤락은 『우리의 효과적인 부르심에 관한 논문』(*Treatise of Our Effectual Calling*)을 출판하였는데, 이 논문은 "태초부터 하나님이 인류에게 두 언약을 드러내시는 방식에 관한 소요리문답"(Short Catechism concerning the Way in Which God from the Beginning Reveals Both Covenants to the Human Race)이라는 제목의 부록을 포함했다.[52] 이 소요리문답의 제목은 롤락이 두 언약 구조를 주장했다는 것을 드러낸다. 롤락은 행위언약에 대한 발달된 생각을 표현했는데, 그의 『우리의 효과적인 부르심에 관한 논문』의 다음 인용구로부터 입증된다.

---

50 Ibid., 213.

51 G. D. Henderson, "The Idea of the Covenant in Scotland," The Evangelical Quarterly 27(1955): 8, 이것은 Golding, *Covenant Theology*, 33에서 인용되었다.

52 Vos, "Doctrine of the Covenant," 239.

> 하나님은 하나님의 형상으로 인간을 순결하고 거룩하게 창조
> 하신 후에, 하나님의 율법을 인간의 마음에 기록하셨다. 그리고
> 하나님은 하나님의 율법에의 순종, 창조의 선하심과 거룩하심
> 에 상응하는 거룩하고 선한 행위를 조건으로 인간에게 영생을
> 약속하심으로 인간과 언약을 맺으셨다.[53]

롤락은 또한 특별히 행위언약과의 관계에서 은혜언약의 온전함을 설명했다.

> 이것이 행위언약의 활용인데, 그것은 우리 안의 죄와 비참함에
> 대해 깨닫게 하고, 인간들을 은혜를 받도록 준비시킨다. 그러므
> 로 복음의 교리는 행위와 도덕에 대한 교리로 시작한다. 만일
> 신자들이 복음에 의한 은혜를 듣고 받기 위해서 먼저 그들 자신
> 의 부패와 비참한 상태를 느끼지 못한다면, 복음은 신자들에게
> 헛된 의와 생명을 설교하고 약속하는 것이다.[54]

롤락의 『우리의 효과적인 부르심에 관한 논문』은 널리 읽혀졌고, 영국 제도의 신학에 큰 영향을 끼쳤다.[55]

---

53 Ibid.에서 인용됨.

54 Robert Rollock, "A Treatise of Our Effectual Calling," in W. M. Gunn, ed., *Select Works of Robert Rollock*, 2 vols. (Edinburgh: Woodrow Society, 1849), 1:43-44. 이것은 Jeong Koo Jeon, *Covenant Theology: John Murray's and Meredith G. Klines's Response to the Historical Development of Federal Theology in Reformed Thought* (Lanham, MD: University Press of America, 1999), 37에서 인용됨.

55 J. T. McNeill, *The History and Character of Calvinism* (New York: Oxford University

제임스 어셔(1581-1656)는 아일랜드의 대주교였으며 유명한 아일랜드 신조(Ireland Articles, 1615)의 작성자였다. 어셔가 웨스트민스터 총회에 참석할 수 없었을지라도, 어셔의 작품과 신학은 웨스트민스터 신앙고백에 엄청난 영향을 주었다. 누구도 아일랜드 신조와 웨스트민스터 신앙고백 사이의 교리, 단어 사용, 구성의 유사성을 인식하지 않은 채 이 두 신앙고백을 읽을 수 없다.[56] 웨스트민스터 신앙고백과 같이 아일랜드 신조는 두 언약 구조(행위언약과 은혜언약)를 사용한다. 예를 들어, 아일랜드 신조는 명백하게 타락 전 행위언약 개념을 서술한다.

> 태초에 하나님의 형상(특별히 인간 지성의 지혜와 자유의지의 참된 거룩함으로 구성된)으로 창조된 인류는 마음 가운데 새겨진 율법의 언약을 가진다. 그 언약에 의해서, 하나님이 창조할 때 부여한 강점을 가진 인간이 자신의 명령에 전적이며 완전한 순종을 한다는 조건 아래 영생을 약속한다. 물론 하나님은 인간에게 그 명령을 수행하지 않는다면 그에게 죽음이 있다고 위협도 한다.[57]

그 신조는 또한 아담과 관련해서 성숙한 언약 사상을 보여준다.

Press, 1967), 307. 이것은 Golding, *Covenant Theology*, 34에서 인용됨.

56 Vos, "Doctrine of the Covenant," 241을 보라.

57 Irish Articles, "Of the Creation and Government of All Things," sec. 21.

한 사람에 의해 죄가 세상에 들어왔고, 죄에 의해 죽음이, 그렇게 죽음이 모든 사람에게 미쳤다. 왜냐하면 모든 사람이 죄를 지었기 때문이다.[58]

그리스도는 우리를 위하여 율법을 완벽하게 성취하셨다. 우리 때문에 그분은 그분의 영혼에 직접적인 가장 혹독한 고통을 겪으셨고, 그분의 몸에 가장 고통스러운 고난을 겪으셨다.[59]

아일랜드 신조는 약 30년 후의 웨스트민스터 신앙고백을 제외한다면, 신앙고백 중에서 가장 발달된 언약 신학을 표현한 것이었다.

5. 웨스트민스터 총회의 언약 신학

웨스트민스터 총회는 언약 신학의 발달에서 최고의 정점을 찍는다. 웨스트민스터 총회의 구성원들이 대륙의 개혁자들에게서 명백히 많은 영향을 받았을지라도, 총회의 언약 신학은 구분될 만한 영국적 특징이 있다는 것을 인정하는 것이 중요하다. 웨스트민스터 총회의 시기에, 세 국가의 신학자들은 대륙의 스승들의 작품을 넘어서는 데 많이 기여했다. 그러므로 웨스트민스터 총회의 위원들은 영국의 신학적 재료를 풍성하게 끌어낼 수 있었다.

---

58 Ibid., "Of the Fall of Man, Original Sin, and the State of Man before Justification," sec. 22.

59 Ibid., "Of Christ the Mediator of the Second Covenant," sec. 30.

워필드는 웨스트민스터 총회가 주로 로버트 롤락, 토마스 카트라이트(Thomas Carwright), 윌리엄 퍼킨스, 윌리엄 에임스(William Ames)와 존 볼(John Ball)과 같은 인물의 신학에 의존한다고 주장했다.[60] 보스는 어셔의 아일랜드 신조와 볼의 신학이 주요한 영향을 제공했다고 제안했다.[61] 명확하게도, 웨스트민스터의 신학이 대륙의 전임 신학자들과도 연결되었지만, 그 신학은 의미심장하게도 영국 제도 전체에서 발달해 온 것이다. 보스가 적절히 언급했듯이, "명백하게 웨스트민스터 신학자들은 어떤 외국의 영향 아래 있었던 것이 아니라, 그들 자신의 국가에서 천천히 익어가는 열매로서 발달한 것들을 단순히 요약했다."[62]

이것은 또한 웨스트민스터 총회에서 언약 신학과 관련해서 있었던 신학적 일치라는 역사적 증거로부터 나타난다. 총회가 교회 정치의 형태와 교회 권징에 있어서 세속통치의 역할과 같이 다루어야 할 논쟁이 불붙을 사안들을 가지고 있었지만, 언약 신학과 관련해서 그렇게 유사하게 열띤 논쟁을 했다는 증거가 없다. 그러므로 웨스트민스터 총회가 언약 신학을 표현할 때, 새로운 교리를 형성하려던 것이 아니라 다소 이미 존재했던 개혁과 정통주의 언약 사상을 단순하게 표현했던 것이다.

웨스트민스터 총회에 의해 작성된 언약 신학의 실제 표현들은 발달된 신학적 면밀성을 드러낸다. 웨스트민스터 신앙고백은 명백

60　Warfield, *Works of Benjamin B. Warfield*, 6:56.

61　Vos, "Doctrine of the Covenant," 240-41.

62　Ibid., 239.

하게 두 언약 구조를 요약한다. 이 두 언약의 첫 번째는 그 신앙고백에서 행위언약으로 언급된다.[63] 그리고 이 언약은 WCF 7.2에서 서술된다.

> 인간과 맺으신 첫 번째 언약은 행위언약이다. 행위언약에서 완벽한 개인적 순종을 조건으로 한 생명이 아담과 아담 안에 있는 그의 후손들에게 약속되었다.

아담의 실패 이후 하나님은 인류에게 두 번째 언약을 계시하셨는데, 그것은 웨스트민스터 총회가 은혜언약이라고 언급한 것이고, WCF 7.3에서 서술된다.

> 인간은 타락으로 인해 그 행위언약을 통해서 그 자신이 생명을 얻을 수 없기 때문에, 주님은 두 번째 언약, 즉 은혜언약이라고 불리는 언약을 제정하시기를 기뻐하셨다. 은혜언약 안에서 주님은 예수 그리스도를 통하여 죄인들에게 생명과 구원을 주시고, 죄인들에게 그들을 구원하실 자신에 대한 믿음을 요구하시며, 영생으로 예정된 모든 자에게 성령을 주시겠다고 약속하셔서, 성령이 그들을 믿도록, 믿을 수 있게끔 하신다.[64]

63　그러나 행위언약은 소요리문답에서 "생명언약"으로 언급되기도 한다.
64　대요리문답은 은혜언약이 택함 받은 자들보다 그리스도와 맺어지는 것으로 말한다. 이것은 구속언약과 관련된 생각이 반영된 것이다. LC 31은 이 문제를 다룬다. "은혜언약이 누구와 맺어진 것인가?" 대답은 "은혜언약은 두 번째 아담이신 그리스도와 그리스도 안에서 씨앗으로 택함 받은 자들과 맺어진 것이다."

이것이 계속적으로 공격받고 있고, 심지어 현재의 칭의 교리에 대한 논쟁들에서까지도 공격받을지라도, 언약 신학에 대한 이런 표현은 350년 이상 개혁파 정통주의의 기준으로 남아있다.

6. 결론과 평가

이 논문은 언약 신학의 발달과 관련해서 칼빈과 웨스트민스터 신앙고백 사이에 역사적 연결점이 있다는 것을 증명한다. 물론 누군가가 칼빈에서 취리히까지, 취리히에서 웨스트민스터 총회까지 연대기적으로나 신학적으로나 직선적으로 연결할 수 있다고 제안한다면 이는 지나친 단순화와 과장일 수 있다. 언약 신학의 발달은 그 정도로 깔끔하게 정돈된 편이 아니다. 그것은 순수하게 직선적으로나 연대순으로 표현되기 어렵다. 왜냐하면 언약 신학은 유럽 대륙과 영국 제도 전체에서 거의 동시다발적으로 발생했기 때문이다. 그러나 이 두 갈래의 발달 동안 다양한 신학자들 사이에 교류가 있었고, 그 교리와 관련해 기본적인 일치가 있었다. 이 두 전통은 같은 씨에서 자라나 교잡수분(交雜受粉)을 하여 서로 이익을 보는 두 나무와 같았다.

이 논문의 시작에서 언급한 것처럼, 많은 신학자가 칼빈으로부터 웨스트민스터 신앙고백까지의 연속성에 대해 동의하지 않는다. R. T. 켄달, 데이비드 와이어(David A. Weir), 홈즈 롤스톤 3세(Holmes Rolston III)와 같은 학자들은 칼빈과 웨스트민스터 신앙고백 사이에 엄청난 간격이 존재한다고 본다.⁶⁵ 롤스톤의 다음 인용구는 불연속 학파(discontinuity school)의 이 기본적 주장을 예시한다.

> 우리는 웨스트민스터 신앙고백의 칼빈주의가 정말로 종교개혁 자들과 일치한다는 전제에 대해 새롭게 도전해야만 한다. 참으로 모든 종교개혁 이후 교리의 구조에 지배적인 두 언약 구조는 칼빈에게서 찾아볼 수 없다는 것을 개혁파 전통에 매여 있는 사람들에게서 거의 인지되지 못했다. 그것보다 더 해로운 것은 종교개혁 이후 칼빈주의가 근본적으로 칼빈과 양립할 수 없다는 것이 그냥 간과되었고 무시되었다는 것이다.⁶⁶

켄달 역시 유사한 결론에 도달했고, 칼빈과 분리된 웨스트민스터 신학의 역사적 발달을 설명하기 위해 수행해야 할 학문적 결과를 요청한다. 켄달은 "역사 신학은 칼빈의 시대와 웨스트민스터 신학이 출현한 시대에 각각 실제로 발생했던 것에 대한 더 정확한 그림을 지금까지 제시하지 못했다"⁶⁷라고 진술한다.

와이어는 켄달의 요청을 심각하게 받아들인 한 신학자이다. 와이어는 그 요청에 대해 그의 책, 『16세기 개혁파 사고에서 언약 신학의 기원들』(*The Origins of the Federal Theology in Sixteenth-Century*

---

65 이런 관점을 주장하는 또 다른 학자들로는 James Torrance, Donald Bruggink, Charles Bell이 포함된다.

66 Holmes Rolston III, *John Calvin versus the Westminster Confession* (Richmond: John Knox Press, 1972), 11.

67 Kendall, *Calvin and English Calvinism*, 213.

Reformation Thought)에서 대답을 제공하려고 시도한다.[68] 와이어의 작품은 불연속 학파의 대표적 예로서 조사되고 토론될 것이다. 와이어의 작품에 대한 간략한 조사를 통하여 나는 이 불연속 학파의 중요한 약점을 입증하기를 소망한다.

와이어는, 언약 신학은 칼빈주의와 구분된다고 주장한다. 와이어에 따르면, 언약 신학이란 칼빈의 사고에 없는 행위언약에 대해 표현한 것이다.[69] 와이어가 칼빈과 초기 종교개혁자들이 "타락 후 은혜 언약의 중요성을 토론했다"는 것을 인정하지만 그는 그들이 "타락 전 언약이라는 동기로 언약 신학을 가르친 적이 없다"고 주장한다.[70] 와이어는 이 점을 더욱더 직설적으로 지적한다.

> 칼빈은 아담과 관련된 타락 전 언약에 대해서 그의 작품 어느 곳에서도 언급한 적이 없다.[71]

와이어는 언약 신학이 칼빈 시대 이후에야 나타났다고 주장한다. 그는 언약 신학의 진정한 기원은 "하나님의 주권과 아담의 타락에

---

68 David A. Weir, *The Origins of the Federal Theology in Sixteenth-Century Reformation Thought* (New York: Oxford University Press, 1990).

69 이것은 와이어가 동일한 언약 신학(federal theology, covenant theology)을 두 개의 언약 신학(a distinction between federal theology and covenant theology)으로 구분하려는 것임이 언급되어야만 한다. 그러나 Mark W. Karlberg, "Covenant Theology and the Westminster Tradition," *Westminster Theological Journal* 54 (1992): 137에서 언급되었듯이, 거의 차이가 없는 구분이다.

70 Weir, *Origins of the Federal Theology*, vii.

71 Ibid., 9-10.

대한 논쟁"에서 발견된다고 제안한다.[72] 핵심적으로, 와이어는 언약 신학은 칼빈 이후 예정 및 "하나님의 작정의 실행"과 연관된 교리적 논쟁에서 기인한다고 주장한다.[73] 그는 "언약 신학의 구별된 특징인 아담과의 타락 전 언약은 16세기에 발생한 예정 논쟁에서 기원을 찾는다"고 진술함으로써 언약 신학과 예정을 드러나게 연결시킨다.[74] 이 견해에 따라 그는 언약 신학의 출현은 주경 신학보다는 스콜라 신학에서 발견된다고 주장한다. 그는 이 스콜라적 언약 신학은 칼빈과 무관한 것이지만, 웨스트민스터 신앙고백에는 녹아있다고 주장한다. 즉 와이어는 웨스트민스터의 언약 신학을 "성경에 대한 주해 연구에서 기인한 것이 아니라 조직적이며 교리적인 사고에서 기인한 것"으로 서술한다.[75]

불연속 학파의 다른 많은 학자와 같이, 와이어는 칼빈 및 다른 초기 종교개혁자들은 성경, 은혜, 하나님에 대한 의존을 강조했던 반면에, 칼빈 이후의 언약 신학자들은 스콜라주의, 율법주의, 하나님에 대한 인간의 의무를 강조했다고 결론을 내린다. 예를 들어, 와이어가 성경의 목적이라는 주제에 대해서 어떻게 제1 스위스 신앙고백(First Helvetic Confession, 1536)과 웨스트민스터 대요리문답(1648)을 비교했는지를 보라.

---

72 Ibid., viii.

73 Ibid., 157.

74 Ibid., 158.

75 Ibid.

그것은(제1스위스 신앙고백)은 성경이 주로 은혜를 설명한다는 것을 처음으로 가르친다. 그리고 주로 의무를 설명한다는 것을 두 번째로 가르친다. 그리고 웨스트민스터 신앙고백에 따르면, 심지어 하나님의 은혜에 반응하는 것조차도 모든 인간의 의무이다.[76]

만일 와이어가 초기 개혁자들과 웨스트민스터 회원들의 의도를 제대로 읽은 것이 맞다면, 우리는 개혁파 정통주의가 칼빈과 별로 관계가 없다고 해야 할 것이다. 그러나 와이어의 분석에 반박할 만한 수많은 근거가 있다. 와이어는 다음 두 가지 전제에 기초한다.

1. 언약 신학은 예정과 관련된 16세기 논쟁의 산물이었다.
2. 칼빈 신학은 타락 전 율법언약(즉 행위언약)을 포함하지 않았다.

와이어는 이 두 가지 기초적인 면에서 틀렸다.
첫째, 와이어는 언약 신학의 기원에 대해 부정확하다. 우리가 보았듯이, 그는 예정에 대한 스콜라적인 논쟁이 언약 신학을 출현하게 했다고 제안한다. 그러나 이 논문에서 제시되었듯이, 언약 신학은 종교개혁자들과 재세례파 간의 논쟁의 흐름 속에서 발달했다는 강력한 역사적 증거가 있다. 취리히 개혁자들, 특히 츠빙글리나 불링거는 그들이 재세례파의 반대에 직면했기 때문에, 칼빈에게는 발생단

---

76 Ibid., 153-54.

계 수준이었던 언약 신학을 더욱 가다듬어야만 했다. 릴백이 언급했듯이, "츠빙글리는 재세례파와의 대면을 통해 언약적 사고를 발달시켰다. 신구약의 언약적 연속성과 일치를 강조하는 것에 의해, 그는 할례가 세례의 모형이었다는 그의 주장을 방어할 수 있었다."[77] 헬름 역시 유사한 방식으로 논증하기를, "츠빙글리와 불링거는 특별하게 중요한데, 왜냐하면 재세례파와의 갈등이 심각한 곳은 취리히여서, 거기서 하나님의 계시와 성례전에 대한 언약적 성격이 발달했다."[78]

둘째, 와이어는 행위언약의 신학이 칼빈의 사고에 이질적이라는 그의 주장에서 오류를 가진다. 그의 책에서, 와이어는 칼빈과 웨스트민스터 간의 불연속성에 대한 롤스톤의 분석을 토론하고 롤스톤과 같은 입장을 취한다. 롤스톤은 칼빈이 타락 전 상태를 "순수 은혜"의 상태로 보았으며, 그러므로 칼빈의 신학은 에덴 동산에서 작동하는 원리인 행위와 완전히 반대된다고 구체적으로 주장한다.[79] 그때 와이어는 롤스톤의 칼빈에 대한 평가에 대해 전적으로 동의한다.

> 롤스톤은 언약 신학이 그것의 토대에 "책임감 있는 사람에 대한 개념"이 있고, 타락 전 언약은 그런 개념의 기초에 놓여 있다는 것을 알았다는 면에서 통찰력이 있다.[80]

---

77 Lillback, "Ursinus' Develoment of the Covenant of Creation," 270.

78 Helm, "Calvin and the Covenant," 74.

79 Weir, Origin of the Federal Theology, 27.

80 Ibid.

와이어가 롤스톤과 더불어 결론내리길, 칼빈은 아담을 타락 전 상태에서 하나님의 은혜에 전적으로 의존하는 것으로 인식했고, 나중에 언약 신학자들이 이 타락 전 상태를 하나님의 은혜와 동떨어진 아담의 공로가 되는 순종을 통하여 인식했다는 것이다.

그러나 이 논문에서 입증되었듯이, 와이어는 칼빈의 타락 전 상태에 대한 개념을 잘못 읽었다. 칼빈의 주석들을 기초로 보면, 칼빈은 아담의 생명이 하나님의 명령에 대한 아담의 순종에 달려있다고 여겼다는 것을 알 수 있다. 칼빈은 타락 전 상태의 아담의 조건을 묘사하기 위해 율법적이며 금지와 관련된 언어를 사용했다. 와이어는 칼빈 신학의 이런 부분들을 무시한다. 칼빈이 행위언약의 신학적 요소들을 표현했다고 주장하는 릴백은 와이어의 전제의 두 번째 요소에 대해 다음과 같이 결론내린다.

> 이러한 칼빈의 타락 전 언약에 대한 분석의 끝에서, 사람들은 "칼빈은 타락 전 언약과 관련한 아담에 대해 전혀 언급하지 않았다"라고 주장하는 와이어의 일반화의 오류에서 공허함을 느낄 것이다.[81]

와이어의 전제적 기초 둘 다 입증되지 않으며, 칼빈과 웨스트민스터 신앙고백 사이의 불연속성에 대한 혐의 역시 입증되지 않는다.

결론적으로, 칼빈으로부터 웨스트민스터 신앙고백까지의 여정은 하나이면서 같은 신학이 계속적으로 발달해 왔음을 보여준다. 은

---

81 Lillback, *The Binding of God*, 304.

혜언약처럼, 이 교리적 전통은 칼빈에서 웨스트민스터 총회로 진행될수록 더욱더 넓어지고 명확해진다. 헬름은 이 발달 과정의 핵심을 잘 보여준다.

> 하나의 교리적 전통은 문자 그대로 수년의 가르침의 체계를 넘겨주는 것이다. 이것이 개혁파 교회에서 발생한 것들인데, 이 전통은 칼빈에서부터 칼빈의 제네바 후계자인 베자를 통하여 존 낙스와 에임스와 퍼킨스와 같은 사람들에게 전수된 것으로, 이 시대에(영국 제도에서) 웨스트민스터 신앙고백(1648)과 자매 문서들인 사보이 신앙고백(Savoy Confession of 1658)과 침례교 신앙고백(the Baptist Confession of 1689)이 보여주듯이, 다양한 신앙고백과 신학 문서가 고전적이면서도 정확한 표현을 성취했다.[82]

교리적 발달의 부산물로 신학자들이 구사하는 신학용어의 다양성이 존재하는 것은 불연속성을 제안하는 것이 아니라, 다소 교리적 전통이 발달하면서 발생하는 자연스러운 변화를 반영한다. 헬름이 이 교리적 전통의 신학자들과 신학에 대해 다음과 같이 올바르게 언급했다.

> 그들 간에 그리고 그들 가운데 확실한 차이점들이 있다. 그 차이점은 스타일, 강조점, 신학적 구성, 신학 용어의 차이다. 그러나 이 전통 내부의 발달과 변화를 인식하는 것과 언약 신학이

82　Paul Helm, *Calvin and the Calvinists*(Carlisle, PA: Banner of Truth, 1982), 3.

칼빈의 신학, 하나님과 은혜에 대한 그의 관점을 뒤집는 것이라며 칼빈 신학의 퇴보된 형태라고 주장하는 것은 별개의 문제이다.[83]

이런 이유로, 웨스트민스터 총회는 칼빈과 초기 개혁자들이 대표하는 교리적 전통과 동떨어진 것이 아니라, 다소 이 전통을 더욱더 예리하고 발달한 상태로 드러낸다. 요약하면, 칼빈이 언약 신학의 씨앗을 심었다면, 취리히 개혁자들은 씨앗에 물을 주었고, 하나님의 은혜로 웨스트민스터 회원들은 그 열매를 거두어 들였다.

7. 부록: 창세기 2:9, 3:22과 고린도전서 11:25에 나타난 칼빈의 성례와 언약에 대한 생각

칼빈은 창세기 2:9에 대한 그의 주석에서 생명 나무에 대한 성례적 본성에 대해 다음과 같이 진술한다.

> 하나님은 그 나무에 생명이란 이름을 주셨는데, 그 이유는 그 나무가 아담에게 부여된 생명을 인간에게 수여할 수 있기 때문이 아니라, 하나님으로부터 받은 생명에 대한 상징과 기억이기 때문이다. 우리는 하나님이 하나님 은혜의 증거로 외적 상징들을 주셔야만 하셨다는 것이 결코 특이한 것이 아니라는 것을 안

---

83 Paul Helm, "Was Calvin a Federalist?" 58.

다. 하나님은 참으로 그분의 능력을 외적 표지들에 넘겨주시는 것이 아니라, 그 표지들에 의해 하나님은 그분의 손을 우리에게 펼치시는 것이다. 왜냐하면 이런 도움 없이 우리가 하나님께로 올라갈 수 없기 때문이다.

그러므로 하나님은 인간이 생명 나무의 열매를 맛볼 때마다, 인간이 그 자신의 능력이 아닌 하나님의 선하심 때문에 산다는 것을 인정하도록, 그분의 생명을 받았던 원천이라는 것과 그 생명은(그들이 공통적으로 말하듯이) 인간본성에 내재적인 선함이 아니라 하나님으로부터 나온다는 것을 기억할 것을 의도하셨다. 궁극적으로 그 생명 나무는 "우리는 하나님 안에 있고 하나님 안에서 살고 움직인다"는 선언에 대한 눈에 보이는 증거이다. 만일 아담이 그때까지 무죄하고, 올바른 본성인데도 그에게 하나님의 은혜에 대한 지식으로 이끌 훈계적인 표지들이 필요했다면, 참된 빛으로부터 타락한 우리는, 우리 본성의 이 연약함 때문에라도 얼마나 많은 표지가 더 필수적이겠는가?

나는 어거스틴(Augustine)이나 유케리우스(Eucherius)와 같은 교부들이 전하여 준 것에 대해 만족한다. 즉 그것은 그리스도께서 하나님의 영원하신 말씀이므로, 그 생명 나무가 그리스도를 비유한다는 것이다. 따라서 그것은 그리스도를 나타내는 것이므로 생명의 상자 이 외에 다른 것일 수 없다. 우리는 특별히 이성과 지성을 가진 인간의 생명을 비롯하여 모든 것의 생명은 말씀으로 말미암아 그분께 속한다는 요한복음 1장(요 1:1-3)에 선언된 것을 우리는 주장해야 한다. 아담이 이 표지에 의해 훈계되어야 하는 이유는, 아담이 자기 자신 안에 있는 생명을 추구하는 것이 아니라, 전적으로 하나님의 아들에 의존하기 위해서, 그 자신에 대해 어떤 것도 주장할 수 없기 때문이다.[84]

칼빈은 창세기 3:22에서 생명 나무의 성례적 본성에 관해 다음과 같이 진술한다.

> 내 생각에 그 문장은 부족한 부분이 있는데 다음과 같이 보충되어야 한다. "미래에 아담은 생명 나무의 열매를 금지 당할 것이다." 왜냐하면 이러한 말들이, 아담이 받아야 할 처벌의 수준이 그저 한 순간 혹은 며칠 정도의 것이 아니라, 행복한 삶으로부터 영원히 추방되어야 한다는 것을 가르쳐 주기 때문이다. 비록 그가 그 나무 열매를 먹었을지라도 하나님은 그 나무가 사람에게 어떤 유익을 제공하는 것을 부정하셨을 것이라고 잘못 생각하는 사람들이 있다. 오히려 하나님은 그가 상징을 잃었기에 상징이 가리킨 것도 뺏앗으신 것이다. 우리는 성례전의 효과가 무엇인지 안다. 그리고 그 나무가 생명의 약속으로 주어졌다는 것을 이미 언급했다.
>
> 자신의 이전 삶이 뺏긴 그에게 남은 것은 추방뿐이다. 주님이 아담을 모든 구원의 희망에서 잘라내신 것이 아니라, 이미 주셨던 것을 제거하심으로, 인간이 새로운 도움을 구하도록 하신 것이다. 지금 아담이 잃어버린 생명으로 아담을 회복시킬 희생의 보속이 남아있다. 이전에 하나님과의 직접 대화가 아담에게 생

---

84 Calvin, *Commentaries*, 창 2:9에 대한 주석.

명의 원천이었다면, 아담이 하나님과 멀어지게 된 그 순간부터 아담은 그리스도의 죽음을 통해 생명을 회복해야 한다.

인간이 생명 나무 전체를 욕심껏 먹을지라도, 인간은 하나님의 의지에 반하기 때문에에 삶을 즐길 수 없다는 사실은 정말 확실하다. 하나님은 친히 제정하신 방법으로, 그 약속이 떨어지지 않는 한, 외적 표지와 생명을 연결하신다. 결코 그 나무 자체에 내적인 효과가 있는 것이 아니었다. 하나님이 그 나무를 생명을 줄 수 있는 것으로 만드시고 사용하시어 하나님의 은혜를 사람에게 부어주시는 도구로 인치셨다. 이 진리 안에서, 하나님은 잘못된 표지로는 우리에게 아무것도 나타내지 않으시나, 언제나 마치 그것들이 효과가 있는 것처럼 그것들을 통해 말씀하신다. 요약하면, 하나님은 인간이 잃어버린 생명의 영속성에 대한 헛된 희망을 붙잡지 않도록 확신의 근거와 기회를 가지려는 인간의 노력들을 뒤틀어 해결하셨다.[85]

칼빈이 어떻게 고린도전서 11:25에서 주님의 만찬에 대한 주석을 하면서 성례와 언약에 대한 유사한 단어를 사용했는지 보라.

이 잔은 새 언약이다. 잔과 관련해 확증된 것은 떡과 관련해서도 적용할 수 있다. 그러므로 그는 이 표현 형식에 의해서, 떡은 몸이라고 이전에 더 간략하게 진술했던 것을 암시한다. 왜냐하면 주님의 몸에 언약, 즉 계약이 있어서 한 번 그의 몸을 드리는

---

85 Calvin, *Commentaries*, 고린도전서 11:25에 대한 주석.

것에 의해 언약이 확증된다면, 신자들이 그 희생에 의지하여 그 떡을 먹는 것에 의해서도 지금 언약이 확증되기 때문이다.

바울과 누가가 "피로 세우는 언약"이라는 단어들을 사용하고, 마태와 마가가 같은 것을 지적하는 "언약의 피"라는 표현을 사용한다. 우리와 하나님을 화해시키기 위해 그 피가 부어졌고, 지금 우리는 그 화해의 참여자가 되기 위해서 영적인 의미로 그 피를 마신다. 그러므로 주님의 만찬에서 우리는 언약과 그 언약에 대한 확증적인 서약이라는 두 개념을 모두 가진다.

만일 주님이 나에게 언약이라는 단어에 대해 설명할 기회를 주신다면, 나는 히브리서에서 말할 것이다. 잘 알려진 것처럼, 하나님의 뜻에 대하여 우리에게 증거가 되는 것에서부터 그 뜻을 우리의 마음에 확증하는 것에 이르기 때문에 성례는, "성례"라는 이름을 받는다. 언약이 엄숙한 예식을 통해 사람들 가운데로 들어오듯이, 주님은 같은 방식으로 우리를 다루신다. 성례는 이런 엄격한 적절성을 가지고 사용되는 단어이다. 왜냐하면 단어와 표지 간의 연결 때문에 주님의 언약은 성례 안에 포함되고, 그 언약이라는 용어는 우리와의 관계 혹은 우리를 가리킨다는 의미를 가진다. 이것이 성례의 본성을 이해하는 데 중요하다. 왜냐하면 만일 떡과 잔이 언약이라면, 그때 그것들은 약속을 포함하고, 그 약속에 의해 양심은 구원의 확신에까지 이르게 되기 때문이다. 그러므로 그것들은 인간 앞에 외부적 표지일 뿐 아니라 내적으로 믿음에 도움이 된다.[86]

---

86 Calvin, *Commentaries*, 고린도전서 11:25에 대한 주석.

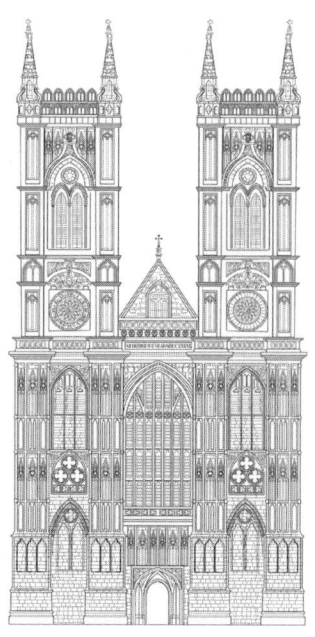

The Faith Once Delivered

제9장

웨스트민스터 총회에서 20세기까지의 속죄 교리

리차드 C. 갬블(Richard C. Gamble)

개혁파 신학에서 다음의 몇 가지 사항들은 당연하게 여긴다.

첫째, 성경이 개괄적이고 보편적인 용어로 그리스도의 죽음을 표현했다.

둘째, 그리스도의 죽음이 선택받은 자들의 유익과 구원을 위해서뿐만 아니라 선택받지 못한 사람들의 유익도 보장했다.

셋째, 객관적인 차원에서, 믿음을 조건으로 그리스도의 속죄는 복음을 듣는 모든 사람, 심지어 택함 받은 자가 아닌 자들에게까지도 유용하다.

넷째, 그리스도께서 죽음을 감내하신 목적은 구원받은 자들(즉 택함 받은 자들)을 구원하시기 위함이었다.[1]

---

1 A. A. Hodge, *The Atonement* (Philadelphia: Presbyterian Board of Publication, 1867),

개혁파 신학의 특징 중의 한 가지는 그리스도의 죽음과 연관되어 있는데, 그것은 그리스도의 대속은 제한적(확고한 인원수)이면서 개인적이라는 것이다. 이것이 속죄에 대한 웨스트민스터 신학의 가르침이다.

1. 웨스트민스터 총회에서의 속죄의 특성

속죄에 관한 웨스트민스터 총회의 기록은 WCF 8에 나와 있다. 여기에서 제시하는 가르침은 웨스트민스터 신학자들의 이전 작업들을 비추어 보면, 더 이해가 잘 된다. 웨스트민스터 총회는 성경의 본질과 삼위일체 하나님을 다룬 후에, "하나님의 영원한 작정"(WCF 3)에 대하여 다룬다. 신학자들은 이 어려운 장을 끝까지 논의하여 합의된 결론을 맺기 위해 갖은 노력을 했다.[2]

WCF 3.3에 "영원한 사망에 이르도록 예정되어 있다"라는 구절이 있다. 웨스트민스터 총회의 어떤 위원들은 그 교리를 자세하게 진술하기를 원치 않았다.[3] 그럼에도 불구하고 위원들은 그 신앙고백

371-72.

2 B. B. Warfield, "The Making of the Westminster Confession," in *Collected Writings*, vol. 6, *The Westminster Assembly and Its work* (New York: Oxford University Press, 1932). 논쟁은 WCF 3.1의 "그의 뜻"에 관해서 뿐만 아니라, 그 장의 제목에 대해서도 발생했다. Ibid., 122-28. 작정에 관한 WCF 3.2 역시 자세히 다뤄졌다. 신학자들은 특별히 작정의 독립성을 강조하기를 원했다.

3 Ibid., 132. 적어도 한 명의 위원은 더욱 자세하게 설명했다. 예를 들어 Whitakers는 심지어 위원회가 결정한 후에도 그 절을 바꾸기를 요청했다. 그 반대에 대한 기록은 수정이 받아들여지지 않았을 때에 기록되었다.

에서 영원한 형벌이 명확하게 진술되는 것으로 확고히 결정했다.⁴

속죄 교리에서 또 다른 논쟁의 대상 한 가지는 WCF 6와 관련되어 있다. 거기에서 구원의 서정이 등장한다. 작지만 능력 있는 어떤 단체는 "칼빈주의의 보편적 구속"이라고 불리는 개념을 생각하고 있었다.⁵ 총회의 신학자들은 분명하게 이런 가르침을 거부했으며 이를 배제하기 위해서 다른 방법으로 신앙고백을 작성했다.⁶

WCF 4는 창조에 관한 것이고, WCF 5는 하나님의 피조물에 대한 섭리에 관한 것이다. WCF 6은 아담의 타락과 그에 따른 형벌에 관해 가르치고 있다. 예상했듯이 웨스트민스터 총회는 "죄"라는 용어를 신중하게 정의했다. 죄는 죄책(guilt)과 부패(depravity) 이 두 가지로 이해되었다.⁷ WCF 7에서 죄로부터의 인류 구원은 선택과 언약에 관련되어 있었다. 웨스트민스터 신앙고백은 언약적 구조에서 구원을 가르친다.⁸

그리스도의 속죄 사역은 WCF 8의 주제이다. 그 중심 교리는 직

---

4 "그러므로 우리는 총회가 처해 있던 가장 중요한 문제인 죽음에 관한 예정을 분명하고 확고하게 표현한 것을 존중해야 한다." Ibid., 133. "아주 다수에 의해 의심의 여지없이 의회가, 특별히 이 경우 만장일치로, 이것을 통해서 중요한 관심의 대상이 되는 문제는 지켜져야 한다고 생각한 것은 분명하다." Ibid., 133.

5 Ibid., 142. 이 그룹은 Cameron과 Amyraut와 관련이 있다. 더 자세한 내용은 Richard B. Gamble, *The Whole Counsel of God*, vol. 3, *God's people in God's World* (Phillipsburg, NJ: P&R Publishing, forthcoming)을 보라.

6 Warfield, "The Making of the Westminster Confession," 143.

7 John Murray, "The Theology of the WCF," in *Collected Writings*, 4 vols. (Edinburgh: Banner of Truth, 1976-82), 4:253.

8 웨스트민스터 신앙고백은 "구속사의 통일성을 수호하고, 이 구속사를 완전한 때와 사건인 그리스도의 재림에 연관시키며, 성경에 입각하여 볼 때 필수적인 언약적 구조의 구원론을 따른다." Ibid., 4:254.

분에 대한 그리스도 자신의 택하심과 그리스도 안에 있는 그의 백성의 택하심에 깊게 관련되어 있다. 속죄는 또한 그리스도의 위격과 중보자로서의 직분과 연결되어 있다. 그리스도의 위격과 그의 속죄 사이에 괴리라는 것은 불가능하도록 그 교리는 함께 엮어졌다. 즉 상호의존성이 존재했다.[9] 이런 기반 위에 개혁파 신학은 속죄 교리를 두고 논쟁하고 또 발달시켰다.[10]

2. 속죄 교리에 관한 논쟁의 두 경계

개혁파 공동체 밖에서 시작한 속죄에 관한 논쟁의 두 영역은 개혁파 공동체 안에서도 역시 중요하다.

1) 형벌대속설(Penal Substitution)

첫 번째 논란은 속죄설의 속성 그 자체와 관련되어 있다. 교리사에서 속죄 사역은 주로 세 가지 주제 또는 이론 하에서 설명되어

---

9 "속죄는 그리스도인의 믿음에서 중심에 자리 잡는다. 하지만 그 중요성은 만약 그것을 싸고 있는 전체와 연결되지 않으면 잘못 이해하게 된다"(Ibid. 4:255). "상호의존성은 단지 괴리를 피하기 위해서가 아니라 그것이 불가능하다는 것을 깨달으면서 시작하게 되었다"(Ibid., 4:255).

10 신앙고백 작업과 비슷한 때에 "정수-알맹이 논쟁"(Marrow controversy)이라고 불리는 논쟁이 있었다. 그 용어는 1646년에 출판된 책에서 유래되었다. 이 논쟁은 죄인을 포함한 모든 인류에 어떻게 속죄가 관련되어 있는지에 관한 것이다.

왔다.¹¹ 이에 대해 살펴보면 다음과 같다.

첫째, "도덕 감화설"(moral influence theory)이라고 불려왔다. 그것은 중세 신학자 피터 아벨라드(Peter Abelard)와 관련되어 있다. 개신교는 이 이론을 거부했다.¹²

둘째, 종종 "통치설"(governmental theory)이나 "통치감화설"(governmental influence theory)로 알려져 있는데, 이 이론은 미국 장로제도에 의해 더욱 발전되었다.¹³ 이 관점은 그리스도의 죽음을 그리스도인들의 훈육에 도움이 되는 것으로 볼 뿐만 아니라 죄를 억제하는 것으로 본다.

이 관점에 따르면, 그리스도의 참혹한 십자가 죽음 이후, 구원은

---

11 세 가지 이론만 있었다는 것은 아니다! 고대 교회에서는 "사탄 속전설"(ransom-to-Satan theory)과 "총괄갱신설"(recapitulation theory)이 있었다. 종교개혁 때에 소시니우스파는 "모범설"(example theory)을 발전시켰다. 후에 "신비설"(mystical theory)을 Friedrich Schleiermacher 같은 자유주의 신학자들에 의해 제기 되었다. 더 자세한 내용에 관해서는 Berkhof, *Systematic Theology* (Grand Rapids: Eerdmans, 1972), 384-85, 387, 389-90을 보라.

12 Hodge, *The Atonement*, 267; Berkhof, *Systematic Theology*, 386; J. Gresham Machen, *God Transcendent* (Edinburgh: Banner of Truth, 1982), 193-94. "이 신학자들은 십자가의 예수가 우리에게 자기희생에 대한 최상의 본보기를 보여주었다고 생각한다. 그 본보기를 통해 그와 같이 행하도록 영감을 받는다." "그들은 그리스도의 십자가를 단지 자기희생의 보편적 원리의 본보기를 만들어 버린다." Machen, *God Transcendent*, 194

13 어떤 글에서 이는 Jonathan Edwards의 이론으로 언급된다. 하지만 Edwards는 이 입장에 서 있지 않다. 더 많은 설명은 Hodge, *The Atonement*, 269, 296; Berkhof, *Systematic Theology*, 388ff.; R. L. Dabney, *Systematic Theology* (repr., Edinburgh: Banner of Truth, 1996), 508을 보라. 이 이론은 하나님의 도덕법과 통치, 그리고 그리스도의 충족에 대한 하나님의 승인을 강조하고 있다. "신 학파"(New School)으로도 알려져 있다. J. Gresham Machen은 이 학파에 대해 "그리스도의 죽음은 하나님의 속성에서 기인한 하나님의 어떤 영원한 의를 만족시켰을 것이다"라고 말한다. *God Transcendent*, 195.

그분을 따르는 사람들에게 다른 조건으로 제공된다. 처음에 구원은 하나님의 율법에 대한 완전한 순종에 뿌리를 두어야 했으나, 지금은 "믿음"이 새로운 기반이 되었다. 이 견해 역시 거부되어야 한다.[14]

셋째, "형벌대속설"(penal-substitution theory)이다. 이 이론은 처음에 중세 신학자 안셀름(Anselm)과 연관되어 있었다. 이 견해에서 속죄는 실제적이고(하나님을 진정시키고 죄인과 화해시킨다) 대리적이다(죄인에 의해 직접 지불되는 것이 아닌).[15] 이 견해가 일반적으로 개혁파 입장이다.

2) 속죄설(piacular theory)

속죄에 대한 또 하나의 논쟁 영역은 그리스도의 희생적 사역의 속성에 관한 것이다. 구약 시대 제사장들의 업무는 종종 두 가지 차원으로 볼 수 있다. 제사장은 제물을 드리고 죄를 위해서 희생제사를 드렸다. 물론 그리스도도 죄를 위한 완전하고 충분한 희생제물을 드렸다. 희생적 사상의 속성과 기원에 관한 다른 개념들이 있다.

희생제물과 관련하여 "예물설"(gift theory)이 있다. 이 이론에 따르면, 제공자는 그의 제물이 하나님의 은혜를 보장해 주길 원했다. 또 다른 견해는 "성찬 교제설"(sacramental-communion theory)이 있다. 이 이론은 신성을 "담지한" 동물에 대한 원시적 개념으로, 제공자는 하나님의 속성에 참여하는 자로 이해된다. 다음으로 "경의론"(homage

---

14 "심지어 통치설도 죄의 처단을 위한 어떤 실제적, 근본적 필요성이 있다는 것을 거부한다." Ibid., 198.

15 Berkhof, *Systematic Theology*, 373-83.

theory)이 있는데, 이 이론에서 희생제물은 제공자의 신에 대한 굴복과 의존을 의미한다. 이 이론에서 죄는 기본적인 고려사항이다. 경의론에서 예배자의 회개와 그의 삶을 하나님께 돌려 드리겠다는 약속은 필수적 요소이다. 또 다른 이론은 "상징설"(symbol theory)인데 여기서 희생제물은 회복된 관계의 "증표"이다. 마지막 이론은 "속죄설"이다. 이 이론에서 희생제물은 속죄의 개념을 담고 있다. 동물은 제공자의 죄에 대한 대리적 속죄로 죽임당한다.[16]

이 모든 이론 중에서, 속죄설이 그리스도의 사역에 대한 성경적 진술과 가장 잘 어울리는 이론이다. 하지만 속죄설 입장을 가지고 있었던 사람들 중에서도 희생제물 형태의 기원에 대해서 논쟁이 있었다.[17]

3) 개혁파 공동체 내의 속죄에 관한 몇몇 논쟁

첫째, 속죄의 필연성에 대한 근거들과 관련되어 있다. 이 질문은 속죄가 하나님의 자유롭고 주권적인 의지와 사랑 때문에 필연적인 것인지 혹은 율법 혹은 정의 혹은 죄의 요구와 위협 때문에 필연적

---

16 Ibid., 362-63.

17 B. B. Warfield, "Christ Our Sacrifice," in *The Person and Work of Christ* (Philadelphia: Presbyterian and Reformed, 1950), 396-400. Warfield는 희생제물의 기원은 논의의 대상이라고 말했다. 하나님은 그것과 관해서 어떤 분명한 계명을 주시지 않았다. 하나님은 아마도 희생제물이 사람에 의해 만들어지는 것을 허용하셨을지도 모른다. 하지만 "이것을 통해서 속죄 제사는 하나님에 의해 제정되었다." Ibid., 397. "희생제물은 하나님을 향하는 인간의 지향성을 나타낸다. 속죄 개념에서 그것은 인간을 향한 하나님의 굽어 살피심을 표현한다." Ibid.

인 것인지에 대한 문제였다.

둘째, 속죄의 속성에 관한 것이었다. 속죄가 택함 받은 자들에게 국한된다고 여겨지는 동시에 영벌(reprobation)에 관한 "하나님의 작정"이 반드시 있어야 하는가? 혹은 하나님이 몇몇을 선택하고 단순히 다른 사람들은 "내버려 두시는" 것인가?

셋째, 속죄의 본질에 관한 것이다. 하나님은 속죄에 관해 명확하게 명시된 율법들을 낮게 여기시거나 심지어 생략하시는 것인가, 아니면 속죄의 본질은 죄에 대한 정확한 형벌일 뿐인가?

계속 나아가기 전에, 이런 속죄의 세부사항들이 왜 중요한지 질문할 수 있다. J. 그레샴 메이첸(J. Gresham Machen)은 정확하게 그리스도의 속죄에 관련된 모든 세부사항은 가장 중요하다는 것을 상기시켜 주었다.[18] 이전의 몇몇 논쟁사항들을 가지고 다소 중요한 장로교 신학자들을 살펴보도록 하자.

3. 19세기 장로교의 속죄 이해

1) 윌리엄 사이밍턴(William Symington, 1795-1862)

위대한 스코틀랜드 목사이자 신학자인 윌리엄 사이밍턴은 글래스고의 개혁파장로교신학교(Reformed Presbyterian Theological Hall)의

---

18 "인간의 영혼에 도달하는 질문들이야 말로 가장 중대한 질문이다." Machen, *God Transcendent*, 196.

교수이기도 했다. 그의 첫 번째 책은 『예수 그리스도의 속죄와 중보에 관하여』(*On the Atonement and Intercession of Jesus Christ*)였다.[19] 사이밍턴은 그의 미국 동료들과 마찬가지로 속죄의 속성 논쟁에 깊게 심취했다.[20]

사이밍턴은 기술적인 용어들을 정의한 후에, 속죄에 반대하여 생겨난 다섯 가지 이유들에 대해 살펴보고 그 이유들에 대해 답변했다.[21] 그런 다음 그는 속죄의 필연성 논의에 들어갔다. 물론 그리스도의 십자가 죽음 없이 죄 용서를 구하는 모든 다른 시도는 충분하지 않을 것이다.[22]

사이밍턴의 글 중에서 논쟁의 여지가 있는 부분은 주로 속죄의 속성과 필연성에 관한 부분이다. 사이밍턴은 대부분의 개혁파 신학자들과 같이 형벌대속설의 입장을 가지고 있었다. 그러나 그 안에서 그는 몇 가지 사항을 더 첨부했다.

사이밍턴은 속죄(atonement)와 구속(redemption)의 의미를 분리하였을 뿐만 아니라 구원 교리에서 속죄 교리를 분리했다.[23] 사이밍턴

---

19 1838년 처음 출판되고, 다음 해에 2판이 출판되었다. 이 책은 1836년 미국에서 출판되었고 25년 동안 많은 편집을 거쳤다. 1859년 피츠버그에서 UPC (United Presbyerian Church)의 총회가 "Symington on Atonement"라는 제목으로 출판했다.

20 이 논쟁에 대한 더 많은 설명은 Roy Blackwood, *William Symington: Chruchman and Theologian* (n.p., 1999), 153ff.를 보라.

21 William Symington, *On the Atonement and Intercession of Jesus Christ* (NewYork: Carter and Bros., 1854), 20-46.

22 Ibid., 57-64.

23 Ibid., 13-15. William Symington은 "속죄하다"를 번역할 때 "덮어주다"라는 단어를 사용한 반면, "구원하다"는 "빚으로부터 해방시키다"라는 뜻으로 번역했다.

에게 있어서 속죄의 중심에는 그리스도의 고통당하심과 구원의 획득이 자리 잡고 있다.[24] 그는 속죄 교리를 구원 교리보다 더 협소하게 이해했으며 "속죄"를 기초로 삼아 "구원" 교리로 나아갔다.

때로 "통치"라는 용어가 사이밍턴의 "구원" 개념이 제공하는 의미와 가까웠다. 사이밍턴의 구속 교리는 그리스도께서 획득하신 유익을 그분의 백성에게 적용하심 또는 부여하심에 중심에 둔다. 그에게 있어 구속의 넓은 의미는 우주적 차원의 그리스도의 왕권이다.[25]

그러므로 사이밍턴에게 있어서 그리스도의 죽음은 인간의 죄 때문에 세워진 신성한 율법적 요구를 법적으로 충족시켰고, 이어서 사탄의 "무법적 강탈"을 가능하게 하는 법적 기반을 제거했다.[26] 이 일반적인 가르침으로부터 사이밍턴은 속죄의 다른 영역과 관련된 특별한 개념을 세웠다.

속죄의 속성과 필연성에 초점을 맞춘 사이밍턴의 분석은, 속죄는 하나님의 자유롭고 주권적인 의지와 하나님의 사랑에 의해 필연적이 된다고 결론지었다. 사이밍턴은 하나님의 사랑이 속죄의 필연성의 근원적 동기라고 여겼다.

하나님의 사랑이 근원적 동기였기 때문에, 로이 블랙우드(Roy Blackwood)는 "속죄의 필연성은 절대적이고 자연적인 것이 아니라 관계적이고 도덕적인 필연성이다. 그리고 사이밍턴은 그의 입장을

24　Blackwood, *William Symington*, 150.

25　Ibid., 151.

26　Ibid.

설명하면서 스스로를 초기 개혁자들과 동일시했다"[27]라고 말했다. 속죄는 죄인들을 구원하시기 위한 하나님의 자유로운 목적으로부터 나타났기 때문에 자연적인 필연성이 아닌 도덕적 필연성을 담고 있다. 이 주요 목적(구원을 위한)의 첫 시작은 하나님의 사랑이었다.[28] 그러므로 사이밍턴은 속죄의 절대적 필연성을 고수하는 신학자로 분류되어서는 안 된다.[29] 사이밍턴은 하나님의 본성 밖의 어떤 것이 무엇을 하도록 강요한다는 개념을 거부했다.[30]

2) A. A. 하지(A. A. Hodge)의 속죄론

구 프린스턴신학교(Princeton Seminary)에 미국으로 건너온 조직신학자들의 유명한 계승이 있었다. 그 계승은 첫 번째 교수, 아치발드 알렉산더(Archibald Alexander)부터 시작되었다. 그로부터 시작하여 조직신학 학과장은 찰스 하지(Charles Hodge)로 이어졌는데 그도 역시

---

27 Ibid., 153. Blackwood의 마지막 진술은 Symington은 Turretin에 반대해서 어떤 속죄 논쟁에 관해 칼빈의 입장에 섰다는 그의 논제와 연결된다.

28 Ibid.

29 "Symington 이전과 이후로, Symington의 교리와 Turretin과 Turretin의 속죄 신학을 따르는 사람들의 교리 사이에 중요한 차이점들이 있었다. Turretin은 "절대적 필연성 교리"를 주장했고 그는 다른 모든 신학자들이 속죄의 필연성을 전혀 믿지 않는 사람들이나 어떤 면에서 "하나님이 속죄를 행하실 것이라고 작정했기에, 그러므로 필연적이다"라는 "가상의 필연성"을 믿는 사람들로 분류했다." Ibid., 155.

30 Symington은 "하나님의 통치에 위반된다는 이유로, 하나님 속성의 어느 것이라도 그리스도의 희생을 요구할 수 있다는 것을 거부했다. 하나님의 행동이 자신의 원래적 결정을 따르는 한, Symington은 도덕적 조건과 각각의 죄인들의 "필연성"이 이런 경우에 요인들이라고 생각했다." Ibid., 155-56.

속죄 교리에 기여 한 바가 크다.³¹ 찰스의 아들이면서 조직신학을 계승한 사람은 아치발드 알렉산더 하지(Archibald Alexander Hodge, 1823-86)였다.³²

광범위한 속죄 논쟁에 관해서, 하지는 동시대의 많은 다른 신학자들에 맞서 그리스도의 희생적 사역으로의 속죄설을 고수했다.³³ 게다가 그는 성경적 가르침을 거부하는 사람들에 대항해 형벌대속설을 지켰다.³⁴ 하지도 속죄에 관해 통치설과 도덕설에 대항했다.³⁵

하지는 구약성경을 보면서 희생제물의 속죄 견해를 고수했다. 그 희생제물은 실제로 속죄를 위해 드려졌고, 그것들은 그리스도의 속죄의 모형이자 상징이었다.³⁶ "성경은 그리스도의 모형에 대한 존경심이 있었다고 주장한다."³⁷ 특별히 하지는 그리스도께서 택함 받은

---

31 Charles Hodge는 "The Orthodox Doctrine Regarding the Extent of the Atonement"를 썼다. 이 소논문도 스코틀랜드에서 William Symington에 의해 편집되어 출판되었다.

32 A. A. Hodge는 원래 피츠버그에서 가르칠 동안 피츠버그의 Presbyterian Banner를 위해 일련의 글들을 책으로 썼다.

33 Hodge, *The Atonement*, 125. Hodge는 Horace Bushnell(1802-76), The Vicarious Sacrifice(New York: Scribner's, 1865) 그리고 Frederick D. Maurice(1805-72), The Doctrine of Sacrifice Deduced from the Scriptures (Cambridge: Macmillan, 1854)를 포함한 "광교회파 저자들"에 대항하여 격렬히 공격했다. Hodge, *The Atonement*, 122-30, 218ff.를 보라. 짧지만 놀라운 주석과 함께, Hodge는 속죄론은 "어느 몇몇 현대 독일 저자들"에 의해 세워졌다고 첨부했다. Ibid., 127.

34 Ibid., 198ff.

35 Ibid., 218-21.

36 Ibid., 275.

37 Ibid., 411.

자들과 하나님을 중재했다고 가르쳤다.[38]

개혁파 신학자들이 동의하지 않았던 부분에 초점을 맞춘 하지는 그리스도의 구원 사역을 위한 동기를 하나님의 사랑에서 발견했다. "성부 하나님이 그의 아들을 내어주시고, 그분의 아들이 죽음으로 나아가도록 이끄는 동기는 단지 일반적인 자비 때문이 아니라 가장 위대하고 가장 특별하고 인격적인 사랑이라는 사실을 성경은 늘 확언한다."[39] 하나님의 사랑으로 그리스도께서는 그분의 소유된 백성, 오직 그들을 위해서 죽으셨다.[40]

개혁파 신학자들에게 특별히 관심 갖는 또 다른 주제는 속죄와 그리스도의 능동적 순종과 수동적 순종이다. 하지는 "속죄"라는 용어가 많은 면에서 적절하지 않았다고 생각했다(사이밍턴과 이 점에서 일치하지만 언급하지는 않는다).[41] 게다가 또 사이밍턴과 일치하는 것으로, 하지는 "속죄"라는 단어를 "그리스도의 대리적 고통에 의해 우리의 죄책이 제거되었다"는 의미로 한정했다. 즉 속죄란 우리의 구

---

38 "전통적인 의미에서 일라스케스타이([h]ilaskesthai)는 속죄 또는 속죄의 제물을 통해서 성난 신을 달랜다는 의미이다." Ibid., 181. "그러므로 그리스도는 신실한 대제사장이 되시어, 하나님과 관련되어 있는 일에서 그분의 백성의 죄를 위해서([h]ilaskesthai) 중보하신다." Ibid. "덮어지는 죄와 그로 인한 중보자로서의 하나님과 관련하여, 히브리어의 이 단어는 희생제물에 의해 고안되고 성취된 자세한 효과를 표현하기 위해 성령에 의해 사용된 중요한 단어이다." Ibid.

39 Ibid., 408.

40 "이 가장 위대하고 특별한 사랑은 사랑하는 독생자 아들을 고통스럽고 수치스러운 죽음으로 내주시기까지 하나님을 이끄는 사랑인데, 그 사랑의 대상으로는 그리스도 이전과 이후 둘 다에, 즉 하나님이 복음의 모든 지혜를 주지 않았던 때의 사람들부터 그리스도께서 그들에게 문자적인 외형적 소명을 주시는 반면, 성령의 내면적 소명을 주시기를 거부한 사람들까지 모든 사람을 포함할 수 있다." Ibid., 409.

41 Ibid., 248.

원을 유지시키는 그분의 순종과는 아무런 관련이 없다는 뜻이다. 우리의 구원은 공로적인 조건에 따라 하나님의 은혜와 약속된 보상이 유예되기 때문이다."[42]

이런 점에서 그의 분석은 스코츠만(Scotsman)의 초기작과 꽤 비슷하다. 더욱이 하지는 "만족"(사이밍턴의 "구속"이라는 용어 대신)이라는 용어를 "우리의 대속자로서 우리의 처지에서 우리의 유익을 위해 그리스도께서 행하신 모든 것을 정확하고 철저하게 표현하는 단어로 사용했다." "그분의 모든 사역은 만족의 속성을 가지고 있다."[43]

하지는 사이밍턴이 그리스도의 순종과 그리스도의 고난받으심을 잘못 분리했다고 설명한다.[44] 하지만 사이밍톤에 대한 하지의 비판은 정당하지 않을지도 모른다는 사실이 드러났다.[45]

19세기 말엽, 하지의 삶 말년에 미국 장로교 안에서 웨스트민스터 신앙고백을 개정하라는 엄청난 압력이 있었다. 적어도 이 부분에서 만큼은 그 압력은 속죄 교리와 연결되어 있다. 구 프린스턴 교수진은 이 운동에 대해서 반대 입장에 섰다.[46] 이런 상황 속에서 속죄에

42　Ibid., 249.

43　Ibid.

44　Ibid.

45　Symington의 신학과 Hodge의 신학을 이 주제에 대해서 "같은" 것으로 취급하는 것 역시 잘못일 것이다. 왜냐하면 Hodge는 "속죄"라는 용어의 의미가 너무 "모호"하다고 지적한 후에 계속해서 그것을 "배상"과 동일시키는 작업을 했고, 또한 똑같은 속죄-구원 구분이 Symington의 전 교리에 대한 그의 비평 기반에 자리 잡고 있기 때문이다. Blackwood, *William Symington*, 152. Blackwood는 덧붙여 말하기를 "Hodge가 여기서 말해 왔던 모든 그리스도의 고통당하심과 순종에 대한 필연성은 적어도 Symington이 동일한 강조점을 두고 이야기한 것이다"라고 했다(152 n. 57).

46　David Calhoun, "Old Princeton Seminary and the Westminster Standards," in J. Ligon

관한 논쟁은 계속되었다.

4. 20세기 초 미국 장로교의 속죄 이해

1) B. B. 워필드(B. B. Warfield, 1851-1921)[47]

워필드 역시 구약의 희생제사의 기원과 속성에 대해 연구했다. 그의 선구자 A. A. 하지와 마찬가지로 워필드는 구 프린스턴의 일반적인 속죄 견해를 지키기는 데에 머뭇거리지 않았고, 특별히 구약의 희생제물의 속성에 대해 관심 가졌다.[48]

구약의 희생제사에 관한 첫 번째 가정은 하나님과 인간 사이에 관계가 깨졌음을 인지하는 것이었다. 이 가정으로부터, 워필드는 창세기 4:3-4의 가인과 아벨의 이야기에서 희생제사의 기원을 찾았다.

Duncan, ed., *The Westminster confession in to the 21st Century*, 2 vols. (Tain, Ross-shire: Christian Focus, 2004), 2:33-61을 보라.

47 B. B. Warfield는 속죄에 대한 수많은 논문을 썼다. 가장 중요한 논문들은 *The Person and Work of Christ* (repr., Nutley, NJ: Presbyterian and Reformed, 1970), "The Chief Theories of the Atonement", "Modern Theories of the Atonement", "The New Testament Terminology of Redemption"에 수집되었다. 비록 그가 "전 세계"라는 구절에 집중하였지만 그의 저서는 "전 세계를 위한 예수 그리스도의 속량"(Jesus Christ the Propitiation for the Whole World)라는 제목으로, *Selected Shorter Writings* vol 2 (Nutley, NJ: Presbyterian and Reformed, 1970, 1973) 1권에 실었다.

48 Warfield, "Christ Our Sacrifice," 401-4. 죄의 필연적인 결과인 그 끔찍함에 대해 어떤 영역도 내어주지 않고 있는 잘못된 희생제물에 관한 이론들이 있다는 것을 Warfield는 알고 있었다. 이런 잘못된 이론들은 "인식", "선물"(가장 일반적으로) 그리고 "교감"이라는 용어로 일컬어졌다.

하나님께 제사를 드릴 때 가인은 땅의 열매를 드렸고 반면에 아벨은 동물을 드렸다. 사실 워필드가 생각할 때, 여호와께서 곡식보다 양을 더 좋아하실 이유는 전혀 없었다. 하나님의 선택의 이유에 대한 대답은 아벨은 "믿음으로" 드렸다는 것이다. 하나님은 드려지는 특별한 제물뿐만 아니라 인간의 마음에 관심을 가지셨다.[49]

성경의 첫 부분에 나타나는 이 이야기는 희생제물의 속성에 대한 워필드의 두 가지 다른 개념을 위한 분석에 기초를 마련했다. 한편으론 우리가 보아왔던 것처럼 희생제물의 "경의론"이라고 불리는 것이 있었고, 다른 한편으론 "속죄설"이라는 것이 있었다.[50] 아벨은 속죄설에 엮여있다고 워필드는 확신했고 이 개념이 하나님에 의해 희생제물이 수납되는 근본적인 이유라고 생각했다. 워필드는 "레위 지파의 제도가 속죄 사상의 정교한 전형이라고 확신했다.[51] 그러므로 워필드는 하지와 의견을 같이한다고 볼 수 있다.

"속죄" 개념에 있어서 더욱 발전된 사항이 있다. 워필드에 따르면 이 중요한 신학적 개념은 포로후기 시대 처음으로 정교하게 만들어진 개념이었다. 속죄 개념에서 제물로 드려진 죄가 최고의 중요성을 가졌다.[52] 자유주의 신학 진영과 지속적으로 논쟁하면서 워필드

---

49 Warfield는 이것이 "가장 훌륭한 희생제사는 단지 드려지는 제물의 속성에서 발견되는 것이 아니라 드리는 자의 태도에서 얻어지는 것을 보여주는 있는 것으로" 생각했다. Ibid., 396.

50 "가인은 주님 앞에 나올 때 그의 손에는 제물을, 그의 마음에는 희생제물에 대한 경의론을 가지고 나왔다. 하지만 아벨은 그의 손에는 제물을, 그의 마음에는 희생제물에 대한 속죄설을 가지고 나왔다." Ibid., 397.

51 Ibid., 408.

52 Ibid., 409.

는 심지어 그들도 "죄의 속죄가 레위 지파의 희생제사의 가장 중요한 목적이라는 것"에 동의한다는 것에 기뻐했다.[53]

워필드는 또한 신약성경은 희생제사의 속성에 대해 어떤 관점을 가졌는지 연구했다. 그의 중요한 의문점은 신약의 저자들이 레위 지파의 제도에 의해 영향을 받았는지 아니면 그들 당시 행해지던 희생제사의 개념에 의해 영향을 받았는지 하는 것이었다. 그에 의하면 대부분의 학자들은 "대속"이 그 당시 유대 민족적 개념이었다는 데에 동의한다.[54] 특히 히브리서에서 "저자가 그리스도의 죽음을 희생제물의 죽음으로 묘사할 때, 그의 생각 속에는 대속 제물의 의미가 분명하게 담겨 있었다." 히브리서는 레위 지파의 용어에 동의하고, 바울과 요한의 생각에 동의한다.[55] 워필드는 다음과 같이 요약한다.

> 신약은 그리스도 자신에 대한 가르침을 포함하여, 그 중요성은 희생제물인 그리스도를 인식하게 하는 데 있다. 그리고 희생제물이 나타내는 것은 대속물인 그리스도이다.[56]

워필드의 강력한 결론으로 기독교계는 죄에 대한 완전한 희생제사를 선언하는 데까지 이르게 되었다. 완벽한 희생제사를 통하여 그

---

53 Ibid., 412.

54 "신약성경의 저자들이 희생제물로서 그리스도에 대해서 말할 때 그 이면에는 하나님의 분노를 풀어드리고 하나님과 죄인을 화목하게 하는 속죄제물의 의미를 담고 있다." Ibid., 416-17. 후에 Warfield는 "신약성경 저자들의 신학은 명백하게 '피의 신학'이다"라고 말했다. Ibid., 423.

55 Ibid., 420.

56 Ibid., 421.

리스도인들은 그들을 지켜보는 이 세상 속에서 은혜와 능력의 삶을 살 수 있게 되었다.[57]

2) 게할더스 보스(Geerhardus Vos, 1862-1949)

게할더스 보스는 25년 넘게 워필드의 동료이자 친구였고, 메이첸의 스승이자 동료였으며, 존 머레이(John Murray)의 스승이자 이후 머레이가 프린스턴에서 가르치는 동안 동료였다. 메이첸과 머레이 모두 보스를 깊이 존경했다.[58]

그리스도의 희생적 사역에 관하여, 보스는 그의 속죄 개념 안에서 일반적으로 워필드의 패턴을 따랐다. 그도 역시 기본적인 문제는 하나님과 인간 사이의 깨어진 관계라고 인정했다. 또한 사람은 그 자신의 생명을 드린다 하여도 이 상황을 해결할 능력이 없다는 것을

---

57 Ibid., 425-26. Warfield의 표현은 강렬하다. "자신의 죄를 위해 희생제사를 드려왔거나 드리고 있었던 그 어설픈 노력을 하고 있는 불쌍한 모든 사람을 대신하기 위해서, 하나님이 제공해 오셨던, 바로 죄를 위한 진정한 희생제사를 선언하기 위함이다. 그리고 인간들이 이 진정한 희생제사를 기반으로 하여 앞으로 나아가도록 명령하기 위함이다. 기독교가 정복해 왔던 것은 이 표지 안에 있고, 기독교가 지금 계속 정복하고 있는 것은 오직 이 표지 안에 있다. 우리는 우리가 그런 종교를 가지고 있다고 생각할 수 있다. 부정할 수 없는 것은 기독교가 그런 종교라는 사실이다." Ibid., 426. 이것이 기독교를 다른 종교와 구별시켰다.

58 Murray가 말하기를 "Vos 박사는 내 판단에 가장 예리한 성경 주해자다. 나는, 영어권에 나타난 이 시대 가장 예리한 주해가를 알고 지내 온 것은 나에게 영광이라고 믿는다"고 했다. Vos, *Grace and Glory* (Edinburgh: Banner of Truth, 1994), ix의 도입문에 Sinclair B. Ferguson의 인용에 따르면, Murray는 다음과 같이 설명한다. "성경 원어를 가지고 성경을 고통스럽게 연구한 결과로 교리에 도착해야 한다는 확신을 그에게 심어준 곳은 프린스턴신학교였다. 더 구체적으로는 아마도 게할더스 보스의 가르침이었다." Murray, *Collected Writing*, 3:29.

이해했고, 따라서 대속을 위한 제물이 필요하다고 보았다.[59]

보스에게 있어서, 다른 사람을 대리함과 대체함의 중요성은 족장 아브라함의 삶에서 뚜렷해졌다. 아브라함은 그의 아들인 이삭의 귀중한 생명을 희생제물로 드릴 것을 명령받았다. 그렇기는 하지만 하나님은 대속 제물이 받아들여질 수 있다는 것을 보여주셨다. 하나님 친히 아들을 위해서 대속 제물을 주셨다. 이에 보스는 다음과 같이 말했다.

> 그러므로 신성한 창조적 전능하심에 대한 강조와 희생제사의 필연성에 대한 강조가 나란히 놓이게 되었다.[60]

보스는 신약에서 히브리서가 희생제사와 연관되어 있기 때문에, 속죄에 대한 히브리서의 교리를 연구했다. 그는 히브리서가 제사장직과 희생제사에 집중하여 관심을 가지는 반면에 속죄는 왜 거의 언급되지 않는지에 대해 바르게 질문했다. 그의 결론은 저자가 속죄의 방법과 과정보다는 결과에 더 관심이 있었다는 것이다. 이런 점에서 히브리서 저자의 생각은 바울과 그렇게 다르지 않다. 그러므로 "속죄"라는 히브리서의 표현은 은유적 표현이다. "깨끗하게 하는,"[61] 특

---

59 "모든 성경적 희생제사는 성별의 의미를 가지거나 속죄의 의미를 가지거나 하나님께 생명의 제물을 드리는 것이 종교적 활동이나 회복에 필요하다는 생각에 기초하고 있다." Geerhardus Vos, *Biblical Theology* (Grand Rapids: Eerdmans, 1975), 92-93. "이 생각을 기반으로 하는 두 번째 원리는 죄의 비정상적 관계에 있는 사람은 그 자신을 이유로 그의 생명을 드릴 자격이 없다는 것이다"(93).

60 Ibid., 92-94.

61 Geerhardus Vos, *The Teaching of the Epistle to the Hebrews* (1956; repr. Philipsburg, NJ:

별히 히브리서 9장은 그리스도의 희생적 사역에 대한 근거를 제공한다. 12절에 근거하여 보스는 "그리스도께서는 자신의 피를 통하여 영원한 구속(리트로신[*lytrōsin*])을 얻으셨다"는 사실을 알았다. 보스가 주목한 이 용어는 바울의 법정적 용어였다. 히브리서 9:15에 같은 개념이 등장한다. "첫 언약(디아테케[*diatheke*]) 때에 범한 죄에서 속량하려고."[62] 물론 속죄에 대한 바울의 교리도 역시 희생제사와 연관되어 있기 때문에 중요하다. 이 분야는 워필드와 보스 시대 때 모두 논란의 한 영역이었다.

그 당시 학자들은 바울의 개념이 구약을 근거로 한다는 것을 당연시했다. 보스는 구약성경이 희생제사에 대한 분명한 설명을 제시하지 않았다는 것을 인정할 용의가 있었다.[63] 하지만 철학적 추정이 현대 바울에 대한 일부 연구에 지나치고 부정적인 영향을 미친 것은 분명했다.[64] 그러한 철학적 가정은 현대 바울 연구에 형편없는 결과를 낳았다. 왜냐하면 그 사도의 견해가 더 이상 존속할 수 없었기 때

Presbyterian and Reformed, 1985), 117-18.

62　Ibid., 119-20. 히 9:28에서도 역시 "드리신"(아넹케인[*anengkein*]) 문자적으로 70인역에서 사용되었다." Ibid., 120. 마지막으로 그는 히 11:39 이하에서도 같은 개념을 발견했다. Vos는 그리스도의 완벽한 성취가 구약의 믿는 자들에게 소급되어 시행되었다는 데에 주목했다. Ibid., 124.

63　"구약 그 자체 어디에서도 우리에게 희생제사의 이론이라고 분명하게 부를 수 있는 것을 제시하지 않는다." Geerhardus Vos, "The Sacrificial Idea in Paul's Doctrine of the Atonement," in Richard B. Gaffin Jr., ed., *Redemptive History and Biblical Interpretation* (Phillipsburg, NJ: Presbyterian and Reformed, 1980), 374.

64　Vos, *Biblical Theology*, 159. 성경 해석에 대한 Vos의 원리는 여기에서 분명하다. 구약성경이나 바울의 해석 모두에 대해, "속죄에 대한 미리 형성된 어떤 이론도 우리의 율법에 대한 이해에 영향을 미쳐서는 안 되고, 그 반대의 경우도 허용되면 안 된다."

문이다.⁶⁵ 그러므로 보스도 역시 성경적 가르침을 강하게 지키는 구 프린스턴 정통을 따랐다.

보스는 바울의 속죄 개념이 "구원"과 "희생제사"라는 두 개념에 깊게 연관되어 있다고 확신했다. 바울에게 있어서 그리스도는 희생제물인 동시에 그 제물을 하나님께 드리는 자였다.⁶⁶

보스의 결론은 이전의 공통된 바울 신학의 관점, 즉 "희생적 속량의 필수적인 요소는 법적으로 의롭다는 선언에 있다"는 것은 옳다는 것이다.⁶⁷ 그러므로 두 위대한 프린스턴 교수, 워필드와 보스 사이엔 의견의 일치가 있었다.

이 선구자들의 분명한 가르침으로부터 메이첸은 그의 속죄 교리의 개념을 발전시켰다.

---

65 "우리는 한편으로 바울서신에 희생에 대한 개념이 두드러진다는 사실이 부정되고, 다른 한편으로는 그 사실이 인정되는 곳에서, 그 사실과 연관된 교회에 의해 인정된 중요성으로 설명된다는 것을 발견한다." Vos, "The Sacrificial Idea in Paul's Doctrine of the Atonement," 373.

66 "그리스도께서 희생제물이며 그리스도 안에 자비가 자리 잡고 있다는 생각은 전혀 이상한 것이 아니다. 동등하게 강조된 이 조합은 히브리서에서 등장하고 있고, 강조되고 있는 구절인 "그 자신의 피로써"라는 구절로 바울은 자기 자신을 특징지었다." Ibid., 376. "그러므로 해석된 이 용어는 바울이 주님의 죽음에 있어서 어떤 희생적인 면을 부차적이거나 비유적인 것으로 여기지 않고, 그것의 필수적인 것에 관계되는 것으로서, 그것의 핵심적인 중요성을 가장 문자 그대로 표현한 것으로 여겼다는 사실을 증언한다." Ibid.

67 Ibid., 377.

3) J. 그레샴 메이첸(J. Gresham Machen)

J. 그레샴 메이첸의 속죄 관점에 대한 분석을 간략히 본다면 다음과 같다.

첫째, 속죄에 대하여 그리스도의 제사장직과 함께 시작해야 한다. 그리스도의 제사장직은 그분의 선지자직과 떨어져 생각할 수 없다고 그는 생각했다.[68] 하나님께 나아가는 유일한 방법은 제사장직을 통하는 방법밖에 없다.[69] 그리스도께서 그 자신을 희생제물로 드린 것은 그의 제사장적 직분에서 행한 것이다.

둘째, 사이밍턴이나 A. A. 하지와 같이 메이첸도 역시 "'속죄'라는 용어는 우선 모호하다고 생각했고, 또한 너무나 제한적인 의미를 제공한다고 여겼다."[70]

셋째, 메이첸 역시 그리스도의 능동적 순종과 수동적 순종의 본질을 연구했다.[71] 그리스도께서는 하나님의 율법과 관련하여 우리와 같이 되셨다. 그리스도의 십자가 죽음의 주요한 목적은 하나님의 영원한 의의 충족에 있었다.[72]

---

68 Machen, *God Transcendent*, 168-72. 이것은 포스트모던운동과 관련되어 있는데, 이 운동은 메이첸이 대항하여 싸운 운동으로 단지 그리스도의 복음만 중요하지 그리스도에 관한 복음은 중요하지 않다고 말함으로써 그리스도를 그 왕적 지위에서 퇴위시키려는 운동이었다. Machen에게 있어서 "예수는 복음의 저자이자 본질이다"(172).

69 Ibid., 174.

70 Ibid., 177.

71 Ibid., 190.

72 Ibid., 198.

5. 존 머레이의 속죄에 대하여

하지와 사이밍턴처럼, 존 머레이 역시 "성취되고 적용된 구원"(*Redemption Accomplished and Applied*)이라는 제목으로 속죄에 대한 글을 썼다.

1) 속죄의 정의와 속성

속죄 교리를 정의하는 가장 좋은 방법에 대해서 개혁파 학자들 사이의 논쟁은 머레이 시대에도 계속되었다.[73] 머레이도 역시 이 문제에 대해 논쟁했다. 그는 구원의 주체인 내적 삼위일체의 관점을 가지고 속죄를 바라봐야 한다고 생각했다. 더 나아가 그는 히브리서 9:14을 인용하면서 속죄가 성령의 사역이라고 주장했다.[74] 그리고 속죄 그 자체를 정의할 때는 그리스도의 특별한 사역으로 이해했다. 뿐만 아니라 속죄의 토대는 성부 하나님의 사랑이라고 생각했다. 머레이의 정확한 정의는 이것이다.

> 속죄는 그리스도의 사역을 표기하기 위해 신학에서 채택하는 용어이다. 성경의 표현으로 그것은 순종, 희생제사, 속죄, 화목, 구속으로 설명된다.[75]

---

[73] Roger Nicole, "The Nature of Redemption," in Carl F. H. Henry, ed., *Christian Faith and Modern Theology* (New York: Channel Press, 1964), 205을 보라.

[74] John Murray, "The Atonement," in *Collected Writings*, 2:148.

[75] Ibid., 142-43.

머레이의 정의는 속죄가 의의 충족에 초점을 맞추고 있다는 것을 의미한다. 심지어 그것이 법정적 용어일 뿐만 아니라 법정적 개념이지만 동시에 성경적 개념이라고 머레이는 말한다. 머레이는 그 개념을 위한 가장 중요한 성경적 근거 중의 하나로 이사야 53:10을 꼽았다.[76] 이사야에 나타나는 그 종은 상하고 죄인으로 취급되고 속건제물이 되었다.

머레이의 분석을 워필드, 보스, 메이첸의 초기 연구와 연결하는 지점을 살펴보자. 그는 "속죄는 반드시 그리스도의 중보자 사역 내에서 더 넓게 포괄되어야 하고, 제사장 직분 내에서는 더 자세하게 포함되어야 한다"[77]고 주장한다. 하지만 어떤 방식으로든 속죄를 정의하는 것은 결코 속죄의 의미를 온전히 드러나게 할 수 없다.

"재미없는 스코틀랜드 사람"인 머레이는 속죄의 속성에 꽤 아름다운 언어를 사용했다.

> 우리가 신비로운 하나님의 뜻의 가장자리를 더듬어 보고 있지만 이것에 대해 생각하거나 말하는 것이 불가능하다는 것을 깨달아야 한다. 여기서 우리는 과거 무엇을 알아내려는 방법과 관련되어 있는 무한한 지혜, 계시의 양상들을 발견하게 된다. 하지만 그것은 오직 우리의 아주 미미한 마음이 이 신비에 참여할 때 가능

---

76 "여호와께서 그에게 상함을 받게 하시기를 원하사 질고를 당하게 했은즉 그의 영혼을 속건제물로 드리기에 이르면 그가 씨를 보게 되며 그의 날은 길 것이요 또 그의 손으로 여호와께서 기뻐하는 뜻을 성취하리로다"(사 53:10). 성경 인용은 NIV이다(본 역서에서는 개역개정을 인용한다-역주).

77 Murray, "The Atonement," 148.

하고, 우리가 그 깊이를 탐험하기를 시도하면 오직 그 경이로움의 단면만을 살짝 볼 수 있게 된다. 그리고 우리는 소리치게 된다. "깊도다 하나님의 지혜와 지식의 풍성함이여!"(롬 11:33).[78]

그러므로 머레이에게 속죄의 특성은 바로 피와 연관된 어떤 것이었다. 보속, 속량, 화목의 개념과 같이 그 속죄의 특성도 법정적이다.

그러나 머레이에게 속죄의 특성은 신자와 그리스도와의 연합을 담고 있다. 따라서 그리스도와 함께 죽는 것도 포함한다. 이렇게 하여 그는 속죄 또는 구원의 개념을 성화 교리와 연결시킨다.[79] 머레이의 견해를 더 깊이 이해하기 위해서는 우리는 그리스도의 사역과 속죄의 필연성, 그리고 그리스도에 의해 초래된 신자의 자유를 살펴보아야 한다.

2) 그리스도의 사역과 속죄

머레이는 속죄에서 그리스도의 사역은 그분의 순종에, 그분의 구원받는 죄인들에게, 그분이 드리시는 희생제사와 죄를 속량하시는 것에, 그리고 화목에 초점을 둔다고 주장한다.

그리스도의 위대한 속죄 사역에서 그리스도께서는 순종적이셨다. 그리스도의 순종은 그분의 전 사역을 통합하는 원리였다. 그리스도의 순종은 그분의 의지와 감정을 담고 있었다. 그것은 단지 특정한 일, 가령 십자가로 나아가는 그런 일을 "하시는 것"만이 아니다.

---

78 Ibid., 150.

79 John Murray, *Redemption Accomplished and Applied* (Grand Rapids: Eerdmans, 1955), 46-48.

그리스도께서는 전 생애를 통해 순종을 배우셨다.[80]

이 땅에서 그리스도의 순종은 삼위일체 하나님의 합의가 이루어진 시점과 연관되어 있다. 은혜언약에서 중보자는 그분의 백성을 대표해서 깨어진 옛 언약의 문제들에 대한 책임을 맡으신다. 완벽하게 계속되는 순종의 조건으로 생명은 아담에게 약속되었었다. 그러나 그 순종을 아담은 이루지 못했다. 하나님의 율법을 어긴 것에 대한 책임으로 형벌이 있었고, 아담은(그리고 그의 후손들은) 그 형벌을 받았다.

그렇기 때문에, 둘째 아담이신 그리스도께서는 언약의 모든 부분을 지켜야 했는데, 그분은 이것을 이루셨다. 그리고 그분은 첫 아담의 죄에 대해 마땅히 받아야 할 형벌을 받으셔야 했는데 이 역시 이루셨다. 이것은 분명 그리스도께 "정당한" 것이 아니다.

그러므로 그리스도께서는 비하의 일부분으로 율법 아래 놓이셨다고 할 수 있다. 이것은 바울에 의해 갈라디아서 4:4 이하에서 설명되어 있다.[81] 다른 방법으로 그리스도의 순종의 본질을 설명해 보면, 그분은 능동적으로 하나님께 순종하는 삶을 사셨다. 그리스도께서는 모든 언약의 율법을 성취하셨고 완벽하게 하나님의 율법에 순종하셨다. 이 성취는 그리스도의 "능동적 순종"으로 일컬어진다.

하지만 그리스도께서는 또한 우리의 죄 때문에 고통 당하셨다. 성부 하나님의 최고의 분노가 십자가에서 그분께 부어질 때 우리를

---

80 "예수는 지혜와 키가 자라가며"(눅 2:52).

81 "때가 차매 하나님이 그 아들을 보내사 여자에게서 나게 하고 율법 아래에 나게 하신 것은 율법 아래에 있는 자들을 속량하고 우리로 아들의 명분을 얻게 하려 하심이라"(갈 4:4).

대신하신 이루신 사역을 그리스도의 "수동적 순종"이라고 부른다.[82]

이렇게 하여 신학적으로 고려해 볼 때, 둘째 아담으로서 그리스도의 순종은 능동적이며 수동적인 것 둘 다이다. 하나님의 율법은 위법자에 대해서 형벌적 제제(그리스도의 수동적 순종을 포함하여) 및 이루어야 할 긍정적인 무엇(그리스도의 능동적 순종)을 요구했다.[83]

그런데 그리스도께서는 더 많이 행하셨다. 구속은 그분의 몸값으로 지불되었다. 이것은 우리의 죄가 우리를 가둬놨던 억압으로부터의 몸값이다.[84] 여기에서 머레이가 사탄에 대한 "속전설"(ransom theory)을 주장하는 것은 아니다. 물론 그리스도의 사역은 속전의 사역이었다. 그러나 그리스도의 생애는 (사탄이 아닌) 하나님께 드려지는 속전의 값어치인 셈이고, 대속의 삶이었다.

게다가 그리스도의 사역은 희생제사와 관련되어 있었다. 그리스도께서는 희생제사로부터 흘러오는 화목함의 중보자이시다.[85] 머레이는 그의 이전 교수들에 동의하면서, 구약의 희생제사의 개념이 마땅히 "속죄"라고 불릴 수 있다는 것을 인정했다. 희생제사는 모세 율

---

82 A. A. Hodge, *The Confession of Faith* (Edinburgh: Banner of Truth, 1978), 145를 보라.

83 Murray, *Redemption Accomplished and Applied*, 20-22.

84 Ibid., 42-43. "속전이나 그와 비슷한 용어는 죄인의 자유나 노예의 해방을 보장하는 지불과 연관하여 자주 사용되었다. 그것은 노예의 속박상태나 극히 드물지만 위법에 대한 형벌로부터의 구제를 보장했다." Nicole, "The Nature of Redemption," 202.

85 Murray, "The Atonement," 149.

법으로 나타났었고, 신약성경 히브리서 9:6-15[86]과 13:10-13[87]에 언급되어 있다. 머레이의 논제는 "레위 지파의 희생제사에서 필수요소였던 것은 그리스도의 희생제사에서도 필수요소임에 틀림없다"는 것이다.[88]

물론 그리스도께서는 그 자신을 희생제물로 그리고 동시에 제사장으로 드리셨기 때문에 그분의 희생은 특별하다. 머레이는 그리스도 희생의 속성에 관해 두 가지 중요한 점을 강조했다. 이 희생제사의 원형은 구약의 유사한 제사 안에서는 불가능한 것이라는 점과, 그 희생제사는 그리스도를 멜기세덱 이후의 제사장적 역할에 연결시켰다는 점이 그것이다.[89]

그리스도의 사역 역시 "화목"이라는 개념과 연결되어 있다. 머레이에게 있어서 화목이라는 개념과 그것과 완전히 반대인 소외라는

---

[86] "이 모든 것을 이같이 예비하였으니 제사장들이 항상 첫 장막에 들어가 섬기는 예식을 행하고 오직 둘째 장막은 대제사장이 홀로 일 년에 한 번 들어가되 자기와 백성의 허물을 위하여 드리는 피 없이는 아니하나니 성령이 이로써 보이신 것은 첫 장막이 서 있을 동안에는 성소에 들어가는 길이 아직 나타나지 아니한 것이라 이 장막은 현재까지의 비유니 이에 따라 드리는 예물과 제사는 섬기는 자를 그 양심상 온전하게 할 수 없나니"(히 9:6-9). "하물며 영원하신 성령으로 말미암아 흠 없는 자기를 하나님께 드린 그리스도의 피가 어찌 너희 양심을 죽은 행실에서 깨끗하게 하고 살아계신 하나님을 섬기게 하지 못하겠느냐"(히 9:14).

[87] "우리에게 제단이 있는데 장막에서 섬기는 자들은 그 제단에서 먹을 권한이 없나니 이는 죄를 위한 짐승의 피는 대제사장이 가지고 성소에 들어가고 그 육체는 영문 밖에서 불사름이라 그러므로 예수도 자기 피로써 백성을 거룩하게 하려고 성문 밖에서 고난을 받으셨느니라 그런즉 우리도 그의 치욕을 짊어지고 영문 밖으로 그에게 나아가자"(히 13:10-13).

[88] Murray, *Redemption Accomplished and Applied*, 27.

[89] Ibid., 28.

개념은 속죄에 대한 엄밀한 정의를 위해 필수요소이다.[90] 하지만 여전히 화목에 대한 참된 개념은 성경의 관점에서 정의되어야 함에 틀림없다. 성경에는 믿는 자들이 화목의 참된 이해를 가질 수 있도록 돕는 많은 구절이 있다. 게다가 이사야 59:2[91]의 화목의 중요성에 대해 강력하게 말하고 있는 구절 말고도 머레이는 마태복음 5:23 이하[92]에서도 그런 구절을 발견했다. 예배를 방해하는 것은 소외라는 "현실"이다. 중요한 문제는 누가 누구에게 화가 났는지, 무슨 이유로 소외가 일어났는지가 아니다. 의로움이나 의롭지 못함이 여기서 언급되지 않았다. 그리스도께서는 진정한 화목에 필요한 것은 "행동"이라고 강조하셨다. 소외된 사람은 소외된 근본적인 이유를 제거해야 한다.[93]

이와 유사하게 고린도전서 7:10 이하에서는 남편과 갈라선 여자는 그대로 지내든지 남편과 다시 "화합"해야 한다고 설명한다. 두 당사자의 주관적인 적대감은 문젯거리가 아니었다. 일어날 화합과 관련해서, 그들은 행동을 취해야 하는 것이다. 그들은 그들 사이의 별거를 중지하든지 결혼을 재기하든지 해야 했다.

머레이가 유대인의 거절과 버림이 "세상의 화목"(롬 11:15)이 되

---

90 Nicole, "The Nature of Redemption," 195-96에 나타나 있는 "화목"에 대한 훌륭한 정의를 보라.

91 "오직 너희 죄악이 너희와 너희 하나님 사이를 갈라 놓았고 너희 죄가 그의 얼굴을 가리어서 너희에게서 듣지 않으시게 함이니라"(사 59:2).

92 "그러므로 예물을 제단에 드리려다가 거기서 네 형제에게 원망들을 만한 일이 있는 것이 생각나거든 예물을 제단 앞에 두고 먼저 가서 형제와 화목하고 그 후에 와서 예물을 드리라"(마 5:23-24).

93 Murray, *Redemption Accomplished and Applied*, 34.

었다고 고려했을 때, 거기에서 그는 다시 한번 문제가 주관적인 적대감이 아니라 소외된 사람과의 관계회복에 있음을 알았다.[94] 이와 같이 로마서 5:8-11은 그리스도의 피에 의해서 믿는 자가 의롭게 됨과 하나님과 화목하게 됨을 유사한 관계로 보고 있다.

머레이는 죄인의 칭의와 화목의 법정적 속성을 강조하길 원했다.[95] 로마서 5장의 교훈은 고린도후서 5:18-21에서 더욱 자세하게 드러난다. 사람과 진노한 하나님 사이의 화목은 하나님의 사역이고(고후 5:18), 성취된 사역이며(고후 5:18-19, 21), 법정적 사역이다(고후 5:19). 머레이에게 그 사역의 성취는 다름 아닌 복음의 메시지였다.[96]

화목의 사역은 인간과 하나님 사이의 소외와 죄인들을 하나님의 은혜로 회복하시는 하나님의 방식에 초점이 맞춰져 있다. 머레이가 하나님과 인간의 어긋난 화목 관계를 전제한다는 점에서, 그는 선임 교수들인 워필드, 보스, 메이첸을 따르고 있다고 볼 수 있다. 그리스도의 화목이 대상으로 삼고 제거하기 원하는 것은 우리의 죄 때문에 소원해진 하나님과의 관계이다.[97] 이 소외된 관계로부터 화목은 은

---

94 Ibid., 37.

95 "그 시제는 그것이 그리스도께서 죽을 때 모든 사람에게 이미 이루어진 성취된 사건이라는 것을 나타낸다." Ibid., 39. 로마서 5:9-10은 이와 상응 관계에 있다. 로마서 5:11에서 화목은 다음과 같이 나타난다. "이제 우리로 화목하게 하신 우리 주 예수 그리스도로 말미암아 하나님 안에서 또한 즐거워하느니라." 로마서 5:10에서 "원수"가 수동태 형태라면 그러면 원한과 화목 사이에서 시작된 대립구조는 정확하게 소원해짐과 하나님의 은혜로의 초대 사이의 대립구조이다"(Ibid., 40). "곧 우리가 원수 되었을 때에 그의 아들의 죽으심으로 말미암아 하나님과 화목하게 되었은즉…"(롬 5:10).

96 Murray, *Redemption Accomplished and Applied*, 40.

97 Ibid., 33; *The Epistle to the Romans* (Grand Rapids: Eerdmans, 1968), 169-75에 있는

혜와 평화의 관계를 수립한다.

요약해 보면, 소외의 근본적인 원인을 제거하는 일은 새 관계를 설정하는 데에 필수 과정이다. 화목은 우리를 위해 죄를 짊어지신 그리스도에 의해 성취되었다. 화목은 우리와 하나님과의 관계를 개선하는 것이며, 합법적 또는 법정적으로 그리스도의 의를 우리에게 전가시킨다. 머레이의 화목 개념은 우리를 향한 그리스도의 위대한 사역의 아름다움을 강조하고 있다.

머레이 역시 그리스도의 사역에 대하여 "(하나님을 달래는) 화해"(propitiation)로써 설명했다. 그의 생애에 다소 뜨거운 논란 중의 하나는 "(하나님을 달래는) 화해"라는 용어가 그리스도의 속죄 사역을 표현하는 데 적당한가라는 문제였다. 머레이는 그것이 적당한 용어라고 생각했고,[98] 화해에 관한 토론에 있어서 로저 니콜(Roger Nicole)의 공헌에 박수를 보냈다.[99]

머레이는 비록 신약에서 "(하나님을 달래는) 화해"라는 용어 자체는 드물게 등장하고 있다는 것을 기꺼이 인정하였지만, 그럼에도 불과하고 그 용어는 적절한 용어일 뿐만 아니라 꼭 필요한 용어라고 확신했다. 그리스도의 희생제사의 모형으로서 구약 레위 지파의 제사와 신약을 조합될 때, 구약의 빈번한 사용과 특별한 용법은 그리

로마서 5:10에 대한 Murray의 주석을 보라.

98 더 많은 내용은 Nicole, "The Nature of Redemption," 196-98를 보라.

99 Murray는 이런 언급을 했다. "Roger R. Nicole의 더 신중하고 자세한 연구, 'C. H. Dodd and the Doctrine of Propitiation'을 보라" Murray, *redemption*, 29 na. 1. 이 설명은 정통파 저자에 대한 머레이의 최고의 칭찬이었다. Nicole 박사의 소논문은 *Westminster Theological Journal* 17(1995): 117-57에 있다.

스도께 적용되어야 할 필요가 있다고 머레이는 생각했다.[100]

즉 "(하나님을 달래는) 화해"는 죄인을 위한 그리스도의 사역을 묘사하기 위해 필수적인 용어이지 선택적인 개념이 아니라는 것이다. 그 단어는(죄인을 향한 하나님의 분노의) "완화"(appeasement)를 뜻한다.[101] 요컨대 머레이는 "화해 교리는 부정되거나 조금도 그 교리의 신뢰함이 줄어서도 안 된다"고 여겼다.[102] 이에 근거하여 머레이는 속죄의 필연성을 연구했다.

3) 그리스도의 구속 사역의 필연성

머레이는 기본적인 질문들을 묻고 대답했다. 예를 들어 만약 화목케 하심이 어떤 다른 방법으로 이루어질 수 없었다면(끔찍한 십자가의 죽음이 아닌), 그러면 하나님은 전능하지 않으신 것인가? 다른

100　Murray, *Redemption Accomplished and Applied*, 29.

101　"화해 교리는 그리스도께서 하나님의 진노를 달래시고 하나님이 그분의 백성에게 선하심을 표현하셨음을 의미한다." Ibid., 30. Nicole은 다음과 같이 말했다. "이 단어는 헬라어와 영어에서 모두 희생제사라는 적절한 과정을 통하여 하나님의 진노를 다른 방향으로 전환하는 완화라는 의미를 담고 있다. 이 용어 존재 자체가 성경에 그려진 화목은 주로 인간을 향한 하나님의 화목이라는 분명한 사실을 추가적으로 증언하고 있는 것이다." Nicole, "The Nature of Redemption," 197.

102　Murray, "The Atonement," 145. "죄를 향한 하나님의 심판의 정수는 그분의 진노이며 그분의 거룩하심은 그분 자신과 모순되는 것에 대해 불쾌하게 여기십다"(롬 1:18).Ibid. "만약 그리스도께서 죄에 대한 하나님의 심판을 대신 짊어지셨고, 그래서 이것을 부인하는 것이 죽음에 이른 그분의 고난과 특별히 갈보리 십자가에서의 버림받음을 무의미한 것으로 만드는 것이라면, 이 심판으로부터 그 정수에 속한 것을 제거해버리는 것이 대신 죄를 담당하심과 그에 따른 결과들에 대한 목적을 약화시키는 것이다." Nicole, "The Nature of Redemption," 217.

한편으로 만약 하나님이 어느 다른 방법으로 구원을 시행하실 수 있었지만 하시지 않았다면, 그것은 하나님이 지혜로우시지 않다고 결론 내릴 수 있는 것인가?

이 분명한 딜레마에 대한 머레이의 대답은 다른 선임자들과 같이 분명하다.

첫째, 구원에 대한 대답은 아담(또는 우리의)의 단순한 회개에서 간단하게 이루어질 수 없다. 성경은 회개가 하나님의 용서를 위한 적절한 근거가 된다고 말하지 않는다. 머레이는 인간의 법 역시 이 진리를 인정하고 있다고 그의 독자들에게 상기시켜 주었다.

"죄송합니다"라고 말하는 것이 모든 필요를 채워줄 수 없기 때문에, 머레이는 속죄의 필연성이 "절대적"이라고 주장한다.[103] 그 이유는 히브리서 9:23과 갈라디아서 3:21의 해석에 근거하는데, 바울은 그 구절에서 만약 칭의가 다른 어떤 방법에 의해서 보장될 수 있었다면 그것은 확실하게 보장되었을 것이라고 썼다. 하지만 십자가가 하나님 사랑의 표현이었다. 또한 머레이에 의하면, 십자가는 하나님의 의의 정당성을 드러내 주는 것이기도 하다.[104]

머레이의 입장은 속죄의 필연성이 "결과적으로 절대적인" 필연성이라고 일컬어지는 것이라고 주장할 때 더욱 분명해진다. 이 입장에 대한 그의 근거는 주로 요한복음 3:14-16과 히브리서 1:1-3과

---

103 Murray, *Redemption Accomplished and Applied*, 11. 그리스도의 사역은 "가정적으로" 필연적인 것인가? Murray는 아니라고 대답한다. 왜냐하면 죄의 무게로 인해 효과적인 속죄는 필수불가결하기 때문이다. 신학의 역사에서 Murray의 입장은 이 부분에서 Augustine이나 Aguinas의 입장과 다르다.

104 Ibid., 15-17.

2:10, 17에서 찾을 수 있다. 그리스도께서 이런 일들을 하시는 것은 "적합"하다. 그리스도께서 죄를 깨끗이 하시기 위해 그분은 반드시 들려지셔야 한다.[105] 더욱이 만일 속죄가 효과적이기 위해서라면 속죄를 위한 진정한 대속물이 있어야만 한다. 한 사람이 다른 한 사람을 대신해야만 하고, 그 대신한 사람은 실제로 육체적, 정신적 형벌을 견뎌야 한다. 머레이에 따르면 그리스도께서는 죄인의 형벌을 견뎌내셨을 뿐만 아니라 신자에게 위대한 자유를 가져다 주셨다.

4) 그리스도 안에서의 자유

머레이의 분석은 두 가지 주제로 들어가는데, 곧 율법으로부터의 자유와 죄로부터의 자유이다. 그 가운데 특별히 그리스도의 자유는 죄와 연관되어 있다.[106]

그리스도의 속죄 사역이 믿는 자들을 율법에서 자유롭게 하는 세 가지 방법에 대해 머레이는 분명하게 말했다.

첫째, 그리스도를 통하여 율법의 저주로부터 자유롭게 한다. 갈라디아서 3:13은 "그리스도께서 우리를 위하여 저주를 받은 바 되사 율법의 저주에서 우리를 속량했으니"라고 기록하고 있다. 머레이는 율법의 저주를 특별히 "형벌적 제제"에 국한시켰다.[107]

둘째, 그리스도를 통하여 의식법으로부터 자유롭게 한다. 그는

---

105 Ibid., 12-14.

106 Ibid., 43.

107 Ibid., 44.

갈라디아서 3:23-26을 인용하면서 설명하기를, 의식법은 "교사"로서의 역할을 담당하였거나 일시적으로 그런 "책임의 자리에 있었다"고 설명했다. 예수 그리스도께서는 그런 역사의 기간에 태어나셔서 율법의 모든 필요조건을 성취하셨다. 그렇기 때문에 필연적으로 어떤 그리스도인도 다시 그 율법에 복종할 필요는 없다.

셋째, 그리스도 안에서 행위법으로부터 자유롭게 한다. 즉 우리의 칭의와 받아들여짐의 조건인, 법으로부터 자유롭게 된다. 정말로 우리가 지금 누리며 살고 있는 법은 완전한 자유의 법이다(약 1:25). 머레이가 이런 자유를 그의 목록 가운데 처음이 아닌 마지막에 두었다는 것은 중요하다. 이런 구조를 보인 이유는 내가 생각하기에 이전에 그는 그리스도인들이 "율법으로부터 자유롭지 못하다"고 언급하였기 때문이다. 머레이는 신자들이 그리스도의 능동적이며 수동적인 순종으로 속량하신 자유에 대해 이야기할 때, 우리는 그런 자유의 본질에 대해 조심스럽게 기술해야 한다고 주장하는 것 같다.[108]

율법으로부터의 자유와 더불어 그리스도 안에서 죄로부터의 자유가 있다. 그리스도께서 속량하신 죄로부터의 자유는 모든 죄의 양상과 결과로부터의 자유라는 사실을 머레이는 각인시켜준다. 이것과 관련하여 머레이에게 히브리서 9:12과 요한계시록 5:9, 이 두 구절은 중요하다.[109]

하지만 죄로부터의 자유에 대한 머레이의 설명은 분명해 보이지 않는다. 왜냐하면 지금도 죄의 존재는 어디에서나 찾을 수 있기 때

---

108 Ibid., 45, 43.

109 "염소와 송아지의 피로 하지 아니하고 오직 자기의 피로 영원한 속죄를 이루사 단번에 성소에 들어가셨느니라"(히 9:12).

문이다. 이것과 관련하여 머레이는 그가 "종말론적 완성"이라고 일컫는 것을 염두에 둔다.[110] 종말의 때에 더 이상 죄와 관련된 것은 없을 것이다.

지금까지의 간략한 분석으로부터 우리는 머레이가 기본적으로 구 프린스턴 선구자들의 연결선 상에 있지만, 속죄를 이해함에 있어 나름의 공헌을 한 것을 알게 된다.

5) 속죄 교리에 대한 공헌

머레이가 속죄 교리에 관해 어떤 새로운 것을 말하려고 하지 않았다는 것이 옳을 것이다. 특별히 16세기부터 18세기 위대한 신학자들과 신앙고백들에 의해 속죄 교리는 잘 정립되었기 때문이다. 그러나 한편으로 머레이는 속죄 교리에 대한 우리의 이해에 사실상 공헌한 바가 있다고 할 수 있다. 그는 속죄 교리와 관련해 자기의 시대 이전의 논쟁[111]뿐만 아니라 자신의 시대의 속죄에 대한 신학적인 논쟁을 잘 이해하고 있었다.[112]

---

110 Murray, *Redemption Accomplished and Applied*, 46.

111 여기서는 다루지 않았지만 Murray에게 중요한 두 가지 논쟁의 분야는 속죄와 값없이 주시는 복음과의 상관관계와 관련되어 있다. 이 주제는 Symington에게도 역시 중요했다. 그 논쟁의 한 측면은 "일반은총"이라고 불리는 것과 관련되어 있다. 이 논쟁에서 스코틀랜드 사람인 Murray는 주로 화란계 미국인 논쟁(a Dutch-American controversy)의 편에서 관여했다. 값없이 주시는 복음에 관한 논쟁은 머레이 자신의 교파인 OPC(Orthodox Presbyterian Church)와 관련되어 있었다. 그의 책 "The Atonement and the Free Offer of the Gospel," in *Collected Writings*, 1:59ff.와 "The Free Offer of the Gospel," in *Collected Writings*, 4:113-32를 보라.

112 종교개혁 이후 거의 바로 속죄의 내용에 관한 위대한 논란들이 일어났었다. 머레이는

머레이는 적어도 세 가지 부분에서 공헌을 했다.[113]

(1) 레위 지파의 희생제사와 그리스도의 희생제사의 속성.

(2) 그리스도의 중보적 통치와 속죄.

(3) 성경적 분야에서 속죄의 근간.

첫째, 속죄 교리에 대한 머레이의 첫째 공헌은 레위 지파의 희생제사와 관련되어 있다. 머레이의 주제는 구약의 희생제사는 사실 하늘의 모형을 본보기 삼아 형성되었다는 것이다.[114] 이 가정은 다음 두 가지와 분리할 수 없는 관계에 놓여있다. 하나는 그리스도의 희생제사는 레위 지파의 제물을 구성하는 요소이고, 다른 하나는 레위 지파의 모형 그 자체는 그리스도를 따라 형성되었다는 사실이다.[115] 그리스도께서 그 자신을 제물로 드리셨기 때문에 그분 역시 제사장이셨다는 상호보완적 진리가 존재한다. 그러므로 그리스도의 변치 않

정확하게 "제한 속죄"(limited atonemnet)라고 불리는 주장을 고수하는 편에 섰다. 제한 속죄에 대해서 그는 광범위하게 쓰지 않았는데 이것은 아마도 많은 이들이 그 바로 이전에 이 주제에 대해서 썼기 때문일 것이다. 제한 속죄를 고수하는 편 안에서도 여전히 토론들이 뜨겁게 일었다. 그 중 하나는 그리스도께서 어떤 의미에서 그리스도께서 모든 사람을 위해서 죽으셨느냐 아니냐에 관한 것이었다. 이 주제에 관해서는 Hodge, *The Atonement*, 381-85를 보라.

113 Murray가 공헌을 했다는 주장을 한다고 해서 그의 선임자들이 다음에 오는 이해들에 대해 결여되어 있다는 뜻은 아니다. 그것보다 Murray가 강조했고, 확장했고, 그리고 수정했음을 말하는 것이다.

114 "이 연결 관계에서 우리는 이미 우리가 살펴본 견해를 지켜야 한다. 그 견해 레위 지파의 희생제사는 하늘의 본, 히브리서에서 "하늘에 있는 것"으로 부르고 있는 것을 따라 형성된 것이다." Murray, *Redemption Accomplished and Applied*, 27.

115 "이것은 레위 지파의 희생제사의 구성요소들이 역시 그리스도의 희생제사의 구성요소라는 주장을 확고하게 지지한다"(Ibid). "레위 지파의 모형은 그리스도의 제물을 따라 형성되었기 때문에 우리는 그리스도의 희생제사를 레위 지파의 본보기로 해석해야 한다"(Ibid).

는 구원자로서의 사역과 변치 않는 제사장으로서의 사역은 연관되어 있다.[116]

둘째, 속죄 교리에 대한 머레이의 둘째 공헌은 속죄와 그리스도의 중보자적 왕의 신분의 관계를 강조했다는 것이다. 머레이는 믿는 자들뿐만 아니라 믿지 않는 자들까지도 그리스도의 죽으심으로 인해 은혜를 입었다는 것을 알았다. 그런 은혜는 그리스도의 중보자적 통치가 우주적이라는 사실에 기인한다. 이런 중보자적 통치를 가지고 머레이는 "그리스도는 모든 만물의 머리이시고 하늘과 땅의 모든 통치권한을 부여받으셨다"라고 설명했다. 이런 통치는 빌립보서 2:8-9의 바울의 설명과 같이 그리스도의 고난당하심과 순종의 직접적인 결과였다.[117]

셋째, 속죄 교리에 대한 머레이의 셋째 공헌은 속죄의 근간인 성부 하나님의 사랑에 대한 것이다. 머레이에게 있어서 하나님의 사랑은 속죄의 원인이자 근간이었다.[118] 속죄의 토대는 하나님의 선하신 뜻에 있지 하나님의 임의적인 의지에 있지 않다. 하나님의 사랑과 정의는 속죄의 연합된 근간이다.

머레이의 『작품 선집』(Collected Writings)에 있는 그의 "성취되고 적용된 구원"은 속죄의 성격에 대한 그의 초기 사고를 잘 나타내준다. 그는 이 책에서 속죄에 대한 연구를 조심스럽게 준비했다. 그것

---

116 "하나님께 드려진 희생제물과 변치 않는 구원자의 제사장적 기능을 묶는 것은 그리스도의 제사장적 사역을 인정하는 것이다. 예수 그리스도께서는 멜기세덱 이후에 영원한 제사장이시다"(Ibid., 28).

117 Ibid., 61ff.

118 Ibid., 10ff.

은 그가 죽기 바로 직전에 쓰인 것이었다. 그는 그 장에서 속죄와 관련된 성부 하나님의 사랑에 대한 가장 성숙한 견해를 드러냈다.

속죄의 한 근간, 또는 유일한 근간으로서 성부 하나님의 사랑을 주목함으로써 얻게 된 통찰력들과 함께 머레이는 그 교리에 대한 많은 반대를 제거할 수 있으며, 믿음과 헌신의 실제적인 문제들이 설명될 수 있다고 확신했다.

만약 성부 하나님의 사랑이 머레이가 말한 대로 속죄의 근간이라면 하나님에 대한 잘못된 생각들은 제거될 수 있다. 그 잘못된 생각이란 바로 자비와 사랑의 유일한 전형으로서 성자 하나님을 생각하고 성부 하나님은 끊임없이 분노하시는 하나님으로만 이해하는 것이었다.[119] 머레이는 "화해 속에서의 성부의 행위가 있음을 이해하는 것은, 그리스도는 사랑과 자비와 연민의 대표자이시지만 성부는 그와 대조적으로 거룩과 정의와 진리의 대표자시라는 경직된 속죄의 구조를 예방한다"[120]라고 말한다.

머레이는 속죄의 근간으로서 성부 하나님의 사랑을 인식하는 데 실패함으로써 "많은 혼란과 오해, 그릇된 설명들이 생겨났다"고 확고히 주장한다. 그는 심지어 "개혁파 신자"들도 예외가 아님을 지적하면서 불만족을 드러냈다. 이런 면에서도 그는 특별하다.[121] 그는 비

---

119 Murray, "The Atonement," 145. Murray의 강조점은 성부 하나님의 사랑에 있었는데, 이것으로 Symington을 유력한 선구자로 지목하고 있다.

120 Ibid., 149-50.

121 Ibid., 144. Murray의 비평은 평소답지 않게 날카롭다. "이것은 그런 경우가 되지 말았어야 했다. 성경의 강조점은 분명하고 만연해 있다. 이 명료한 사실은 너무 명백해서 간과될 수 없다. 하지만 그 사실과 암시들의 분석들은 모두 너무 자주 무시되어 왔고 신자들의 믿음은 그것 때문에 고통을 당해 왔으며, 믿음의 필요불가결한 요소에 대한

록 속죄가 적절하게 그리스도의 사역을 설명하지만 그것은 하나님의 사랑에서 기원하는 것으로 묘사되어야 한다고 확신했다.

특유의 방식으로, 머레이는 그의 비난의 대상으로 어떤 사람도 밝히지는 않는다. 개혁파 내에서 그런 견해는 분명하게 사이밍턴에서 찾을 수 없는 것이었다. 후에 하지는 하나님의 사랑을 구원의 동기로 보았다. 그런 사랑과 관련해서, 하지는 "동일한 본질과 속성들이 성부 하나님과 성자 하나님 사이에 공유된다. 만족을 요구하는 정의와 형벌을 자기 것으로 취하도록 촉진시키는 사랑은 공존하는 신적 감정이자 목적이다"[122]라고 말했다. 일반적으로 하지는 이 잘못된 관점에 책임이 없다. 하지만 머레이는 "속죄의 근간은 구체적으로 성부 하나님의 사랑이다"라고 설명하였지, 성부 하나님과 성자 하나님의 결합된 사랑이라고 말하지 않았다. 자세히 보면, 하지는 하나님이 죄 값에 대한 충족을 요구하시고, 성자 하나님이 형벌을 담당하시도록 "사랑"을 불어넣으셨다고 해서 문제가 될 수 있다.

호명되지 않은 사람으로 더 분명한 책임이 있는 사람은 메이첸이다. 그는 "하나님의 영원한 의의 만족은 그리스도께서 죽으신 근본적인 목적이었다"라고 말했다.[123] 메이첸에 있어서 이것은 속죄에 대한 대리적 관점의 정수였다.

공격들이 빈번하게 일어나게 되었다"(Ibid). 후에 그가 말하기를 "개혁파 신자들조차도 성부 하나님의 사랑과 은혜에 영광을 올려드리는 데에 실패한 몇 가지 방법들이 있었고, 그리고 성부 하나님의 사랑이라는 측면이 이런 믿음과 헌신의 실패에 대한 수정의 기초이다"라고 말했다(Ibid., 144).

122 Hodge, *The Aonement*, 29.
123 Machen, *God Transcendent*, 198.

그러므로 성부 하나님의 사랑을 속죄의 근간으로 강조하는 것은 상대적으로 사소한 것으로 보일 수 있겠으나(그리고 우리는 중대한 변화를 기대하지 않지만), 그것은 속죄 교리에 필요한 빛을 비추었다. 머레이의 주의 깊은 어휘는 그의 논제를 분명하게 했다. "하나님이 그 자신의 아들로 이루게 하신 그 화해는 성부 하나님의 사랑의 공급이다. 결국에는 거룩함이 입증되고, 하나님의 요구들이 충족될 것이다."[124] 이 관계에 대해 이것보다 더 균형 잡힌 분석은 찾을 수 없다.

결론적으로, 구 프린스턴 전통에서, 속죄의 속성과 필연성에 관한 많은 책이 출판되었다. 하나님의 신부가 그리스도의 성취되고 적용된 구원의 위대한 사역을 더욱더 깊게 온전하게 이해하는 것에서 하나님을 기쁘게 해드리기를 바란다.

---

124 Murray, "The Atonement," 146.

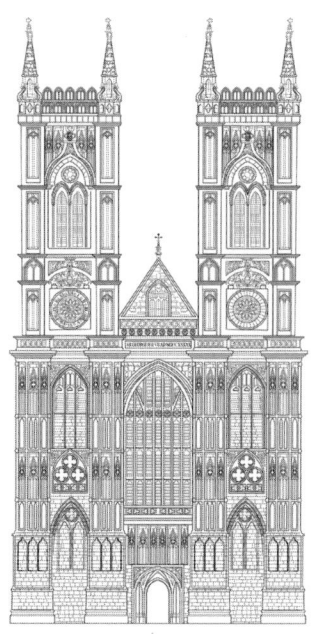

The Faith Once Delivered

제 10 장
그리스도인의 자유의 사용과 남용

D. G. 하트(D. G. Hart)

1898년, 아브라함 카이퍼(Abraham Kuyper)는 프린스턴신학교(Princeton Theological Seminary)에서 웨스트민스터 신앙고백의 수정에 관한 논쟁에 참여한 장로교도들에게 칼빈주의에 관한 그의 세 번째 강의를 시작하면서, 자유와 개혁파 신앙 사이의 관계, 즉 개신교가 근대의 모든 번영의 근원이라고 보던 시절의 전형적 질문에 대해 특유의 자부심을 담아 주장했다. 정치, 교회생활, 경제, 고등교육 등에서 영역 주권의 성과를 대단히 놀랍게 이루어 낸 이 화란의 신학자는 "뛰어난 모든 역사가"가 "칼빈주의가 처음으로 서유럽에서 공공법(public law)에 있어서 새로운 길을 열어 왔으며, 그 다음으로는 대륙, 그리고 오늘날 모든 문명화된 국가들에서 그 길을 열어 왔다고 이해한다"고 믿었다.

이러한 역사가 중 한 명으로 조지 뱅크로프(George Bancroft)라는 미국인이 있는데, 그는 카이퍼를 칼빈주의의 경이로운 정치적 천재로 여겨 적극적으로 카이퍼를 인용하였다.

> 칼빈주의에 대한 열정은 자유에 대한 열정이다. 왜냐하면 자유에 대한 도덕적 전쟁과 관련해, 칼빈주의 신앙은 그 전투에 있어서 가장 충실한 동맹이며 군대의 한 부분이기 때문이다.[1]

그의 강의 마지막에서, 자유에 대한 칼빈주의의 지지에 대한 구체적인 이유를 제시하고 자유의 본질을 정의내린 후, 카이퍼는 개혁파 신학과 양심의 자유 사이의 연결에 대해서도 자신 있게 주장했다. 그는 개혁파 관료들이 "실제로 그들이 혐오했던 인쇄물들의 유포를 막기 위해 출판을 검열하거나 금지하는 등의 잘못된 행정을 실행했다"는 것을 인정했다. 그러나 공권력 사용에 있어서 이러한 편법적 행위가 칼빈주의와 자유 사이의 밀접하고 필연적인 연관성을 바꿀 수는 없다. "연설과 출판물에 의한 생각의 자유로운 표현이… 처음으로 승리를 이룬 나라"가 네덜란드라는 점에서 그러했다. 실제로 "세상은 먼저 칼빈주의에서부터 자유 자체와 양심의 자유와 관련된 논리의 개발이라는 축복을 누리게 되었다."[2]

칼빈주의적 자유주의 정치에 대한 카이퍼가 소속된 휘그당(Whiggish)의 관점은 서양 민주주의 국가들에 의해 향유된 자유가 75년이 지나 1960년대와 그 시대의 사회적 그리고 문화적 유산을 특징

---

1 Abraham Kuyper, *Lectures on Calvinism* (1898; repr., Grand Rapids: Eerdmans, 1931), 78.

2 Ibid., 108-9.

짓는 전유물로 변질되어 버린 후에서야 타당하지 않은 것처럼 보이게 되었다.

에모리대학교(Emory University)의 역사가 엘리자베스 폭스-제노브스(Elizabeth Fox-Genovese)의 최근의 경우가 이 점을 시사하고 있다. 보수적인 페미니스트이자 로마 가톨릭으로 최근에 개종한 폭스-제노브스는 로마 가톨릭으로의 이동에 대한 그녀의 결정을 설명하면서 그녀가 그리스도인으로서의 도덕률(예를 들어, 십계명)을 "매우 심각하게" 다뤘던 주류 개신교 가정에서 자랐음을 인정했다. 어렸을 때나 성인이 되어서나 그녀는 신앙이 없는 그리스도인, 즉 문화적으로는 그리스도인이지만 여전히 그리스도를 믿지 않는 사람과 다를 바 없었다. 그녀의 생각은 그녀가 현대 페미니즘(feminism)의 임신중절 찬성에 대한 이의를 제기하려고 애쓰는 과정을 통해 바뀌기 시작했다고 한다. 그녀는 다음과 같이 서술하고 있다.

> 누가 생명에 대한 권리를 가지는가에 대해 우리들 중 누군가는 반드시 결정을 내려야 한다는 사실에 동의해야만 하는 나의 무능력함 때문에 낙태를 옹호하게 되는 현실이 나를 힘들게 했다…각자가 자신의 개인적인 도덕기준을 따라 사는 세상을 상상하기란 어려워 보였다.
> 만일 누군가가 자신만의 도덕률만을 붙들고 산다면, 조만간 다른 이들의 도덕률과 충돌할 것이다. 그리고 어느 정도의 일반 기준의 겉모양이 없이, 그러한 충돌들은 하나의, 또는 다른 형

태의 폭력이 발생하고 사라지는 것 이상일 것이다.³

인간의 자유(human freedom)에 대한 이해를 높이 사는 개신교와는 대조적으로, 폭스-제노브스는 로마 가톨릭 안에 있는 도덕적 권위를 인식했는데, 그녀가 볼때, 그것은 개신교를 흔드는 것처럼 보이는 회의론과 상대주의를 압도하는 것 같았다. 카이퍼의 시대와는 다르게, 그리고 로마 가톨릭이 자유의 적으로 등장하였던 때와는 다르게, 오늘날 많은 신중한 사람들에게 있어 로마 가톨릭은 자유를 지키며 방종을 막을 최고의 희망으로 보인다.

카이퍼가 그 유명한 강의를 하였던 때보다 21세기의 시작점인 현재, 인간의 자유와 개신교 사이의 관계는 더욱 복잡해졌다. 이러한 상황에서 그리스도인의 자유에 관한 웨스트민스터 신앙고백을 살펴보는 것은 우리에게 많은 유익을 줄 것이다. 이것은 개신교, 특히 칼빈주의가 자유 정치 이론과 개별 인권의 승격을 가져온 방식을 통해 양심의 자유를 변호한 대표적인 사례인가? 또는 외양적인 면에 있어서 개신교가 인간 자유에 대해서 로마 가톨릭에 가까웠는지, 아니면 로마 가톨릭의 권위주의에 대항한 개신교의 자유를 훼손시키기 위해 후일에 일어난 로마 가톨릭의 개신교에 대한 적대감이라고도 볼 수 있는 개신교 근본정신의 왜곡이었나?

웨스트민스터 신앙고백이 그리스도인의 자유에 대해서 한 장 전체를 할애한 16-17세기의 드문 개혁파 신앙고백이라는 사실을 생각해 볼 때, 교회와 정치가의 권위에 관한 가르침과 관련된 양심의 자

---

3 Elizabeth Fox-Genovese, "A Conversion Story," *First Things* 102(April 2000): 41.

유의 논의는 이러한 질문들과 씨름하는 것에 있어서 유익한 도움을 제공한다. 그러나 웨스트민스터 총회의 가르침을 구체적으로 살펴보기 전에, 자유에 관한 다양한 미국 개신교의 정의에 대해 간략히 살펴보는 것이 그리스도인의 자유에 관한 웨스트민스터 신학자들의 본래의 표현의 미묘함을 정확히 인식하기 위해 유익할 것이다.

1. 남용

장로교도와 회중교도이 압도적으로 미국 독립혁명(American Revolution)을 지지하며 영국으로부터의 독립에 대한 뜨거운 논쟁이 시작되었던 이후부터, 미국 개신교도들, 특히 개혁파 신앙을 지켜온 사람들은 그들의 신앙과 정치적 자유가 밀접하게 연결되어 있다고 확신해 왔다. 존 위더스푼(John Witherspoon)의 설교인 "인간의 열정을 지배하는 섭리의 지배"(The Dominion of Providence over the Passions of Men)[4]는 신앙과 정치의 통합과 관련하여 주목할 만한, 꽤 알려진 유명한 설교였다.

시편 76:10에 근거하며 1776년 5월 17일 금요일에 선포된 이 설교는 미국의 독립을 위해 유익하게 사용되었음을 증명하였고 그 다음 달 대륙 회의(continental congress)가 열린 도시에서 출판되었다. 이 날은 대륙 회의에 의해 기도의 날로 제정된 날이었다. 그 설교의 인

---

4 Witherspoon의 설교는 Ellis Sandoz에 의해 편집된 후 재인쇄 되었다. *Political Sermons of the American Founding Era, 1730–1805*, 2 vols. (Indianapolis: Liberty Fund, 1998), 1:549.

기 정도는 1776년 6월 말에 있었던 대륙 회의에 참여할 뉴저지 대표를 뽑는 선거에서 위더스푼이 당선된 사례가 말해준다. 이 당선으로 그는 독립선언문에 서명할 수 있는 지위에 있게 되었다. 위더스푼의 신앙적인 연설의 내용은 자유의 의미를 포함하고 있었으며, 미국의 칼빈주의자들 사이에서도 충분히 인정받을 만큼 영향력이 있었다.

식민지의 정치적인 상황을 설명하는 그의 설교의 두 번째 부분에서, 위더스푼은 하나님을 신뢰하고 "현재의 중요한 갈등에 대해 그의 도우심"을 소망하는 회중들을 권면함으로써 그들이 위대한 애국심으로 고양되도록 시도했다.[5] 만약 그들의 의도가 정의롭고 그들의 원칙이 순수하며 그들의 행위가 신중하다면 신의 도우심에 대해 자신감을 가질 수 있다고 위더스푼은 믿었다. 비록 그가 그 설교를 더 위대한 도덕률의 완성이라는, 즉 위더스푼이 그와 동시대를 살고 있는 사람들의 영적인 퇴보에 대해 걱정했던 부분에 초점을 맞추면서 마무리 지었지만, 그는 영국에 대한 그들의 분노가 정당함을 거의 의심치 않았다. 그는 "미국이 현재 무장을 하는 이유는 정의, 자유, 인간의 본성에 기인한다"고 선언했다.

위더스푼은 식민지의 사람들의 영국으로부터의 독립에 대한 갈망은 "오만, 증오, 반란"의 동기가 아니라, "일시적이며(현세) 영원한 (내세) 우리와 우리의 사회의 행복"과 같이, 신앙적이고 시민적인 자유는 정치적인 자치에 의존한다는 "깊고 일반적인 신념"으로부터 불러일으켜졌다고 보았다. 여기서 위더스푼은 시민과 신앙의 자유 사이의 관계에 대한 정확한 개념을 가지고 있었다. 그는 "하나님과

---

5   Ibid.

그의 진리에 관한 지식은 창조 이전부터, 만일 그것이 세대 전체가 아니라면, 어느 정도 자유와 정치적 정의가 보장되는 세대의 몇몇 나라들에 국한되어 왔다"고 설명했다.[6]

사실 위더스푼은 자유에 관한 근본적인 개신교 논리를 정교하게 다듬었는데, 그것은 행정 관료들이 시민 자유(civil liberties)를 보호한다면, 진정한 종교, 즉 개신교가 번성할 것이라는 가정이다. 이 논리의 이면은, 개신교가 시민 자유의 성장과 번영을 위한 가장 좋은, 동시에 가장 자연스러운 토양이라는 믿음이었다. 위더스푼은 "시민의 자유가 빼앗기면서 신앙의 자유가 보존된 적은 역사상 단 한 차례도 없었다"고 주장하며 이 관계에 대해 명백하게 주장했다. 이러한 이유로, 만약 식민지인들이 불공정세금을 통해 의회에게 "그들의 일시적인 소유를 양도했다면," 그들은 또한 그들의 양심을 "속박에 넘겨주는 것"과 같았다.[7]

미국 건국의 지적 기원들 가운데 핵심적 위치를 가지는 개신교와 자유의 상호적인 번영은 국가의 목적과 정체성에 관한 미국 개신교도들의 반복되는 논쟁 주제가 되었다. 개신교의 정치적 영향력의 주목할 만한 한 가지 예는 1835년 출판된 라이먼 비처(Lyman Beecher)의 『서구권을 위한 간청』(A Plea for the West)이다.[8] 해리엇 비처 스토웨(Harriet Beecher Stowe)와 헨리 워드 비처(Henry Ward Beecher)를 포함한 놀라운 자녀들을 둔 아버지이자 1830년 중반 보스턴 회중교도

---

6 Ibid.

7 Ibid.

8 Lyman Beecher, *A Plea for the West* (Cincinnati: Truman and Smith, 1835).

였던 비처는 회중교도들과 장로교도들의 합작품인 래인신학교(Lane Seminary)의 업무를 관장하기 위해 신시내티로 이주했다. 뉴잉글랜드의 안정적인 청교도 문화로부터 벗어난 비처는 미국의 장래에 대해 걱정했다. 구체적으로, 그는 국가의 정치적 제도와 이상에 대해 외인인, 미국의 중심지역으로 물밀 듯 들어오는 유럽의 이민자들의 증가를 우려했다. 특히 로마 가톨릭의 이민자들은 미국 장래의 특별한 위협이 될 것으로 보았다.

비처는 특히 "다른 이에게도 정당한" 신앙에 대해 상상 속 인물과의 대화로 쓴 그의 책을 통해 기독교의 정치적 의미를 설명했다. 그가 인정했듯이 이는 "가혹한, 비사회적인, 독선적인, 무자비한, 배타적인, 탄압적인 악평"으로 종종 비판받았던 종교 시스템인 칼빈주의를 변호하기 위함이었다.[9] 비록 칼빈주의 제도가 "항상 독재 권력에 맞서 자유의 편에 서 있었음"이 그에게는 명백했을지라도 비처의 변호를 위한 근거는 모두 개인적인 진술에 불과했다. 여기서 비처는 영국의 법적 그리고 개신교의 문화적 전통을 위한 지지를 발견했다.

> 우리의 운명이 종종 어려움에 처하고 위기에 놓였을 때, 청교도들을 통하여 칼빈주의는 그것의 가장 귀중한 원칙들을 영국 헌법에 살아 숨쉬게 했고, 우리 나라의 공화정 제도의 토대를 놓았고, 숲을 개척했고, 캐나다 인디언과 프랑스 가톨릭과의 식민

---

9 Ibid., 79.

지 전쟁을 할 수 있게 했다.[10]

사실 비처는 정치적 자유에 대하여 "이 땅에 다른 신조가 아닌 칼빈주의가 존재하였을 때, 혁명적인 고난을 통하여, 눈물을 흘렸고, 기도했으며, 금식했고, 싸웠고, 고통당했다"[11]라고 덧붙였다. 그럼에도 불구하고, 그는 만일 미국의 로마 가톨릭 이민자들이 교황권의 강하게 밀폐된 규제에 의해 거르지 않고 단순히 자유의 신선한 공기를 마신다면, 그들은 자유를 택할 것이라고 확신했다. 비처는 다음과 같은 글을 남겼다.

> 만일 로마 가톨릭 이민자들이 공화주의자들과 연합한다면, 신분의 힘은 닳아 없어질 것이다. 만일 그들이 우리 학교 안으로 섞여 어우러진다면, 공화주의의 기운은 그들의 마음에 스며들어 퍼질 것이다. 만일 그들이 흩어지고, 서로 연합하지 않는다면, 그러한 변화는 그들의 혐오를 사라지게 할 것이다. 만일 그들이 감히 그들 자신에게 주어진 속박을 반대하고 더불어 개신교 독립을 반대한다면, 그들에게 주어진 속박을 반대하는 권리만큼, 동등한 권리의 욕구가 깨어날 것이고 두려워 떠는 미신적인 마음을 지배하는 전제적 성직자의 지

---

10 Ibid., 80.

11 Ibid.

배에 종지부를 찍게 될 것이다.¹²

19세기를 닫으며, 회중교도의 모습으로서 또 다른 중요한 개신교도가 정치적 자유에 있어 개신교의 뿌리에 대해 찬양했다. 조시아 스트롱(Josiah Strong)은 자신의 베스트셀러인『우리의 조국: 가능한 미래와 현재의 위기』(*Our Country: Its Possible Future and Its Present Crisis*)에서 미국의 자유가 올바른 신앙에 의존한다고 주장했다. 스트롱은 "로마 가톨릭"이라는 장에서, "우리 정부의 근본적인 원칙"과 "가톨릭의 근본적인 원칙" 간의 기본적인 반목에 대해 전체적인 개요를 설명했다.¹³ 그는 양심의 자유, 자유학교("우리 정부의 시금석 중 하나인"), 미합중국 헌법에 대한 복종(이것은 교황에 대한 반대로 여겨짐)에 대한 로마 가톨릭의 반대를 명시한 다른 교회의 공문들과 출판물들뿐만 아니라 교황 본인의 말을 인용하여 나열했다.¹⁴ 다른 한편으로, 스트롱은 개신교가 번영하는 곳이 어디이든지 간에 시민 자유가 따라 온다는 주장을 멈추지 않았다.

앵글로색슨의 가장 위대한 두 가지 특징은 시민 자유와 영적인 기독교였다고 주장하며, 이것이 어떻게 영국인, 영국의 식민지인, 미국인 모두 가장 자유로우며 가장 신실한가를 설명하고 있다고 보았다. 스트롱은 그의 글에서, "가장 숭고한 기독교 문명의 빛 안으로 높임을 받을 인류의 위대한 두 가지 필요는, 첫째, 순수하고 영적인 기

---

12 Ibid., 118.

13 Josiah Strong, *Our Country: Its Possible Future and Its Present Crisis* (New York: Baker & Taylor, 1885), 47.

14 Ibid., 49.

독교이고, 둘째, 시민 자유이다. 이것에 대한 논쟁은 불필요하다"라고 적었다.[15] 이러한 자부심은 미국의 정치체제에 대해서 비슷한 관점을 오랫동안 가지고 있던 스트롱의 영국계-미국 개신교(Anglo-American Protestant) 독자들에게 완전히 부합하는 것이었다.

그것은 또한 미국 장로교도들에게도 일리가 있었다. 비록 비처와 스트롱이 회중교의 신자들이었지만, 장로교 작가들은 자유 민주주의와 개신교 신앙(Protestant faith) 사이의 끈을 언급하는 것에 조금도 망설이지 않는다. 신 학파 장로교도였던 앨버트 반즈(Albert Barnes)는 그의 작은 책인 『장로교의 연관성』(Presbyterianism: Its Affinities)에서 칼빈주의의 가장 중요한 이상들 중 하나는 정부의 대표자제도였다고 관찰했다. 실제로 장로교는 중간계층을 대표했다. "이 중간계층은 한편으로는 전제왕권의 원칙들과는 구분되었고, 그리고 다른 한편으로는 엄격하고 극단적인 민주주의와 구별되었다."[16] 사실 "근대의 자유와 연관된 모든 정의로운 생각은" 장로교가 이해하고 가르쳤던 정부에 대한 근본적인 원칙들과 연결되어 있다.[17]

구 학파와 신 학파의 논쟁에서 반즈의 천적인 찰스 하지(Charles Hodge) 역시 개신교 신념을 전제로 하고 근대 자유 개념으로 결론을 내리는 논리에 영향을 받았다. 1855년 장로교역사회(Presbyterian Historical Society)에서 행한 장로교의 본질에 관한 강의의 말미에서, 하지는 칼빈주의와 공화정 사이의 중요한 연결고리를 인지했다. 그

---

15 Ibid., 161.

16 Albert Barnes, *Presbyterianism: Its Affinities* (New York: J. M. Sherwood, 1863), 10.

17 Ibid., 11.

는 "그 연결고리는 자유의 원칙들과 장로제도의 권위의 결합에 있다"라고 선포했으며, "그 결합은 적법한 권위에 종속한 사람들의 권리의 연합인데, 이것이 세상의 모든 영역 안에서 시민 자유의 보호자이자 수호자가 된다"[18]고 주장했다. 하지는 이것을 "장로교의 부수적인 이득"이라고 인정했다.

그러나 심지어 신학적인 통찰로부터 사회적인 프로그램들을 고안해 내는 것에 별로 우호적이지 않은 경향성을 띠는 신학자인 하지도 미국 정치에 대한 칼빈주의적인 옹호에 붙잡혀 있었다. 이러한 고려 속에 그는 『장로교 제도』(The Presbyterian System)라는 글에서 다음과 같이 주장하는데, 이 주장은 1895년에 있었던 윌리엄 헨리 로버츠(William Henry Roberts)의 논증과 그리 동떨어져 있지 않은 것이었다.

> 진정한 칼빈주의는 올바른 행위의 하나로서, 그리고 사회질서의 하나로서 개인과 정부 모두에게 선(善)이 되는 가장 명백한 자원이었고 현재도 그러하다.

사실 북장로교의 성직자들은 칼빈주의의 "가장 훌륭한 결과물들은 하나님을 두려워하는 신자와 법을 준수하는 시민이다"[19]라고 주장했다.

---

18 Charles Hodge, *What Is Presbyterianism? An Address Delivered before the Presbyterian Historical Society...* (Philadelphia: Presbyterian Board of Publication, 1855), 79.

19 William Henry Roberts, *The Presbyterian System: Its Characteristics* (Philadelphia: Presbyterian Board of Publication and Sabbath School Work, 1895), 28.

이전의, 그리고 더욱 최근의 주석가들은 칼빈주의자들이 그들의 고유한 신앙과 정치적인 자유 사이에서 느껴왔던 유대감에 대한 수많은 근거들을 제시해 왔다. 뛰어나지만 무시되는 종교개혁자들의 정치관 입문서 『종교개혁의 정치적 결과들』(Political Consequences of the Reformation)의 저자인 영국인 로버트 H. 머레이(Robert H. Murray)에게 있어, 칼빈의 하나님의 의지 이해는 정치적 독재에 대한 기본적인 점검이었다. 머레이는 "그 주체의 양심이, 말하자면, 왕의 권위를 넘어서는 어떠한 확신이 없이는 아무도 『기독교 강요』(Institutes)의 마지막 문단을 읽을 수 없다고 했다."[20]라고 기록했다.

마크 패티슨(Mark Pattison)에게서도 유사한 점을 발견할 수 있는데, 머레이는 그를 인용하고 있다. "연약해진 의지를 일으키기 위해, 개인의 양심을 동요하기 위해, 영혼의 권리를 되찾고 그것의 책무를 느끼게 하기 위해, 영혼을 격려하기 위해, 수동적인 굴복을 자유로운 복종으로 대체하기 위해, 이것은 야만적이 아닌, 칼빈의 이해하기 쉬운 입법의 고귀한 목적이었다."[21]

미국 교회 역사가인 마크 놀(Mark A. Noll)은 최근의 책 『미국의 하나님』(America's God)에서, 비록 교리가 정치를 결정했다는 주장에 대해 머레이보다는 덜 동의하는 편이지만, 신학과 정치적인 이론 사이의 관계에 머레이와 비슷한 무게를 부여한다. 이러한 이유로, 미국 칼빈주의자들이, 1750년 이전에는 오직 다른 정통에서만 주장되었던 정치형태인 공화정 제도를 포용하는 것에 대한 놀의 설명은, 칼

---

20 Robert H. Murray, *The Political Consequences of the Reformation: Studies in Sixteenth-Century Political Thought* (London: E. Benn, 1926), 109.

21 Ibid., 126.

민주의와 정치적 자유 사이의 신앙적인 관련성은 정치 철학과 개혁파 신학 사이 만큼 많은 특징을 이룬다고 보았다.

장로교도들과 회중교도들의 경우와 같이 대영제국으로부터 미국의 독립을 위한 동맹은 개혁파 정통주의의 중요 요소들을 타협하는 계기가 되었다. 또한 한때 지적 혁명으로 여겨졌던 종교와 정치의 조화를 위한 노력은 미국 독립 혁명 시기가 지난 후 점차 미국인들에게 관습으로 자리잡아 갔다. 이에 대해 놀은 이렇게 주장한다.

> 미국인들에게 종교와 공화제의 가치에 대한 생각이란 오랫동안 익숙해져 버린 것이다. 그러나 이러한 소중한 제도들을 연합하려는 미국인의 오랜 습관은 새로운 국가의 "기독교 공화제"가 실제로 얼마나 두드러지게 독창적이었는지에 대해 인지하지 못하는 계기가 되었다.[22]

정치적 자유에 관한 칼빈주의의 지지에 대한 마지막 설명은 데이비드 그레스(David Gress)에게서 살펴볼 수 있다. 서양의 사조에 관한 그의 1998년 연구인, 『플라톤에서 NATO까지』(*From Plato to NATO*)를 살펴보면 신학과 정치의 구체적인 역동성은 서구 시민사회의 역사를 형성하였던 다른 요소들에 비해 큰 비중을 차지하지 않는다고 기술되어 있다. "서구사회"를 구성하는 요소들 가운데 로마 가톨릭에 대한 개신교와 종교개혁의 역할은 계몽주의 사상가들이 한 것에

---

22 Mark A. Noll, *America's God: From Jonathan Edwards to Abraham Lincoln* (New York: Oxford University Press, 2002), 54.

비해 영향력이 크지 않았다고 그레스는 보았다.

그레스에 따르면, 진보주의자들과 급진주의자들은 유럽의 과거 기독교 속에서 "모더니티(modernity)의 세속적이고, 이성적인 자유"에 대해 설명할 길이 전혀 없었다.

> 그리스도인의 자유가 어찌 되었든 간에 정치와 사회적 자유의 근대적 이해에 대해 원인이 된다는 주장은, 기독교의 지배 하에서 행해진 검열, 무지, 미신, 그리고 계급적인 교회와 정의에 대한 신학적 장치의 비이성주의에 대항하여 자유가 주장되었다고 생각하는 급진적 계몽주의자들에게는 끔찍한 일이었다.[23]

결과적으로, 계몽주의 사상가들에게 종교개혁은 기독교 국가의 분열과 자유의 새로운 시대를 연 선구자로서 유용한 예가 된 것이다. 비록 그레스가 언급한 것은 아니지만, 놀에 의해 연구된 개신교 지도자들에게 이러한 변화의 영향은 동일하게 중대한 것이었다. 만일 개혁파 신학이 근대 사회 속에서 중요한 역할을 가졌다면, 그것은 정치적 자유의 근대성에 있어서 그것이 유용했음을 보여줄 필요가 있다. 정치에 대한 개혁파 신학의 유용성이란 장로교도와 개혁파 지지자들에게는 자유 민주주의의 정치적 이상에 대한 좋은 설명일지도 모른다. 그러나 그들은 그리스도인의 자유의 본질에 관해 역사적 개신교의 실제 가르침을 거의 가르치지 않는다. 자유의 신학적

---

23   David Gress, *From Plato to NATO: The Idea of the West and Its Opponents* (New York: Free Press, 1998), 261.

사상과 그것의 정치적 결과물들에 대한 이해는 미국 칼빈주의자들이 남용한 그리스도인의 자유의 본질을 인식하기 위해 중요하다.

2. 그리스도인의 자유의 유용성

만일 종교와 정치적 자유의 미국적 정체성에 대한 고백적 기초가 존재했다면, 웨스트민스터 신앙고백을 살펴보는 것이 좋을 것이다. 울리히 츠빙글리(Ulrich Zwingli)의 67개 신조(Sixty-seven Articles, 1523)와 웨스트민스터 총회(Westminster Assembly) 기간 사이에 쓰인 개신교 신조들과 신앙고백들 중에서, 웨스트민스터 신앙고백만이 유일하게 그리스도인의 자유에 대해 한 장 전체를 할애했다.[24] 물론 다른 선언들은 이 교리에 의존한다.

그러나 웨스트민스터 신앙고백은 삼위일체보다 더 정교한 방식으로 그리스도인의 자유를 서술하고 있다. WCF 20은 그리스도인의 자유 그 자체에 관해 한 부분을, 그리고 이 교리의 적용에 대한 간결한 논의와 함께 원래 표현을 한정하는 세 부분의 보조절을 사용하여 이 부분을 직접적으로 드러내고 있다.

WCF 20.1은 다음의 세 문장으로 이루어져 있다.

> 복음 아래에 있는 신자들을 위해 그리스도께서 값주고 사신 자

---

24 Arthur C. Cochrane, ed., *Reformed Creeds of the Sixteenth Century* (1966; repr., Louisville: Westminster/John Knox, 2003).

유는, 그들의 죄책과 하나님의 심판하시는 진노와 도덕법의 저주로부터의 자유, 그리고 지금의 악한 세상과 사탄의 속박과 죄의 지배로부터의 구원, 그리고 고통의 악과 죽음의 쏘는 것과 죽음의 승리와 영원한 지옥 형벌로부터의 자유, 그리고 하나님께 다가갈 수 있는 자유, 그리고 노예와 같은 두려움으로부터가 아닌 자녀로서의 사랑과 의지적인 마음을 담은 올바른 순종의 자유로 구성된다. 이 모든 것은 율법 아래에서도 일반적인 것이었다. 그러나 새 언약 아래에서 그리스도인들의 자유는, 예식적인 율법의 굴레로부터 유대 교회가 당면했던 영역까지 은혜의 보좌로 나아갈 더 큰 담대함에 이르도록, 그리고 율법 아래에 있는 신자들이 일반적으로 참여했던 것보다 더욱 넘치는 하나님의 자유의 영의 교통함에 이르도록 확장된다.

이 비교적 간단하며 명확한 문단 안에서 두 가지 측면이 즉각적으로 나타나게 된다.

첫째, 그리스도인의 자유의 가장 우선되는 부분은 그리스도께서 값주고 사셨고 SL 32-38에 열거된 칭의, 입양, 성화, 죽음과 부활에 있어서 믿는 자들에게 주어지는 여러 유익들을 누리는 것이다. 물론, WCF 20의 내용은 소요리문답과 같은 언어 또는 용어들을 사용하지 않는다. 그러나 "죄책으로부터의 자유"(칭의), "하나님께 자유롭게 나아갈 수 있음"(입양), "현재의 악한 세상으로부터의 구원", 그리고 그리스도를 닮아가는 것(성화), "사망의 화살"로부터의 구원(영광 안으로 즉각 들어오는 영혼)과 "무덤의 승리"로부터의 구원(부활)에서 그 생각들은 실제로 같다. 결과적으로, 그리스도인의 자유는 그리스도 안에서의 구원과 동의어이다. 이것은 부수적인 축복의 하나가 아니다. 왜냐하면 율법, 죄, 그리고 죽음으로부터의 자유는 그리스도께서 순종, 죽음, 부활로 성취하신 것의 핵심이기 때문이다.

둘째, 그리스도인의 자유와 율법 사이의 관계가 WCF 20에서 나타난다. 이 장은 율법에 관한 신성한 가르침(WCF 19)을 뒤따르며, 자유와 율법이 일반적으로 시민의 특권과 책임을 이해하는 데 잘 들어맞는다. 따라서 WCF 19와 20은 동전의 양 측면과 같다. WCF 20 안에 있는 내용은 WCF 19.3과 4에 서술된 이스라엘과 교회 사이의 차이에 대해 더 확장된 적용을 다루고 있다. 율법이 유대인들과 그리스도인들에게는 그 의미가 다르기 때문에, 그리스도인의 자유는 구약과 신약의 성도들의 삶 속에서 다른 모양을 취한다. 한편으로, 웨스트민스터 신앙고백은 이스라엘인들과 그리스도인들이 비슷한 영적 지위와 관련된 같은 혜택들을 누린다고 주장한다. 그러나 구원의 역사와 신자들이 맞닥뜨린 문제들의 관계를 살펴보면, 그리스도의 초림 또는 재림 이전이든 그렇지 않든, 그리스도인의 자유의 형식은, 그리스도께서 이루신 사역에 의존하는 정도와 필연적으로 연결된다. 사실 그리스도인들이 누리는 자유는 그들의 예배와 헌신의 모양과 직접적으로 관련이 있다. 그리고 교회의 시대 속에 정치적이거나 사법적인 방식에 대한 적용에 있어서는 덜 명확하다.

WCF 20.2는 그들의 최초의 선언을 한정짓는다.

> 하나님만이 양심의 주이시다. 하나님은 신앙이나 예배에 관한 일에 있어서 자기의 말씀에 조금이라도 배치되거나 벗어나는 인간들의 교훈들과 계명들로부터 양심을 해방시켜주셨다. 그

러므로 그러한 교훈들을 믿는다거나 양심을 범하여 그러한 계명들에 순종하는 것은 양심의 참 자유를 배반하는 것이다. 또한 맹신과 맹종을 요구하는 것은 양심과 이성의 자유를 파괴하는 것이다.

어떤 면에서 이 주장은 양심의 자유를 서술하는 또 다른 간략한 정의이다. 그러나 WCF 20.2는 또한 WCF 20.1 속의 방종을 불러올지도 모르는 것의 주변에 장벽을 놓기 시작한다. 그리스도인의 자유에 대한 첫 번째 울타리는 하나님의 말씀이다. 그리스도의 구원의 혜택을 누리는 그들은 하나님의 말씀을 불순종할 자유가 없다. 이러한 관점에서, 그리스도인의 자유는 정치철학자들이 말하는 "긍정적인 자유"(postive liberty)에 관한 변형이다. 즉 이것은 선을 행할 자유이지 규제로부터의 자유인 "부정적 자유"(negative liberty)가 아니다. WCF 19.6에서 확증하고 있는 것처럼, 율법은 신자들에게 "큰 유용이 되는 것"이다. 따라서 WCF 20.1는 그리스도인의 자유를 두려움으로부터가 아닌, 사랑으로부터 나오는 하나님께 대한 "온전한 순종"으로 정의한다.

이러한 상황에서, 양심의 자유는 이 부분과 WCF 1.6와 WCF 1.10 모두에서 확증하고 있는 오직 성경으로(솔라 스크립투라[*sola scriptura*])라는 신조의 중요한 적용으로 해석될 수 있다. 인간의 전통과 성령의 새로운 계시와는 반대로 이 고백은 성경의 독자적인 권위(WCF 1.6)를 확증하는 방법으로 기술하고 있으며, WCF 20.2에서도 그 점을 되풀이하고 있다. 그리스도인은 자유를 갖는데, 특히 만약 인간의 권위 또는 선한 의도에 기초하여 불순종하도록 강요받더라도 이 자유는 하나님의 법을 따르는 것을 포함한다.

"오직 성경으로"에 대한 확증과 그것의 인과적인 가르침인 양심의 자유는, 예배에서 행해지는 것은 무엇이든지(예를 들어, 예배의 요소들) 성경으로부터 근거를 가지고 있어야만 한다고 가르치는 예배의 원칙에 관해서 왜 WCF 20.2가 WCF 21.1을 되풀이하는지 설명하고 있다. 만약 성경으로부터 근거를 가지고 있지 않다면, 그것이 무엇이든지 금지된다. WCF 20.2에서 이러한 고백들은 단순한 예배에 대한 견해를 말하고 있는 것이 아니다. 통합적인 예배야말로 분명히 그들이 고려하고 있는 신앙적인 의무들 중 가장 중요한 것이었다. 이것에는 하나님의 말씀에 대한 순종, 믿음, 예배가 포함된다. 다시 말해서, 그리스도인의 자유란 종교적인 의무들로부터의 자유를 말하는 것이 아니라, 오직 말씀으로부터 기인하지 않은 것들로부터의 자유를 말한다.

신자들의 의무는 WCF 20.3에서 더욱 강조된다.

> 그리스도인의 자유를 구실로 하여 죄를 범하거나 정욕을 품는 사람들은 그리스도인의 자유의 목적을 파괴하는 것이다. 그리스도인의 자유의 목적은 우리가 원수들의 손아귀에서 건짐을 받아 일평생 주님을 두려움 없이 주님 앞에서 거룩함과 의로움으로 섬기려는 데 있다.

이 부분은 또 다른 그리스도인의 자유의 한계에 대해서 말하고 있으며, 복음을 반율법적으로 이해하는 것에 반대하는 간결한 진술이다. WCF 20.1에서 말하고 있는 것처럼, 비록 그리스도인들은 "죄책", "하나님의 진노", 율법의 "저주"로부터 자유롭지만, 이 자유는 방종이 아니다. 그러므로 WCF 19.6에서 가르치듯이, 율법은 여전히 신자들의 규례이다. 사실 WCF 20.3에서도 말하듯이, 그리스도인의 자유의 목적은 "거룩함과 의로움"으로 주님을 섬기는 것이다. 이것은, 이미 언급했듯이, 단순한 긍정적 자유, 즉 선을 행하기 위한 자유에 관한 주장이 아니다. 이것은 또한 종교개혁이 회복하였던 칭의와 성화 사이의 관계를 압축하여 설명해 주는 것이다. 신자들은 하나님에 의해 의롭게 되었으므로, 즉 "우리의 원수들의 손아귀로부터 건짐을 받았기" 때문에, 그들은 이제 "두려움 없이" 거룩한 삶을 이끌기 위한 노력을 경주할 수 있다.

이것은 그리스도인의 자유가 거룩함을 위한 규례인 율법과 신자와의 관계를 재정립하는 것을 확증하는 또 다른 길이다. 신자는 그리스도를 통해 율법의 저주로부터 자유하게 되었기 때문에 이제 하나님을 자유롭게 섬기며, 죄책 또는 형벌의 두려움으로부터 자유롭다. 신자들은 그리스도 안에서 누리는 자유 때문에 "용감하게 죄를 짓는다"라는 마틴 루터(Martin Luther)의 표현은, WCF 20.3에서 율법의 모든 형벌과 요구들로부터 그리스도인들이 누리는 자유와 그리스도의 거룩한 삶에 대한 감사로 인하여, "용감하게 거룩해지는"으로 이해되었다.

예배와 그리스도인의 삶에 관한 고려와 함께 그리스도인의 자유의 본성을 한정한 후, 고백의 내용은 마지막으로 WCF 20.4에서 정치의 주제들을 다루고 있다. 그러나 그들은 적법한 권위의 광범위한 상황 속에서 다뤄지고 있다(즉 그것은 타락과 완성 사이의 인간의 삶을 다스리기 위해 하나님이 임명하신 권세인 것이다).

하나님께서 정하여 세우신 권세들과 그리스도께서 값 주고 사신 자유는 양자가 서로 충돌하여 파괴하도록 하나님에 의해 의도된 것이 아니라, 상호간에 서로를 시인하여 보존되도록 의도된 것이다. 그러므로 그리스도인의 자유를 구실로 하여, 합법적인 권세나-그것이 국가적인 것이든 아니면 교회적인 것이든 간에-그 권세의 행사를 반대하는 사람들은 하나님의 법령을 반항하는 것이 된다.

그리고 신앙과 예배 또는 시민생활에 관해 이성의 빛이나 기독교의 일반 원리나 경건한 권세에 반대되는 그러한 견해들을 발표하거나, 그러한 행동들을 지속적으로 행사하는 경우 또는 그러한 그릇된 견해나 소행들이 본질상 그리고 그것들을 발표하거나 행사하는 방법면에서 그리스도가 교회 안에 세우신 외적 평화와 질서를 파괴하는 경우, 그러한 사람들이 책망 받고 교회의 견책을 받아 고소당하는 것은 마땅하다.

두 가지 측면에 있어서, 이 주장은 개신교와 근대 서양의 정치적 자유의 등장 간의 추정되는 연결과 관련하여 주목할 만하다.

첫째, 정치적 자유를 옹호하는 사람들은 웨스트민스터 신앙고백 안에서 그들의 신념에 대한 정당성을 찾는 데 곤란을 겪을 것이다. 사실 WCF 20.4는 공권력을 제한하기 위한 기초로 그리스도 안의 믿음을 통한 법의 굴레로부터의 자유를 사용하는 것을 명백히 거부하고 있다. 이 조항은 분명히 하나님께 임명받은 권위로서 1세기 로마 정부 권한의 적법성을 인정하는 로마서 13장의 가르침을 지키고 있다. 그러므로 그리스도인의 자유는 하나님께로부터 온 정부의 권위에 저항하기 위해 사용될 수 없다.

비록 이 신성한 고백들이 명쾌하게 그렇게 말하지 않을지라도, 그것들이 준 인상은 만일 그리스도인의 자유가 정부의 권한 행사에 상충된 방식으로 일정한 형태로 구체화된다면 신자는 정부에 복종함으로 얻게 되는 결과로 고통을 받든지, 만일 그리스도인의 양심이 그러한 복종에 의해 침범을 받게 된다면 복종을 거부함으로 받게 되는 형벌로 고통을 받는다는 것이다. 그러나 반란은 선택할 수 있는 항목에 해당하지 않는다. 왜냐하면 정부의 통치는 "하나님의 임명"(ordinance of God)으로 이루어지는 것이므로, 반란은 하나님께 불순종하는 것과 같다.

둘째, WCF 20.4는 교회의 권한을 두드러지게 확증하고 있다. 일반적으로 교회의 기관으로서의 권위는 개신교로부터 정치적 자유를 끌어내기 위해 분투했던 논쟁들 안의 요소가 아니었다. 종교개혁과 자유민주주의(democratic liberalism) 사이의 관계에 대한 옹호자들 대부분에게 있어, 교회의 권위는 중요한 요소가 아니었기 때문에 확실히 반대될 필요가 없었다. 정치적 자유는 올바른 신앙에서 솟아났다는 근대 개신교 사상은 일반적으로 교회의 권력을 믿었던 로마 가톨릭 사상에서 나왔다. 개신교도들은 교회의 권위는 본질적으로 무시해도 될 정도라고 여겼다.

그러나 웨스트민스터 총회의 위원들은 그리스도인의 자유 또는 교회의 권위에 대한 그러한 해석을 거의 용인하지 않는다. 정부처럼, 교회의 권위 또한 하나님이 세우신 것이며 이것은 또한 WCF 31.2에도 명확하게 드러나 있다. WCF 31.2는 대회들(synods)과 공의회들(councils)의 결정들은 "경외심과 복종하는 마음으로 받아들여져야 하는 것"이며, 단순히 하나님의 말씀에 따르는 것이 아닌, "하나님께서 자기의 말씀으로 정하신 하나님의 규례로 알고" 따라야 함을 가르치고 있다.

심지어 미국 장로교도들이 영국 의회와 웨스트민스터 총회 간의 관계 안에 만연해 있었던 에라스투스적인 양식으로부터 교회를 자유롭게 하면서 국가 위정자에 관한 WCF 23을 개정하고 교회의 자치권을 확증할 때, 그들이 정치적 자유를 옹호하고자 의도했던 것은 아니었다. 대신 그 목적은 정부의 감독으로부터 교회의 독립을 주장하기 위한 것이었고 정부의 조종과 간섭으로부터 인간 삶의 영역을 제거하기 위한 것이었다. 이것은 영어권 국가 안에서의 장로교가 시작되었던 1560년부터 스코틀랜드와 북아일랜드의 장로교도들이 믿어왔던 것이었고, 언약도들(Covenanters), 연합개혁파(Associate Reformed), 자유교회장로교도(Free Church Presbyterians)과 같이 대영제국 안에 장로교의 토대를 놓기 위한 공동체에 지속적으로 영향을 끼쳤다. 결론적으로, 웨스트민스터 신앙고백 안에 표현된 그리스도인의 자유는 정치적 자유주의나 교회로부터의 자유나 개인적인 권리를 정당화하는 것으로 이해될 수 없다.

WCF 20을 주의 깊게 살펴보면, 로마 가톨릭과 마찬가지로 19세기 미국 문화를 지배했던 휘그당의 문화적 이상과 대부분 상충하는 것은 적법한 권위와 개인의 자유에 대한 개념이다. 이 이상은 종교, 정치, 미국 사회에 가득했던 반가톨릭주의를 뒷받침하는 역사적 관점의 낯선 조합이었다. 그것은 개신교의 자유를 압박하는 로마 가톨릭의 폭정, 개신교에서 무르익은 합리성에 반하는 로마 가톨릭의 미신적 가르침과 실천, 문화와 정치에 대한 개신교의 개방성에 대항하는 근대 사회를 향한 로마 가톨릭의 적대적 강퍅함 등에 초점이 맞추어져 있다.

요컨대, 휘그당의 문화적 이상은 비처, 스트롱, 그리고 그들의 지도를 따랐던 장로교도들과 같은 이들에 의해 미국의 기독교 특징에 관한 선언의 토대가 되었다. 이들 칼빈주의자들은(열성적이거나 겉모습만 그렇거나 상관없이 둘 다) 자유, 시장, 인간 지식의 진보가 개신교 신앙의 결과물이 될 것이라고 생각했다. 그러나 사실 휘그당의 문화적 이상주의는 웨스트민스터 신앙고백의 신학이라는 잣대 안에 머물 곳이 없었다. 그 이상이 가장 명확한 지지를 받을 수 있었던 곳은 사실 개혁파 신앙의 구성에 적대적이었다. 그러한 전통 속에서 개신교도들이 어떻게 휘그당을 수용하게 됐는지는 광범위하고 복잡한 주제다.[25] 그러나 이론상으로는 앞서 언급된 19세기 미국 개신교도들의 신념들은 웨스트민스터 신앙고백의 가르침으로부터 거리가 있었다.

3. 그리스도인의 자유의 역설

웨스트민스터 신앙고백 안에 담겨진 그리스도인의 자유에 관한 세밀한 관찰로부터 드러나는 여러 결과물 중, 이 소논문의 목적에 가장 부합하는 것은 정치와 관련한 것이다. 20세기 말 카이퍼주의(개혁파 세계관과 인생관의 중요성과 필요성)와 신정체제(theonomy, 성

25　Noll, *America's God*.

경적인 가르침을 일반화하고 구체적으로 구약을 근대 정부를 위한 규범으로 만들려는 노력)에 빚지고 있는, 개혁파 진영 내에서 일어난 정치의 특성은 그리스도의 주되심이다. 삶의 모든 영역에서의 하나님의 주권에 대한 열렬한 재천명, 성경의 충분성 덕택에 모든 인간사에 대한 성경의 관련성을 추가적으로 강조할 수 있음, 진정한 기독교 신앙은 종교적인 생활에 국한하지 않고 소위 세속적인 영향을 주기 위해 퍼져나가야 한다는 요구 때문에 미국 칼빈주의자들은 정치에 대한 개혁파적 접근에 있어서 루터파와 다르다고 믿어왔다.

정부와 교회가 작용하는 분리된 영역을 인지하고 기술하기 위한 두 왕국 교리에 의지해 온 루터파의 관점과 다르게, 개혁파 신앙인들은, 칼빈주의는 정치와 신앙 사이의 관계를 다르게 보며, 국가는 교회의 규칙을 준수하는 것과 유사한 방법으로 특별 계시의 법칙을 반드시 고수한다고 주장해왔다. 루터파들이 말하는 것은 각각의 정치에는 하나님의 의지보다는 기준이 있다는 것이다. 즉 교회에는 종교적 영역이 있기에 세속 영역에는 정치를 양도해야 한다.

그리스도인의 자유에 관한 웨스트민스터 신앙고백의 가르침은 칼빈주의자들이 사실 최근의 개혁파 신학자들이 고백하는 것보다 두 왕국 관점을 더 공유했을지도 모른다는 생각을 상기시킨다(이 유사성은 칼빈주의자들이 루터파를 흉내낸 것이라기보다는 각 전통이 어거스틴주의를 뿌리로 해서 생겨난 것이다). 교회와 국가 사이의 관계 또는, 이들 통치자들이 가지고 있는 기준들 간의 관계는 WCF 20에서 명쾌하게 드러나지 않는다. 그러나 그리스도인의 자유가 정치적 고려로부터 확연히 구별된다고 주장함으로, 웨스트민스터 총회의 위원들은 교회의 목적은 국가의 그것과 구별되며, 죄와 사탄의 억압으로부터 인간을 자유하게 하는 교회의 수단은 국가가 정의를 수행하고 시민들의 안녕을 보장하기 위해 사용하는 수단과 직접적으로 아무런 관련이 없다는 근본적인 어거스틴주의의 관점을 지지했다.

이런 방식으로, 웨스트민스터 신앙고백은 국가와의 일시적인 사안에 대하여 교회를 뒷받침하는 영적인 실재들과 혼동하는 위험에 대하여 경고하였던 칼빈을 떠올리게 한다. 그는 『기독교 강요』 4권에서 다음과 같이 말한다.

> 몸과 영혼, 현재의 일시적인 삶과 미래의 영원한 삶을 어떻게 구분하는지 아는 사람이라면 누구든지 간에 어려움 없이 그리스도의 영적인 왕국과 세속 정부의 관할권이 완전히 구별되는 것임을 알게 될 것이다. 그러므로 이 세상의 요소들을 가지고 그리스도의 왕국을 찾으려 하고 한정지으려 하는 것은 유대인의 헛됨이다. 따라서 우리는 성경이 분명히 가르치는 것은 그리스도의 은혜로부터 우리가 수확하는 영적인 열매라는 것을 깊이 생각해야 할 것이다.[26]

칼빈은 영적인 것과 일시적인 것 사이를 구분 지어 이 세상을 악하다고 말하는 것처럼 정부가 본질적으로 타락했다고 주장하지 않았다.[27] 정부의 통치는 그리스도인의 순례를 위한 도움이기에, 신자

---

26 John Calvin, *Institutse of the Christian Religion*, ed. John T. McNeill, trans. Ford Lewis Battles, Library of Christian Classics (Philadelphia: Westminster, 1960), 4.20.1.

27 이원론에 반대하는 카이퍼주의자들의 입장에 대해서는 다음을 보라. Albert M. Wolters, *Creation Regained: Biblical Basics for a Reformational Worldview* (Grand

들에 의해 무시되어서는 안 된다. 그러나 정치의 영역은 그리스도의 왕국과 구별되며, 국가의 법이 아닌 교회의 영적 통치가 "영원하고 썩지 아니하는 축복"을 위해 신자를 준비시킨다.[28]

비록 칼빈이 웨스트민스터 신앙고백이 작성되기 이전에 살았지만, 웨스트민스터신학교(Westminster Seminary)와 OPC(Orthodox Presbyterian Church)의 설립자인 J. 그레샴 메이첸(J. Gresham Machen)은 개혁파 신학의 두 왕국 특징을 명확하게 인식하고 있었던 미국 장로교도 중 한 명이다. 웨스트민스터 신앙고백의 가르침의 영향 아래와 칼빈주의의 변호 속에서, 메이첸은 신앙과 정치의 원리들을 혼합하는 것의 위험에 관해 자세히 서술했다.

> 정치적이거나 사회적인 질문들에 관한 어떠한 공식적인 선언도 진정한 기독교 교회로부터 기대할 수 없다. 그리고 무력행사를 포함하는 어떠한 행동에도 국가의 협력을 기대할 수 없다. 경찰의 역할은 중요하므로, 교회의 구성원들은 개인적으로든 혹은 그들이 정한 어떤 특별한 협력의 틀 안에서든 경찰의 임무에 있어 모든 합법적인 수행을 반드시 도와야 한다. 그러나 전체적인 역할에 있어서 교회의 기능은 완전히 다른 종류의 것이다. 악에 맞서는 교회의 무기는 영적인 것이지 육적인 것이 아

Rapids: Eerdmans, 1985); Cornelius Plantinga Jr., "The Concern of the Church in the Socio-Political World: A Calvinist and Reformed Perspective," *Calvin Theological Journal* 18(1983): 190-205; and Henry R. Van Til, *The Calvinistic Concept of Culture* (Philadelphia: Presbyterian and Reformed, 1959).

28　Calvin, *Institutes*, 4.20.2.

니다. 그리고 교회가 선한 것이든 악한 것이든 정치적 기준의 주장을 함으로 정치적인 이익집단이 되면, 교회는 본연의 올바른 임무로부터 벗어나게 된다.[29]

여기서 요점은 정치 그 자체에 관한 것이 아니라는 것이다. 대신 웨스트민스터 총회의 위원들과 마찬가지로 다른 형태로 국가의 권한을 경험했던 메이첸과 칼빈이 의도하였던 주제는 그리스도인의 자유가 정치적인 고려사항들로부터 멀찌감치 제거된다는 것이다. 다시 말하면, 그리스도 안에서 자유의 축복은 아주 훨씬 숭고한 것이며 이에 비해 근대 국가 운영과 관련된 자유는 사소한 것으로 보이도록 만든다. 이 자유들을 혼동하는 것은 칼빈이 말한바, "어리석은 짓"이다.

일반적으로 그리스도인의 자유에 관한 웨스트민스터 신앙고백의 가르침의 또 다른 결과는 복음의 역설적인 본질을 더욱 중요하게 여기는 것이다. 그리스도와 문화의 관계에 대한 고전적인 취급에서, 리차드 니버(H. Richard Niebuhr)는 칼빈주의를 변혁적인 것으로 구분했다. 그는 소명, 교회와 국가, 인본주의, 그리고 부활에 관한 칼빈의 관점은 "복음이 약속하고 하나님(인간이 아닌)의 가능성으로 가능하도록 만드는 것은, 인류의 모든 자연과 문화가 하나님 나라로 변혁된다는 생각으로 인도한다"[30]고 보았다.

---

29 J. Gresham Machen, *The Responsibility of Our Church in the New Age*, in D. G. Hart, ed., *J. Gresham Machen: Selected Shorter Writings* (Phillipsburg, NJ: P&R Publishing, 2004), 376.

30 H. Richard Niebuhr, *Christ and Culture* (New York: Harper and Bros., 1951), 217-18.

이러한 방식으로 칼빈주의를 인식하면서, 니버는 "일시적이고 영적인 삶 사이, 또는 외재적이고 내재적인 것 사이, 몸과 영혼 사이, 그리스도의 통치와 인간의 노동과 문화의 세계"로 구분하고 이러한 구분들이 혼동되지 않는다고 주장하는 루터파를 칼빈주의와 분리시킨다.[31]

다시 말하면, 카이퍼주의와 신정체제의 영향 때문에, 칼빈주의에 대한 니버의 글은 루터파와 반대로 주목할 만한 영향력을 얻어왔다. 그러나 웨스트민스터 신앙고백은 개혁파 신앙을 화란식으로 특이하게 독해하는 것이 왜 역사적 칼빈주의의 한 장르 또는 새로운 영역에서처럼 신칼빈주의(neo-Calvinism)라고 불리우는지 상기시켜 준다. 이것의 원래 관점은, 웨스트민스터 신앙고백이 보여주듯이, 비록 그리스도인들이 사는 (정치적, 문화적, 경제적) 상황들이 외견상으로는 영적 진리와 조화롭지 못하다 해도 복음의 실체와 진리는 하나라는 것이었다. 신칼빈주의가 이원론을 배척한 곳에서, 칼빈과 웨스트민스터 총회의 위원들은 그리스도인의 자유를 가장 우선하는 예로 들며 모든 종류의 이원론을 구별하는 것에 있어서 망설임이 없었다. 사도 바울 자신이, 그리스도의 성취의 의미에 관해 숙고함에 있어서, 그것들을 그리스도의 초림과 재림 사이의 교회를 향한 새로운 명령 안에서의 삶의 핵심으로 깨달았기 때문에 칼빈과 웨스트민스터 총회의 위원들도 그러한 구분을 할 수 있었다.

그렇기에 그리스도인의 자유에 관한 웨스트민스터 신앙고백의 가르침은 현재 북미의 개혁파 기독교를 지배하는 변혁주의 관점

---

31 Ibid., 171.

(transformationist)에 심각한 도전을 가한다. (표면적으로는) 모든 종류의 정치적 문제들로부터 그리스도의 구속 사역으로 인해 신자들이 누리는 자유를 구별함으로써, 웨스트민스터 총회의 위원들은 칼빈주의의 핵심으로서 개혁파 세계관과 인생관에 대해 주장하는 자들에 의해 칼빈주의의 결의를 약화시키는 표지인 이원론과 같은 것을 정확하게 입증하고 있었다. 심지어 그들의 절대적인 차이는 변혁적 칼빈주의자들 사이에서 너무나 자주 놓치는 복음의 역설적 특징을 담아내었다. 웨스트민스터 총회의 위원들에게 있어 그것의 일시적 또는 세속적 성공에 의해 복음의 진보를 산정하려는 시도는 근본적으로 구별되는 두 영역을 혼동하는 것이었다. 십자가가 기독교의 위대한 역설인 것처럼, 죽음에 의해 생명이 왔기 때문에, 복음의 타당성을 진리, 선함, 그리고 아름다움의 진보와 연관 지어 기독교의 영향을 평가하는 것은 교회의 시대 속에 그리스도인의 존재 안에 있는 근본적인 긴장을 놓친다.

웨스트민스터 총회 위원들의 칼빈주의는 그림의 떡과 같은 믿음처럼 보일지도 모른다. 그러나 그것은 그들이 그리스도인의 자유의 진리는 영원하고 정치적 자유의 진리는 일시적이고 변화하는 것임을 믿었기 때문이었다. 개혁파 그리스도인들이 "자유의 신성한 기원"(sacred cause of liberty, 미국 독립 혁명에서 자유 개념의 기원을 대부흥 운동에서 발견하려는 움직임-역주)에 다시 사로잡혀 있는 것처럼 보이는 시점에, 웨스트민스터 총회 위원들이 설명하였듯이, 그리스도 안에서 발견되는 자유의 진정한 의미를 깨닫는 일은 놀랍고 큰 위로가 될 것이다.

색인

【기호】

Friedrich Schleiermacher 419
John Murray 96
Jonathan Edwards 47
Karl Barth 42
Michael Jinkins 119
Peter Lillback 373
Richard Muller 42
William Perkins 113
39개 신조(Thirty-nine Articles) 84, 369
A. A. 하지(A. A. Hodge) 425, 436, 454
B. B. 워필드(B. B. Warfield) 300, 310, 325, 370, 429
R. T. 켄달(Kendall) 371, 401-02
T. H. L. 파커(T. H. L. Parker) 203
W. 로버트 갓프레이(W. Robert Godfrey) 74

【ㄱ】

가스파로 콘타리니(Gasparo Constarini) 208-09, 216
가시적 교회(visible church) 90, 148
가시적 입양(visible adoption) 154
가시적 측면(visible aspects) 253
가톨릭 해방(Catholic Emancipation) 82, 88

감독 정치(Episcopal polity) 301
감독파(Episcopalianism) 88
감정주의(emotionalism) 166
개신교(Protestant) 463
개혁장로교(Reformed Presbyterian Church) 273, 277
개혁파 신앙고백 일치서(Harmony of the Reformed Confessions) 202
개혁파 신학(Reformed theology) 68, 118, 415, 484
거룩(holiness) 175, 197, 476, 477
게할더스 보스(Geehardus Vos) 40, 370, 432
경의론(homage theory) 420, 430
계몽주의(Enlightenment) 41, 118, 470
고든 스파이크만(Gordon Spykman) 47
공로(merit) 83-87, 97-105, 115
공화정 제도(republicanism) 469
교회(church)
 권위(authority) 249, 479
 국가(government) 245-298, 250, 480
 신앙고백을 향한 조직신학의 기본적 입장(confessions' use of systematic theology) 74
 정치(church government) 249, 253, 259, 320, 324
구속(redemption) 48, 50, 53, 349, 417, 423
구속사적 주해(redemptive-historical exegesis) 40
구속사(히스토리아 살루티스[*historia salutis*]) 51, 54, 57
구속언약(covenant of redemption) 108, 280, 374
구약(Old Testament)
 신약과의 관계(relationship to the New Testament) 56
 안식(Sabbath rest) 349
 은혜언약(covenant of grace) 385, 388
 입양(adoption) 133
 제사장(priest) 420, 427

희생제사(sacrificial worship) 429, 441, 451
구원(salvation) 52, 54, 106, 131, 316, 473
구원론(soteriology) 51, 130
구원의 서정(오르도 살루티스[ordo salutis]) 51, 57, 132, 215, 417
그리스도(Christ)
    공로(merit) 137, 219, 224-25
    권위(authority) 250-1
    둘째 아담(second Adam) 374, 379
    부활(resurrection) 51-2, 56, 183, 351
    사역(works) 252, 420-21, 441-42, 446-47, 474
    성육신(incarnation) 106
    안식(Sabbath rest) 337, 342-366
    자유(freedom) 448
    유익(benefit) 90, 177, 233, 236
    하나님 나라(kingdom of) 50, 68 266, 267 277, 424, 482-87
    의로움(righteousness) 212
그리스도인의 삶(Christian life)
    그리스도와의 연합(union with Christ) 52, 54
    기독교적 분별(Christian prudence) 315
    실족(backsliding) 189
    안식(Sabbath rest) 349
    양심의 자유(liberty of conscience) 475
    율법(law) 81
    입양의 책임(duties of adoption) 191
    입양의 표지들(marks of adoption) 168
    종말론적 차원(eschatological dimension) 53
    하나님의 가족(family of God) 176
    훈육(disciplines) 185
기도(prayer) 183, 185

【ㄴ】

낙태(abortion) 459
논리(logic) 316, 317
니콜라스 바운드(Nicholas Bownde) 364

【ㄷ】

다니엘 휘틀리(Daniel Featley) 113, 324
대표자적 머리됨(federal headship) 96
대표자적 언약설(federalism) 372, 374, 378, 380
데이비드 파레우스(David Pareus) 335
데이비드 그레스(David Gress) 470
데이비드 와이어(David A. Weir) 401
도르트 신조(Canons of Dort) 42, 369
둔스 스코투스(Duns Scotus) 103

【ㄹ】

라이먼 비처(Lyman Beecher) 463
라이프치히 협정(Leipzig Interim) 221
랄프 어스킨(Ralph Erskine) 273
레겐스부르그(Regensburg) 207, 233
로마 가톨릭(Roman Catholicism) 82, 116, 140, 207, 210, 459, 479, 480
로버트 H. 머레이(Robert H. Murray) 47, 469
로버트 롤락(Robert Rollock) 393
로버트 베일리(Robert Baillie) 308
로버트 벨라민(Robert Bellarmine) 140
로버트 호위(Robert Howie) 395
로저 니콜(Roger Nicole) 445
로저 드래이크(Roger Drake) 155, 169, 183
홈즈 롤스톤 3세(Holmes Rolston III) 401
루터파(Lutheranism) 36, 92, 93, 482

리차드 니버(H. Richard Niebuhr) 485
리차드 백스터(Richard Baxter) 81
리차드 왓틀리(Richard Whately) 86
리차드 카메론(Richard Cameron) 260
리차드 후커(Richard Hooker) 301, 315

【ㅁ】

마틴 루터(Martin Luther) 93, 105, 202-03, 215, 227, 229-30, 362
마틴 부처(Martin Bucer) 202, 205-6, 226
마조리 논쟁(Majorist Controversy) 221
마크 놀(Mark A. Noll) 469
맹세(oath) 258
모세 언약(Mosaic Covenant) 331, 346-47
미국 독립혁명(American Revolution) 461
믿음(faith) 420
    전가교리(and doctrine of imputation) 116, 235
    선행(good work) 231
    복음을 듣는(hearing the gospel) 415
    중생(regeneration) 54, 137, 152, 160

【ㅂ】

반율법주의(antinomianism) 81, 112, 166
범주적 삼단논법(categorical syllogism) 326
벨기에 신앙고백(Belgic Confession of Faith) 369
보증(assurance) 117, 161
복음(gospel) 71, 229, 282
비가시적 측면(invisible aspects) 253
빌레무스 아 브라켈(Wilhelmus Brakel) 130, 140
빌헬름 폭(Wilhelm Pauck) 232

【ㅅ】

사무엘 러더포드(Samuel Rutherford) 106, 246, 253, 272, 298, 309
사무엘 와일리(Samuel B. Wylie) 285
사무엘 페토페토(Samuel Petto) 162
사탄(Satan) 160, 188
삼위일체(Trinity) 67, 95, 108, 196, 199, 280, 305, 416, 437, 472
생명 나무(Tree of Life) 335, 382, 409
생명언약(covenant of life) 374
선택(election) 108, 159
섭리(providence) 192, 417
성경(Scripture)
    그리스도인의 자유(Christian liberty) 475
    드라마(drama) 49
    신자의 영에 적용(application to believer's spirit) 164
    신적 저작권(divine authorship) 65
    신학(and theology) 59, 73
    충분성(sufficiency) 302, 482
    타당하고 필연적인 결론들에 대한 추론(deduction of good and necessary consequences) 304-68
    통일성(unity) 50
    해석(interpreting) 39, 46
    하나님의 전체 뜻(whole counsel of God) 68, 299
    성경신학(biblical theology) 40-6, 61-2, 64
성경적 추론(scriptural deduction) 302
성령 (Holy Spirit) 155-56, 194
    교회에서(in the church) 38, 53, 231
    보편적(universal) 58
    입양(adoption) 155, 167, 197
    속죄(atonement) 437
    성경 주해(exegesis of Scripture) 312-20

　　　　약속(promise) 213
　　　　중생(regeneration) 138
성례(sacraments) 382, 406, 412
성만찬(Holy Supper) 83, 217
성화(sanctification) 54, 143, 185, 207, 222, 477
세례(baptism) 314
소망(hope) 197
소시니우스파(Socinians) 302, 419
소책자 운동(Tractarianism) 82, 90
속죄(atonement) 99, 106, 160, 280, 415-55
속죄설(piacular theory) 420, 426, 430
순종(obedience)
　　　그리스도(Christ) 111, 116, 211, 346, 428, 436
　　　언약(covenants) 96, 407
　　　하나님의 율법(God's law) 420
스코틀랜드 고백서(Scots Confession) 369
스코틀랜드 위원(Scottish Commission) 308-9
스코틀랜드 자유교회(Free Church of Scotland) 79
스코틀랜드 장로교(Church of Scotland) 79, 81, 257
스코틀랜드 장로교도(Scots Presbyterians) 250
스코틀랜드 혁명교회(Revolution Church of Scotland) 273
스코틀랜드 회복교회(Restoration Church of Scotland) 259
스콜라주의(scholasticism) 73, 404
스티븐 마샬(Stephen Marshall) 132, 169
스티븐 스트렐(Stephen Strehle) 204
시몬 포드(Simon Ford) 128, 156
시민 자유(civil liberties) 463, 466
시민 정부(civil government) 266
　　　개신교 신앙(Protestant faith) 467
　　　그리스도인의 자유(Christian liberty) 477, 479, 480

중보자 그리스도(Christ as Mediator) 250, 252, 254
하나님 나라(kingdom of God) 266-67, 277
시민 통치자(civil rulers) 258, 267, 288
신비주의(mysticism) 166
신약(New Testament)
예배(worship) 356, 431
은혜언약(covenant of grace) 388
입양(adoption) 133
종말론(eschatology) 67
신율법주의(neonomianism) 81
신정체제(theonomy) 481
신화(테오시스[*theosis*]) 204, 217
심판(judgment) 55, 56
십계명(Ten Commandments) 338, 346, 350, 362
싱클레어 퍼거슨(Sinclair Ferguson) 152

【ㅇ】

아담(Adam) 95-7, 100-01, 107, 116, 147, 179, 180, 322, 336, 340, 347, 374, 379, 385, 394, 397, 400, 409, 411, 417, 440-01
아돌프 폰 하르낙(Adolf von Harnack) 205
아브라함 카이퍼(Abraham Kuyper) 34, 59 61, 457
아일랜드 신조(Ireland Articles) 330, 369, 397-8
안드레아스 오시안더(Andreas Osiander) 205, 238
알렉산더 레슬리(Alexander Leslie) 245
알렉산더 맥레오드(Alexander McLeod) 278, 289
알렉산더 쉴즈(Alexander Shields) 264
알버트 피기우스(Albert Pighius) 208
앤드류 멜빌(Andrew Melville) 247
앤드류 사이밍턴(Andrew Symington) 290
앤서니 레인(Anthony Lane) 212

앤서니 터크니(Anthony Tuckney) 318
앨버트 반즈(Albert Barnes) 467
야고보 사돌레토(Jacopo Sadoleto) 232
언약(covenant)
  언약 교리(doctrine of covenant) 43, 51
  언약의 축복(blessings of covenant) 336
  이방인이 편입(inclusion of the Gentiles) 66
  타락 전 언약(prelapsarian covenant) 389
언약도들(Covenanters) 245
언약 신학(covenant theology 혹은 federal theology) 370, 403
언약적 비전 신학(Federal Vision, Auburn Avenue Theology) 371
언약주의(federalism) 105
엄숙 동맹과 언약(Solemn League and Covenant) 247, 257
에롤 헐스(Erroll Hulse) 124
에버네저 어스킨(Ebenezer Erskine) 273
에스겔 홉킨스(Ezekiel Hopkins) 125
엘리자베스 폭스-제노브스(Elizabeth Fox-Genovese) 459
연합개혁파(Associate Reformed) 480
연합신도회(United Societies) 273
영벌(reprobation) 422
영혼(soul) 155
예배(worship) 60, 361, 476
예정(predestination) 146, 404
오류성(fallibility) 315
오순절(pentecost) 58, 351
오직 믿음(솔라 피데[*sola fide*]) 220, 225
오직 은혜(솔라 그라티아[*sola gratia*]) 220
요아킴 바디안(Joachim Vadian) 388
요한네스 그로퍼(Johannes Gropper) 208, 210, 216, 226
요한네스 볼레비우스(Johannes Wollebius) 241

요한네스 피스카토르(Johannes Piscator) 112
요한 에크(Johann Eck) 209
울리히 츠빙글리(Ulrich Zwingli) 387, 472
원죄(original sin) 209, 374
웨스트민스터 대요리문답(Westminster Larger Catechism)
    그리스도의 유익들(benefits of Christ) 243
    그리스도의 중보(mediation of Christ) 201
    성경(Scripture) 312
    입양(adoption) 144
웨스트민스터 소요리문답(Westminster Shorter Catechism)
    그리스도의 유익들(benefits of Christ) 473
    칭의와 입양의 구분(distinguishing between justification and adoption) 141-42
웨스트민스터 신앙고백
    그리스도의 의(righteousness of Christ) 83, 87, 112, 116, 221, 235
    그리스도인의 자유(Christian liberty) 472
    구속언약(covenant of redemption) 108
    보증(assurance) 164
    언약 신학(covenant theology) 370, 398
    입양(adoption) 126, 144
    그리스도의 유익들(benefits of Christ) 243
    주의 날(Lord's Day) 331-66
    타당하고 필연적인 결론(good and necessary consequences) 304
웨스트민스터 총회(Westminster Assembly)
    칭의(justification) 140
    속죄의 특성(nature of the atonement) 416-18
윌리엄 사이밍턴(William Symington) 287, 289, 422, 427, 436, 454
윌리엄 L. 로버츠(William L. Roberts) 286
윌리엄과 메리(William and Mary) 265, 272, 274
윌리엄 스퍼스토웨(William Spurstowe) 184

윌리엄 커닝햄(William Cunningham) 79, 86, 101
윌리엄 트위세(William Twisse) 103, 106
윌리엄 틴데일(William Tyndale) 393
윌리엄 파렐(William Farel) 233
윌리엄 퍼킨스(William Perkins) 131, 241, 393
윌리엄 헨리 로버츠(William Henry Roberts) 468
유럽 대륙 개혁파 신학(Continental Reformed theology) 61
유럽 대륙의 개혁가들(Continental Reformers) 369
유월절(passover) 351
유혹(temptation) 348
육체(flesh) 189
윤리학(ethics) 53
율법(law) 81
 그리스도께서 성취(Christ's fulfillment of) 346, 357
 도덕법(moral) 105, 331, 346, 362, 473
 복음(gospel) 229
 자유(freedom) 448
 의식법(celemonial) 331, 347, 358, 362
 행위의 의(works righteousness) 87
율법주의(legalism) 356, 364-65
은혜(grace) 83, 99, 115, 149, 210, 450
은혜언약(covenant of grace) 57, 108, 116, 154, 374, 384-5, 394, 396-97, 400
의(justice) 98-9
 속죄의 필연성(as necessity of atonemment) 106, 424
 이중 의(double justice) 207, 221, 227, 238-39
이미-아직 아니(already not yet) 50, 54, 66, 217
이스라엘(Israel) 337, 338, 348, 474
인간(man)
 그리스도와의 연합(union with Christ) 52, 54, 56, 439
 순종(obedience) 97

　　　　이성(human reason) 312, 320,
　　　　입양(adoption) 150-52
　　　　자유(human freedom) 460
　　　　판단(human judgment) 303
　　　　하나님의 형상(image of God) 142, 193
　　　　하나님과의 화목(reconciliation to God) 444-45
일(work) 334, 341, 349
입양(adoption) 54, 117, 123
잉글랜드 국교회(Anglican Church) 83, 88, 92, 301-02

【ㅈ】

자녀됨(sonship) 157, 182, 228
자유교회장로교도(Free Church Presbyterians) 480
자유민주주의(democratic liberalism) 479
자카리아스 우르시누스(Zacharias Ursinus) 382, 389
장로교도(Presbyterians) 88, 259, 461, 464, 470, 480
장로제도(Presbyterianism) 249, 253, 324
재량 공로(congruent merit) 83
재세례파(Anabaptists) 302, 308, 387-88
정수-알맹이 논쟁(Marrow Controversy) 81
정치적 자유(political liberty) 461-87
제1 스위스 신앙고백(First Helvetic Confession) 404
제1차 주교전쟁(First Bishop's War) 245
제2 스위스 신앙고백(Second Helvetic Confession) 388
제2차 오렌지 공의회(the Second Council of Orange) 202
제4계명(fourth commandment) 331, 338, 352, 359, 362
제7일 안식일 예수재림교(Seventh-day Adventist Church) 366
제레미아 버로우즈(Jeremiah Burroughs) 324
제임스 2세(James II) 266, 272
제임스 6세(James VI) 247, 258

제임스 거쓰리(James Guthrie) 257
제임스 벡(James Begg) 89
제임스 뷰캐넌(James Buchanan) 79
제임스 어셔(James Ussher of Ireland) 104, 393, 397
제임스 윌슨(James R. Willson) 284
제임스 패커(J. I. Packer) 123, 143
조나단 레인보우(Johathan Rainbow) 237
조시아 스트롱(Josiah Strong) 466
조엘 콕(Joel Kok) 232
조지 길레스피(George Gillespie) 247, 272, 298, 303, 327
조지 뱅크로프(George Bancroft) 457
조직신학(systematic theology) 34-78
존 델리북(John Delivuk) 314
존 맥레오드 캠벨(John McLeod Campbell) 114
존 머레이(John Murray) 437
존 브라운(John Brown) 257
존 오웬(John Owen) 101, 106, 151, 185
존 위더스푼(John Witherspoon) 461-62
존 칼빈(John Calvin) 38, 202 205, 208, 233, 235, 401, 469, 483
존 코튼(John Cotton) 171
존 포브스(John Forbes) 129
종교개혁(Reformation) 87, 369, 470, 479
종교개혁자들(Reformers) 469
종말론(eschatology) 50, 56
죄(sin)
    결과(effect) 156, 209, 337
    자유(freedom) 175, 449
    억제(deterrent) 419
    용서(remission) 113
    죄책과 부패(guilt and depravity) 417

주의 날(Lord's Day) 350-55
쥴리 캔리스(Julie Canlis) 205
증거본문(proof text) 73, 325

【ㅊ】

찰스 1세(Charles I) 245, 247, 257
찰스 2세(Charles II) 9, 257, 272
찰스 하지(Charles Hodge) 467
창조(creation) 48, 54, 95, 111, 332, 351, 363, 417
천사들(angels) 190
청교도(Puritan) 81, 177, 301, 342, 364
초기 속사도 교회(early postapostolic church) 361
칭의(justification) 54-5, 80, 138, 139, 188, 477

【ㅋ】

카를 5세(Charles V) 209-10
카메론주의자들(Cameronians) 273
카스파르 올레비아누스(Caspar Olevianus) 240, 395
칼 모서(Carl Mosser) 205
칼빈주의(Calvinism) 34-6, 68, 457-58, 460, 464, 467-70, 485
코넬리우스 버지스(Cornelius Burges) 314
크레이그 카펜터(Craig B. Carpenter) 204

【ㅌ】

타락(fall) 48, 95, 111, 379
타락 전 율법언약(prelapsarian legal covenant) 382
탈퇴자들(Seceders) 272
테오도르 베자(Theodore Beza) 364
토마스 가테이커(Thomas Gataker) 112
토마스 구드윈(Thomas Goodwin) 324

토마스 그랭거(Thomas Granger) 128
토마스 네이언(Thomas Nairn) 273
토마스 릿지리(Thomas Ridgley) 140
토마스 브룩스(Thomas Brooks) 125
토마스 셰퍼드(Thomas Shepard) 153, 341
토마스 어스킨(Thomas Erskine) 114
토마스 찰머스(Thomas Chalmers) 80
토마스 콜맨(Thomas Coleman) 250
토마스 후커(Thomas Hooker) 198
토마스 휴스턴(Thomas Houston) 293
트리엔트 공의회(Council of Trent) 212, 235, 302
트리엔트 로마 가톨릭(Trentinian Catholicism) 85
팀 트럼퍼(Tim Trumper) 147

【ㅍ】

페미니즘(feminism) 459
폴 헬름(Paul Helm) 373, 382, 406, 408
피터 릴백(Peter Lillback) 382, 406
피터 스티븐스(Peter Stephens) 232
필립 나이예(Philip Nye) 324
필립 멜랑히톤(Philipp Melanchthon) 202, 204, 209, 220

【ㅎ】

하나님(God) 97, 156
    고난(suffering) 185
    본질(divine essence) 106
    사랑(love) 424, 427, 452
    성자와의 관계(relationship to the Son) 108, 110, 170-71
    시민 정부(civil government) 245-98
    약속(pomise) 183, 195

　　　　언약(covenants) 99, 102, 334-6, 357
　　　　영광(glory) 53, 111, 228
　　　　의지(divine will) 106, 307
　　　　입양(adoption) 171
　　　　창조주-피조물 구분(Creator-creature distinction) 97, 99
하늘(heaven) 178
하이델베르그 논쟁(Heidelberg Disputation) 227
하이델베르그 요리문답(Heidelberg Catechism) 329, 332, 369, 390-91
하인리히 불링거(Heinrich Bullinger) 387-8
합의 교리서(Book of concord) 81, 93, 202
행위언약(covenant of works) 96, 105, 374, 380, 388
헤르만 리델보스(Herman Ridderbos) 51, 63, 67
헤르만 바빙크(Herman Bavinck) 33, 40, 59
헤르만 윗치우스(Herman Witsius) 102, 124
형벌대속설(Penal Substitution) 418, 423
화체설(transubstantiation) 217
화해(propitiation) 445
확신(assurance) 81, 146, 197
회개(repentance) 90, 447
회중교도(Congregationalists) 461, 466
효과적으로 부르심(effectual calling) 169
후천년설(postmillennial eschatology) 263, 290, 295

웨스트민스터 총회 시리즈 ②

웨스트민스터 총회의 유산
단번에 주신 믿음
The Faith Once Delivered

2014년 12월 22일 초판 발행

편 집 | 안토니 T. 셀바지오
옮긴이 | 김은득

편 집 | 전희정, 진규선
디자인 | 김복심, 박희경
펴낸곳 | 개혁주의신학사
등 록 | 제21-173호(1990. 7. 2)
주 소 | 서울시 서초구 방배로 68
전 화 | 02) 588-8546(본사) 031) 942-8761(영업부)
팩 스 | 02) 523-0131(본사) 031) 942-8763(영업부)
홈페이지 | www.clcbook.com
이메일 | prpkor@gmail.com
온라인 | 기업은행 073-000308-04-020
        예금주: 개혁주의신학사

ISBN 978-89-7138-049-9 (94230)
ISBN 978-89-7138-044-4 (세트)

낙장·파본은 교환해 드립니다.

이 도서의 국립중앙도서관 출판시 도서목록(CIP)은
서지정보유통지원시스템 홈페이지(http://seoji.nl.go.kr)와
국가자료공동목록시스(http://www.nl.go.kr/kolisnet)에서
이용하실 수 있습니다.
(CIP제어번호: CIP2014034967)